リトルリーグの社会学

前青年期のサブカルチャー

ゲイリー・アラン・ファイン［著］／住田正樹［監訳］

九州大学出版会

WITH THE BOYS
Little League Baseball and Preadolescent Culture
by Gary Alan Fine

Japanese translation rights arranged with
The University of Chicago Press
through Japan UNI Agency, Inc.

はじめに

私は、前青年期という発達段階にある少年たちと一緒に三年間春と夏を過ごした。前青年期というのはめざましい発達を示す時期である。この時期の子どもの発達がめざましいというのは、年の割には洞察力があって自分の考えをはっきりと表明するからというのではなく、むしろ洞察力もないし自分の考えもはっきりしないということから来ている。私たちの頃もそうだったが、子どもの集団はどのような集団であっても、それだけで一つの社会を形成するし、一つの文化を形成する。こうした子どもの文化は、それを抑えつけようとする大人たちのコントロールにもかかわらず、それを切り抜けてそのまま生き残り、繁栄し続けてきたのである。

実を言うと、この研究計画は偶然のことから始まった。一九七四年の秋、私は未だハーバード大学の大学院生だったのだが、博士論文の資金を得るために全米科学財団に提出する研究計画を作成していた。博士論文のテーマは「小集団に関する実験的研究」だった。冬が終わる頃になって私はようやく研究資金が与えられることを知ったのだが、研究の手続上の問題もあって集団の実験を七月まで延期せざるを得なかった。

こうして四ヵ月もの間、私は何もしないままに過ごしてしまったのだが、しかしその間に、これまでの小集団研究は心理学的実験に偏りすぎていたのではないかと考えるようになった。そのために小集団研究者は集団の相互作用の「内容」を見過ごしてしまったのではないのか。そう考えて私は自然な状態での小集団を研究することの必要性を強く感じるようになった。そう考え始めてから研究課題の輪郭は一層はっきりとしてきたように思う。どのような社会心理的要因が文化の創造や普及に影響を及ぼしているのか、そうした影響は文化の内容にどのように反映されているのか。

リトルリーグという少年野球チームは、その点で、まさにあつらえ向きの研究対象だった。リトルリーグという野球チームは一方では（試合に勝つとか、野球の技術を学ぶという点では）課題指向的であるが、他方では（仲間と楽しんだり、仲間をつくったりという点では）社会情緒的であるという集団だからである。その上、私は子どもたちと共に楽しいときを過ごすことができたし、リトルリーグのシーズン中は（最初の調査地では四月から六月まで）、調査をするのによい機会だった。

幸いにも、私はビーンビルのリトルリーグの会長からすぐに支援をしてもらえることになった。ビーンビル・リトルリーグは私が最初にコンタクトをとったリーグである（ただしリトルリーグに関係する場所や人物の名称は全て仮名である）。会長はすぐに私をコーチやリーグの役員に紹介してくれた。こうした会長の支援のお蔭で、この年の調査はスムーズに進んだ。結局、この研究では三年間に五つのリーグを調査することができた。各リーグから二チームを選んで調査をしたが、ビーンビルのリーグについては二年間にわたった継続調査をした（それぞれの場所の記述については補論3を参照）。調査を進めるごとに私の理論的関心は深まり、広がっていったように思うし、私自身の方法論的技術も洗練されていったように思う。この種の参与観察方法ではまれなことだが、この五つのリーグと一〇のチームの参与観察によって一般的な結論を導き出すことができたのではないかと思っている。本研究のように、参与観察法を用いてそれぞれに異なった社会集団を集中的に調査した研究は他に類を見ないだろうと思っている。

本研究を援助してくれた人たちに感謝したいと思う。先に述べたビーンビル・リトルリーグの会長はリーグ予選のときには招待してくれたし、「ドラフト」のときにはコーチを紹介してくれた。どのリーグの会長も本研究に対して熱心に援助してくれた。毎年、大人や子どもを対象に調査をしなければならなかったが、こうした人たちには調査に協力しなければならない理由などどこにもないから、各リーグの会長の援助・協力は必要なことだった。また本来の調査手法を用いて日常的に調査をスムースに進めていくためには、コーチの存在は不可欠だった。五リーグ四二チームのなかで、参与観察調査を拒否したのは一チームのコーチだけだった。残りの四一チームのコーチは、期待していた以上に協力的だった。私は、チームのミーティングにも参加することを認められていたから、ダグアウトに座っているときにも、子どもにいろいろと質問をしたし、またコーチが、野球の技術を教えたり、親密な関係を築き上げてチームの秩序を保持していこうという、難しい仕事に取り組んでいる最中でさえも、いろいろと質問をすることが許されていた。調査の秘密保持のために調査に協力してくれた人たちの名前をあげることはできないが、私はこの人たちの協力に心から感謝している。また、親のなかには、調査をうさん臭い目で見ていたような人たちも少なからずいて、コーチほど協力的ではなかったけれども、それでもなかにはリーグを観客席から見るとどのように見えるのか、家庭から見るとどのように見えるのかについていろいろと意見を述べてくれる親もいた。本調査はリトルリーグに対する親の態度や行動に焦点を当てているわけではないが、こうした親についての情報はリトルリーグの試合が組織化されていく状況を理解する上で大いに役立った。

私は、こうした前青年期の友人たちに対して深い尊敬と愛情の念をもっているが、同時にまた遥か以前の私の子ども時代をよみがえらせてくれたことにも深く感謝している。数百人にもおよぶ前青年期の子どもたちのなかには特に親しくなった子どももいるし、重要な情報を提供してくれるようになった子どももいる。この研究がこれまでの科学的知識に何らかの貢献をしたとするなら、それはこうした子どもたちのお蔭である。リッチ、ウィリー、ブラッド、キップ、ジャスティン、ハリー、ウィットニー、ヒュー、フランク、トム、ロッド、ハーディに感謝したい。しかしここにあげたのはごく少数の仮名の子どもたちである。どの子どもも質問には自分なりに答えてくれたり、質問紙に回答してくれたり、あるいは立ち聞きしたようなことについても大目に見てくれたりして協力してくれたので、調査はスムースにいった。ジョン・ジョンソン（John Johnson, 1975）が述べているように、参与観察は個人的な人間関係によるところが大きいので、参与観察者は自分が被験者を扱っているように感じるものである。私もかつてはそうだった。友人たちに対してお詫びをするだけでは私の感謝の気持ちを十分に表すことはできない。

調査対象となった前青年期の子どもたちやリトルリーグに加えて、私はミネソタ大学の三人の大学院生に感謝しなければならない。ハロルド・ポンティフ、ポウル・ロスティ、スティーブン・ウェストである。ポンティフは、メープルブラフ・リトルリーグに関するあらゆる資料を質問紙調査や野外観察によって収集してくれた。彼のフィールドノートの明瞭な記述、詳細な記述はまさに調査記録の見本だと言ってよい。私はノートを整理していなかったから、自分のノートを見ても意味不明で自分でも理解できず、そのために躊躇することなくポンティフの参与観察ノートを見せてもらった。ロスティとウェストは、ポストシーズンに、ミネソタのサンフォードハイツとボルトンパークのリーグの選手たちとその親にインタビューをしてくれた。ロスティとウェストのラポールの取り方は実に上手で、彼らが収集してくれたデータのお蔭で研究の重要な部分を補充することができた。この三人が収集してくれたデータのお蔭で私の観察をクロスチェックすることができ、別の視点からも確認することができたのである。さらには観察者としてバイアスがかかったのではないかと思われるような調査箇所についても訂正することができたのである。

謝辞

本書で取り上げた諸問題についての考えをまとめる上で同僚の批評やアドバイスが大いに役立った。アラン・ダンデス、ロジャー・アブラハム、グレゴリー・ストーン、ジャネット・ハリス、ジェイ・ガブリアム、ノーマン・デンジン、トーマス・フード、リチャード・ミッチェル、ハロルド・ファインストーン、パット・ローダーデール、エリザベス・タッカー、カール・カウチ、スティーブン・ザイトリン、ドナルド・バード、ビクター・マーシャル、マーク・グラノベッター、ハリソン・ホワイト、ロン・ブリーガー、レイ・ブラッドレイ、ジョセフ・ガラスキーヴィッツ、フィリップ・ナスバウム、ジェイムス・リアリー、バリー・グラスナー、ジム・トーマス、ミシェル・ラデレ、ライル・ハロウェル、ドナ・エダーたちの同僚である。私は、こうした同僚たちの批評やアドバイスに感謝している。しかしそうしたアドバイスを誤解したり、見落としたりしたために生じた誤りの責任は（当然のことだが）私にある。

シェリー・クラインマンは本書の草稿を見て意見を述べてくれた。彼女のアドバイスはいつも正鵠を射ていたので本書の議論を展開していく上で大きな力となった。博士論文のアドバイザーだったロバート・フリード・ベールズには特に感謝しなければならない。自分の意見を展開していくのに、常に寛容な態度で見守ってくれたり、激励してくれるような博士論文の助言者がいることは、たとえ私の意見が助言者の意見と違っていたとしても、私にとっては非常に重要なことだった。ベールズは自身の場である社会的相互作用論の視点から私の理論的な弱点（私は弱点だとは思っていないものもあったが）を率直に批判してくれたが、その一方で、私が正しいと考えている結論ならば、たとえ彼の理論的な立場とは違っていても、そのまま述べた方がよいと言ってくれた。ベールズの関心は、私がこれまで精力的に、また綿密に、継続して研究してきたのはどのようなことなのかということにあったようだ。私はベールズとの間で議論や意見が一致しないことの方をこそ大事にしたいと思っている。

私は三年間もの間、一年に三ヵ月間、また一週間に六晩も家を空けるようになったこともあったが、妻のスーザンは寛容な態度を示してくれた。もっともいつも寛容な態度で接してくれたわけではないが、私が商船の船員であるよりはマシだったかもしれない。彼女はこの研究によって私がよい父親になることを期待しているし、私もそのようになれることを願っている。

グロリア・デヴォルフは、ほとんどの原稿（本節を含む）をタイプしてくれた。彼女ほど有能な秘書はいないと思う。たとえ彼女が原稿をタイプで打たなかったとしても彼女ほどの有能な秘書はいないと私は思っている。もし本書によいところがあるとすれば、友人たちがよく書き留めているように、それはタイプを打った「秘書」のお蔭である。またカロル・ゴースキーにも感謝しなければならない。彼は本書のなかで描いているダイヤモンド〔訳注1〕をきらめかせてくれた。

本書のタイトル（*With The Boys : Little League Baseball and Preadolescent Culture*）については、ビーンビルの選手であるリッチ・ジャネリが示唆を与えてくれた。私は、このタイトルが自分で考えてみた他のいろいろなタイトルよりも、この研究の特色を実に的確に表していると思っている。このタイトルに出てくる「少年たち」は発達期にある子どもたちのことである。男性の友人を表すために口語用法で「少年」といえば、特に伝統的な男性的活動に関心を示す子どもたちのことをいう。タイトルはリッチのお蔭であるが、本書の内容については当然のことながら私に責任がある。

凡例

1　原書の Acknowledgments は、本書の各章の出典を示しているだけなので訳は省略した。
2　「はじめに」の「謝辞」という題目は、訳者が文章から判断して挿入したものである。
3　"boy" は、文脈によって、適宜、「子ども」または「少年」、または「男の子」、「男児」と訳してある。
4　原書の参考文献は、本文のなかに掲載されているものに限った。
5　本文中に［　］とあるのは、訳者の注である。ただし、インタビューの中の［　］は原書の中のカッコである。
6　本文中に掲載されている文献は（　）内に、著者、出版年、頁の順で示している。著書名は巻末の参考文献を参照のこと。
7　本文のイタリック体には、傍点を付してある。ただし、文脈から判断して強調のために訳者が独自に「　」で示した箇所もある。
8　リトルリーグのチーム名は、「ＭＬＢ日本語公式ライセンシーサイト」の表示にしたがった。
9　第六章、第七章及び補論２の一部については、章の構成を考え、訳者が独自に再構成した。

目次

はじめに……i
凡　例……vi
序　章……1
1　野球――アメリカのシンボル　4
2　リトルリーグの世界　5
3　前青年期の子どもの世界　9
4　調査設計　11
第1章　リトルリーグと成人組織……19
1　人的資源　19
2　環　境　22
3　ルールと裁定　25

4 指導者としてのコーチ 32
5 観客としての親 41
6 結　論 48

第2章 スポーツと遊びのリトルリーグ……51
1 労働としてのリトルリーグ 54
2 遊びとしてのリトルリーグ 63
3 労働という性格／遊びという性格 70

第3章 道徳的社会化（Ⅰ）……73
――大人による社会化――
1 大人と子どもの社会化 73
2 道徳的秩序の描写 76
3 大人による道徳的秩序の社会化 94

第4章 道徳的社会化（Ⅱ）……97
――仲間による社会化――
1 適切な感情 98
2 自 制 心 105

3 勝利の渇望 109
4 前青年期の社会的結束 113
5 選手はコーチを評価する 117
6 仲間の社会化 124

第5章 子どもの性と攻撃性……125
1 前青年期 126
2 前青年期における性 127
3 前青年期の攻撃性 140
4 発達の必須要件の社会的性質 148

第6章 子どもの文化と小集団活動……151
1 独自の文化（idioculture）としてのリトルリーグ野球チーム 152
2 独自の文化の内容 154
3 集団のメンバーシップに関する尺度としての独自の文化 155
4 リトルリーグの独自の文化の創造と持続 159
5 独自の文化の比較 167
6 チーム 168

7 チームの文化 176
8 地理的距離 192
9 文化および構造に対する文化の影響 193

第7章 子どもたちのサブカルチャー……195
1 共通の文化的内容 197
2 文化の拡散 207
3 同一化 219

第8章 子ども・スポーツ・文化……223
1 社会化 225
2 労働と遊び 226
3 文化という縦糸 228
4 まとめ 231

補論1 リトルリーグの活動効果……233
1 リトルリーグの利点に関する主張 234
2 リトルリーグに対する批判 244

3 まとめ　259

補論2 子どもの集団活動と参与観察……265

1 調査者とエスノグラフィーの対象者との関係性　266
2 調査者の役割　266
3 調査者の個性　268
4 倫理的問題に関する大人の役割　272
5 子どもとのラポールとアクセス　284
6 子どもが用いる言葉の社会的意味に関する大人の理解　289

補論3 調査の設定とデータ収集の方法……291

1 コミュニティ　291
2 データの収集方法　303

訳注および注……309
監訳者あとがき……323
参考文献
索　引

序章

『リア王』のなかで絶望したグロスター伯爵は胸が裂けるような思いで、こう嘆いている。「神々の手にある人間は、悪ガキどもの手にある虫のようなものだ。遊び半分で人間を殺すのだ」〔訳注1〕。この皮肉な台詞は、神についてよりも子どもについて語りかけている。どうして子どもは遊び半分で虫を殺すのだろう。プルターク〔訳注2〕も述べているが、どうして子どもは蛙に向かって石を投げつけるのだろう。あるいはスウィフト〔訳注3〕が描いているように、どうして子どもは雀の尾に塩を振りかけるようなことをするのだろう。いったい子どもは何がしたくて、何をしようとしているのだろう。子どもについての科学的研究、発達的研究は山ほどあるが、実際に子どものホームグラウンドで子どもとともに時を過ごしたような研究者はいない。

私は、男性中心のスポーツの世界を研究対象に選んだ。そして私は、五つのコミュニティにある一〇のリトルリーグの野球チームを対象に選び、子どもがシーズンを通して野球をしているのを、三年間ではあるが、春と夏の間、観察してきた[1]。私は、試合が終わった後も居残ったり、あるいは試合前に早く来て、練習場やダグアウトを観察し、大人がいないときに子どもはどんなことをしているのかを知ろうとした。子どものことをある程度理解できるようになってからは、グラウンドの外でも、つまり子どもが「何もしていない」ときだけれども、そうしたときにも子どもと一緒にいるようにした。私の研究の目的は、組織化されたスポーツを通して、また組織化されたスポーツのインフォーマルな諸活動を通して、前青年期の子どもは遊びや仕事をどのように学んでいって、いわゆる普通の「男性」になっていくのかを記述・分析することである。前青年期の男性文化に見られる豊かな内容は、いったいどのようなプロセスをたどって発達していくのか。性別役割（sex roles）の発達については多くの研究があるが、しかしそうした研究は、性別役割が二次的なものだと見做されているところ（たとえば、学校）で生じる問題に焦点を当てているようである。スポーツとかインフォーマルな男性活動のなかで、性別役割はどのように発達し、どのように発揮されるようになっていくのかという問題は、そうした活動に参加している人たちの視点から見れば、非常に重要である。大人の性別役割がどのように形成されていくのかを理解しようと思えば、子ども時代の仲間集団のなかで、こうした役割がどのように発達していくのかを観察しなければならない。男性役割の発達に関連していえば、大人の男性は、前青年期の男の子の性別役割をどのように方向づけ、どのように発達させていこうとしているのか、ということについても興味がわいてくる。子どもにとって家族以外の保護者といえば、大体が女性であろう。しかし、スポーツの世界では、子どもは大人の男性に指導されるし、またこうした大人は（少なくともリトルリーグでは）、自分たちは特に子どもを指導する役割を担っているのだと思っている。大人の男性は、前青年期の子どもに、どのようにして男性としての価値を教え込もうとしているのだろうか。大人は、リトルリーグの野球を、ボーイスカウトとか大人指導・青年中心の団体活動のプログラムと同じように、子どもを良き市民として育成していくための道徳を教えていく良い機会だと考えている（例えば、Macleod 1983）。だが、メッセージが伝達されているからといって、教えられたことをそのメッセージ通りに子どもがそのまま受け入れているかどうかは分からない。私は、本書を通して、道徳的社会化についても検討したいと思っているが、それは大人の視点からと同時に、前青年期の子どもの視点からも検討する必要があると思っている。

　子どもの社会化過程という点から言えば、余暇の場よりも家族や学校といった場の方が重要性が高いかもしれない。しかし余暇の場やその余暇の場における自然な状況のなかにこそ男性性がはっきりと表れるから、「豊かさと不品行」を特徴とする前青年期の子ども文化が実際にはどのように発達していくのかを観察するためには、余暇の場の方が特に重要な意味を持ってくる。私は子ども期の完璧なエスノグラフィーをまとめたと言っているわけではない。私の観察は（春と夏の）シーズンに限られたものであるし、少年だけを対象としているから[2]、狭い範囲に限られている。しかし、子どものスポーツや余暇活動を観察して、私は、子どもの生活の一部だとはいえ、実に多くの知識を得ることができたと思っている。

この調査では、私は道徳主義的な立場をとらないようにした。本書の記述のなかには大人を落胆させるような内容もあるだろう。競争的なスポーツに好意的でない人々は、リトルリーグの野球と聞けば顔をしかめるかもしれない。「道徳的」な子どもの世界を願っている人々は、リトルリーグの「良い少年たち」に見られる道徳的なゆるみに関心を向けるだろうし、男女平等社会を望んでいる人々は、一九七〇年代後半に成長期を迎えていた子どもたちがあからさまな性差別意識を持っていることに唖然とするだろう。前青年期の子ども文化について考えなければならない問題はまだまだ多い。私は結論のところで、再度この問題を取りあげるつもりだが、しかし私の研究目的はあくまでも分析であって、改善にあるのではない。

ところで、こうした前青年期の子ども文化の問題の背後には、もう一つ別の問題がある。文化創造のダイナミックスを理解するということである。リトルリーグの野球チームやメンバーである前青年期の子どもを対象に調査を進めていけば、どのような文化であっても小集団文化として発達していくというダイナミックな過程を理解することができる（独自の文化〈idioculture〉、Fine 1979, および下位文化〈subculture〉、Fine and Kleinman 1979）。私は相互作用論の立場をとっている。意味というものは、つまるところ相互作用に基づいていると考えているから、私は文化に対して社会行動主義的な立場からアプローチしていきたいと思っている。子どもは、さまざまな制約を受けているけれども、そうした制約のなかで物事を自分たちで決定していくという、世界をつくり上げていく力を持っている。こうした制約と自由との相互作用の問題は特に興味深い問題である。しかも文化的伝統は社会的世界のなかで発達していく。だから、子どもが小集団のなかで組織され、また自分たち自身を組織していくという事実が子どもの行動や文化にどのように影響するのかということを理解することが重要なのだ。こうした立場から見れば、文化は、集団を制約する外部の力、集団の内的資源（例えば、パーソナリティや知識）、子どもの一定の行動といった諸要因を媒介する役割を担っているといえる。そして一人ひとりの子どもは、コミュニティを越えてアメリカ社会の隅々にまで広がっている広大なサブカルチャー・ネットワーク——そのサブカルチャーは前青年期の子どものコミュニケーション・チャンネルと完全に重なり合っているのだが——に組み込まれているのである（Shibutani 1955 参照）。前青年期の子ども文化の特徴を理解しなければならないのはもちろんだが、それだけに留まらず、私はどのような文化であっても分析できるような方法を提示したいと思っている。しかし、それは集団のネットワークのなかで相互に結合・伝播して「文化」をつくり出していく小集団を観察することによってこそ可能である。

1 野球——アメリカのシンボル

アメリカ文化では野球は遊びの象徴であるから、アメリカの少年にとって遊びというものがどのような意味を持っているのかを調べるためには野球は格好の素材となる。野球は、他のスポーツや娯楽には見られない、アメリカの精神や価値の重要な側面を備えている。ジャック・バーザン（Jacques Barzun）［訳注4］は、「アメリカの心と精神を知りたければ、野球を学べ」と述べているし（Novak 1976, 63から引用）、トリストラム・コフィン（Tristram Coffin）は「グローブやバットを長男のサークルベッドに押し込んでいる父親の写真は、アメリカではごくありふれた場面に過ぎないが、しかしそれはアメリカ人の希望と不安の象徴なのだ」と述べている（1971, 3）。また、ロジャー・エンジェル（Roger Angell）は、この国民的娯楽［すなわち、野球］は「構造的、美的、情緒的に実に豊かであり、多様である」（Angell 1972, 6）と述べている。またトマス・ウォルフ（Tomas Wolfe）［訳注5］は、アメリカ人の（男性）文化にとって野球がいかに象徴的な意味を持っているかを指摘している。

> 野球はもはや私たちの生活を左右するほどであって、私たちの所有物の一つとなっており、アメリカについての数ある記憶の一つとなっている。例えば、誰であろうと私たちの記憶のなかで、大きなミットにピシャリとおさまるボールの音やボールを打つときのバットの音ほどに春——とりわけ四月の最初の晴れた日——を呼び覚ますものがあるだろうか。私にとって野球は、誇張ではなく文字通りの意味で、春のあらゆる出来事と結びついている。若葉、黄水仙、カエデの木、手や膝についた芝生の匂い、四月になって咲き出そうとする花など。また野球ほどアメリカの夏を告げるものはない。小さな町の野球場の木のスタンドの匂い、古く乾いた木の樹脂のむっとするような匂いはまさに夏を告げている（Gutman 1978, 101から引用）。

野球をアメリカ人が経験する——少なくとも男性が経験する——中心的なシンボルにまで高めていったのは一体何だろう。野球がシンボルの中心になっていることについて、これまでにもさまざまな説明がなされてきたが、まだはっきりしていない。ボイト（Voigt 1974）は、野球はナショナリズムのシンボルだと言っているが、それは野球がシンボルの中心になっていることを言い直したに過ぎない。また、野球は、田舎に住んでいる白人の、アングロサクソンの、そしてプロテスタントの神話を反映したもの、つまり「儀式的な形の契約理論」だという説明もあるし（Novak 1976, 59）、野球のシンボリズムをフロイト学説のいう社会の原形質［ホルド（horde）］［訳注6］の儀式例だという説明もある（Petty 1967）。さらには野球ファンが、自分の世界で自由に駆使できる力を何とかして獲得しようとしている試みだという説明もある（Guttmann 1978, Angell 1972, Coover 1968）。しかし、野球が重要だというのは、野球とは何かという野球の「実体」についてではなく、野球がアメリカ社会のさまざまな批評のレトリックの根拠になっているからなのである。

2　リトルリーグの世界

リトルリーグは、アメリカでは青少年スポーツのプログラムとしてよく知られているし、また非常に成功したスポーツ・プログラムだと言えるが、しかし青少年スポーツ・プログラムの最初のものではない。一九〇三年に公立学校体育連盟が設立されたが、そのときに大人の支援を受けながらではあるけれども、アメリカで初めての青少年スポーツ・プログラムがニューヨークで始められた。そのプログラムには、一九一〇年までにおよそ一五万人の子どもが参加している（Martens 1978, 6）。それに続いて作られた青少年スポーツ・プログラムも学校やコミュニティの支援を受けていた。そうしたプログラムは常に議論の的になったが、しかし一九三〇年代になってレクリエーション指導者や教育者の間で批判的な考え方が広がり始めると、それを契機としてコミュニティを基盤とした私設の青少年リーグが発達していった（Berryman 1975）。専門家の意見は、過度の競争的スポーツは前青年期の子どもの発達を阻害するというものだった。だから専門家が、指導プログラムを作成することはなかった。

このように前青年期の子どものスポーツに対する専門家の意見は消極的だったけれども、スポーツに対する一般の関心は高まり、教育者やレクリエーション指導者の管轄外のところで、民間団体が前青年期の子どもを対象にしたさまざまなスポーツ・プログラムを作るようになった。

こうした民間団体はさまざまだが、リトルリーグほどに大きくなったものはないし、メディアの関心を集めたものはない。リトルリーグは一つの文化制度であり、一つのビッグビジネスである。一九八三年のリトルリーグの報告によれば、総資産は一、〇二〇万ドル以上、総経費は三九〇万ドルとなっている(Little League Baseball, Inc., 1984)。この数字には個々のリーグの予算は含まれていない。一九八三年の資料によれば、三七の州で一五、〇〇〇のリーグが設立され、二〇〇万人以上の子どもが参加している。またリトルリーグのプログラムには、七、〇〇〇のリーグがあり、四八、〇〇〇のチームが存在するとしている(一九八三年現在)。そして、五〇万人以上の子どもが参加している。また、前青年期(九歳から一二歳)の野球プログラムに加えて、シニアリーグ(一三歳から一五歳までの少年を対象)やビッグリーグ(一六歳から一八歳までの少年を対象)、ソフトボールのプログラムまで運営している組織もある。

リトルリーグの財政が重要なことは、あるリーグのデータからも知ることができる。例えば、ボルトンパーク・アローヘッド・リトルリーグは二つの年齢層に六つのメジャーリーグのチームと一四のマイナーリーグのチームを抱えている平均的なリーグで、中流階層の人々が住んでいる郊外地域にある。リーグは試合や練習に市有地を使っているが、それはコミュニティのグラウンドや設備を維持することを交換条件としていた。七〇年代後半では一シーズンの間に設備、グラウンドのメンテナンス、新しいユニフォーム、審判の給料(一試合に二人の審判を雇ったとしてそれぞれに一〇ドル)、売店での軽い食事、全国組織への加入と保険のための費用など約五、〇〇〇ドルを使っている。その収入は登録料(参加している子どもの人数にもよるが、一家族一〇ドルから二五ドル)、地元企業の後援、および売店からの収益でまかなわれている。おおよそ一チームで五、〇〇〇ドルを平均とすれば、地方リーグを合わせた合計額は年に五、〇〇〇万ドル以上にもなる。

この五、〇〇〇万ドルというのは、アメリカの企業にとっては魅力的な市場に違いない。リトルリーグの装備と備品のカタログ（*The Little League Baseball Catalog of Equipment and Supplies*）は四〇頁もあり、フルカラーの小冊子で、アルコアやバーリントン工業、AMF、レーノルズ・アルミニウムといったフォーチュン一〇〇〇〔訳注7〕に選ばれているような大企業の広告も掲載されている。地方のリーグも同じように、自動車のディーラーやファストフード店、金物店、工場、警察署や消防署といったスポンサーを通して企業や行政機関とつながっている。リトルリーグはコミュニティのネットワークの核と見なされており、開幕日をはじめ各種の式典には市長や市議会議員が出席している。

リトルリーグは（アメリカのボーイスカウトと同じように）、政府組織の公的な援助の下で運営されている。一九六四年にはリトルリーグは政府から設立認可を得ているが、そうした栄誉は青少年のスポーツ組織では唯一の例であって、他にはない。リトルリーグは設立認可を得ているために準政府機関と見なされ、非課税扱いである。だが、そのことのために逆にリトルリーグは合衆国政府の要請を受けて、任務を果たさなければならなくなったという側面もある（特に外国のリトルリーグを相手に試合をする際には）。しかし、政府がこの道徳主義的な、愛国心の強い組織を支配することはないから、リトルリーグは年間の財務と計画の報告書を下院の司法委員会に提出しておきさえすればよいのである(3)。

リトルリーグは今でこそ大きな組織になっているが、元はと言えばペンシルバニア州のウィリアムスポートという静かな製材業の工業都市から始まった。そこの材木工場に勤めていたカール・ストッツがリトルリーグの生みの親で、彼は若いころ、守備は外野だったのだが、内野の選手たちがランナーがアウトかセーフかでもめているのを見て、リトルリーグの原型を考え出したのである(4)。そしてもめ事がないような野球チームを大人の監督の下で組織したいと考えたのである。その後、ストッツは、甥のハロルドとジミーの二人の少年が年上の少年グループとの試合を認められなかったということを聞いて、リトルリーグについて真剣に考え始めた。ストッツは少年たちに対して「君たちは、ユニフォームを着て、新品のボールや本物のバットを使って、レギュラーのチームと試合をしたくないか」とよく言っていたようである（Turkin 1954, 6）。少年たちは随分と乗り気だったようだ。そこでストッツはリーグ設立を支援してくれるスポンサー探しという骨の折れる仕事を始めたわけである。「（ストッツは）秋と冬の間にスポンサーを探そうとして、全部で五八の個人や企業に接触したのだが、最後の五八番目に接触したのがライカミング酪農場のフロイド・ムッチラーだった。ムッチラーは、リトルリーグの出発ともなったまさに決定的な言葉を口にしたのである。『少年たちとともに歩もう(*We'll go along with the Boys*)』と」(Original League Inc., n.d., 5)。

それから次第にスポンサーも集まるようになり、リーグは始まった。この「組織の神話」[5](Meyer and Rowan 1977)や「伝説」(Clark 1970)はアメリカ企業の愛他主義、困難な仕事の重要性、障害を克服する夢の力といった信念の根拠を示すことにもなった(また Paxton 1949, 138-39 を参照のこと)。しかし組織にはストッツに対する不満もあったようで、リトルリーグの歴史が多少書き換えられたため、こうしたリトルリーグの経緯は今日の出版物のなかには見られない。ただ一九四〇年代後半から一九五〇年代にかけてはリトルリーグの歴史はしばしば引用されていたようだ。地元企業の支援が得られるようになってから、ストッツと数人の仲間たちは一九三九年のシーズンに向けて三つのチームを設立させた。そしてフェンス、スコアボード、外野席と順々に作っていって野球場を完成させていったのである。前青年期の子どもたちに大人のリーグと同じような装備で試合をさせることが目的だった。一九四二年には常設のグラウンドが完成され、さらに六年後の一九四八年には多くのリーグが設立されて全国的なトーナメントが開催できるほどになった。そのトーナメント(後にワールドシリーズと呼ばれるようになる)の際には、ストッツはゴム会社からの援助を得ることができた。その会社は効果を期待して、リーグを支援することを約束した。こうしてリーグは急速に事業化していった。一九五〇年には、リトルリーグはゴム会社からの援助資金一〇万ドルを元にニューヨーク州で法人組織になった。

思えば、リトルリーグの組織内にも緊張があったことは確かである。リトルリーグは、組織的な混乱があったとしても理想的・利他的な活動を続けていくべきなのか、それとも法人組織として運営されるべきなのかを決定しなければならなかった。田舎町の十字軍としての夢を追うべきなのか、それとも効率的な事業化を図るべきなのか。一九五五年には、四、〇〇〇近くのリーグが設立されていたが、問題は危機的な段階に達していた。ストッツは、そのときリトルリーグのコミッショナーだったが、リトルリーグの組織から「解雇された」ような状態にあった。問題は、ウィリアムスポートの郡保安官がリトルリーグ本部を警備していて、新しい法人役員が新執行部の体制を整え、リーグの資産を管理できないようにしていることだった。当時はゴム会社の、前の広報担当役員であったピーター・J・マクガバンがリーグの代表だったが、訴訟では、リーグの法人側が勝ったため、ストッツはその商業主義を揶揄して「フランケンシュタイン」と呼んだ(*Nation* May 25, 1964, 520)。

このことがあって結局ストッツは追放されたのであるが、このことが組織のイメージを傷つけ、これまでのリーグの歴史を台無しにしてしまったから、リーグは組織の歴史に依存することはできず、つまるところ世に言われる道徳的原理に頼らざるを得なくなったのである。こうした経緯にもかかわらず、リーグは急速に成長を続けて、現在の、数百万ドル規模の組織という地位にまで築き上げられたのである。私の分析では、地方のリーグであっても、こうした文脈に位置づけて理解しなければならないし、巨大官僚組織の一部門として理解しなければならない。

3 前青年期の子どもの世界

前青年期の子ども、とくに男性の場合、どんな特徴を有しているのだろう。[7] エディプス危機と思春期の疾風怒濤の間の中間領域に住んでいるこの人間はいったい何なのだろう。発達心理学者の間でも、前青年期の子どもをその時期を含んだ子ども期から区別するために、どのような特徴が見られるのかについて意見が分かれている。しかし発達心理学者は、前青年期が思春期［青年前期］への単なる通過点ではないこと、二つの重要な発達段階の間の単なる過渡期ではないことを認めている。

フリッツ・レドル (Fritz Redl) は、前青年期の子どもを「感じが良いと思っていた子どもが凶暴に振る舞い始める」時期だと述べている (Redl 1966, 395)。前青年期の子どもの特徴を簡潔に捉えた表現である。それは「二重人格性」ということ、つまり前青年期に至る過程で自己呈示の感覚が発達し、敏感になっていったという事実を示している (Fine 1981)。前青年期までに男の子はさまざまな社会的世界に入っていく。同性集団、異性との交渉、学校、家庭生活などである。そうした状況はそれぞれに異なった行動規準を要求する。レドルが述べた「感じがよい」とか「凶暴」といった行動は、両親や仲間の前での子どもの行動である。この二つの社会的世界は完全に分割されているわけではないから、両親も男の子の凶暴なことに十分気づいている。こうした葛藤は、前青年期の子どもにはこの二つの社会生活の領域を分離したままにしておく正当性もなく、またそうした能力もないことから生じる。仲間から離れたところでは、子どもは優しく、思いやりがあり、傷つきやすい。だが、「行儀良く振る舞う」ことが要求されていないような状況とか、「まともな」行動を邪魔するような圧力が加えられるような状況に置かれた場合には、子どもは凶暴に振る舞い、暴力、攻撃的な性、偏見、敵意などといった行動に走るだろう（Whiting and Whiting 1975を参照）。「汚いこと」をする「良い少年」たちがいるものなのだ。

この時期に見られる特徴的なことは友情である。友情という社会的な絆は親族関係よりも優先される。青年期によく見られる親からの圧力と仲間からの圧力という交差する圧力は前青年期から生じている。前青年期に入った子どもは、仲間と親がそれぞれに全く違った期待を持っていることに気づくのである。仲間同士の相互作用のあり方は、一般的には大人と子どもとの相互作用と同じだが、しかし特定の活動や表現では明らかに異なっている。

前青年期の子どものインフォーマルな関係の構造は、二つの友情から成り立っている。チャム（chum）［親友］とギャング（gang）である（Fine 1980b）。こうした友情はいずれも親の庇護の下にはない。ハリー・スタック・サリバン（Harry Stack Sullivan 1953, 227）は子どもの発達にとってチャム［親友］の役割が決定的に重要だと述べている。「前青年期では、親友と一緒にいると、それまで話せないと思っていたことでもよく話せるようになっている自分に次第に気がついていくのである。前青年期は比較的短い時期だけれども、この時期を一度経験すれば、人はこれまでの不幸な出来事から受けた影響を排除することができる」。

チャム［親友］とは、前青年期という激動の時期に方向づけを与えることができるような人のことである。一方、ファーフェイ（Furfey 1927）は前青年期を「ギャング・エイジ（gang age）」と呼んでいる。実に適切な呼び方だ。パファー（Puffer 1912, 7）は、ギャング仲間に対する少年の態度というものは、赤ん坊に対する母親の態度とか族長に対する部族民の態度とか恋人に対する彼氏の態度のようなものだと述べている。クレイン（Crane 1942）の調査によれば、オーストラリアの男子学生の少なくとも八〇パーセントが小学校時代にギャングに入っていたし、他の調査（例えば、（Wolman

1951）でも、比率は多少下がるものの、ギャング仲間と付き合い、ギャングに入っていたとする少年は多い。

子どもは他の人たち（チャム）を信頼して、彼らに対する配慮ということを学ばなければならないし、集団（ギャング）のなかではうまく釣り合いを保つことを学ばなければならない。チャムとかギャングは、こうした社会化の側面を習得できるような、また失敗を恐れなくても済むような、子どもにとって許容的な環境を提供しているのである。

4 調査設計

私がここで報告するのは、五つのコミュニティにおける参与観察の調査結果である。その五つはアメリカの中流階層の代表的なコミュニティだとはいえないかも知れないが、しかしアメリカの中流階層のコミュニティの特徴を十分に備えている。リトルリーグのプログラムにあるように、調査対象となったリーグには、農村の子どもも、都市の子どもも、貧しい子どもも、黒人の子どもも、ヒスパニックの子どもはごく少数だった。ミネソタ州セントポール市の市域沿いの地域（しかし、郊外のコミュニティから区別することは難しいが）には一つだけリーグがあったが、それ以外のリーグは全て郊外にあった。一つのリーグは中流の下層地区にあり、また別の一つのリーグは、他のリーグに比べて農村的であり、さらに二つのリーグは平均以上の富裕地区にあった。しかしどのリーグにもアメリカの中流階層の生活スタイルが如実に表れていた。調査状況や収集されたデータの詳細は、補論3に載せておいた。ここでは簡単に述べるに留めるが、環境の詳細に関心がなければ、この節を飛ばし読みしてもよい。

(1) ビーンビル

まず調査に取り上げたのは、マサチューセッツ州ボストン郊外の中流の上層とも言える地区にあるビーンビル・リトルリーグである。ビーンビル・リトルリーグは三つのリーグから構成されており、それぞれのリーグには四つのチームがあって、さらにそれぞれのチームには約一五名の選手がいた。リーグでは、月曜から木曜までは夕方の六時から三試合を同時に行っていたが、日曜日には午後一時から三試合、午後三時から三試合の六試合を行っていた。各チームは同じリーグの他チームと四回ずつ試合をし、それから他の二つのリーグの八チームと一回ずつ試合をする。だからトータルで二〇回の試合を行うことになる。試合は六回で終了するが、これは他のリトルリーグでも同じである。このビーンビルでは、試合はたんたんと進められ、勝ち負けにこだわるようなことはなかった。

それぞれのリーグから調査対象としてのチームを選ぶ際に、私は基本的に二つのことを基準にした。一つは、コーチや選手が私を受け入れてくれることであり、もう一つは、シーズン当初に、運動技能、コーチの指導方法、選手要員の点で対照的なチームであることだった。ビーンビルで、この二つの基準に合ったのは、ビーンビル・セントラル・リーグのレンジャーズとエンゼルスという二つのチームだった。シーズン前の予備試合中だったけれども、私は二チームのコーチを訪ねて親交を深め、また選手たちとも、初めはぎこちなかったけれども、すぐに親しくなれた。

レンジャーズのコーチや選手は優秀だったから、当然のことながら自分たちのレンジャーズが勝利するだろうと予測していた。レンジャーズのコーチであるドニー・シャウナゼーは、ビーンビル・リトルリーグのなかでは、ただ一人、選手の父親ではなかった。ただ彼の弟がレンジャーズでプレーをしていた（ドニーはまだ二〇代前半の若者なのである）。

一方、エンゼルスは最下位だろうと予想されていた。エンゼルスのコーチのウィル・ラスキンは、リーグでは初心者だし、これまでは非公式の野球試合で、リトルリーグよりも年下の子どもを指導していた経験しかなかったからである。エンゼルスの、以前のコーチたちは評判がよくなかった。辺り構わずわめき散らしたり、噂では飲酒しながら野球を見ていたりしていたようだ。ウィルは、礼儀正しいことで評判だったが、幾分変人だと見られていた。（野球の上手な）息子を、自らの主義にしたがって、自分のチームに入れなかったりした。エンゼルスの一二歳の選手たちは野球がうまくなかったから、ウィルはチームを立て直すためにまだ幼い一〇歳の子どもを選抜しているのだろうと人々は思っていた。

シーズンの前半は、両チームとも予想通りに進んだ。レンジャーズは他のチームを引き離してリードしていたが、エンゼルスの試合はうまくはなかった。ところがシーズンの後半になって状況は一変した。レンジャーズは後半では二位に落ちてしまったのである。素晴らしいシーズン記録を残したり、プレーオフではセントラル・リーグのホワイトソックス［以下、Wソックス］に勝利したにもかかわらず、である。エンゼルスは、負け試合の記録も残したけれども、アストロズを抑えて、三位となった。
翌年、私は、ホープウェル・リトルリーグを調査していたのだが、その間にも、週に一、二回ほど戻っては、この二つのチームを追跡調査して、文化的発達や文化的な安定性に関する長期的な意味を捉えようとした。この年、エンゼルスは、その前の年に、ラスキンが年下の子どもの中から選手を選抜して指導していたこともあり、一位となった。一方、レンジャーズには、新しいコーチが来たのだが（そのコーチは初老で野球の指導にはあまり熱心でなかった）、その前年には野球の上手な選手がいなくなってしまったために負けを重ねて三位に終わってしまった。

(2) ホープウェル

ホープウェルは、ロードアイランド州南部のプロビデンス大都市圏郊外に広がっている住宅地である。ホープウェル・リトルリーグは、観察調査の対象となったリーグのなかでも最も組織化されたリーグだった。このリーグは、八つのメジャーリーグ・チームから構成されており、それぞれのチームには一三人の選手がいた。各チームは、七週間の間、平日の二日間の夕方六時から試合をし、どのチームとも二回対戦することになっていた。ホープウェル・リトルリーグは、他のリーグと比べると、競争心旺盛で高度な技術を持ったチームだった。

ホープウェルで調査したのは、シャープストーンとトランスアトランティック・インダストリーズ［以下、Tインダストリーズ］の二チームだが、両チームとも前年度は非常に良い成績をおさめていた。その年、この二チームはリーグ優勝を争ってプレーオフで対戦したが、結局、Tインダストリーズが勝った。シャープストーンの方が選抜選手が優れていたから勝つだろうと思われていたが、Tインダストリーズは精一杯戦ったには違いない。この二チームを観察対象に選んだのは、両チームともリーグのなかでは強力なチームだと言われていたからである。こうしたチームを対象に選ぶことによって、個々の選手たちの、チームの文化に対する影響や、ある出来事のチームに対する影響を観察することができる。シャープストーンのコーチは地方大学で体育を専攻した若者で、ピーター・チャドバーンとデーブ・ハンドリーといった。二人とも子どもの競技を将来的にはプロのレベルにまで高めたいという目標を持って子どもを指導していた。この二人は、私が観察したコーチのなかでも、コーチの手順について最も熟知していた人たちだった。しかも若いので、野球場以外でも選手たちと冗談を言い合うような親密な関係を築き上げていた。二人は私が観察を始めた前の年からシャープストーンを指導していたが、二年前にはシャープストーンのアシスタントコーチだった。

Tインダストリーズのコーチは、一一歳になる自分の息子をチームに入れて指導しているという点では、平凡なコーチだった。フレッド・ターナーは、Tインダストリーズを既に数年間にわたって指導しており、優れたコーチと見なされていた。それはチームがうまくいっていることにも示されている。フレッドは、ピーターやデーブと違って、チームの子どもと冗談を言い合うような親密な関係ではなかったが、子どもに野球を教えることを楽しんでいたし、子どもの方も彼を温かく受け入れて、敬意を払っていた。シャープストーンでもTインダストリーズでも、ほとんどの選手は自分たちのコーチがリーグで最も優れていると思っていた。

シャープストーンもTインダストリーズも優れたチームであったから、もちろん優勝を目指して戦った。シーズンが終わったときには、Tインダストリーズ（一二勝二敗）は、シャープストーン（一一勝三敗）を小差で抜いていた。しかし、四チームで行ったポストシーズンの試合では、シャープストーンが勝ち、Tインダストリーズは準決勝戦で敗れた。

(3) サンフォードハイツ

サンフォードハイツはミネソタ州ミネアポリス市の郊外にあり、市の中心部から約二五マイルの位置にある。この郊外地区はほとんどが中流階層か中流の下層であるから、ほぼ同質的な地域だといえる。サンフォードハイツは、調査した五つのコミュニティの中では、社会的レベルが一番低い地域だった。サンフォードハイツは、リトルリーグのために（他のスポーツのためでもあるのだが）、地区を二つに分割して、それぞれ別々のリトルリーグを持っていた。私は、サンフォードハイツの北部リーグを調査対象としたのであるが、そのリーグは七つのチームから成っており、それぞれのチームには一三名の選手がいた。試合は月曜から土曜までの夕方六時半から始められた。しかし土曜の午後三時半からは別の試合が行われた。各チームは、シーズン中一八回の試合を行い、どのチームとも三回試合をする。ただし、その三つの試合は各週に行われる。ホープウェルと同じく、地域の人々はリトルリーグを非常に大事だと考えていたから、参加率も他のリーグに比べると高かった。サンフォードハイツは、ホープウェルを除けば、調査をしたリーグの中では勝つことに一番重きを置いていたリーグである。

調査対象に選んだ二つのチームは、シーズン期間中、全く違った予想をされていた。ドジャースは、前年度はリーグでは二位で、ブルックリンセンター地区トーナメントでは優勝していたから、今年度は一位になると予想されていた。上手な選手たちがまだ大勢残っていたし、また一二歳の上手な少年がメンバーに加わったからである。その少年の父親はチームのアシスタントコーチになることが決まっていた。ドジャースのコーチであるダグ・ライリーは、ぶっきらぼうだったが、リーグでは非常に評判の高いコーチの一人で、選手たちからも慕われ、尊敬されていた。しかし、ドジャースは、期待に応えられず、三位に終わってしまった（一一勝七敗）。だが、リッチフィールド地区招待選手トーナメントでは、準決勝まで進んでいった。

一方、ジャイアンツは、好成績をおさめるとは予想されていなかった。コーチのポール・カスターは経験もあまりないし、練習時間もあまりなかった。彼が指導しているのは、ジャイアンツのコーチが突然に辞任したからという単純な理由だった。カスターは予選の段階になって初めてコーチに選ばれたし、チームの選手たちもリーグ管理者に初めて選抜されるという有り様だった。カスターは有能だったが、時間も経験もなかったから、そのことがジャイアンツでは不満の種になっていた。また、一〇歳になる自分の息子を選手として起用するのはおかしいと思っている選手たちも何人かいた。ジャイアンツは敗戦記録を作り、結局八勝一〇敗でシーズンを終えた。翌年、リーグは、選手たちが少なくなったため、七チームから六チームに減らさなければならなかったが、そのあおりをくってジャイアンツは解散した。ジャイアンツに残っていた選手たちは他のチームへと分散していった。

(4) ボルトンパーク

アローヘッド・リトルリーグは、ミネソタ州セントポール市周辺に位置する三つの地区――ボルトンパークの南部、ウェスコット地区、アーバン・グレン地区――に居住している子どもがメンバーだった（私のメモには、そのリーグをボルトンパークと記している）。この三つのコミュニティは、いずれも中流の上層階層地区であるという点では、ビーンビルと類似している。リーグはそれぞれ一四名の選手をメンバーとする六つのチームから構成されている。各チームは、週二回の試合ペースで一八試合が組まれていた。試合は、月曜日から金曜日までは午後六時半から、日曜日は午前九時半から開始された。一週間に相手チームと二回対戦する。一回は地元チームとして試合をし、もう一回は遠征チームとして試合をする。こうしたやり方は、上手なチーム同士が試合をする週になると、チームのライバル意識を高めることになると思われる。しかし、リーグ全体の雰囲気は、サンフォードハイツやホープウェルのリーグよりも競争意識が希薄だった。

どのリーグでも、自分のチームがレッドソックス［以下、Rソックス］よりも下位になるとは考えてはいなかった。Rソックスは、その前年には、わずか三勝しかしなかった。選手は一二歳の経験の浅いものばかりだったし、上手な選手もいなかったからである。Rソックスのコーチは、善良で好感のもてる人だったが、野球の作戦の考え方が変わっていたし（例えば、一塁ベースへのスライディングなど）、コーチとしては当然の、決まりきった指示でさえもチームのメンバーには伝わっていないこともあった。アシスタントコーチも、善良な人だったが、試合に勝ったという経験がほとんどなかった。Rソックスの結果は予想通りだった。Rソックスは、リーグのなかでも弱いと評判の二チームに勝っただけでシーズンを二勝一六敗で終了した。しかも、ある試合では三六対四という驚くほどの差をつけられて大敗したのである。

リーグ優勝をするだろうと予想されていたのはオリオールズだった。オリオールズは、サンフォードハイツ・ドジャーズと同じで、一二歳の選手ばかりだったが、野球の上手な選手たちが集まっているチームだったし、コーチの指導も適切だった。結果は二位と同率で終わり（一二勝六敗）、好成績だったけれども、期待されていたほどの力を発揮することはできなかった。

(5) メープルブラフ

最後の調査地は、セントポール市の中流の上層階層地区、メープルブラフだった。メープルブラフは、市域内にあるが、郊外のような雰囲気をもった地区である。このリーグについては、私の研究室の卒業生であるハロルド・ポンティフが研究助手として調査に協力してくれた。調査したリーグのなかでは、このメープルブラフが組織度が一番低く、リーグのルールもリトルリーグの公式規定に合っていないところが多かった。特に、選手指名制度やチーム構成について違っているところが多かった(詳細は補論3)。メープルブラフでは、選手資格が一一歳と一二歳に限定され、また選手は同じチームに継続して所属するのではなく、毎年新しいチームに配属されて、所属チームを変更していくというやり方をとっていた。リーグには九つのチームがあり、各チームは他のチームと二回試合をすることになっていた。試合は、平日の夕方六時半から始められた。

メープルブラフのチームは、選手が毎年交替するために継続性がなく、新しい選手が多いからチームの成績を予想することは難しかった。観察調査に選ばれたのは、パイレーツとWソックスという二つのチームだったが、この二つのチームを対象に選んだのは、それぞれのチームのコーチの指導方法が対照的だったからである。パイレーツのコーチであるフィル・コンクリンは、リトルリーグのチームで一六年間もの長い間、コーチをしてきた真面目な人で、選手を指導していくための基本的な技術や原理についても詳しかった。彼は選手たちから尊敬され、好感を持たれていたけれども、選手たちと対等な関係を築こうとはしなかった。彼を手伝っていたのは、息子のテリーだった。テリーは選手と友好的だったけれども、何かよそよそしいようなところがあったりして選手に対しても厳しいところがあった。

Wソックスのコーチは、ブルース・シルバースタインとミッチ・アシュトンの二人だったが、二人とも息子がWソックスの選手になっていた。二人はのんびりとしたタイプで、選手とも冗談を言い合うような関係だった。パイレーツのコーチのコンクリンは経験豊富だったけれども、それと比べると、この二人はコーチの経験も浅く、またコンクリンはチームに対してチーム精神の向上を求めていたが、二人のコーチはチーム精神の向上を求めることはなかった。しかしそのために二人のコーチは、選手たちから好かれ、コーチとして買われていた。

シーズンの結果は、パイレーツが圧倒的な勝ち星で優勝した(一三勝三敗)。一方、Wソックスは、全力で戦ったけれども、結局は勝率五割(八勝八敗)で終わった。

この五つの調査対象の簡単な素描からも分かるように、各リーグは細部ではそれぞれに異なっていた。しかし、そうした相違はあっても、野球の競争関係の構造は同じだった。選手は、チームから選ばれて、二〜三ヵ月の間、週に数回の試合をするのであるが、この間に選手たちは互いに知り合い、対戦チームの大勢の選手たちに会ったり、またさまざまな権限を持っているいろいろな大人（コーチ、審判、保護者）に会って、関係を築きあげていくようになるのである。

第1章　リトルリーグと成人組織

リトルリーグを支持するにせよ、批判的であるにせよ、リトルリーグの野球では誰もが子どもに対してきめ細かな指導をする必要があると思っている。前青年期の子どもとはいっても、単にコーチに動かされるだけのチェスの駒ではない。しかし実際のところは前青年期という発達段階にある子どもでも、大人の指示通りに行動せざるを得ない。その点からいえば、リトルリーグといってもさまざまな局面があり、それぞれの局面は、コーチや審判や保護者というような大人の強い要求によってそれぞれに構成されているといえる。私が少年スポーツを取り上げた理由もここにある。私は、この研究で、リトルリーグの人的資源、環境の構成、野球の公式ルール、試合における大人の立場について分析したいと思っている。リトルリーグの野球は子どもの「遊び」には違いないけれども、しかしそれは自由な形態の活動を組織化したスポーツともいえるような特別な遊びなのである。

1　人的資源

組織化されたスポーツというのは単なる活動というのではなく、まさに状況的活動だといってよい。実際、人間の全ての活動とはいわないにしても、人間のほとんどの活動は、それが適切に行われていくためには人的資源を必要とする。活動が組織化されているほど、その活動を遂行していくためには人的資源が必要である。大人が運営する少年野球であっても、参加者全員を満足させるためには堂々とした陣容が整えられるほどの人的資源が必要なのだ。こうした人的資源についても、リトルリーグでは大人が人材を集めて、組織し、配置したものであって、前青年期の子どもは自分たちの問題だとは思っていても、実際には何も口出しすることができない。どのリーグにもリーグ全体を監督する大人の指導者の役員会があって、さまざまな問題を解決するように一任されている。役員会の構成は各リーグによって異なっているが（コーチ全員が役員だったり、何人かのコーチが委員だったり）、選手（あるいは元選手でさえも）が代表者になっているようなリーグは一つもなかった。子どもたちを代弁するような人は誰もいなかったのである。どのリーグの大人も確かに（間違いなく）子どものことを気にかけていたと思われるし、また、何をすべきかということについても大人も子どもと同じような考え方をしていたと思われる。しかし大人と子どもの見方が異なるような場合は、大人の見方の方が正しいということになってしまうのである。

リーグでも人員の適正配置ということが中心的な問題だった。各チームに少年たちを割り振り、その割り振りが数の上で平等になるような、また年齢や能力の点でも平等になるような、そういう仕組みが要求される。どのリーグも、年が変わっても、常に安定したチーム構成を望んでいるから（メープルブラフ以外のチームでは毎年新たに選手を選んでいた）、ある年にあるチームに配属された選手は一三歳になるまではそのチームに留まっている。そして一三歳になると年長少年のリーグに配属されるのである。このことは、あるチームは、年が変わっても常に強いままでいることを意味している。あるリーグでは、このことを認めて、前年に最下位であったチームがドラフトで最初に選ぶというプロスポーツ並みの形式を採用している。このことはリトルリーグでは、どのチームも能力という点では、一定程度の幅はあっても、平等であるべきだということを意味している。しかし選手の能力を判定することは容易なことではない。そのためにどのリーグでも実力試験を設けて、リーグを志望する少年全員に実施している。この場合には、リーグが大人に組織され運営されていても、どの選手にも、投げられたボールを打ち（熟練した子どもや大人が投げたボールであっても）、また打たれたボールを捕って投手に返球するというチャンスがある。どのようなオーディションの場合でもそうだろうが、少年たちは数分間は「舞台上にいる」わけだ。しかし、こうした実技を見たとしても大人が分かることは限られていた。ただ、コーチにとって幸いなことは、仲間の評判を知ることができるし、また少年たちがマイナーリーグでプレーしていたなら、そのときの戦力情報によって少年たちについての過去の情報を得ることができて、実技の判定を補強することができるということである。もちろんどのコーチも判定を下す際には自分たちの基準を要求する。実力試験によって十分な情報が得られれば、コーチはチームが平等になるようにドラフトで少年たちを選ぶのである。

ドラフトでは、コーチは自分のチームに新しく入る少年たちを順番に選んでいく。大方のリーグは、チームには一二歳の少年は一定数しか入れられないようにルールで決めている（大体が八〜一三人）。これも平等を保障するためのものなのである。

もちろん選手も人的資源の供給源というばかりではない。どのチームも少なくとも一人のコーチが必要である。しかし、コーチになると時間的にも感情的にもコーチであることを要求されることが分かっているから、コーチを確保するのは容易なことではないのである。だから必要なだけのコーチを採用するためには、時にはそっと圧力をかけることも必要となる。そういうときに、社会化というインフォーマル・システムが作用して、本気でコーチを自分の仕事として引き受けるような成人男性も出てくるし、またほどほどの調子で引き受けるような成人男性も出てくる。しかし時には、こうした社会化が作用しないこともあり、そうした場合には、その人は次の年にはコーチとして招かれないのである。それははっきりと「解雇」してしまうよりも徐々に「静まっていく」のを待って招かないようにしていくのが通常だからである。その上、リーグは審判、グラウンドキーパー、記録係、アナウンサー、軽食スタンドの従業員を雇用して報酬を支払わなければならない。どのチームもこうした難しい問題をそれぞれに処理していたが、どのような人材を確保するにせよ、そのためにはさまざまなことを決定しなければならない。どのリーグにもそれぞれに設立の伝統があるから、こうした決定についても当然のことと思われていたけれども、しかしだからといって決定しなければならないという事実がなくなるわけではない。

リトルリーグは、学校、教会、家族、行政機関、企業といった社会制度とネットワークを結んでいる。少年たちがプレーしている時には、こうした社会制度についてあまり考えることはないけれども、社会制度はさまざまな影響を及ぼすこともある。こうした社会制度の存在に気づくのは試合や練習の時間調整の時である。リトルリーグの試合は学校や教会に支障をきたさないように時間が決められていた。ビーンビル以外に日曜日に試合をするリーグはない。ビーンビルは日曜日の午後に試合をするスケジュールを組んでいるが、これは厳密に言えば、リトルリーグの公式ルールに違反している。父親たちは、仕事のスケジュールを変更してまで、子どもをコーチしたり、子どものプレーを見ようとは思っていない。家族の規範を支えているのは、コーチには自分の息子を自分のチームに入れる権利が与えられているとか、また兄弟を同じ自分のチームに一緒に入れてもよいというようなルールなのである。

企業や行政機関からは、正式に財政的な援助や必要に応じての援助が申し込まれることがある。たいていのリーグでは、地元の政治家を招待して開幕戦での挨拶をしてもらったり、始球式のボールを投げてもらったりしている。それは政治家にとっても、またリーグにとっても象徴的な意味を持っている。リーグは公有地を使うから、地元の公園やレクリエーション部と交渉して使用料を支払ったり、またその使用には維持・管理をも含んでいることに同意しなければならない。消防署や警察署もリトルリーグのスポンサーになることがある。さらには地元企業がチームのスポンサーの話を持ちかけてきて、リーグのプログラムや球場、選手のユニフォームの背中に広告を載せたいと申し出ることもある。地元の新聞も、こうした少年たちのスポーツを熱心に報道した。リトルリーグは、こうした愛国心の強い、道徳主義的な組織にふさわしく、行政や企業との密接な結びつきも正当なことだと認められていた。しかもリトルリーグが活動するために必要なもの、例えば、バット、ボール、ベース、救急箱などの代金を一人ひとりの親が支払わなくても済むように、行政や企業は助成金を申し出ていた。だが、リトルリーグが大規模化してくると、多くの組織を必要とするようになり、そうなればインフォーマルな試合でたまたま出会うような支援者という人材供給だけでは間に合わなくなってしまう。ある見積もりによれば(一九七〇年代後半のボルトンパークの場合)、リーグ(マイナーリーグを含めて)を一年間運営するためには五、〇〇〇ドルが必要だという。こうなれば、子どものスポーツは遊びであるべきだという言葉の意味がどうであれ、リーグ組織はもはやインフォーマルなものとは言えなくなってくる。

2 環境

物理的環境は、どのような活動に対しても、物理的な制限を加えたり、また社会的な制限を加えたりする。実際、高く打ち上げられたフライをフェンスを走り抜けてキャッチすることができないように、確かに、物理的な制限はある（キャッチできるかもしれないと無意識のうちに走り込む選手はいるだろうが）。しかしそのことは社会学的視点からは問題にならない。重要なことは、大人がつくり上げた物理的環境が制限を加えるという意味での社会的コントロールである。

リトルリーグの野球場は、親や仲間という観客を巻き込んでいく。五つのリーグは親や仲間が試合を見物するのに便利なように内野の側の近くに観客席を設けていた。[1]（サンフォードハイツ、ボルトンパーク、メープルブラフの）三つのリーグは見物している親や仲間の要求に応じて特別席を用意していた。（ホープウェル、サンフォードハイツ、メープルブラフの）三つのリーグの場内のスピーカーを見れば、これらのリーグがファンのために環境整備をしていたことが分かるだろう。場内のスピーカーは試合をしている間中、観客に今プレーしている選手が誰であるかを知らせていた。選手の名前も分からず、その選手の経歴もポジションも記録も分からないというような試合なら、見ていても楽しくはないし、スポーツとしては面白くないからである。だからリトルリーグという組織のなかでは、観衆は選手と同じくらいに重要なのだ。リトルリーグの試合は、競技というよりも、むしろパフォーマンスだと言ってもよい。

野球場は、表面上は、選手の楽しみ、安全、技術のことを考慮しているように見えるけれども、実際は観衆が快適に試合を見物できるように設計されている。野球場は、表舞台（試合場）、裏舞台（ダグアウト）、観衆の座席（正面観客席）といったように、まさにドラマチックなパフォーマンスの舞台なのである。このような配置はプロスポーツの野球場のミニチュア版のように見えるけれども、リトルリーグの野球場とプロスポーツの野球場とは同じではない。リトルリーグの野球場は成人の野球場よりも小さいし距離も短い（塁間は九〇フィートよりも短く六〇フィート）［訳注1］。しかも見物人はリトルリーグの選手の行動に対して親近感を抱いているし、観客と選手との社会的な隔たりも小さいから、こうした舞台装置の効果は実際のコロセウムの効果とは全く違っているのである。

プロ野球では、ファンが選手と感覚的な繋がりを感じるのは視覚を通してだけである。観客席にいる人々はグラウンドでの選手の声を耳にすることはできない。事実、人々は選手が大きな動きをしたとき以外は選手の感情を知ることはできない（だから野球の審判は大げさなほどのジェスチュアでジャッジを下すのである）。しかしリトルリーグの野球では、観客と試合をしている選手との距離が近いから観客は選手の感情が手にとるように分かるし、選手同士の話さえも聞くことができる。少年たちは公開試合だからといって緊張を強いられるわけではないし、少年たちの方も観客席の近くまで行くことができるから観客には選手の感情が手にとるように分かるのである。

こうした環境の特徴は観客の側からも言える。プロ野球のファンは、ごく平凡な大衆——個人として特定できない——であるが、しかしもしそのファンが誰であるかはっきりと分かるのであれば、人前で恥ずかしい思いをするような行動はとらないだろう。しかし、リトルリーグには、このような匿名性はない。親に対する直接的な批判がしばしばみられることでも分かるように、リトルリーグには親近感とパーソナルな関係という特徴がある。

リトルリーグは実際には、公開イベントと同じで、野球場の状態が重要なのである。野球場の状態がそのまま観客の満足に繋がっているからである。野球場は、丹念に刈り込まれた芝生、ホームストレッチ、石灰で敷かれたばかりのファウルライン、新しく際立つように描かれたベースラインといったプロの野球場と同じようにするべきなのである。大人の役員に課せられた重要な問題の一つは野球場の管理である。あるリーグでは（ボルトンパーク、サンフォードハイツ、ホープウェル）、少年たちに名目的な賃金を支払ったことにして球場を管理していたし、他のリーグでは親やコーチの「ボランティア」によって球場を管理していた。野球場の状態は選手にとってはそれほど重要なことではないが、この種の仕事には大人が関係しているためにあれこれ批判的に言われるのである。サンフォードハイツの一人の父親は次のように述べている。

息子は三年間、野球場でプレーしていたが、野球場は立派なものだった。しかしサンフォードハイツの役員は今年は野球場を全く管理しなかった。芝生も刈らず、何もしない。実に横着な球場管理だった。ブルックリンセンターとかイーテン球場に行ってみれば、野球場が完璧に管理されているのが分かるというものだ。実にすばらしい。リッチフィールドも同じだ。われわれの野球場とは比べものにならないほどきれいだ（親へのインタビュー）。

これは、どう見ても組織の問題であり、サンフォードハイツに対する企業や市民の財政的援助が少ないことに原因がある。この父親の批判は、この野球場は全くと言っていいほどに美的感覚が欠けているというものである。たとえて言えば、プロ野球の選手の実力を見るために草の多い広々とした場所を綺麗に整え、準備をして待つというような雰囲気がないのである。サンフォードハイツの子どもが（両親の暗黙の承認を得て）インフォーマルな試合をするような街路、空き地、裏庭、草地といった場所は維持・管理されているが、それと比べると、グラウンドは全く整備されていない。しかしだからと言って選手が危険な目に遭うほどのことでもない。こうした批判は、リトルリーグにとって、物理的環境がきわめて重要な問題であることを示している。コーチや親の態度というものは、どのリーグでも同じで、他の町の野球場の青々とした芝生をねたましく思い、だからそれ以上に自分たちの町の野球場の芝生をいつも青々としておきたいという思いを強く持っているのである。

なぜ、こうした感覚的な態度が問題なのか？　それは、野球場が、舞台装置と同じで、相互作用を理想的に定義できるような場になると思われるからである。このことはリトルリーグがプロ野球のリーグと組織的にはほぼ同じであることを示している。プロ野球の観客は野球場のダイヤモンドが伝統的に牧歌的な緑と茶と白で完璧に仕上げられていることに注目している（Novak 1976, 57）。リトルリーグでも同じように環境が強調されているので、今日においても試合は人工のエデンの園を舞台にしているのである。

3　ルールと裁定

環境と同じように、リトルリーグの公式ルールも大人が決めている。それは少年たちの話し合いによっても変更されることはない。リトルリーグは全国組織で決められているルールにしたがわなければならない。そしてコーチや審判は、こうしたルールに精通していなければならないし、ルールを例外なく守らせなければならない。選手は、ルールを覚えていなければならないというわけではないが、しかしどのような行為が認められ、またどのように行為することが要求されているかぐらいは知っておかなければならない。選手はルールについて精通しているコーチの指導にしたがわなければならない。

全国組織は毎年新しいルール集を各地方のリーグに送っている。しかし少年野球の試合にとって、一九八四年の六二頁にも及ぶようなルール集は細かすぎる。ルールというのは、試合中に偶然に起こるかもしれないような、さまざまなトラブルを想定して、審判がコーチから何の非難も受けずに済むように、判定の根拠を与えるものなのである。

ルールが必要だという事実に、リトルリーグの競争心を垣間見ることができる。しかし子どものインフォーマルな遊びには、そうしたフォーマルなルールなどもともと必要ないのである。ピアジェ（Piaget 1962）は少年のビー玉遊びに注目して、年長の子どもなら試合のルールについて話し合うことができると述べているが、こうした話し合いこそが発達的視点から見れば価値のあることなのである。子どもがインフォーマルな遊びをしているときには、こうした話し合いはそのまま続いている。例えば、二塁ベースに使っていた古いジャケットがもともと置いてあった位置からズレたときにはどうすればよいのか。一〇歳の子どもに向けてボールを投げるのに一二歳の少年に向けて投げるのと同じように投げることが果してフェアなことなのか。こうした問題は、試合を進めていく上で重要なことであり、参加者全員の話し合いで決められていくべきことなのだ。

リトルリーグでは選手による話し合いなど考えられない。ルールが最終的な決定権を持っている。少なくとも少年たちがルールについて異議を唱えることなど許されない。実際、選手が審判の判定に異議をはさむことなどはほとんどない。たまに選手が審判の判定について異議を唱えることがあるが、そうした場合であっても審判はその異議を取り上げることはないし、またコーチも審判を支持して、選手に審判の判定にしたがうように言うのである。

ファーニチュアマートが一二対三で負けている試合の最終回のときである。ファーニチュアマートの選手の、セーフだと思われるような一塁ベースでのプレーを審判はアウトにした（これで試合が終わってしまったのだが）。選手は驚いて判定に怒り、大声で審判に抗議した。「一塁ベースがどこにあるか、分かっているのか」とか「眼鏡がいるぞ」とか。コーチは判定が間違っていると思っていたけれども、選手を落ち着かせ、抗議しないように言い聞かせたのである。試合終了後、コーチは試合に負けたことで選手を叱ったが、また決して審判を非難してはいけないと注意したのである（ホープウェルでのフィールドノートより）。

選手は大人の決定に対して異議をはさむ「立場」にはなく、その決定にはしたがわなければならない。

しかし、大人の間ではルールについて話し合う自由がある。地方のリーグや全国組織を訴えるという最後の手段もあるが、その他にもコーチと審判との間にはある種のギブ・アンド・テイクがあって、[2] コーチの反対意見が納得がいくものならば——こうした反対意見が故意ではなくて、公平な立場から出てきたものであれば——、判定を覆す審判もいる。内野フライでダブルプレーと判定した審判がいたのだが、そう判定されたチームのコーチはすぐさま抗議をした。そこで審判は、ルール集を入念にチェックした後で判定を取り消したのである（ビーンビルでのフィールドノートより）。またコーチが、キャッチャーが捕ったファウルチップを三回目で最後のストライクだと抗議して、審判に認めさせた例もある。リーグでもまだ他の審判は、このルールを適用していなかったときだったが、そのようなときでさえも、このような例があったのである（ホープウェルでのフィールドノートより）。ボルトンパークやサンフォードハイツでインタビューをした一三人のコーチは、全員が試合中に審判と判定を巡って「話し合う」場合があることを認めている。

質問：あなたは、コーチが判定を巡って審判に異議を唱えたり、話し合ったりするようなことがあると思いますか。

回答：あると思います。審判の判定以外に何かあるようであれば。明らかにルール違反で、審判が間違っているとすれば、当然判定について話し合うべきでしょう。紳士的な態度で話し合うべきだと思います（ボルトンパークでのコーチへのインタビューより）。

質問：あなたは、コーチが審判の判定に異議を唱えるようなことがあると思いますか。

回答：あると思います。そのようなことがあると予想していますし、そうするべきだと思っています。審判が間違っていたり、間違っていることが分かっていれば、間違っていることを認めさせなければならないし、もし審判がその間違いを認めないなら、間違っていることに抗議しなければなりません。それがマネージャーの仕事だと思います（サンフォードハイツでのコーチへのインタビューより）。

この前提には、審判の判定に優先する、不変のルールがあって、そのルールが間違いを正すのだという期待がある。

理論的に言えば、十分なルールであれば、試合中のどのような不慮の事態に対しても判定の指針を示すことができる。だが、実際にはルールだけでは十分でない（Fine 1983を参照）。

だから混乱するような場合には大人が話し合って解決しなければならない。

六回裏、Wソックスはパイレーツから一挙五点を奪って、六対五にまで追いついた。しかもツーアウト満塁である。だから次のプレーで試合が決まるという場面だった。ピッチャーの投げたボールは、バッターがのけ反ってボールを避けなければならないようなコースに飛んできた。危険球である。しかしバッターはボールを避けずに、ストライクゾーンに頭を突き出すようにしていた。当然ボールはバッターの頭を直撃した（怪我はなかった）。Wソックスはボールがバッターに当たったから押し出しのフォアボールで試合は同点になったと思った。だから勝利の絶好のチャンスを得たとばかりに歓声をあげてわき立った。しかしパイレーツのコーチは、バッターは一塁には行けないはずだと抗議した。そこで両チームのコーチは審判であるウォーレン・ダールグレンの判定を求めた。しかしウォーレンは、これはお手上げだとあきらめたのか、「私には分からんよ。今まで頭でボールを打つような子どもはいなかったからな」と言って判定を拒否した。ウォーレンはパイレーツのコーチであるフィル・コンクリンのところに歩み寄って意見を求めた。フィルはウォーレンに一連の出来事をどう思うのかと尋ねてから「ツーストライクでまだバッターは打席に立っているんですよ」と礼儀正しく冷静に答えた。この判定でパイレーツは救われた。すると、Wソックスのコーチであるブルース・シルバースタインは審判に向かって「いったいパイレーツのコーチから何を言われたのだ」と大声で怒鳴った（メープルブラフでのフィールドノートより）。

紛糾した事態に、選手も業を煮やして騒ぎだし、スタンドの親も論争に巻き込まれて審判に向かって大声で喚いた。四人の若者はバックネットにしがみついて審判に向かって何か叫んでいた。審判は困り果てていた。このときテリー・コンクリンがウォーレンの傍に歩み寄って何か話した。テリーはフィルの息子でパイレーツのコーチである。テリーがベンチに引き返してからウォーレンは大声で判定を述べた。「バッターアウト」。この判定はWソックスにとっては試合に勝つか同点かというチャンスを逃してしまうことになる。ブルースはすぐに「何がどうなったって言うんだ」と大声で叫んで、フィル・コンクリンと審判が話していたホームベースに向かって走っていった。フィル・コンクリンと審判は、もしバッターが自分からストライクゾーンに頭を突っ込んでいったのならアウトだと大声で説明した。問題は、バッターが頭を引っ込めるのではなく、ストライクゾーンに突き出すようにしていたのだから意図的な行為ではなかったのかというのである。

選手はグラウンドに集まって戦闘態勢に入っていた。しかしコーチはWソックスのリーダー格の少年にベンチに戻るように言った。フィル・コンクリンも同じようにチームの少年たちにベンチに戻るように言ったため最悪の事態は避けられた（メープルブラフでのフィールドノートより）。

ルールについての話し合いというのは、試合中の出来事としては異例で、特異な例である。だからリトルリーグの試合がいつも混乱状態で終わるのだと言っているわけではない。この例は審判も判定を覆すこともあるし、コーチはそのための情報を提供できるということを言っているのである。ルールには常に解釈が伴うが、そうしたいくつかの解釈のうちのどれが妥当なのかは明らかではない。実際、この場合でもいろいろな解釈ができる。確かにデッドボールだったのか（もしそうならバッターは一塁へ行く）、ボールはストライクゾーンの外だったけれどもバッターが避けようとはしなかったから当たってしまったというデッドボールなのか（その場合は、いわゆるボール）、ストライクゾーンに入るようなボールだったけれどもバッターに当たったからデッドボールになったのか（この場合はストライク）、バッターによる故意の妨害だったのか（この場合はアウト）。最初の三つの場合は、ルール 6.08b が適用されるし、四つ目の場合はルール 6.06c が適用される。しかし塁に出るためにデッドボールになろうとバッターボックスに故意に頭を突き出すような選手の行為については何も決められていない。ルールがうまく適用されるような場合でも、それなりの解釈が必要である。そしてコーチによる話し合いというのが、この解釈過程なのである。

ルールを解釈するというのは、ルールを基礎にした理論である。それはもはや議論の必要のない、いわば結審をする裁判所のような役割をなす。しかしそのような見方はルールの意味合いを見失ってしまうことになる。リトルリーグのルールも、法律と同じで、実際には複雑すぎて、その全部を覚えておくことができない。試合というドラマの最中に、コーチがことあるごとにルールを読むというような時間はない。実際、ルール集が話し合いになくてはならないものだというわけでもない。むしろコーチは、野球ルールの意味について話し合うなかで、同じような出来事が起こって、それが解決されたときの前例を引き合いに出し、（記憶の中のことではあるが）自分の解釈を裏づけるようなルールに当たってみるべきではないのか。前例について話し合うことも実際には、非常に有効である。というのも、そうした前例のなかで同僚の審判の判定が自分の判定に関わっているようなことがあるのなら、審判は、たとえその同僚の審判に不利な判定になろうとも判断しなければならないからである。公正な判定が犠牲にされルールが優先するようなプロ野球とは違って（同僚の審判が即座に覆さない限り、最初の審判の判定がたいていは最終判定になる）、リトルリーグで強調されることは、どのチームに対してもフェアであることが優先されるということであり、そうした試合だけがリトルリーグの試合なのである。そしてフェアであることが維持されていることを確かなものにするためにコーチは審判と忌憚なく話し合える権利を持っているのである。

試合を進めていくためには秩序が必要である。右の例で言えば、審判が判定できなかったことが、一種の空白を生み出し、それが混乱をもたらしたのである。審判は組織的な地位であるから、もし審判が判定を拒否するという初めの姿勢に固執すれば、試合を続けていくことはできなかっただろう。試合が終盤戦になって混乱し、何の判定も下されないならば試合は終わらない。ウォーレン・ダールグレンは何としてでも秩序を保とうとしたから、審判としての正当性を無視するような判定を下したけれども、審判が持っている権威を振り払うことはできなかった。彼のために試合に空白状態が生じ、支配権を巡っての争いが起こったけれども、審判という決定的に重要な役割から逃れることはできなかったのである。

最後に一つだけ指摘しておきたいことがある。それは全国組織が各リーグに伝えたルールのことである。五つのリーグのうちで、そのルールに素直にしたがっているリーグは一つもなかったし、他のリーグを観察したときにも、リトルリーグのルールをそのまま守っているリーグはなかった。ルールを作り変えているリーグが多かった。だが、それは野球のルールを変更したというよりも、リトルリーグが地方でのリーグ活動を制限していたからである。日曜日に野球をするリーグ、選手から入会料をとるリーグ、試合中にコーチが煙草を吸うのを認めているリーグさえあった。シーズン前やシーズン後の試合というのはルールに違反していた。どのリーグもルールを堅く守ることを公式に表明していたけれども、それにもかかわらず、自分たちの都合のよいようにルールを解釈したり、ときには無視したりしていた。

それと関連してもう一つ問題がある。それはルールの解釈ではなく「審判の判定」のことである。ルールを解釈する場合と同じように、そこには真実の、正確で公正な決定があるという思い込みがある。ルールの場合、「正しい」決定はルール集に記述されているから、コーチはその記述されていることについて言及することができる。しかし審判の判定の場合には、いったん試合が終わってしまえば証拠はすっかりなくなってしまう。コーチは、起こったことは明白ではっきりしていると思っているだろうが（アウトかセーフである）、そのことは実際には証明できないことなのだ。だからスポーツ競技場では審判は意見の食い違いが起こらないようにしなければならない。試合は、見方によっては、全く違った意味を与えられる（Hastorf and Cantril 1954）。だから審判はすばやく判定して、そのような判定しか有り得ないように振る舞えると、トレーニングの際に、特に注意を受けるのである（Askins, Carter, and Wood 1981）。

コーチは、判定について文句をつけるべきではないということを十分に承知している。コーチは、審判が考えているようなことは起こらなかった（少なくとも同じ順序では起こらなかった）と言い返せるだけである。コーチが判定について文句をつけるべきではないという意見は、よく引き合いに出されるが、しかしそれがいざ試合となれば、実際の行動とはずれてくる。審判が目にあまるような「間違い」をすると、コーチも審判に対して文句をつけることがある（場合によっては互いに文句をつけ合うこともある）。しかしコーチが判定について絶対に文句をつけないのは、判定に文句をつけると試合に勝てないし、そうした文句はルール違反（ルール9.02a）だからである。審判は判定に異議を唱えるようなコーチを試合から退場させる権限を持っているけれども、実際にはそうしたことはめったになく、そうした話も事実に基づいてのものではない（三年間の研究期間中に一度あっただけ）。コーチが（ときに選手もだが）審判の判定に文句をつけることもあるが、しかしそうした意見の違いも、また腹立たしさからくる怒りも、ルールの解釈についての言い争いとは違って、審判は気にも留めないだろうとコーチは思っている。審判がボールをストライクとしたり、アウトのランナーをセーフとしたりしても、判定が覆ることはまずない。

4　指導者としてのコーチ

リトルリーグの野球は、他のスポーツと同様にまさに演劇の上演だと言ってよい。少年たちは演技者であるから観客に向けて自分たちの役割をきちんと演じられるように監督してくれる指導者を必要とする。コーチは教育的な活動をするだけではなく、指導者でもあるのだ。

リーグでは、審判と同じように、コーチを積極的に入れている。だが、まったく無報酬の仕事であるために春や夏の期間に快く時間を割いてくれるような成人男性を探すことは難しい。だから結局のところは、リーグも土壇場になってからコーチを引き受けてくれる成人男性を採用している。こうした成人男性は地域の子どものために、また自分の子どものために手助けしたいと自発的に申し出てきた人たちである。

質　問：リトルリーグのマネージャーになろうと思ったのはどうしてですか。

回答1：いつも子どものことが気になっていたし、それにボランティアで手助けする親も少ないようだから。手助けと言ってもまだ一年しか経っていないけれど、子どもたちはもうリトルリーグのマイナーの二年目だし。だからと言って親も全部の試合を手助けできないから、それで困るんです。結局は都合のつく四、五人の親で何とかしようとするのですけれども、なかなか手助けにならないし、続けられなくなってしまうんです。だから自分のスケジュールの方を試合に合わせるようにしたんです。そうするしかないと思ったのです。

回答2：子どもが好きだったし、若い人たちと一緒に何かをすることが好きだったから、五年間見習い監督をしましたよ。若い人と一緒に活動するのも、何かを教えようとするのも楽しいことでしたよ。

（質問：具体的に言えば、どのようにしてリトルリーグのマネージャーになったのですか）

前のマネージャーの奥さんが亡くなったとき、後を引き継いでくれないかとマネージャーに頼まれたので、引き受けたのです。［この人は、その時アシスタントコーチをしていた］（ボルトンパークでのコーチのインタビューより）。

こうした説明を聞けば、コーチになったときの状況も――プログラムを実行させるために手助けをしたいという人がいれば受け入れるというリーグの態度――、子どもに関心があって手助けをしたいという人たちの考え方も理解できる。

コーチを引き受けたときの理想的な動機も明らかになる――野球の技術を教えて人格を鍛え上げたいとか、子どもを楽しませたいとか、またシーズンを通して勝ち抜くようなチームにしたいとか（第3章参照）。しかしコーチは、どのような理想的な方針で臨もうとも、結局は試合で好成績をあげるために（試合に勝つために）、チームを組織していくというお決まりの仕事に次第に巻き込まれている自分に気がつくのである。コーチは人格の形成や野球の技術指導という理想的な仕事ばかりではなくチームの秩序を維持していくという実践的な仕事にも関わっている。チームは、社会的単位として見れば、まだ組織化されているとは言えない。それは個人の行動が組織化されていないというのではなく、さまざまな行動が集合的に焦点づけられていないのである。集合的に焦点づけられているような場合というのは長くは続かない。ブルーマー（Blumer 1969）の言う、個人の行動の方向を適合させるという意味の連携的な行為（joint action）の概念はまさに的を射た隠喩である。というのもコーチという立場は組織者とか指導者とかを意味するからである。選手が球場から離れている時でも、あるいは球場にいて決まりきったことをしている時でも、コーチには選手の行動を方向づけ、注意を向けさせる責任がある。だからコーチはチームのメンバーに「もっと注意しろ」、「もっとてきぱきやれ」、「もっと仲間をカバーしろ」と絶えず注意するのが普通である。チームの打順を決め、九人の選手の守備の配置を決め、選手がいつでもアウトにできるよう気を配るようにさせるのもコーチの仕事である。しかしどのリーグでも、またどのチームでも、選手はこうした試合のやり方には全く気がつかないためにコーチはいらだつのである。

リトルリーグの組織から言えば、コーチは選手を管理しなければならないし、また試合中に問題が生じて言い争いにでもなればチームを代表しなければならない。コーチは、審判の判定に何か問題があったとしても、それに異議を唱えることができるのは、選手なのではなく、大人であるコーチなのだということを選手に教えなければならない。また出場メンバーに変更が生じた場合には相手チームのコーチや記録係に知らせるのもコーチの仕事である。コーチは公式の決定が実施されていく過程の、いわば濾過器であり、またリトルリーグ野球の公式ルールを解釈し、実施していく監督でもある。

こうした役割は避けられないものではない。リトルリーグはそれぞれに組織されているからである。リトルリーグの組織に大人が関与する正当な理由は、野球の基本を教えることができるということである。これが大人が関与する唯一の理由なので、大人がいるだけで少年たちは自分たちで試合を組織していくことができるのである。しかしこうしたことは、今では試合が組織化されているために当てはまらなくなってしまった。子どもの試合は中断したり、続いたりして、変遷を繰り返していくために、大人は子どもの試合のような脈絡のない組織には全く対応できないのである（Devereux 1976）。それは、子どもが注意を払い続けることができないからなのか、あるいは子どもがそれぞれの組織ごとの規準にしたがっているからなのか、いずれにしても理由自体は問題ではない。次に考えなければならないことは、そうした組織のあり方のために大人は大変困惑しているということである（Fine 1980a）。現代のアメリカ社会に特有のことだが、前青年期の子どもと大人との間で役割の逆転が起こっており、今の大人は前青年期の子どもよりも力強くないのである。また今日の組織の問題で述べておかなければならないのは、これが最も重要なことだが、リトルリーグの重要な機能は人格形成だということである。その目的のために大人は当然のことながら野球技術の専門的知識と同じように道徳的知識をも持っていなければならない。大人が試合を組織し、ルールや審判の判定を説明して、きちんと遂行できるように子どもにやる気を起こさせれば、リトルリーグの試合は道徳的活動なのだという考え方は支持されるだろう。

コーチとして役割関与（role involvement）し、きちんと役割を遂行していこうとしても、そうしたコーチの意図にもかかわらず、さまざまな問題が生じてくる。他の多くの役割にも妥当するのだが（Turner 1978）、リトルリーグのコーチの役割も完全に自己包囲的なものとして規定されてはいない。コーチは自分が直接指揮したパフォーマンスから距離を置いておくべきだと思っているが、しかしあまり距離を置きすぎるのもよくない。コーチはチームの指導に積極的に関わらねばならず、試合の結果に関心を持つようにしなければならない。

コーチは、関わり方が過度（過小距離（underdistanced））なためか、関わり方が不十分（過大距離（overdistanced））なためか、いずれにしろ否定的にしか認められていない。役割距離（role distance）の妥当性を検討する前に、どのようなコーチの行動が是認されるのか、その事例について見てみよう。

(1) 過度の関与

大人が試合に夢中になってしまって、選手の活動といっても結局のところは試合に限ってのことであって、試合に勝とうが負けようが実際には何も違わないのだということをすっかり忘れてしまったような場合（あるいは忘れてしまったのではないかと思えるような場合）に過度の関与が生じる。とりわけコーチが審判に異議を唱えて試合を中断させてしまうような場合に、そうした非難を招くのである。

リーグの上位二チームが試合をしたときの、その三回裏のことである。オリオールズのアシスタントコーチがアストロズのコーチのところへ行ってオリオールズが三回表に起用した代打のことを伝えた。アシスタントコーチはオリオールズのベンチに戻ってきて「全く信じられん。アストロズは守備につく前に代打のことを伝えなかったと文句を言っている」と言った。アストロズのコーチは、どの選手も二イニング出なければならないというルールをオリオールズは無視していると主張しているのである。アストロズのコーチは、その選手が三回表で打席に入ることになっているのだから選手交代はしないのだと思っていた。アストロズのコーチがオリオールズの代打起用の申し出を拒否するとすれば、オリオールズの選手は五回表まで出なければならない。オリオールズのコーチは、そのルールを認めて「まったく困っているよ」とコメントしている。オリオールズの他のアシスタントコーチも「これはもう野球じゃない、うんざりだ」と怒りを顕わにしている。

二人のヘッドコーチが主審を交えて五分間ほど話し合っていた。しかし親たちがとうとう叫びはじめ、特にオリオールズの親がコーチに対して大声で叫び始めた。「いいかげんにして、打たせろ」。話し合いの結果、オリオールズは五回表まで今の選手たちでいくことになった。コーチもアシスタントコーチも互いに釈然としないままである。リトルリーグの試合は、もともと少年たちの野球技術を中心に活動しているけれども、大人の戦略の一つになっているのである（ボルトンパークでのフィールドノートより）。

ビーンビル・コンチネンタル・リーグでは、シーズン前半はレンジャーズの優勝、後半はWソックスの優勝で終わった。ビーンビルの伝統ではシーズン前半と後半の優勝チームが違うときにはリーグ優勝を決めるために両チームが三試合連続の決定戦を行うことになっている。しかしこの年、Wソックスのコーチであるアル・ウィンゲートは三回戦の試合に強く反対した。ボールの補充や審判への報酬に要する費用の点からみて、臨時の試合をするほどの余裕は全くないと言うのである。他の大人は、このウィンゲートの主張について話し合ったが、その結果、大方の意見は一試合だけならできるのではないかというものだった。もっとも話し合うと言っても、大人の大半はウィンゲートを快く思っていなかった。激しい議論が続いたが、突然ウィンゲートはこんなことではWソックスは試合をするつもりはないと言い切った。そしてすぐにチームの用具を片付けはじめて、選手には試合はないと伝えた。ところがウィンゲートが帰った後、Wソックスの選手数人がレンジャーズのところに来て優勝決定戦ができるかどうかを尋ねた。しかしコーチが帰ってしまった後だから試合はできない。そのためレンジャーズは不戦勝を宣言したのである（ビーンビルでのフィールドノートより）。

こうしたドラマチックな状況を大人は極端だとして避けたがるだろう。いずれの場合もコーチは試合に熱中しすぎたために議論に負けることが「本当の問題」ではないということに気がつかなかったのである。判定が「間違っていた」としたら試合の結果は変わるかも知れないが、しかしたとえそうであったとしても試合はそのまま続けられ、少年たちは楽しんで野球をすることができただろう。勝つことに関心をもつというのは、試合を観客のために企画されたパフォーマンスだと見なしているからである。コーチは結果が重要だと思っている。試合の結果は、一時の関心というのではなく、歴史に記録されると思っているのだ。だからコーチは判定がチームにとって有利なのかどうかということばかりを気にするのである。こうした見方はコーチに共通しているが、しかし一方で試合に熱中しすぎるのは「良くない」ことだと思い起こして自らの関与を自制することもある。

とりわけ競争心の強いコーチの場合は、間隔の取り方が不十分である。あるコーチが打ち明けてくれたところによれば、自分は競争心旺盛な人間なので何とかして感情を抑えて指導に影響しないようにしているのだと言っている。コーチは感情的態度とは関係なくパフォーマンスを取り扱わなければならない。上の例は極端な場合ではあるけれども、しかしコーチが審判に質問したり、マウンドのピッチャーのところに歩み寄ったり、また選手を怒鳴ったりするようなときは常に関与しすぎの可能性がある。コーチの役割はまだ十分に規定されていないし、一般の男性もそうした役割の訓練を受けていないから、そのような実例が適当な役割関与なのか、あるいは役割過剰関与の一例なのかどうかということは地域的規範、あるいは個人的判定によらなければならない問題である。

リトルリーグの野球の評価についての、一つの問題は、試合を判定する基準がさまざまだと言うことである。こうした状況は、ときには観客の偏見から生じることがある。観客は正当かどうかということよりも、何でもコーチの行動のせいにして、ゴシップとか些細な中傷に結びつけたがるのである。

私は、Tインダストリーズのコーチのフレッド・ターナーと長時間にわたって、前日に起こった出来事について話をしていた。彼はまだその出来事について怒っていた。フレッドが言うには、ハリー・スタントン（シャープストーンの選手）が内野ゴロを打ち、それが息子のフランクの鎖骨に当たったので、様子を見に行こうとしてダグアウトを出ようとした。しかしフランクはすぐに体勢を立て直してボールを捕り、ヒットを二塁打に伸ばそうとしたハリーをタッチしてアウトにした。フレッドは息子に向かって「その調子だ」と大声で励ましたのだと言うのだが、しかし観衆もハリーのコーチも、フレッドがハリーに向かって「だから間抜けだって言うのだ」と言ったと思っている。それでハリーの兄がやって来て侮辱するようなことをしたのだとフレッドは言うのである（ホープウェルでのフィールドノートより）。

コーチは関与のし過ぎだと受け取られないように十分に注意しなければならない。

(2)　不十分な関与

組織が混乱する第二のタイプは、逆に十分に関与しないこと、つまり距離を取りすぎるような場合に生じる。コーチが関与しすぎると、コーチは舞台裏の指導者というよりも、野球というパフォーマンスの主演俳優として振る舞っているように見える。しかし不十分な関与というのは、コーチはチームを直接に指導せずに、またはっきりと指示しないままに、チームの編成を選手自身に任せてしまうような場合である。こういう場合にはしばしば混乱する。あるコーチが、練習試合の時に、自分のチームに愛想をつかしてしまって四回のときにチームから出て行ってしまい、あとはアシスタントコーチに任せたまま、残り時間はずっと観客席にいた（サンフォードハイツでのフィールドノートより）。コーチはフェンスの傍に立って大人の友人と話したり、試合をただ眺めているだけで、ダグアウトで起こっていることにも、騒ぎが大きくならない限り、何の注意も払わなかった。リトルリーグの選手は自分たちでチームを編成している場合が多い。しかしコーチが指導者としての役割を全く放棄してしまうのは適切なことではない。コーチは、チーム編成がまずかったり、また選手が反抗して、その反抗を抑えられなかったりすると公然と非難される。あるビーンビルのコーチは、選手の感情的な行為――泣き叫んだり、暴言を吐いたり、バットを投げつけるなど――を抑えることができず、そのために選手を掌握することができなかったとして何度も非難された。

コーチは冷静な態度を示しながら選手を落ち着かせ、野球という厳粛なパフォーマンスに向けて指導することが求められている。コーチには二つのタイプの出来事を整理するという役割がある。一つは、コーチは舞台監督であって、活動が確実に行われるように、しかもその活動が適切な順序にしたがって確実に行われるようにしていくという役割を持っている。ここでの関心は、活動が完全に行われたかどうかということではなく、そもそも活動自体が行われたのかどうかということである。例えば、打順である。打順にはしたがわなければならない。またチームはグラウンドに九人の選手を配置しなければならない。その選手が「上手な」選手なのかどうかは問題ではない。少年たち自身がそれぞれのポジションを埋めていなければならない。またチームが攻撃する回には一塁と三塁のコーチ役として選手を出さねばならない。少年たちが試合について何を知っているのかということが問題なのではない。少年たちはチームのメンバーであって、ユニフォームを着て、グラウンドの守備位置に立っていなければならないのだ。あるリーグ（例えば、ホープウェルやボルトンパーク）では、選手全員が少なくとも二イニングは試合に出なければならないというルールを持っているが、そうしたリーグでは、こうしたルールに則ってコーチは選手をうまくやりくりしなければならない。こうした組織的な制約を無視すると試合ができなくなる。例えば、チームがある少年にボールを投げるように指示しなかったり、あるいはバッターがその場にいないような場合、試合はできない。ルールに違反しても試合を続けていくことはできるが、そうすれば相手チームのコーチは当然のことながら抗議してくるだろうから、チームは段々と弱い立場に置かれることになる。インフォーマルな試合であれば、こうした「制約」について少年たちはその都度に（あるいは満足がいくように）話し合うことができる。ただそのためには時間がかかるかもしれないし、「ルール」違反になるかもしれないし、あるいはルールが試合のたびに変わることになるかもしれない。

組織者としてのコーチの役割（舞台監督の役割に加えて）の、もう一つの特徴は、演出家の役割にたとえることができる。コーチの役割は選手が上手に、かつ巧みに活動できるように指導することである。コーチは、選手がそれぞれの持ち味を生かして野球の技術を十分に発揮できるようにすることに関心を持っていなければならない。

(3) 野球の技術

リトルリーグは、野球のプログラムは少年たちのリーダーシップを養い、人格を陶冶する機会を与えるものだと主張しているが、コーチや選手は野球の仕方を指導することが目的だと思っている。だからコーチは、シーズン中はもちろんのことシーズン前であっても選手の技術をさらに向上させるために練習のスケジュールを立てている。練習の機会を与えないコーチや練習をしても熱心に指導しないコーチはコーチとして失格である。ある選手は「僕たちが間違っていてもコーチは何にも言わないんだ」と非難しているし（ボルトンパークでの個人面接より）、別の選手は「僕たちは十分に練習してこなかったし、練習してもいつも同じことばかりだ」とチームのコーチを非難している（サンフォードハイツでの個人面接より）。リトルリーグの選手の母親も同じような見方をしている。

私は、コーチの人たちは皆それぞれにいい人だと思います。だけど精一杯指導してくれているのかというと実際には十分ではないと思います。練習しないこともよくありますし……。子どもがエラーをしても優しくて、すぐに「気にしない、気にしない」と言うし。だけど私たち親から言えば、そういった時にこそ子どもを叱るべきだと思います。君は間違っている、だから今度からはこうやってみようというように指導すべきではないかと思います。子どもはまだ学んでいる最中なのですから（ボルトンパークでの親へのインタビューより）。

こうした親のコメントはどのチームにも言えることで、特別な問題ではない。コーチはそれぞれに練習に使える時間も違うし、野球の知識も違うし、その知識を伝える能力も違う。特にバント、盗塁、スライディング、守備を指導する能力によって、野球の技術を指導できる能力を持ったコーチ（いわば成功したコーチ）と、そうした能力を持っていないコーチとにはっきりと分かれるのである。

少年たちはかなり難しい運動技術でも習得することができる。優れたコーチであればそのことをよく知っている。並の能力しかないチームであっても、高度のテクニックを使ってプレーをすることで知られているチームもある。サンフォードハイツのカーズは巧みなバントで知られているチームだし、ボルトンパークのアストロズはこなれた守備で知られているチームである。またホープウェルのシャープストーンはベースランニングを繰り返し練習して、ベース間を走り抜く能力によって得点を入れていた。こうしたコーチには野球の経験が豊富である。長い間リトルリーグのコーチをしていた経験のある人もいるし、審判をしていた経験のある人もいる。大学で体育を専攻し、学校での指導経験を積んできた人もいる。

(4) 人格形成のスキル

コーチは、また選手の「人格」についても判断する。選手は試合のために集まっているのか、ふくれっ面をして怒っているのか、それとも「サボっている」のか。リトルリーグは盛大な公開イベントなので選手が与える印象によってコーチの名声が高まったり、逆に評判が落ちたりする。その結果、コーチの態度が寛大すぎるとか、あるいは逆に厳しすぎると言ってコーチを批判する親がいる一方で、チームワークを教えてくれたと言ってコーチを褒める親や選手もいる。

> 試合の間、みんなよくサボったよ……。みんなふざけていたのさ。［質問：あなたはコーチの人たちをどう思っているか。］コーチはみんな嫌いだよ。［質問：どうしてか。］あまり厳しくはないからさ（サンフォードハイツでの個人面接より）。

> 質問：［チームが］もっと上手にプレーする方法がありましたか。
> 回答：コーチが全然厳しくもないし、平凡な人でなかったら、あんな長ったらしい話などしないさ（サンフォードハイツでの個人面接より）。

コーチは、監督としての行動を組織化していくに際して両極端［過度の関与と不十分な関与］を避けなければならない。私は第3章で、大人が選手の心に感銘を与えるような道徳的社会化について論じるつもりである。ここで私が指摘しておきたいことは、その過程の技術的な側面についてである。選手は、「実際に」スポーツマンシップを教えられたかどうかはともかくとして、スポーツマンらしくしなければならない。選手が真面目にプレーしようがすまいが、スポーツマンのように見えなければならない。もしコーチが高い信頼を得ていれば、コーチの影響力も強いから、試合を見守っている人々にとってはどのようなことであっても、それを選手の性格の良さのせいにするだろう。選手が自分で思うように行動できないようなときは、コーチは選手から離れるのではなくて、自分も選手と同じ道徳的立場に立って行動しているのだということを観衆に納得させるようにしなければならない(Goffman 1971 参照)。コーチもファンも同じ社会的世界にいるのだから、そうした行為(少年を試合から引っ込めたり、嫌になってお手上げだと諦めたり)は見せかけのものではなく、容認されている行動基準にしたがっての判断でなければならない。

5 観客としての親

どのリーグでも、観客席は観客がくつろげるように整備されている。こうした座席の整備などは親が試合を見物に来ることを期待してのことである。観客席(そしてトイレや売店)は親が見物しやすい雰囲気を作り出すのである。物理的な環境は両親(や仲間)のような観客が参加するかどうかを決める原因ともなり、参加したいような気分にさせるのである。

野球の試合は一般の人々にも開かれているが、実際に見物に来てもらいたいと思われているのは子どもや少年とその両親である。私が他のリーグの試合を見に行ったとき、あなたは誰を見に来たのか、あなたの息子はどこかと聞かれたことがある。友好的な質問かもしれないが、しかしそのように質問されるのは私が親かどうか判断できないような観客だったからである。リーグは親同士の絆で成り立っている共同体であるから、私の存在は何の「意味もない」部外者であり、認知されることがないのである。リトルリーグの活動には人々の関心を引きつけるようなものは何もないから、人々に見物に行ってみようというような気持ちを起こさせることはないのである。だから見知らぬ部外者がそこにいる「理由は何もない」のだ。リトルリーグの意味は、リトルリーグ自体のなかにあるのではなく、いわば俳優と観客との関係から生じるようなものである。リトルリーグの競技は公演に似ているが、しかしリトルリーグの観客は、どのような公演の場合にでも、成功するために必要なもの——その競技自体に本来備わっているおもしろさ——が欠けているのではないかと思っている。その点でリトルリーグはプロの競技とは違っている。プロの競技では、人々は見物に行く理由を問われると、「野球が好きだから」と答える。もちろんプロの競技であっても見物に行く人々のなかには特定の選手に対するファンもいる。しかし、あるチームに対して強い愛着を感じている人たちが見物に行くのである（Stone 1981）。
観客は気持ちの上で深く関与している人たちから構成されている、ということを示す出来事がビーンビルで起こっている。
バド・ウィレンスキーは、レンジャーズの選手で、気が短いことで知られている少年だが、彼が一人の年配の男の観客からヤジの標的にされたことがある。その男の観客というのはレンジャーズの試合があるときにだけ見物に来ていた。この見知らぬ男のヤジは、他の親のヤジと同じで辛辣というほどではなかったが、ウィレンスキーの母親もチームのコーチもこの男がいったい何者なのか、この男の動機はいったい何なのかということを知りたがったから、この男の存在は大きな関心事となった。だが、この男はいつの間にか来なくなり、その出来事も忘れられてしまった。しかしこのことは、リトルリーグの試合を見物に来る理由は単に野球の試合を見たいからということだけが理由ではないことを改めて認識させてくれる。観客は、男女に関わりなく、名前を公表されても構わないというほどにまで強い動機を持っていなければならない。親たちはシーズンを通して互いに知り合い、親しくなってさまざまな社交グループを形成するようになる。ある母親は「私たちは一致団結しているからうまくいってるわ」と述べているが（サンフォードハイツでの親へのインタビューより）、そうした共通の感情を共有することから共同性が生まれてくるのである。

親が試合を見に来れば選手たちも嬉しいに違いない（補論1参照）。インタビューに応じた親は二六人で、リトルリーグについての意見を聞くために一、二人の親を選び出して尋ねたが、誰も他の親の言うことに反対しなかった。親の行動を一まとめに評価するのはフェアではない。親は、大体が礼儀正しく振る舞うが、しかし親として相応しい役割を自覚し、その役割を遂行していかなければならない。親は観客には違いないが、だからといって顔の見えない、匿名のスポーツ観戦の観客であってはならず、親自身もまた見られていて判定されるのである。これは役割距離の問題であるが、この問題はコーチや選手にとっても重要だが、親にとっても、また重要である。

親たちは観客席に座り、応援しているチームのメンバーが上手なプレーをしたときには声援を送るが、プレーが拙かったときには、それが応援しているチームのメンバーであろうと相手チームのメンバーであろうと、黙ったままでいることが当然だとされている。リトルリーグの試合では、エラーが結果を左右することもあるが、そうした時でも、そのエラーについて云々するようなことはしない。それと同じことだが、相手チームが見事なプレーをすれば、フラストレーションを起こさせるが、しかしそれは自分が応援しているチームのチャンスを潰してしまったプレーではなく、少年たちの素晴らしいスポーツプレーだと見なされる。プレーは技術面から評価されなければならないが、その一方では試合への影響という面からも判断されなければならない。その点でリトルリーグのプレーは、プロの運動競技とは全く違うのである。

親が試合にすっかり夢中になってしまい、我を忘れてしまうというようなことはない。試合を初めから終わりまで見物している親はいないし、見物するとしてもたいていは試合の初めよりも終わりの方である。リトルリーグの試合をよく見物に来るのは郊外の家族で、見物に来るのが日課のようになっている。少年たちは、たいていは試合の始まる三〇分から九〇分前くらいに歩いて来たり、自転車で来るが、ときには親に車で送ってもらっている場合もある。だが親が車で送り迎えをするのは稀なことだ。平日の試合は夕方の六時か六時三〇分に始まるので、父親はちょうど仕事から帰宅したばかりのときである。だからちょっと一休みした後とか夕食の後の、試合が中盤戦に入るくらいの頃に家族でグラウンドにやって来るのである。(3) ボルトンパーク、サンフォードハイツ、メープルブラフの試合では一回の表、三回、五回とイニングが進んでいくにつれて観客席の人数が増えている。どのチームも試合が進むにつれて見物人は増えている。一回と三回の間では有意差が見られる（F検定＝23.2, 自由度 df＝2,219, 有意水準 p＝.001, 表1-1を参照）。これは父親のスケジュールのためでもあるが、また試合の終わりの方が初めの方よりもドラマティックだし、胸を躍らせるような場面が多く、試合の山場が見られるからである。それに親が少年を車で迎えにくるのであれば、試合が終わる直前にグラウンドに着けばよいという思いもある。

また、試合の内容が親の参加を左右することもある。ここに、ボルトンパークとサンフォードハイツで行われた、五イニングまでの試合の蓄積データがある。ボルトンパークには好成績だった三チームと結果のよくなかった三チームがあり、サンフォードハイツには勝利記録をもった四チームと敗戦記録のある三チーム(4)がある。好成績のチーム同士の試合では五回には平均三五・二人（試合数 n＝15）の観客がいたが、好成

表 1 - 1　観客数（ファンの人数とケース数）

イニング／リーグ名	1回	2回	3回
メープルブラフ	11.2（22）	14.4（24）	16.8（23）
サンフォードハイツ	17.6（31）	26.9（29）	27.5（31）
ボルトンパーク	20.8（27）	33.8（27）	36.9（27）

数字は，観客数の平均。（　）内の数字はケース数

績のチームと結果のよくなかったチームの試合では平均三一・五人（試合数 $n=31$）の観客がいた。また結果のよくなかったチーム同士の試合では二七・八人（試合数 $n=12$）の観客がいた。こうした違いは大して重要ではないが（F 検定 $=2.04$, 自由度 $df=2,55$, 有意水準 $p=.14$）、しかしこの事実は、親であっても自分の子どもの活動だけを見るために参加しているのではなく、良い試合を見たいという親の気持ちの表れを示している。

また観客は、見物している時でも、試合に注目するように求められているわけではない。全く関係のない話をしていることも多いし、編み物をしたり、本を読んだりしている場合もある。リトルリーグの試合は従属関与（side-involvement）が許されており、ときによってはそうすることが求められる場合さえある。ワトソン（Watson 1973）が述べているように、こうした場面では近所のうわさ話、仕事の話、親しげな談話などで盛り上がるのが常である。しかしこうした片手間の関与の仕方であるにもかかわらず、親の関心がグラウンドに向けられている場合がある。いわば第二次的関与であり[5]、親は試合を見ているのである。大人は、野球に対する関心を声援という具体的な形で示すことができるから、野球に対する関心の高まりを簡単に表すことができる。声援は試合が接戦の時ほど盛んになるから試合（三振、外野フライ、長打）にとって重要なのである。子どもにとっても大人にとっても声援は欠くことができない要素であり、子どもは自分に対して親が声援しているのを聞くと大変嬉しいと言っている。

リトルリーグの観客はこうした親の活動のあり方――遅れての参加、見物中の二次的関与、自分が応援しているチームへの声援というような親としてのふさわしい関与の仕方――を見ているのである。こうした場合には親の役割が問題になることはないが、他の場合には親の活動が問題にされ、親としてふさわしい行動とは何かという問題が起こってくるのである。

(1) 過度の関与

親の問題で、共通に見られるのは試合に過度に関与することである。親が子どもを励ますのではなく非難がましく罵ったり、試合に負けたことをいつまでも愚痴ったり、あるいは審判と口論するというような場合は、一般の観客であってもこれでは親の権限の範囲を逸脱しているのではないかと思うだろう。

親は、他の親が試合に勝つことだけにこだわっているとは思っていない。ボルトンパークとサンフォードハイツの親たちが受けた質問は「お子さんが入っているチームが試合をするとき、ご両親は勝つことにこだわっていますか。あまりこだわっていませんか。それとも分相応に試合をしてくれればよいと思っていますか」というものだった。インタビューに応じてくれた二六人のうち、二一人(八一パーセント)は子どもが入っているチームが分相応に試合をしてくれればよいと思っているとし、三人(一二パーセント)は勝つことにあまりこだわっていないとしている。一人は分からないと答えている。そしてもう一人の親だけが勝つことにこだわっている親が多いと述べている。もし他のチームの親に対して質問をしたとしても、こうした否定的な回答が多ければ、過度の関与といっても大した問題とは思っていない親が多いと言うことができる。しかし親が勝つことにこだわっているかどうかについてコーチに尋ねてみると、一三人のうち七人(五四パーセント)は親は勝つことにこだわっていると答えており、五人(三八パーセント)は分相応な試合を望んでいると答えている。一人のコーチ(八パーセント)だけが親はあまり勝ち負けにこだわっていないと答えている。あるコーチは「親の態度は、私がこれまでリトルリーグで経験して感じていたよりも、よかった」と述べているが(ボルトンパークでのコーチへのインタビューより)、別のコーチは次のようにコメントしている。

> 私は、これまで親が駄目にしていくチームというのは、どんなチームなのか何度も見てきたよ。今年も見たよ……。何人かの母親が、試合に負けたときに、ドッグとエンディコット[コーチ]に苦情を言っているのを聞いたよ。母親がエンディコットのところに行って、チームが負けてブルックリンセンターのトーナメントに出場できなくなったのはエンディコットの息子が失敗したせいだと言っていたよ(サンフォードハイツでのコーチへのインタビューより)。

こうした親は、リトルリーグの野球がどのような形であれ観客の関与を厳しく制限しているスポーツ活動なのだということを全く分かろうとしないのだ。親が試合を見に行くのは自分の子どものチームが「勝つ」のを見るのではなく、子どものチームが「プレー」するのを見るためなのである。

試合の勝ち負けに親が過度に関与することについては、次の親のコメントにも表れている。「この腹立たしい試合だって、子どもにとってもスポーツだし、われわれ親にとってもスポーツなんですよ。だけど子どもよりも親の方が興奮するんですよ」（Watson 1973, 50）。こうした過度の関与はホープウェルの母親の意識にも反映している。「試合の間ずっと、神経を試合に集中したままイライラしているなんて、私には耐えられません。（だから、そんな自分を笑ったりして）リラックスするんです」（ホープウェルでの親へのインタビューより）。一方、選手の方は親が関与しすぎていることを敏感に感じ取って皮肉な言い方をしている。「ラリーは一二歳で、野球のうまさは中ぐらいなんだけど、満塁でよく打つんだ。だから満塁ホームランをどのくらい打てるか仲間でよく話すんだ。誰かが言ってたけど、彼のお父さんはフェンスを乗り越えてきてピッチャーにキスするんだよ」（サンフォードハイツでのフィールドノートより）。リトルリーグの試合はどのような試合であっても目立つので、観客はあるチームに強い一体感をもって、試合の流れを変えてやろうと考えるのである。

親の関与の極端な例として、メープルブラフで行われたWソックスとパイレーツの試合（前述）で、ある親が反ユダヤ主義的な発言をした例がある。Wソックスのバッターがピッチャーの投げたボールが通るコースに頭を突き出すようにしていたのであるが、それが故意か故意でないかを巡って言い争ったのである。その言い争いの間中、観客席の親はその口論に巻き込まれ、審判に向かって大声で抗議していた。そして審判がやっと最終判定を出したときのことである。

> アシュトン夫人（Wソックスのアシスタントコーチの妻）がダグアウトから飛び出してきてものすごい勢いで叫んだのである。「社会学者の先生、今のことをお聞きになったでしょ？　ノートに書き留めておいてくださいよ。あちらのチームの女性が言ったんですよ。『ユダヤ人コーチのまぬけどもが。自分を何だと思っているんだ』って。ここは反ユダヤ主義の人たちで一杯なんだわ。もう我慢できない」（Wソックスのコーチもアシスタントコーチもユダヤ人であるが、パイレーツのコーチとアシュトン夫人を怒らせた母親はカトリックだった）。アシュトン夫人は夫に向かっ

ても大声で「ジム、聞いた?」と叫んでいた。夫人はパイレーツの、その母親を指さしながら同じことを繰り返したが、母親はまだパイレーツのダグアウトにいて、パイレーツのコーチのフィル・コンクリンと何か話をしていた(メープルブラフでのフィールドノートより)。

こうした例は実際は稀であって、アシュトン夫人の言うことをそのまま受け入れるのは彼女の息子ぐらいだろうが、しかしこのことはどの程度まで個人的関与が可能かということを示している。こうなると試合は、子ども同士の競争ではなく、もはや宗教間の衝突の様相を示すことになる。試合は、いわば道徳的な対戦に一変する。

正常な状況の定義づけをできなくするような出来事が過度の関与をもたらすのである。しかしそうした出来事を契機として、親は自分たちが試合を行う上での道徳性についてきちんと考えなければならない責任があるのだと自覚するようになる。だから親にとってはよい機会なのだ。こうした出来事がサンフォードハイツの試合で起こったのである。それは予定されていた正式の塁審が現れなかった日のことである(ビーンビル以外のリトルリーグでは二人の審判を使って試合がもめないようにしていた)。あるチームに所属している子どもの父親が塁審になるように要請された。そしてその子どものチームが決定的な得点をあげたのであるが、その得点のきっかけは、相手チームのファンが「それじゃあ不公平だ」と思うような二度の判定にあった。そのため、この父親は数日の間うわさ話のタネにされて、腹立ち紛れの非難を浴びせられたのである。審判が選手の父親だったため、自分の子どものチームに有利な判定を下したことが問題とされたのである。別の「公認の」審判は、ファンの態度には愛想がついた、ほとんどの試合が没収試合にされたと述べている。親の過度の関与は、いわば「不公平な」権威に対する反発なのである。親はその場その場でいい加減に対応しているわけではない。権威を持つべき審判の影が薄くなったときにだけ対応しているのである。

(2) 不十分な関与

試合への関与が少ないという、いわゆる不十分な関与が試合を混乱させることはない。不十分な関与を美徳だと考えている人たちもいるが、そうした人たちは親を試合から閉め出すべきだと言っている。しかし親の無関心に批判的な人々もいる。ある母親は次のように述べている。「息子のチームの親はみんな無関心な人ばかりですよ。はっきりとは言えませんけどね……。もう一人の母親の方と話して皆さんは関心がないんだなあっていつも笑っているんですよ。その母親の方とは毎年試合のたびにお会いするんです。いつもその方と二人っきりですよ。親のなかには全く関心のない方もいます。シーズン中もずっといらっしゃらない親もいますから、あきれてものも言えませんよ」（ボルトンパークでの親のインタビューより）。

親やコーチのなかには、一般の親はリーグの運営にあまり関わっていないと思っているものもいるが、そのことが試合に直接影響することはない。親が無関心なために試合が中止されるようなこともない。親が無関心であっても、試合は滞りなく続けられる。ただパフォーマンスとしての意味合いは弱くなるだろう。

親の参加が少ないのは残念だが、しかしそのことが試合を左右するようなことはない。親の過度の関与の方が不十分な関与よりも問題である。過度の関与は試合の進行を混乱させるが、不十分な関与の場合は、大勢の人が試合を直接に見ようが見まいが、また選手が試合を望もうが望むまいが、試合は試合とみなしているのである。

6　結　論

これまでリトルリーグについて批判的に論じてきたが、本書は、前青年期の子どもに対して大人が直接指導している「プレー」という一つの活動形態を分析したものである。このプレーの活動が前青年期の子どもにどんなに役立つものであったとしても、大人がリトルリーグから手を引くとすれば、試合は全く違った様子を示すに違いない。リトルリーグの活動に対する大人の態度も変わるだろう。そうした変化を描くために、私は、役割距離（role distance）という構成概念、および過大距離（overdistance）や過小距離（underdistance）という関連概念に依拠してきた（またそれとは逆の、不十分な関与（underinvolvement）や過度の関与（overinvolvement））。こうした特徴的な概念はどのような社会的世界にも適用できる——過剰な愛情は、愛情不足と同じで、否定的な意味で認められている。リトルリーグはプレーには違いないが、しかしそれはまた人前での表現という行為でもある。大人はこの表現のルールやフレームをどのように組織化していくのか、つまりそうした表現はどのようにして達成され、そしてどうあるべきなのか、ということを調べることで、私は大人のさまざまな行動を系統だててみようとしたのである。

私の研究目的は、リトルリーグ自体を一つの世界として分析することである。社会に対してリトルリーグがどのような影響を与えているか、あるいはリトルリーグの世界に対して社会がどのような影響を与えているかを記述することが目的ではない。本章で述べてきたように、こうした相互の影響は事実には違いないが、しかしそうした相互の影響についての問題はエスノグラフィー以外の方法によってアプローチされるべきである。表出される感情、生成される意味といった、リトルリーグの豊かな世界の内部が明らかにされなければならない。私の研究の意図は、大人がさまざまな技術を用いながら、このリトルリーグという子どもの社会的世界にどのように関わっているのかを探求することである。そうしたさまざまな大人の技術は、リトルリーグという社会的世界に大なり小なりの影響を与えている。観客、審判、コーチといった何人もの大人の参加者がいなければリトルリーグは成立しない。全てのことが意味の網目のなかで相互に関わり合いながら共存しているのである。しかし、ここで取り上げているのは「プレー」であるから、観客も審判も、そしてコーチも互いに他のグループのことについては何も把握していない。このことは、ルールや環境ともからみ合っている。ルールや環境は、こうした関係者の人たちを拘束してはいないけれども、少なくとも共有のリアリティにつなぎ留めている。共有のリアリティとは、実はこうした関係者の人たちが担っているのである。

第2章　スポーツと遊びのリトルリーグ

リトルリーグ野球の世界は、大人によって構造化され方向付けられている。しかし、そこでのスターは間違いなく前青年期の子どもである。リトルリーグは大人がいなくては運営できないが、野球は少年という活動的な参加者なしでは成り立たない。第1章で述べたように、リトルリーグは純粋な遊びと純粋なスポーツとの狭間にある。リトルリーグには、遊び的な要素と労働的な要素、両方が含まれている。もちろん、労働と遊びというメタファーはリトルリーグを超えてスポーツの世界全般に適用できるものである。

スタンレー・アイツェン&ジョージ・セージ（D. Stanley Eitzen & George Sage 1978）は、正確に、ただし幾分広義にではあるが、スポーツを「構築されたルールに基づく、競争的で身体的な活動」と定義している。このような定義に基づいて、本書でも、リトルリーグを「単なる遊び」とは区別する。スポーツとは労働の一形態であると声高く主張する者もいるが、リトルリーグは本来多くの選手にとって楽しいものであり、前青年期の子どもによって追求される自発的な娯楽の一つである。リトルリーグは、それをすること自体が目的になっているという点で、「自己目的的」な性質を持った活動である。グレゴリー・ストーン（Gregory Stone 1955）は、こうした定義を彼の論文“American Sports: Play and Dis-play”で採用している。遊びとは行動それ自体を目的とした行動（チクセントミハイ（Csikszentmihalyi 1975）の言う「フロー」）であるのに対し、「遊びでないもの」とは労働の概念を含むものである。そこでは、参加者は観察者（他の選手や観客）の目を意識した象徴的な活動を行っている。スポーツと遊びは、性質や満足感といった点では共通しているが、スポーツには公という感覚が必要なのである。

娯楽としての遊びと労働とを分けるものの一つに、活動の合理化（マックス・ウェーバー（Max Weber）らによって論じられてきた）という概念がある。感情の高ぶりを伴う「フロー」体験は、構造化された活動パターンとは正反対である。ミッチェル（Mitchell 1983）によれば、フローとは次のような活動の中からあらわれてくる。①意味のある活動、②結果が個人の意思によって決定される活動、③参加することが内因性の報酬をもたらす活動（自己目的的な活動）、④自己の意識が行為に焦点付けられている活動、⑤刺激を感じる部分がある活動。ゲーム（そしてスポーツ）は、社会的なものになるにつれ、ミッチェルが登山を例に記述したような純粋なフロー感覚をもたらさなくなる。ゲームやスポーツにおけるフローは、活動が組織化され、効率性を追求するごとに減じてゆく。組織はゲームに複雑性や調和をもたらし、戦略的で意識的な資源のマネジメントは満足感を生み出すが、自発的で喜びにあふれた体験からは遠ざかってしまう。リトルリーグ野球の指導者は、真に二つのことを望んでいる。自発的なフロー（遊び、楽しみ）の感覚と、合理化された自己意識的な組織の二つである。彼らは、リトルリーグ野球が遊びと労働の両方の側面をもってほしいと考えている。この本質的な矛盾によって、リトルリーグ野球には、補論1で論じるように、内外から多くの批判が寄せられ、試合で通常行われている行動とは違った水準の行動が要求され、それが緊張を生み出している。

端から見ている者は、リトルリーグ野球のグラウンドでの活動は「野球をやることだ」と安易に述べる。また、リトルリーグへの参加者の中にも、そこで起こっている出来事を「野球」と名づけることを否定する者はまずいないだろう。しかし、もし、革の球体を投げ、それをキャッチし、またそれを投げたり打ったりし、ベース間を走るような実際の身体的な動き、あるいはそれに向けて準備する動きを「野球をすること」と定義するなら、何も説明していないに等しい。リトルリーグを批判する者、熱狂する者ともに指摘してきたように、野球とは娯楽であり、洗練されたゲームである。そこでは、行動の短い断片の間に長い休止が入る。ショートへ飛んできたボールやストライクをとったボール、ライトへフライで飛んできたボールに実際にかかわっている選手はほとんどいないのだ。もちろん、「試合中」、参加者の半分はグラウンドにさえ出ていない。

試合という領域の中で起こる活動は、観客がコメントできる事柄の一つと思われている。選手は、潜在的には、彼らの技術（あるいは技術の欠如）に対して外部からのコメントに従属する立場である。しかし、プロスポーツでもそうであるように、外部からのコメントは、技術的な行為以外の行為についてもなされる。試合における意味という点から見れば、行為は大きく二つに分けられる。第一に、直接的に野球を構成する試合中の行為である。投げる、打つ、走る、キャッチする、スライディングするなどである。第二に、試合を直接的には進展させないので、第一と同じ意味で試合を構成する行為とは言えないが、試合という枠内で起こりうるものと見なされている行為がある。たとえば、三振をとられた後バットを叩き下ろす選手は、参加者や観客がコメントしうる、観察者を意識した行為を演じている。彼は明らかに社会的な演技者であり、彼の行為は野球と関連付けられる。しかし、ボールに対してスウィングするのと同じ意味で試合を構成する行為の一部とは言えない。同じように、試合中花を摘む外野手は、試合という枠内でその行為を演じているが、グラウンドに転がってきたボールを拾い上げるのと同じ行為とは言えない。これらとは別に第三のタイプも挙げることができる。それは、試合という枠内で起こるが、ゲームを行うこと自体には直接関係しない、選手たちの行為である。このカテゴリーには、ビール缶のコレクションについて話す、アイスクリームを食べる、ダグアウトで突きあいを行うといった行為がある。

リトルリーグはパフォーマンスなので、これら三つの行為のカテゴリーすべてが、選手の能力や道徳的統合性を示すものとして観察され、批評される。選手は、試合にかかわる行為のみに熱中するよう期待されている。試合に出ていない選手は頭数に入れてもらえず、彼らの行為は試合とは無関係のものとみなされる。プレーしていない選手は、静かに立っているのではなく、次の行動に向けた準備をするよう期待される。いったんアウトをとられると、彼は舞台から退場することになる。

一般的に、試合に深くかかわればかかわるほど、その行為は労働に近づくことになる。少なくとも、リトルリーグという環境の中では、そうである。試合の周縁で起こっている行為は遊び的要素が強く、自発的なものになりがちである。ただし、このような分類はあくまでも便宜的なものである。いくつかの野球の行為が楽しみにあふれ、「フロー」感覚を表現するように、選手たちが自分の行為のとりこになることもある。

1　労働としてのリトルリーグ

労働に関するメタファーとしてよく言われることに、労働とは楽しさを期待しないものという考えがある。リトルリーグにおいては、労働的な活動が確かに存在する。労働とは、ルールや規則によって、強制され、指示され、束縛されるものである。リトルリーグ野球にも確かにそういう側面がある。

(1)　労働としての要素

リトルリーグには、労働として位置づけられる四つの要素がある。第一に、リトルリーグ野球は真剣に行われる。第二に、リトルリーグ野球は目標に向けた活動として持続されるべきものと考えられている。第三に、リトルリーグ野球は感情の高ぶりを伴った集中を要求する。第四に、リトルリーグ野球では、労働現場と同じように、怪我をするのはありふれたことであり、事実起こると想定されている。

①　真剣さ

リトルリーグの試合で起こる出来事は、「本当に重大なこと」なのである。シーズンの記録は保存され、歴史は発展する。それとは対照的に、インフォーマルなソフトボールの試合などでは、スコアが保存されることもなく、結果はさほど重要な関心事とはならない。リトルリーグでは、コーチは勝つために戦略を用いることがよくある。

> 開幕試合の四回ごろ、あたりが暗くなり始めた。試合を成立させるためには、四回までを終わらせていなければならない。勝っているチームのコーチは、相手のコーチがこの試合をノーゲームにしようと考えていると思っている。結局、勝っているほうのコーチは、バッターに、すべてのボールをスイングし、わざと三振するよう指示する。イニングを早く終わらせ、試合を成立させるためである。スリーアウトをとられた後、バッターの周りに選手たちが集まり、三振にとられた少年を祝福した（ホープウェルでのフィールドノートより）。

あるコーチは経済的なインセンティブを持ち出した。

> カブスのコーチ、チャック・ライマーは、自分のチームはエラーが非常に多く、ヒットも十分打てていないと話した。彼は、新しい「方針」について語った。それは、エラーをしたら、一ダイム

を彼に支払い、ヒットを打った少年にそのお金をあげるというものである。チャックは後に、このシステムは十分機能し、カブスはヒットを前よりよく打つようになったと私に語った。しかし彼は、その方針を一試合で実行しただけだった（サンフォードハイツでのフィールドノートより）。

また別のコーチは選手に、ジョークではあるが、ホームランを一本打つごとに一ドルをあげると提案したこともある。こうした行動は、選手を一時的にせよ賃金労働者にするものであり、リトルリーグの試合を何か労働と似たものにしている。

コーチが真剣なばかりではない。選手もまた真剣なのだ。ある少年は、試合を相当真剣に捉えていたので、自分が投球すれば相手バッターはノックダウンすると話していた。そして実際彼は、何人かのバッターにブラッシュバックを投げた［訳注1］。選手の中には、ベースランニングのとき、わざと内野手にスライディングする者もいる。前青年期の子どもからコーチに向けられる不満の一つに、十分な練習を確保していない、ルールを守らせるのに厳しくない、というものがある。選手は一般に、リトルリーグという組織構造を正当なものとして受け入れている。すなわち、強制的な打順、すべての選手が最低二イニングは出場しなければならないこと、ピッチャーは中三日以上の間隔でしか登板できないといった労働的なルールを選手たちは当然のものと考え、受け入れている。たとえ、それによって、リトルリーグの構造から柔軟性が奪われ、インフォーマルな野球の試合からは変質してしまっても、である。

② 持続性

リトルリーグの試合がいったん始まると、目標として設定された課題から選手は気をそらしてはいけない。選手は、試合に集中するよう指導される。コーチや選手の中には、試合中売店へ行くべきではないと主張する者も多い。売店に行くことは、野球を楽しむこととは矛盾する。食べ物は選手の注意をそらす。選手は試合に集中しなければならないのだ。

ディノが試合中に自動販売機でガムを買う。チームメイトが彼の周りに集まり、一つくれるよう頼んでいる。それはまるで水族館での給餌のようだ。ディノが伸ばされた手の海にガムを投げ込んでいる。ガムが配られている間、チームは試合のことをすっかり忘れていた（ビーンビルでのフィールドノートより）。

選手の中には、際立って試合に集中し続ける者もいる。特に、メジャーリーガーに同一化している選手がそうで、それは試合中の行動のディテールから分かる。

Wソックスのロジャー・レモンは、投球のとき、プロ志向を誇示する。彼は、マウンドのプレートの位置に細心の注意を払う。ワインドアップ前の準備は、明らかにメジャーリーガーをまねしている。ボールを背中まで持っていき、数秒間打者を見下ろす。そして、思い切り振りかぶってボールを投げる。こうした動作を他のリトルリーグのピッチャーで見かけることはまずない。たいていは、儀礼的な準備をせず、単純にボールを投げるだけである。彼の熱いプロ志向は、ストライクを取ったときの反応にも示されている。手を静かに宙に向かって投げ出し、「イエィ」と独り言を言うときがある。ほとんどの時間、物憂げで、真剣な表情でいる。試合の雰囲気全体に包み込まれている(メープルブラフでのフィールドノートより)。

試合への集中はあたかも労働のようである。すなわち、すべての人の注意が試合に向けられるべきであるという考えこそが、労働的な内容を構成しているのだ。そのような志向は、勢力伯仲の試合、チームの記録がかかった重要な試合、ライバルや同等の力を持っていると考えられているチームとの試合では一層はっきりとあらわれる。

③ 感情の高ぶり

リトルリーグは常に喜びに満ちた世界であるとは限らない。感情が高ぶることもよくある。楽しささえも、公的に儀礼化されると、労働のように見えてしまう。ほとんどのチームで、ホームランを打った少年がホームベースに戻ってくると、彼を祝福するよう要求する不文律(それもかなり強固な)が存在する。選手は、ホームランを打ったときには、波のように押し寄せる純粋な喜びを感じるが、ホームベースに戻ってくるまでには、そのインパクトは薄れ、儀礼的な感情表現が残っているのみである。チームによっては、この儀式が強制されているところもある。コーチがチームメイトに帰還するヒーローを祝福するよう伝えているのだ。喜びでさえもが、有用品に転換されるのだ。リトルリーグにおける労働と感情との関係は、「否定的な感情」があらわれる場面でより明白となる。そういう場面では、感情の高ぶりによって、試合に対する過剰に真剣な態度や役割距離の不適切さが多分に見られる。たとえば、第1章で述べた、パイレーツとWソックスとの試合の騒々しい幕引き場面では、両方の選手がグラウンドへ駆け込んできて、けんかをしそうになっていた。以下に記すような、比較的小さな事件は、ほとんどすべての試合で起こっている。

Tインダストリーとホープウェル・ポリスとの試合の五回、Tインダストリーが五対一で勝っている。Tインダストリーのスター捕手、トム・マクダーレルは規則的にグラウンドから外に出る。彼は、狼狽し、鼻をすすり始める。友達のティム・ミゼルは彼に「楽になれよ」と声をかける。トムは落ち着きのないまま、「地獄に落ちやがれ」とつぶやく。チームメイトは「アウトをとるたびに、ひきつけを起こすんじゃないよ」と彼をたしなめる。数分のうちにトムは回復して、その出来事についてはそれ以降述べられなかった（ホープウェルでのフィールドノートより）。

ビーンビル・レンジャーズのホームラン王であるジェイソン・シャウネッセーは、今日は三度も三振している。最初三振にとられたとき、彼は、相手のピッチャーが不潔で、動作が遅すぎると文句を言っていた。二回目三振した後には、泣きそうになっていた。三回連続で三振したときには、ジェイソンは荒々しくバックネットに向かってバットを投げつけた。ジェイソンはコーチに叱られたが（アシスタントコーチは彼のことを、二回目の三振をとられた後泣きわめいていたので、「女の子」と呼んでいた）、試合からつまみ出されることはなかった（ビーンビルでのフィールドノートより）。

こうしたエピソードは、リトルリーグ野球の「ありふれた現実」の一部である。それらは批評や関心を呼び起こし、少年たちが勝利に執着し、試合を真剣に受け止めていることを示している。こうした出来事によって、少年に対するイメージが観客からの重大な不信を招くことはないが、セルフイメージは自分自身で回復させなければならない。

ゲーム終了後すぐに、Wソックスの敗戦ピッチャーであるビンス・トザリは、非常に痛々しい表情をして、疲れきった縮こまった足取りでダグアウトへと歩いていく。何人かの選手が彼を元気付ける。「自分を責めるなよ、ビンス」などと。しかし、最終的な失点のうち何点かはビンスのせいである。そのうち一点はパスボールによる。ビンスは負けたことに対して自分を責め、ダグアウトのベンチに座り、すねている。結局、勝利チームとの握手の儀式に現れることはない（メープルブラフでのフィールドノートより）。

感情の誇示は重大事として受け止められる。労働的な要素を持ったリトルリーグ野球においては、感情の高ぶりは適切に処理されなければならない。

④ 怪我

他の労働現場と同じように、リトルリーグは作業中の怪我という問題を抱えている。選手はこの「アクシデント」を乗り越える術を学ばなければならない。危険な怪我は一切ないという、コーチが選手にする保証は、文字通りに受け取ってはいけない。

シャープストーンのアシスタントコーチが一〇歳の少年と話している。少年は、ボールが当たることを怖がっている。「お前は絶対当たらないよ」。しかし、コーチは、一息置いた後、次のように付け加える。「一回以上当たるだけだよ」(ホープウェルでのフィールドノートより)。

選手が怪我をしたときは、もしその怪我が重大なものでなければ、痛みがあっても、試合に出続けることを期待されるし、選手自身も望んでいる。リトルリーグでは、出血を伴う怪我は日常茶飯事である。しかし、怪我があまりに重大で、無視できないような場合もある。

今日の練習で、シャープストーンのレイ・ワイガート(一〇歳)が重傷を負った。レイは、ジム・ポッジ(一〇歳)がスイングしたバットに、頭の横を運悪く打ちつけたのだ。ある程度離れていても、頭にバットが当たる音を聞いた者もいる。レイは倒れ、大量に出血し、他の選手たちは色めき立ち、驚いている。レイは病院へ急いで担ぎ込まれた。幸いにも、球場のそばに病院があった。彼は、意識は保っていたが、四、五針縫った。二週間たてば、野球に復帰できるだろうとのことだった。練習の終わりに、デーブ・ハンドリーは他の選手たちに、レイはすぐに戻ってくること、そして怪我は打撃用のヘルメットをつけていなかった彼自身の落度であると伝えた。これを聞いてジムは安心した。彼は、練習中ずっとうろたえていたし、事故に対して自分を責めていた。レイが病院へ連れて行かれた後、選手は、レイが頭を打って血がたまっているところの周りに立ち、それを見ていた。しかし、練習は、中断なしに続けられた。練習の最後で別の選手が足首を捻挫した。チームでそれを確認したところ、たいした怪我ではなかったので、他の選手は彼の怪我は放っておいた(ホープウェルでのフィールドノートより)。

参加者と怪我との結びつきは、一方向的なものではない。選手は、リトルリーグに加入するとサインしたときから、怪我のリスクを負うことに同意している。こうした危険は避けられないものであり、受け入れ可能なものと認識されている。加えて、リトルリーグ野球を取り巻く社会的文脈は、少年たちに、怪我（少なくとも比較的軽い怪我）に対する適切な処置を厳格に学習するべきであると教え込む。怪我を歓迎する者は誰もいないが、スポーツに怪我は付き物であり、少年が潜在的に危険な環境下で働く「男」として見なされたいなら、それに打ち勝たなければならないと、誰もが思っている。

(2) 野球における労働のレトリック

第3章・第4章では、選手やコーチが用いるレトリック戦略について論じるが、本章では、選手と大人両者から用いられている、あるレトリックについて考えてみよう。それは、「野球には熱心に取り組まなければならない」というものである。ほとんどの参加者は、リトルリーグ野球は「楽しみ」であるべきだと強調するが、同時に、「正しく」なされなければならないとも言う。楽しさは学習に付加されるものに過ぎないのだ。

ホープウェル・シャープストーンのコーチは、選手に、フィールドに足を踏み入れたら真剣であること、そして常に精力的に活動することを心がけよと強調していた。ほかのコーチも同様のことを繰り返していた。サンフォードハイツでコーチを手伝っているある親は、次のように述べた。「（選手が）あんまり一生懸命動いてないんじゃないの。努力しようとしてないね。シーズン中指示を一度も出さないですむことを願うよ」（サンフォードハイツでのフィールドノートより）。あるコーチは、チームに次のように言っていた。「身体的なエラーを叱るつもりはない、だがな、精神的なエラーに関しては、俺は怒るぞ。精神的なエラーをなくそうとしているんだ。そういうことをするやつは、試合から締め出すぞ。試合には出られないものと思え」（サンフォードハイツでのフィールドノートより）。このように、「ハッスル」の必要性を訴え、労働としてのリトルリーグという側面が強調される。ハッスルは、試合に対する活気のない態度や、リトルリーグは前青年期のスポーツマンの心を奪うほどのものではないという考え方とは正反対である。リトルリーグのレトリック（コーチや選手が用いる道徳的な言葉）がやたらと試合に対する労働的な側面を強調する一つの理由は、この点が強調されなかったら、リトルリーグが衰退してしまうのではないかと心配されているからである。すなわち、単なる無秩序な楽しみに成り下がってしまうのでは、という心配がコーチや選手にはある。衰退の危険性から、道徳的な言葉を通して、リトルリーグを守らなければならないのである。

リトルリーグのレトリックには、統制という側面もある。生産ライン労働者と同じように、リトルリーガーは、自分がマネジメント統制下に置かれ、この組織構造を受け入れなければならないということを認識する必要がある。シャープストーンのコーチが、良い例を提供してくれている。彼は、グラウンドでプレーしているときには、選手に自分のことを「コーチ」と呼ばせている。このポリシーは、野球をするにあたって権威を示すためである。コーチの中には、選手の中からチームのキャプテンを指名する者もいるが、キャプテンに選ばれた前青年期のリーダーは、統制を築き、規律を遵守させるためにコーチを手助けする。こうすることで、コーチは規律監督者としての自らの権威を維持する。たとえば、あるアシスタントコーチは、選手が自分たちにこそ権威があると考えているなと感じたときに、次のように言った。「このチームには三人のコーチがいる。その中に一二歳以下のやつは一人もいないぞ」(ボルトンパークでのフィールドノートより)。コーチは常に権威を押し付けてくるわけではないが、彼らはそれを選手を統制するための重要な方法の一つとしているのである。

① 注意

前青年期の子どもはリトルリーグが行われている時間、活動に集中しなければならない。これも、リトルリーグを労働的なパフォーマンスに見せている要因の一つである。前青年期の子どもの注意は、短いスパンで非常に移ろいやすい。そのことが、コーチをいらいらさせるのだ。コーチは、選手は常に野球ができる準備を整えておかなければならないと主張する。サンフォードハイツのあるコーチは、チームにあるモットーを授けていた(さながら禅の公案のような)。それは、「準備完了ーーー!」(Beeeeee Ready!)というものである。各試合の前にチームは、この二語をみんなで繰り返さなければならない。別のコーチが自分のチームに同じような課題を課そうとしたこともあった。

> アストロズのコーチは、常に選手に対して強調する、二つの明確なルールを持っている。第一に、自分に向かってやってくるすべてのボールを打とうとすること。第二に、その上で、ボールにどう対処すべきか知ること。この二つである。ミネソタ・トーナメントの準々決勝の試合の前、コーチは選手を自分の周りに集め、一二歳の少年に質問する。「スタン、ルールは何だ」。少しの間を

おいて、スタンが返答する。「すべてのボールは僕のところにやってくる。それを投げるべきところを知ること」。アストロズにおける、こうしたルールの反復は儀式のようになっている（ボルトンパークでのフィールドノートより）。

試合に選手の注意を向けさせることが、コーチにとっての課題という場合も多い。グラウンドの中でさえ、選手は常に野球の課題に向かっているとは限らない。特に、外野手の場合はそうである。彼らは、自分の役割から離れていることも多い。タンポポを摘む者、ふざけた踊りを踊る者、小石を投げる者、座り込む者さえいる。こうした行動は、外野手というポジションと関係がある。外野にはほとんどボールが飛んでこないのだ。あるレギュラーの内野手が、外野でプレーするよう頼まれたとき、次のように述べた。「僕にはもっとアクションが必要なんだ。ライトの守備じゃあ、退屈すぎるよ」（サンフォードハイツでのフィールドノートより）。ただし、内野手でさえも、コーチが言うほどには、近くで起こっている出来事に十分注意を払っていない。

Wソックスのコーチであるブルース・シルバースタインは、三塁手のマーク・クィントンがベースから非常に離れたところでプレーしているのに気づく。これを見て、ブルースはいらだち、アシスタントコーチに言う。「あいつは俺の言うことを聞こうとしない、そうだろ。ちっとも聞こうとしないんだ」。ブルースはしばらくの間物憂げに座っていたが、タイムを要求するためにグラウンドへ走りこんでいく。ブルースは二塁手のディック・グリーンバーグを呼び、「ディック、サードへ行け」と命じる。そして、いらいらした調子で、「マーク、セカンドへ行け」という。この指示では、彼がなぜそうしたのか、選手には何も言わない。しかし、二本ヒットを打たれた後、ブルースは再度タイムを要求し、グラウンドへ赴く。彼はマークを叱り始める。会話は聞こえないが、彼のジェスチャーから、三塁におけるマークの行動について述べていることは確かである（メープルブラフでのフィールドノートより）。

ダグアウトにおける行動は、コーチに対するより重大な挑発である。後で触れるように、ダグアウトの行動を見てみると、試合と関係のないことがたびたび起こり、選手が試合に集中していないことが一目瞭然である。あるコーチは、次のように述べている。「お前らがしゃべっているのが、ここからも聞こえるぜ。お前らは、霊安室にいるようにしろ。試合に心を集中しろ」（ボルトンパークでのフィールドノートより）。「お前ら、今夜は働いているんだぜ。野球をしに来たんだろ。

働きに来たんだろ」（メープルブラフでのフィールドノートより）。こういった訓戒はコーチからのみ言われるわけではない。選手も、他の選手にそういうことを言うし、集中していないチームメイトを非難する者もいる。

三回終了時、ホーウィー・ノバックは、紙袋にものを放り込む準備をしていた。そのとき、ビンス・トザリがグラウンドからやってきて、いかめしく、そして嫌悪感をあらわに彼に叫んでいる。「やめろ。友達を押し込むつもりか」（メープルブラフでのフィールドノートより）。

接近試合の四回、フィールドから、スター選手であるハリー・スタントン（一二歳）がやってきて、ジム・ポッジに怒りくるっている。ジム（一〇歳）は、有能な外野手なのだが、ライトで「踊っていた」と怒っているのだ。ハリーは、ジムのダンスを上手にまねし、ジムを馬鹿にする。付け加えて、「お前はおかまか」という（ホープウェルでのフィールドノートより）。

試合における労働的要素を強調する者は、集中していない者を「眠っている」というメタファーでたとえることがよくある。

「ジム、こっちへ来い。お前はそこで寝てるのか」（サンフォードハイツでのフィールドノートより）。

「あの時のお前らは、まるで眠っているかのようなプレーをした。みんな、試合を放棄して、家に帰るか」（ボルトンパークでのフィールドノートより）。

こうした例はいくらでも引用でき、そのレトリックが浸透していることを示している。コーチがチームに集中するよう用いるメタファーは、眠りだけではない。あるコーチは、チームがあまり一生懸命活動していないと感じたとき、「女の子のソフトボールチームみたいだ」と言っていた。しかし、眠りのメタファーは、労働と遊びの二分法を、労働と眠りの二分法へと効果的に転換させる。もちろん、このメタファーは、チームが試合に集中していないと判断されるとき、常に用いられるわけではない。チームが乱暴で、手に負えないようなときは、「眠っているのか」と言っても、当然無意味である。しかし、チーム（あるいは選手）が白昼夢のような、だらけた状態にあるときは、眠りというメタファーは効果的である。意識的に集中し続けないと、リトルリーグ野球のパフォーマンスは維持されえない。リトルリーグ野球の楽しく、遊び的な側面が続けば、もはや観客が見るべきものではなくなってしまう。つまり、リトルリーグにおける労働という要素が侵食されることになる。

② 無気力

注意の欠如と深く関係している問題として、前青年期の無気力を挙げることができる。それは、スポーツという現実から、選手が過剰な距離をとるような状況である。リトルリーグの試合中に選手はよく、まったく興奮からさめた状態になる。そんなとき彼らは、ダグアウトに座り、静かに試合を眺め、冗談を言い合っている。無気力の問題は、何かが起こることを期待して試合に没頭している選手と、試合に参加はしているが、直接かかわろうとしない選手との間にも横たわっている。後者のケースでは、無気力や不注意は、重大な構造上の問題である。たとえば、外野手が完全にはゲームに注意を払わない、したがってミスをするというようなケースである。同じように、バッターが精神的に準備できていない状態も非難される。

無気力なパフォーマンスは、表向きには不適切なものだが、それほど修正されない。また、非難もされない。しかし、無気力でいると、他の選手やコーチからいつ非難・叱責されてもおかしくない。それは、選手が公式には試合にかかわっていないときでも、である。したがって、コーチやチームメイトがダグアウトにいる集中力の欠けた少年に、「ふざけるな」「いきいきと行動しろ」「声がかれるほどになれ」と指示することは正当なものである。リトルリーグはチーム活動なので、球場のフェンス内におけるすべての活動は、理論的には、野球という労働に向けて方向付けられている。

本節では、リトルリーグ野球には、少なくとも道徳的な感覚では、通常「労働」とみなせるような要素が存在することを論じてきた。コーチや多くの選手は、参加者はピューリタン的な労働倫理に従うべきであり、リトルリーグは大人になるための準備だと考えている。それがなされないときには、道徳的不名誉をこうむっても仕方がないと見なされる。

2 遊びとしてのリトルリーグ

リトルリーグには確かに労働的な側面も存在するが、リトルリーグは遊びでもあり、楽しみでもある。それ以上に、試合は時に奔放で統制不能となり、試合を遂行するという課題がしばらく脇に追いやられてしまうことさえ起こりうる。

(1) 楽しみというレトリック

アービン・ゴフマン（Erving Goffman）は、秀逸なタイトルのエッセー、“Fun in Games”のなかで、次のように述べている。「ゲームとは楽しいものであり、楽しみこそがゲームを行う理由である。対照的に、活動を『真剣に』考える者は、ゲームが即座に楽しみをもたらしてくれないことや、そのゲームが楽しいものなのかどうかについて不満を言う権利を主張し、嫌気がさしたなどと、参加しないことに対する些細な言い訳を述べる権利を主張する」（Goffman 1961）。

この分析は、完全にではないが、リトルリーグ野球にもある程度当てはまる。リトルリーグでは選手は、権威の統制下におかれ、活動に対する道徳的なコミットメントを強制されているかのようだ。彼らは、参加し続け、コミットメントを維持するよう期待されている。実際、ゴフマンは、痛ましいコメントでこのような強制について特に言及している。「子ども、精神病患者、そして囚人は、管理者がゲームの時間を宣言することに対してなんら有効な代替案を有していない。しかし、こうした不幸が通常の人よりも小さなものに見えるということこそが、まさに統制されている証なのだ」（Goffman 1961）。子どもが、「管理者」の統制に反して、自身で遊びを統制することはできないというゴフマンの言葉はあまりに悲観的すぎるだろう。第一に、大人は常に遊びというレトリックを無視するわけではない。第二に、参加者がゲームに遊びを挿入する方法も存在するのである。

楽しみはリトルリーグの正当な特徴の一つであり、少年に楽しみを提供するためにリトルリーグは存在するということを多くのコーチは認めている。「パドレスのコーチ、ヒュー・モスコウィッツは、最初の練習のとき選手に、すべての選手が各試合最低二イニングは出場すること、ただし、一二歳の選手はほとんどの試合でプレーできること、それは、一二歳の選手は三年間リトルリーグに参加しており、『稼いできた』ことによると伝えている。彼は次の点を強調する。『重要なのは、楽しんでやることだ』」（ボルトンパークでのフィールドノートより）。

コーチは、選手にとって真剣にやるべきこととは何かを議論しているようなときでも、リトルリーグ野球は楽しみでもあると認識している。楽しさは、勝利よりも重要な役割を担っているのだ。

質問：リトルリーグの目標は、何であるべきだと思いますか。
回答：それは、少年たちのためになることだよ。僕は、ゆきすぎた管理はするべきじゃないと思うね。時々、勝つことが強調されすぎて、少年たちに楽しみがなくなってしまうことがあるけど、リトルリーグの目標は、そこに行き、ほかの少年に会い、楽しんで競争する。そこで、楽しい時間を過ごすことだけじゃないかな（ボルトンパークでのコーチへのインタビューより）。

勝利は二次的なものであるとか、試合の教育的側面は重要でないと主張することは間違いである。しかし、そこでにぎやかな時間が過ごせないなら、参加しない少年も多いだろう。

(2) 楽しさを示す行動

前青年期の子どもがスポーツを楽しんでいるかどうか、労働することよりも楽しむことに力点を置いているかどうかは、どのようにして伝えることができるのだろうか。リトルリーグにおける（そして、重要なのは、あらゆるスポーツにおいても）「遊び」という概念は、次の三つのテーマから成り立っている。①試合中の興奮、②試合を「真剣に」受け止めないこと、③試合とは別のことへの関与、の三つである。

① 試合中の興奮

特定の環境下では、リトルリーグはエキサイティングでスリリングなコンテストとなる。リトルリーグは、（常に実現するとは限らないが）選手をゲームに「巻き込む」潜在力を有している。チクセントミハイ（Csikszentmihalyi 1975）はこのような体験を「フロー」と呼んだ。「フロー」とは、生成している出来事に対する自己没入的な関与をあらわす。試合への全体的な関与は、接近した試合、特に重要だと位置づけられた試合、シーソーゲーム、白熱する投手戦といった場面でよく見られる。そのとき選手は、応援のためにダグアウトのベンチの上に立ち、応援の音で周りの音が聞こえなくなるぐらいである。こうした状況は、まるで「死んでいるかのような」チーム状態や、コーチやキャプテンが人工的に興奮をつくりださないといけないような状態とは正反対である。遊び的な状況下においては、興奮は試合自体から立ちあらわれてくる。

たいていの時間、チームが最も熱狂的な状態にあるときでさえ、選手は興奮していない。しかし、選手の感情が試合に融合するとき、興奮はたきつけられる。選手がホームランを打ったとき、チームメイトは、ホームランを打った選手がホームベースに帰ってくるときに彼を祝福するため、ダグアウトから走り出す。チームメイトはバッターの背中をたたき、賞賛を浴びせる。こうした祝福は強制されたものだ、非常に楽しいものでもある。一人の選手の行動が、チームメイトに自らの役割関与を表現する正当性を提供しているのだ。感情の発露は、望み薄だと思っていた試合に突然勝ったときにも見られる。

六回を終わり、ホープウェル・ポリスは、ジェームスビル・ホスピタルと七対七の同点である。七回表、ジェームスビル・ホスピタルが二点を追加し、チームは湧き立ちはじめる。ホープウェル・ポリスは静まり返り、落ち込み、泣き出しそうである。しかし、その裏の攻撃時に、三点を取り、ホープウェル・ポリスが勝利する。ホープウェル・ポリスの選手は熱狂しはじめる。一二歳の三塁手キップ・タビスは、バックネットをよじ登り、興奮して「首を取ったぞ」と叫んでいる（ホープウェルでのフィールドノートより）。

リトルリーグの試合であらわれる興奮度を測る手段の一つとして、応援がある。応援は、それが人工的にもたらされたものでないときには、リトルリーグ野球の遊び的側面の一部をなし、試合を実際にするのと同じくらい楽しいものとなる。ボルトンパークにおけるいくつかのチームは、独特の応援スタイルを持っていた。それは、試合という状況下では適切なものなのだが、試合に遊びの要素を吹き込んでもいた。

アストロズには、チームメイトに対するユニークな応援方法がある（それは、他のチームにも順次採用されていた）。選手（たとえば、ビルとしよう）がバットを構え、投球を待っているときに、次のように叫ぶのである。「カモン、ビーーーーーーーーール！」(Come on, Biiiiiiiiill!!)。ボールかストライクかヒットかが分かると、その応援も終了する。そして、再び応援が始まる。ベンチにいる選手もバットを構えている少年と同じように、試合に「参加」しているのだ（ボルトンパークでのフィールドノートより）。

他のリーグのチームでも、団結した活発な応援が見られる。それはまるで戦の前に神をなだめる部族の賛歌のようだ。ホープウェルのあるチームでは、『ダディ・アイ』というコーラスを、選手が打席に立っている間歌い続けていた。ただし、こうした応援はいつも起こるわけではなく、試合に深くのめり込んでいるときだけである。これらは、チームに焦点を合わせた行動というわけではなく（もちろん、そういう時もあるが）、状況によってもたらされる興奮から立ちあらわれてくるものである。

② **試合を「真剣に」受け止めないこと**

試合に深くのめり込むことで楽しんでいることを示す場合もあるが、試合を真剣に受け止めないことで楽しむ場合も多々ある。こういった関与の仕方は、リトルリーグ野球における労働倫理を掘り崩すものである。

時々一塁を任されるサンディー・フォイ（一〇歳）は、グラウンドから戻ってくるとき、私にこう言う。フェンスの外にボールを見失った振りをしたんだ。それで、彼は、ボールを探し続け、プレーをまったくしなかった。実際は、彼自身がフィールド近くの草むらにボールを蹴り入れた（ホープウェルでのフィールドノートより）。

練習中にも、試合中にも、前青年期の子どもは、フォーマルなルールから離れ、遊び的な楽しみに興味をもっていることを示す行動をすることがある。

ジャスティンは、シャープストーンに対してバントの練習をしている。一球目、バッターボックスの中をぐるりと回り、バントをする。コーチは彼にゲームを投げ出したのかと告げる。ジャスティンは、自分の行動はジョークで、とても楽しいものなので、チームメイトのためにそれをもう一回やろうと考えている（ホープウェルでのフィールドノートより）。

選手は、野球という拘束の中で労働しているように見えるかもしれないが、実際はその拘束から逃れるような遊びをしているのである。こういった事態は試合中にも時々起こる。たとえば、外野手が自分の手の届かないフライに向かってグローブを投げ出すことがある。打球に対してグローブを投げることは、練習中には普通にあることで、自分はもはや興味を失っていることをコーチに対して知らせる役割を果たす。同じように、盗塁の練習は、選手たちが、スポーツの一要素であるスライディングよりも、ユーモラスで奇怪なスライディングに関心を寄せ始めたとき、混沌に陥る。コーチは、そうした悪ふざけを許容する程度を決定しなければならない。たいていのコーチは、統制を外れることに対して、練習時と試合時とで、許容度に明確な差を設けている。多くのコーチは、選手がリトルリーグの性格を競争的で学習的な活動から、自発的で遊び的な活動へと変質させてしまうことを恐れていた。

遊び的態度の最も典型的な例のいくつかは、試合中にも生起する。

ブルース・スミスは、ダグアウトに入ってくるとき、ランディー・キャトリンの足で躓いてしまう。ランディーがわざとブルースを引っ掛けたことは明白である。しかし、ブルースはそれを楽しんでいた。コーチは彼らを注意し、悪意のある行動であると含ませる。彼はランディーに次のように言う。「お前の悪ふざけに対して、何度俺は話したことか。もう数え切れないよ」。叱責からランディーを守りつつ、ブルースは「ぜんぜん大丈夫ですよ」と、怪我をしていないことを明示する（メープルブラフでのフィールドノートより）。

カージナルスのジョイ・オブライエンとドン・ローレンスは、試合中よく冗談を言い合っている。ジョイが三塁打を打ったとき、白人のドンは三塁へ行き、同じく白人のジョイと、手をベルトの位置よりも上に上げて「黒人スタイル」の握手を交わす。この儀式はいくつかの複雑な動きから成り立っており、互いに背中をぶつけて終了する。ジョイはこのパフォーマンスが儀式であることを知っており、ドンに正確に従っていた（メープルブラフでのフィールドノートより）。

コーチは試合中の悪ふざけにうんざりするけれども、こうした行動は必ず起こる。したがって、道化的な振る舞いを許しているコーチもいる。

六回（と最終回も）が始まる直前、パイレーツの優秀なピッチャーであるトニー・デントンは、怪我をして試合の戦列から離れていたのだが、ショートのところまで走っていき、ピッチャーと内野手たちを乱雑に集め始めた。トニーは他の選手たちに、彼が合図を出したら、同じ行動をとるよう伝えているようだ。時々その集団はつま先立ちをし、ひざに手を回して座り込んでいる。こうした行動が起こったとき、パイレーツのアシスタントコーチであるテリー・コンクリンは、信じられないといった顔つきで、父親でパイレーツのコーチであるフィルを見つめ、尋ねた。「あそこで何をやってるんだ」。フィルはおかしいような調子で答えた。「俺にはわからんよ。あいつらはただ楽しんでるだけさ。やらせておこうじゃないか。五年もしたら、あいつらも、ちゃんと働くようになってるよ」（メープルブラフでのフィールドノートより）。

リトルリーグの構造にとって幸いなことは、野球の役割から過剰な距離をとる遊びはそれほど頻繁には起こらないので、試合自体が転覆することはないということである。こうした行動は、試合の構造を永続的に方向付けるようなものではなく、一時的なテンポの転換に給している。

③　試合とは別のことへの関与

リトルリーグ野球は常に興奮をもたらすわけではない。試合が面白いときは、選手の注意はそこで起こっていることに注がれる。しかし、試合がルーティン化し、ありふれた出来事が続くときは、選手の注意はその時々に、より面白い他の活動に向けられる。次のような例がある。

パイレーツのランディー・ブロスキーとトム・キャペックは、ダグアウトの中で、トムが始めたボール遊びに興じている。それは、ボールをダグアウトの床と壁の角でバウンドさせ、ダグアウト上部の垂木に着地させるというものである。垂木が後ろの壁と交わるところには小さな裂け目があり、この遊びの目的はその裂け目にボールを入れることである。その課題は非常に難しく、トムの注意のほとんどはその遊びに向けられている（メープルブラフでのフィールドノートより）。

ケアリー・カスキーはオリオールズのダグアウトに座り、レッドホット（シナモンのキャンディ）を食べている。彼はそれをチームメイトに投げ始める。コーチたち（ケアリーの父親もいる）は干渉しない。すぐにほとんどの選手がレッドホットを投げ出し、大声で笑っている。チームの選手であるトッド・カクストン（一二歳）は、レッドホットを投げ、ケアリーの父親の首の後ろに当ててしまう。チームは、これを楽しんでいる。ケアリー氏は、このおふざけに慌てることもない（ボルトンパークでのフィールドノートより）。

こうした出来事は、あまたあるうちの二つに過ぎない。ごみを投げる、水風船で遊ぶ、追いかけっこをする、ダグアウトで石を使ってサッカーをする、風の強い日に空中へ帽子をトスする、その他多くの活動が普通に行われ、少年たちはそれに興奮している。そうした活動への没頭はその時々の状況によって変化し、彼らはそれに釘付けにされる。ある少年が私に「俺らはリトルリーグを食って寝てるんだ」といったことがあったが（サンフォードハイツでのフィールドノートより）、時に彼らは試合中本当に食べて寝てしまう。

これは、試合を真剣に受け止めないこととは異なる。なぜなら、それは試合自体を変質させるようなものではなく、試合に対するオルタナティブな活動としてかかわるものだからである。それは、他の活動よりも、より大きな楽しみを与えてくれるものとして位置づけられている。前青年期の子どもは、自分たちが望むことをするのだ。そのときは、上手な選手でも、より魅力的で、したがって「より楽しい」オルタナティブな活動に熱中して、気を紛らわす。リトルリーグは自発的なものなので、大人や労働を志向する子どもにとっては、選手の注意を課題に向けさせ続けることは至難の業である。

試合とは別のことへの関与は、二つの特徴をもっている。第一に、それは、選手が試合に注意を払っていないことを意味している。言い換えれば、試合には、そこで生起することに注意を持続させるほどの量の楽しみは、一般的にはないということである。ただし、このこと自体が、「間抜けな行動」や「悪ふざけ」を生み出すわけではない。第二に、リトルリーグには選手を熱中させるオルタナティブな活動が存在するということである。その活動が小石を投げることや水を撒き散らすことといった他愛もない活動であっても、である。これら二つの特徴を考え合わせると、リトルリーグ野球には、選手の注意を誘うような遊びの精神、楽しみを提供してくれる意味世界が存在するということである。

試合以外への関与が二次的なものに留まる限りは、リトルリーグの試合は変わらず続いていく。問題なのは、次の例に示すように、それが第一義的なものとなったときである。そのときには、スポーツそのものが脅かされる。

ティム・ミゼルとボイド・ティマシェフは、チームが攻撃側のとき、ダグアウトの中をふざけまわっている。ティムはボイドに言う。「口をあけて、目を閉じてみろよ。そしたら絶対びっくりするから」。そのとき、ティムはボイドの口の中へ小石を投げ入れる。そのためボイドは出血する。コーチは、彼らの「悪ふざけ」に慌て始める。しかし、コーチはその不幸な結果から事件を判断しているに過ぎない。ボイドが口を切るまでは、ダグアウトの中で彼らを監視していたわけではないので、いたずらをやめさせようとはしなかった（ホープウェルでのフィールドノートより）。

どんなリトルリーグの試合でも、試合に関すること以外に、膨大な行動がなされている。しかし、リトルリーグのパフォーマンスにとって幸いなことは、それらが第一義的なものとなることはめったになく、「楽しみ」のためにリトルリーグの試合が催されることは決してないということである。

3　労働という性格／遊びという性格

これまで、リトルリーグ野球には、労働的な側面と遊び的な側面の両方が含まれていることを論じてきた。労働と遊びというメタファーはともに、リトルリーグの一部を記述するのに適したものである。前青年期の子どもの注意や行動は、振り子のように揺れ動く。興奮をもたらすような状況はそれほどあるわけではなく、リトルリーグ野球は、子どもが注意を移そうとも、変わりなく続行していく。重要なのは、避けがたい労働となるのは、野球をすること自体ではないということである。もしそんなことになれば、野球は、自発的で束縛もなく、何のプレッシャーもかからない活動として扱われ、行われることになる。同じように、試合というフレームワークから外れた活動も退屈で、まるで労働しているのと同じような活動になってしまう。労働と遊びの定義は、その活動が野球に関することなのかどうかではなく、その活動がいかに扱われるのかに拠る。

リトルリーグ野球のパフォーマンスを労働と遊び、どちらかに定義することは不可能であるし、無益でもある。課題志向性を持ち、外向きの方向性を持つものとして扱われれば、野球は労働の一部となる。一方、柔軟で、自由で、選択的関与が認められるときには、それは遊びともなる。実際両方なのだ。それぞれのメタファーが、リトルリーグに対するわれわれの理解を助けてくれる。

もちろん、労働や遊びという観念自体があくまでもメタファーであり、具体化して考えるべきではない。労働と遊びとは、外部の観察者や内部の参加者が活動を記述する単なる用語であり、活動それ自体ではない。人は、現在熱中している行動に対して大した自覚もないときは、その時々で理に適った方法で行動する。分離した概念として労働と遊びを区分することは間違いであり、前青年期のスポーツ以上にこの点がよく示される場所はどこにもない。そこでは、勝利と楽しみが結びつき、試合を生み出していく。それは、観客にとっては観戦するにふさわしい場であり、参加者にとっては自発的に参加するに値する場である。

第3章 道徳的社会化（Ⅰ）

――大人による社会化――

リトルリーグ野球は、活動の世界であるだけでなく、会話の世界でもある。これから二章にわたって、リトルリーグのグラウンドで、そして日常生活の場においても暗に期待される正しい行いを子どもたちがいかにして受け入れるようになるのかを説明するために、大人と子どもの側に分けて道徳的社会化の諸側面について検討しよう。まず第3章では、成人男性――コーチたち――が、チーム内の子どもたちに示すルールについて検討する。次に第4章で、仲間内での社会化について――いかに前青年期の少年たちが野球をすべきだと信じているかについて――検討する。少年の自我や他者への自己呈示の仕方に関する知識は、リトルリーグ内での会話を通して確立されていくものである。適切な行為や許容される役割の範囲とは？ どのようにしたら様々な状況に巧みに対応できるのか？ 子どもたちは、道徳的真理にさらされるのではない。むしろ、道徳が実際に適用されるような状況で、道徳的な言葉や信念の使い方を教わるのである。世間は、少年たちのレトリックの使い方から、彼らが徐々に成熟していることを知るのである。

1 大人と子どもの社会化

大人は、大人と子どもの相互作用を重要な道徳的事業であると考え、日常的に接する子どもたちに対して、自分たちには価値や社会的礼儀を教える道徳的責任があると信じている。こうした道徳的メッセージは、大人の世界観を――少なくとも、道徳秩序の理想、もしくは「あるべき」形を――反映するものである。大人は［子どもとの］交渉を避けるために道徳的格言を使う。しかし、前青年期の少年は、状況に応じた文脈の中でこうした言葉について考えながら、道徳的格言はたまにしか使われないし、状況に基づくものであって、絶対的言説と同じくらい修辞的な訓戒であることを学ぶのである。前青年期に差し掛かる頃までに、子どもたちは、自らが望む印象を育むために道徳的メッセージを巧みに操るようになっている。

大人は、子どもに対して、世の中を理想的な世界であるかのように扱わなければならないと当然のように考える。子どもたちは、この見解を（経験的には根拠がないにもかかわらず）受け入れねばならないし、しかも、子どもたちの行為はそれを反映したものでなければならない。言い換えると、子どもたちは、道徳に関わる決断がなされる場面ごとの偶然性については教えられないのである。しかし、道徳的な問題には話し合いの余地がある。昔のテレビドラマ〝ビーバーちゃん〟の主人公の男の子「ビーバー」・クリーバー［訳注1］のジレンマについて考えてみよう。ビーバーは、状況に基づいた規範に従って絶えず行動していた。これは前青年期の特徴である。このホームドラマは、状況によって変わるビーバーの行動の特徴を描き出し、こうした行いをやめて、代わりに絶対的で型通りの中流階級の道徳に従うようにビーバーに迫る、彼の周囲にいる大人たちから構成されていた。

大人は、子どもの前では「理想的な」道徳的規則を公言する。しかし、前青年期の少年たちは、そんな見え透いた話を受け入れるほど単純ではない。子どもは、特に仲間といる時は、大人が示す世界よりも自分たちが観察する世界に従って行動するものである。前青年期の少年は、大人の圧力に対抗する仲間文化を共有する。しかし一般に、大人は子ども期の社会化のこの側面を軽んじ、変化への試み（「社会化」）が望ましいと考える（Dreitzel 1973, Speier 1973 を参照）。ほとんどの子どもは、進んでこの支配的な訓練に加わる。一つには、従った者に与えられる褒美のために。社会化の成功とは、大人たちによって示された道徳的真理をいつ表現するべきかを学ぶことであり、それらが「本当に」意味することを見極めることであって、そして現行犯で捕まったときにどのような道徳的レトリックが使われるべきかを知ることである。私は、モラルがシニカルに利用されていると言っているわけではない。そうではなく、むしろ状況こそが、絶対的な道徳的言説に対して有無を言わさぬ力をもっていると考えるのである。ちょうど、大人が状況によって道徳的な言葉を用い、それらは絶対的であるという振りをするのと同じように、前青年期の少年たちもそうする。

道徳を教え込むことは、たとえば、学校、宗教団体、家族、競技チーム、ボーイスカウトといった人格形成を明確な目標とする機関において特に見られる。団体で行うスポーツは、競争と達成とを強調しつつ、子どもが大人から「人格」を獲得する社会的な場なのである。

疑いを抱く研究者もいるが、スポーツ競技の支持者のほとんどが、団体スポーツへの参加は、子どもが人格を形成するにあたって優れた方法であると主張する（Ogilvie and Tutko 1971, Edwards 1973:103, Stevenson 1975を参照）。人格形成は、リトルリーグで使われるレトリックの中でも特に強調されており、おそらく信じ込まれているほどである。リトルリーグ野球の公式ルールにも、組織の目的は教育を意図したものであると規定されている。

> リトルリーグ野球は、若者に対する奉仕事業である。健康的な活動のはけ口と、健全な社会参加の雰囲気のなかで良き指導者のもと訓練を行う。この活動は、子どもたちを善良で礼儀正しい市民に育て上げることを目的とする。社会人になってからも立派な活動が出来るよう、子どもたちを目標に向かって奮い立たせ、生活を豊かにするよう努める。少年たちにチームワークとフェアプレーの精神を授けることを基本とするものである（リトルリーグ野球公式ルール：2）。

リトルリーグが、そのモットーである「品性、勇気、誠実」を達成するかどうかについては、これまで活発に議論がなされてきた。しかし、ほとんどのコーチが、この理念に合わせようと努める。コーチには、選手に対して、野球の技術を教えることはもちろん、勤勉さ、協力、競争、スポーツマンシップ、そして良き市民であることの必要性を教える責任が与えられる。リトルリーグの関係者によれば、少年はコーチから感情を抑制する術を学ぶべきであると言う。「コーチは声である。教え、導き、少年の成長に助言を与え、一個人としての少年の価値を評価する声である」（Johnson 1973:1）。

スポーツの社会化に関する研究の多くが、一般的な言葉でスポーツの道徳性について論じるが、価値・規範・行為が伝達される状況についてはほとんど注意を払わない。社会化について詳しく見ていくために、ここでは、コーチがスポーツの道徳的秩序において選手を導くために用いる四つの基本的なテーマに焦点を当てることとしよう。すなわち、①努力、②スポーツマンシップ、③チームワーク、④勝利と敗北への対処である。これら四つのテーマは、リトルリーグ野球という道徳的事業の中心にあり、また、前青年期の子どもが、大人社会における自己呈示を習得するためのインプリケーションも含まれている。言うまでもなく、この四つのテーマは、態度や振る舞いの複雑な有り様を覆い隠す飾りであり、また、コーチが重要だと考える目標を反映するものでもある。

2　道徳的秩序の描写

スポーツにおける道徳的言説は、コーチたちが、選手や選手のモチベーションについて考えるところから派生する。コーチは、野球のプレーそのものにではなく、プレーの持つ意味に反応する。モチベーションのせいにすることで、コーチは道徳的立場を強めるのである。コーチたちは、選手のやる気について確信がもてないにもかかわらず、自分たちの信念に自信をもち、その信念を話の根拠として用いる。選手たちの実際の信念や感情は、コーチにはわかりにくい。コーチは、内面の状態を表すものと見なされる会話と振る舞いを通してしか、また、前青年期の子どもがそうした状況で感じている「はず」のことに関する常套的理解を通してしか、［選手の内心に］近づくことができないのである。選手が、コーチの意見を一般に受け入れるのは、社会的慣習の適切さとコーチという定義の権威を示唆している。

道徳的評価は、二つのタイプの場面でみられる。コーチたちは、こうした［道徳的な］メッセージを、試合前後のフォーマルな会話の「セット」として伝えたり、あるいは試合中にコーチと選手の間のやりとりの一部として用いる。一般に、試合中のコメントは、試合を総括する演説ほど全般にわたるものではない。しかし、どちらも道徳的真理を反映するものであり、またどちらも前青年期の子どもたちの信念に関する大人の評価に基づくものである。

(1)　努力の重要性

「やるからには最善を尽くせ」とはアメリカの使い古された決まり文句である。スポーツにおいて、この諺は精神的中心に位置する。しかしながら、「最善を尽くす」とはどういうことなのかを知ることは、必ずしも容易ではない。われわれは、どうやってそれを判断するのだろうか。努力することは識別可能であり、成功や失敗とは全く異なるものだという前提がある（Iso-Ahola 1976:43）。リトルリーグのコーチの中には、選手が「最善」を尽くす限り勝利に頓着しないと言って、はっきりと区別をする者もいる。

野球をするにはいくつかの方法がある。勝つために野球をするという人もいる。しかし、僕は、試合は楽しくなければする価値がないと思う。野球をする唯一の理由は楽しむためだと言う人もいるよな。でもそういう人は、ふざけ回って、まともに野球をしない。僕は、野球とは学ぶためにあると思う。野球の技術を伸ばし、自分自身からより多くのものを得る学びのゲームなのだと思う。それができれば、君たちが思うよりもずっと野球は面白くなるぞ。年間目標は勝者となることだ。しかし、それは試合にことごとく勝つという意味ではない。時には、自分たちよりも強いチームと対戦することもあるだろう。それは持てる力すべてを出すことを意味する。もし全力を出せたならば、僕が思うに、君たちは勝者だ。心を悩ませるのはただ一人、君たちを創られた方だけだ。どのチームを作ったのも神であり、神が勝者と敗者をつくるわけだ。さぁ、全力でいくぞ（ボルトンパークでの最初の練習時のフィールドノートより）。

私は、リトルリーグは真剣に取り組むものだと信じているんだ。そりゃ、ふざける時もあるし、真剣な時もあるよな。一生懸命に最善を尽くすというリトルリーグの誓約を引き合いに出すこともある。素晴らしい試合の結果、たとえ負けたとしても、私は決して君たちを責めたりはしない。でも、たとえ勝ったとしても、ひどい試合をした場合には叱るぞ。それは試合に負けるのと同じくらい悪いことだからな（サンフォードハイツでの最初の練習時のフィールドノートより）。

こうしたコーチたちは、選手はチャンスさえあれば「ふざけ回る」ものだと決めてかかっているので、リトルリーグは真剣なものなのだと選手たちに警告するのである。ほとんどのコーチが、最善を尽くす者が最後に勝つと信じているので、チームの成績が満足のいくものでない時は、努力が足りないのだと考えることになる。コーチの中には、努力と成功の関連を明言する者もいる。

お前たちがフェンスの内側にいる時は、いつもハッスルしていてほしい。試合とはハッスルだ。もし、お前たちがハッスルするなら、今年は勝てると約束するぞ（ホープウェルでの最初の練習時のフィールドノートより）。

たった三つの単語。ハッスル、プライド、礼儀。それだけでうまくいく（メープルブラフでの最初の練習時のフィールドノートより）。

コーチは、敗北を努力や「ハッスル」不足の証だと考える。試合には負けたがよく努力したとチームを誉めるコーチもいるかもしれないが、これは稀であり、弱小チームが上位のチームをもう少しで打ち負かしそうになった時によく起きる。

① 努力は個々の選手に帰因する

個々の選手の努力不足は、身体的な未熟さだけでなく、ハッスルしていないことの表れとしてしばしば判断される。やる気のなさは、能力不足よりも改善しやすい。

> 一一歳の万能外野手が練習で球を取り損なった後の、コーチの言葉：「デビッド、捕ろうと思えば捕れたよな」（ホープウェルでのフィールドノートより）。

> 一二歳の選手がヒットを打ち、二塁を欲張ってアウトになった後のアシスタントコーチの言葉：「一塁まで全力疾走していれば間に合ったはずだよな」（サンフォードハイツでのフィールドノートより）。

こうしたコメントは、選手のやる気に問題を求めるものである。この見解はある程度正しく、時に、選手はもっと一生懸命にやるべきだったと認める。努力とは、うまく考えられた野球の一構成要素である。しかし、たとえ当てはまらない場合であっても、失敗の説明に使われることがある（Ball 1976, Harris and Eitzen 1978を参照）。コーチは、折に触れ、少年の態度を向上させるために選手のやる気を誉める。

> 前の試合で負けた後、今回はすばらしい投球をした一二歳の先発ピッチャーへのアシスタント・コーチの言葉：「思いどおりの投球ができたな」（ボルトンパークでのフィールドノートより）。

選手の「態度改善」をさらに強化させるために、以前、やる気に問題があった少年をコーチが誉めることがしばしばある。熱心さは移ろいやすいものだが、リトルリーグのピッチャーが「本気を出して」投げないということは想像しがたい。ハッスル不足のせいにすることはお決まりの非難であり、たいてい、コーチは選手がどのように技術改善すべきなのかについて指摘することはない。暗に、選手は必要な身体的技術は備えているのだから、ただそれを発揮さえすればよいのだとほのめかすのである。

コーチたちが、少年たちに向かって「眠っているのか」と怒るとき、こうした原因が強調される（第2章参照）。そうしたコメントは、集中力のない選手や、あるいは少なくとも（スイングにしろ、投球にしろ）コーチの期待通りの行動判断ができない選手に対して直接向けられる。［子どもの］評判は、やる気に関するコーチの考え方に影響を及ぼす。関心がないと疑われている子ども（「怠け者」）がいる一方で、「頑張り屋」や「ガッツのある小さな野球選手」という評判をもつ子どももいる。選手が見せる「安定した」特徴に対するコーチの理解を通して、行為は解釈されるのである(1)［訳注2］。

ハッスル不足で少年を非難することは、反論を許さないため、説得力のある手段である。コーチたちは、反論をハッスル不足の兆候とみなすだろう。その非難が道理に合わなくても、高いモチベーションをもつ選手はそれを受け入れ、よりよいプレーをしようと試みる。いったいどれだけのスポーツ選手が、自分は最善を尽くしたと図々しく主張できるだろうか。おまけに、モチベーションは内的なものだから、選手が自己弁護に使える証拠などない。コーチが根拠とする手がかりには、抗弁の余地がないのである。外的で、誰の目にも明らかな事柄（「あの投球はアウトコースだった」、「あれを取るためには、もっと後ろへ下がるべきだった」）に関してはコーチの判断に異議を唱えるにしても、モチベーションのせいにされることについては、たとえ承伏しかねるときであっても、選手たちは滅多に異議を唱えない。前青年期の選手が最も知るべきこと（自分の感情）は、皮肉にも、せいぜい弁明ぐらいしかできないということである。［選手とコーチの］この相互作用から、選手は、行為の言い訳と非難の仕方を学ぶ。人は、内的な原因から責任逃れをすることはできないが、しかし、結果に繋がる外的な出来事については指摘することができる。同様に、内的なモチベーションを疑うことで、他者の行為を厳しく非難することができる。結果として、前青年期の少年は、投球のコースが悪かったからバットを振るべきでなかったと主張することで身を守り、怠惰だとか頑張らないとかいうことで他人を非難する。

② 努力はチームに帰因する

コーチは、個々の選手だけでなく、集団としてのチームにもまた原因があると考える。コーチは、自分のチームを批判する際にすべての選手にやる気がなかったと言う必要はないが、概して一番やる気があるとされる選手の中で熱意のない者がいたとか、加えて、他の選手にも真剣さが欠けていたと言うことがある。非難は、個別のものというよりは一般論であり、ステレオタイプの形をとる。さらに、成功と、強く渇望することが関連づけられる。

練習中に数回エラーがあった後のアシスタントコーチの言葉：「お前たちのプレーを見なくてすむなら、喜んで徹夜するよ。だってお前たちは惨敗するだろうからな。……期待されるような試合をするんだ」（ホープウェルでのフィールドノートより）。

楽勝だと思われた試合に負けた後のコーチの言葉：「まったく元気がなかったじゃないか。……お前たち、勝つ気はあるのか」（サンフォードハイツでのフィールドノートより）。

コーチがチームに檄を飛ばさなかった過去のケースも、モチベーション不足の反映だとして再解釈される。

自分のチームが（六勝三敗の対戦成績を持つチームに）五対一で負けた後のコーチの言葉：「お前ら、寝てたんだろう。お前らにプライドがないなら、俺はお前たちには何も望まない。他の試合、お前たちが勝った試合すらハッスル不足だった。……俺はお前たちを諦めたくないんだ」（サンフォードハイツでのフィールドノートより）。

もちろん、他のチームをけなすために、遡って過去を書き直すコーチもいる。しかしこれは、他のチームの行為は一般に道徳的関係性をあまり持たないので、ごく稀である。

大事な試合の前、二位のチームのコーチが、自分のチームが勝つ手本として、その週のはじめに打ち負かした首位チームの行動を引き合いに出す。首位のチームのアストロズは、一回の表で二点を入れたが、二位チームのオリオールズが一回の裏で三点を返し、結局、五対四で勝った。オリオールズのコーチは、一回裏のアストロズの態度について触れる：「声もなかったよな。静かなものだった。相手チームは迷子の犬のように頭を垂れていた。……俺に言わせれば、うちのチームの方が向こうよりも良いチームだ。先週みたいな試合をすれば勝てるぞ」（ボルトンパークでのフィールドノートより）。

このコーチは、戦略上、オリオールズのハッスルぶりを引き立たせるために、アストロズの態度を引き合いに出している。コーチたちは、やる気に欠けるチームだと判断することへの不満にうまく対処するために、通俗心理学の隅々から引っ張り出して、さまざまな戦略を駆使するものである。

二連敗後の試合前、チームに対するコーチの言葉：「お前たちに何と言えばいいのか分からない。ただ、行って楽しんでこい。バットを振りたければ振ればいい。振りたくなければ振らなくてもいい。ボールを捕りたければ捕ればいいし、捕りたくなければ、捕らなくてもいいんだ。もしボールを後ろに落としたかったら、それもいいぞ。……何でもかんでも試してきたが、どれも上手くいかないようだ。だから遠慮なくやりたいようにやってこい。振りたかったら振れ。振りたくなければ振るな……」（この話は一五分ほど続いた。最初は静かだった選手たちも再び騒がしくなっていた）。「今夜、お前たちに一つだけ頼みたいことがある。さっき言ったように、試合に出て、自分のしたいことは何でもやってきていい。ボールを落としてもいいし、振りたいときには振ればいい。私は何も言わない。ただ一つでいいから言うことを聞いてくれ。今夜は言い訳はなしだ。『あんまりボールが速いから』なんていうのはなしだ。言い訳無用。一つだけ言っておくぞ。お前たちは間違っている。それは問題ではない。審判の責任でもないし、ボールが低すぎただの高すぎただの、そういう問題じゃない。他の誰の責任でもない。お前たち自身の責任だ。お前たちが挑戦しようとしないのだからな」（メープルブラフでのフィールドノートより）。

内容はさまざまだが、コーチたちが注目するテーマは似通っている。コーチたちは、審判や相手チームや能力といった外的な要因ではなく、成功は努力の結果であると定義する。やる気はコーチが難なく操れる唯一の変えられるものであり、それ故に、コーチはそうしたコメントが有効な意味をもつと考えるのだろう。「自分の考えに縛られているだけだ」というスポーツの信条は、経験的には正しくはないが、プレーに関するこの側面の強調を表している。

この見方は、非難や責任転嫁に繋がりやすい。スポーツの社会化は勝利への志向性を強調するので、選手やコーチが野球上の過失について他者を非難しても驚くことではない。それ自体には何ら道徳的示唆をもたない結果（勝利と敗北）に道徳的意味がもたらされ、選手の行為には、その選手に対する周囲の評判に繋がる道徳的価値が付与される。成功と失敗に関する選手の特質を調査したアイソウ・アホラは、成功と失敗（勝利と敗北）は、選手の自分自身の努力に対する評価には影響しないが、チームの努力に関する評価には影響を及ぼすことを明らかにした（Iso-Ahola 1976, 1977a, 1977b, Roberts 1978 も参照）。自分自身の失敗について考える時は失敗を外的要因のせいにしがちだが、他者の失敗について考える時は、内的な要因のせいにする傾向がある。競争的なスポーツに潜む危険とは、競争が自己イメージに与える直接的影響というよりも、むしろ競争が他者の評価にどう影響するかという点ではないだろうか[2]。

四対一で負けている試合の終盤でうまく二塁へ盗塁した、あまり戦力とならない一一歳の選手に対する選手たちの反応は、この責任転嫁を表している。その少年は、チームの注意力不足を指摘するコーチの質問によって生じた非難の渦中に自分がいることに気づく。

> ディッキー・ブリックマンが二塁へ盗塁した後、コーチはチームに向かって叫ぶ。「誰があいつに指示した?! おい、誰が指示したんだ?!」一二歳のキャッチャーが、チームメイトに向かって叫んだ。「ディッキー、やめとけよ!」一二歳のピッチャーが叫ぶ。「ブリックマン、ツーアウトなんだよ。気付けよ!」もし、盗塁の指示を誰かが出したのだとしても、それが誰かは明らかにならなかった（サンフォードハイツでのフィールドノートより）。

ディッキーのチームメイトは、ディッキーはその状況を理解すべきだったのに、何が起きているのかに十分に注意を払わなかったので、非難されても仕方がないと考える。

チームへの帰属意識が、いつも否定的である必要はない。多くの場合、技術力の賞賛ばかりが強調されるが、苦境にあって勝利を得たチームは、そのやる気を誉められることがある。現在の努力と過去の怠惰な様を比較する際に、やる気は特に関係するようである。

> 数回の敗北を経験した後に勝利したアシスタントコーチの言葉：「ハッスルが何を起こすか分かっただろう?」コーチ：「お前たちが[以前と]違っているのは、ハッスルしたかどうかだけだ」（メープルブラフでのフィールドノートより）。

状況は再定義され、そのために、やる気が成功を左右する極めて重要な変数となる。勝つ気がないチームを想像するのは難しく、また保護者や仲間によってやる気が強化されるリトルリーグの競争的な性格にもかかわらず、このレトリックが生まれるのである。

(2) スポーツマンシップ

スポーツマンシップは、モチベーションに比べれば多少観察されやすいが、それもまた状況に規定される。「スポーツの黄金律」（Jackson 1949:13）として簡潔に定義されてきたが、スポーツマンシップを正確に定義することは難しい。コーチたちは、他のテーマと比べても、スポーツマンシップをあまり頻繁には取り上げない。スポーツマンシップは、公式なリトルリーグの文献では重要視されているが、実際は、リトルリーグにおける社会化にほとんど関係しないのである。この理由は、明らかではない。まず第一に、リトルリーグは勝利を目指すものなので、監督は、敗北（唯一、スポーツマンシップが問題となる時）についてはあまり扱わないのである。第二の説明は、リトルリーグ野球とその関係者のよりポジティブな面を明らかにする。つまり、スポーツマンシップが問題になることは滅多にないので、だから、ほとんど取り上げる必要もないというものである。コーチたちは、審判や相手チームに対するスポーツマンシップの重要性を提唱することでシーズンを始め、前青年期の少年たちは、大抵この指導を忠実に守る。不平不満と怒りのほとんどは、チーム内のやりとりの中で述べられ、ダグアウトの壁とフェンスの内側で起き、公に表れることはないのである。スポーツマンシップに関する全般的なコメントが少ないことの第三の説明は、起きた問題の扱い方に関係する。そうした問題は、試合における内に潜んだ混乱の兆候としてではなく、特別な事例として処理される。つまり、個々の問題として扱われるのである。

この第三の説明は、コーチたちのスポーツマンシップを尊重する態度と努力を尊重する態度とが対照的であることを示唆する。コーチは、無作法な行為は一時的な乱れであるが、やる気不足は重大な問題となりうるとして扱う。努力を十分に発揮しなかったことで選手たちを非難するコーチもいるが、選手たちは基本的にマナーが良いと評価する点で、コーチは全員同意見である。前青年期の子どもは極度のストレス下にあるとき以外はスポーツマンらしい良い子であるが、しかし大人からの圧力がなくては子どもは懸命に取り組まないだろうとも考える。

ところで、主に二つの点から、コーチはスポーツマンシップをコントロールしようとする。すなわち、失敗と極度の競争心への反応である。

① **失敗**

チームまたは個人の失敗の結果として、選手たちは目に見えて動揺し、彼らの年齢やプレーの場にはふさわしくないとコーチが考える態度をとる。前青年期の少年たちは、自己呈示は大人の世界観——反抗は不適切であり、制裁される世界——に基づくべきだということを忘れるかもしれない。動揺し、狼狽し、スポーツマンシップを教え込むだけでなく勝利を第一の目標と考えるコーチにとって、規律を守らせることは難しいかもしれない。加えて、選手がすでに狼狽している時にスポーツマンシップの欠如について子どもを非難することは、少年の不機嫌な感情に直面し、彼の怒りの標的とされてしまうので好ましくない。最後に、最もスポーツマンらしからぬ態度を取りそうな少年は、「指導する」ことが最も難しいと考えられている少年である。つまり、大人社会の道徳秩序を共有することを拒む者なのである。そうした選手らが目に見えて興奮しだすと、コーチはしばしば「言い負かす」だろう。しかしこうすることで、それとなく非難することでさえ事態を悪化させることになる。したがって、コーチたちは、スポーツマンシップに欠けることを頻繁に見逃すか、それを個人的なサポートが最大限に求められる状況として扱う。最も効果的だと考えるテクニック――サポートか非難か――はコーチによって異なる。

三振に倒れた九歳の選手に対するアシスタントコーチの言葉：「バットを放るんじゃないぞ。ミッキー・マントル〔訳注3〕だって三振するんだからな」（ホープウェルでのフィールドノートより）。

三振に倒れた一一歳の選手へのアシスタントコーチの言葉：「バットを投げるな。もしあそこに立つつもりなら、三振してもバットを放るな。バットのせいじゃないだろ」（メープルブラフでのフィールドノートより）。

リトルリーグの選手は、大抵、大人の前では「良い態度」をとる。また、「スポーツマンシップ」をアピールすることは、自分たちが適切な役割距離を維持し損ねた時に、両親や観客をうまく押さえるために必要なのである。

② 競争心

コーチたちは、選手たちが相手チームに向かって過度に攻撃的になる時にも、スポーツマンシップについて話す。各選手は、味方チームに声援を送ることを期待されている。選手が「死んだように静か」であったり、ダグアウトが「霊安室のよう」である時には、チームスピリットに欠けていると責められるだろう。同時に、コーチは、相手チームに対して、筋の通ったことを「まくし立てること」（Irace 1960 参照）と、そうでないことで困らせることとを区別しなければならない。コーチは、その試合の重要性、得点、他のチームに対する自分たちの態度（たとえば、激しい競争心の存在など）に基づいてこれらを区別する。

上位二チームのコーチたちは、五年間にわたって激しい競争心をもっていた。首位チームが勝てば優勝という試合であり、また二位チームのコーチの息子が投げるという試合で、首位チームのアシスタントコーチが選手たちに言った。「彼をイライラさせろ。慌てさせるんだ」。それから、彼は選手たちに、審判にボールとストライクのカウントを尋ねるよう言う。「それでピッチャーはカウントを気にして、イライラするぞ」（ボルトンパークでのフィールドノートより）。

暗くなってきたせいで再試合となるゲームで、リードをしている方のチームのアシスタントコーチが、相手チームが引き延ばし作戦をしていると思い、選手たちに下手な投球をしている相手ピッチャーをイライラさせるように言った。「あいつに問題があると思わないか？　さあ、やっつけてこい」（ホープウェルでのフィールドノートより）。

そのシーズン最後の試合――成績に影響しない試合――で、コーチが自分のチームに向かって言った言葉。「なあ、君たちは大量にリードしている。だが、あそこでふざけてほしくはない。相手に余計なことを言うなよ。君たちにはスポーツマンらしくしてほしいんだ」（メープルブラフでのフィールドノートより）。

スポーツマンシップの重要性は状況によって決まるものであり、一部の人が指摘するように、絶対ではないのである（Jackson 1949）。ある場面では適切な振る舞いが他の場面ではそうではないので、選手たちは、「スポーツマンらしからぬ」振る舞いを正当化する手がかりを見つけられるようにならなければならない。スポーツマンシップが重要でないわけではないが、それは自分の利益につながるような場合に持ち出されるレトリックなのである。前青年期の子どもたちは、大人の振る舞いの道徳的弱点を明らかにするために、スポーツマンシップというお題目《ルーブリック》を使って、自分たちにとって好ましくない行動をしている大人を罰する熟練の徒となる。

シーズン前の練習試合で激しく争っている相手のコーチを、皮肉をこめて批判した一塁手（一二歳）のチームメイトへの言葉：「真のスポーツマンシップ」。そのコーチはキャッチャーのそばに行き、「（キャッチャーが走者をアウトにするために二塁へボールを投げるときに）もしバッターボックスのあいつが「邪魔にならないよう」避けなかったら、あいつの頭にぶつけてやれよ」と言った（ボルトンパークでのフィールドノートより）。

ある一二歳の少年が、ライバルとの口論が白熱してきた自分のコーチを「どんなコーチよりもマナーが最悪」（ボルトンパークでのフィールドノートより）と批判した時のように、滅多にないが、コーチが道徳的評価の対象となることがある。

(3) チームワーク

大人たちは、しばしば、前青年期とは自己中心的で、他者の要求と欲求とを感じ取る力をようやく発達させはじめたばかりだと見ている。前青年期の子どもの行為は、集団の目的よりも個人の目標の実現にあると考えられている。幼い子どもは、大抵、自己中心的であるが、前青年期も後半になると、仲間集団や他者の良い意見を優先するように変わりはじめてくる（Kohen-Raz 1971:119）。

にもかかわらず、年長の少年であっても、コーチたちが適切だと考えるチームワークへの関心をいつも見せるわけではない。自己演出をとても意識する一二歳の選手たちは、野球チームとは別の仲間集団（あるいは準拠集団）に関心をもつかもしれない。つまり、少年は、「チームプレーヤー」になるよりも「花形選手《プリマドンナ》」（一般にコーチたちが使う言い回し）や「目立つ奴《ホットドッグ》」（選手たちが使う言い回し）になることによって、より高いステイタスを獲得しようとするかもしれない。

コーチたちは、選手たちはしばしばチームの成功よりも個人の栄光を第一に考えるものだと信じているので、チームワークを、自分たちが選手に教えねばならない道徳的秩序の一つだと考える。コーチたちは、この信念をはっきりと述べる。

リトルリーグ野球の目的について尋ねられたときのあるコーチの答え：知っての通り、君たちは、仲間と協力して、チームとして何かを成し遂げる機会に恵まれた。チームとして、君たちが[野球が]上手かろうが下手だろうが、努力はとても重要だ。……このチームワークというものがとても重要なんだ。人生の重要なことの一つは、チームとして働くことだよな。リトルリーグはそのいい機会なんだ（サンフォードハイツでのコーチへのインタビューより）。

確かに、チームワークは成功と関係があると信じられている点で、チームワークを強調することには実践的側面があるが、チームワークを身に付けること自体が道徳的目標なのである。あるコーチは、リトルリーグ野球は、前青年期の少年にとっては、一丸となって協働することを若者に教え込むという点で、軍隊と同じくらい大切であると話した（サンフォードハイツでのコーチへのインタビューより）。リトルリーグのチームは、少年にとって、強制的かつ積極的な参加によってのみ成し遂げられる明白な集団的課題をもつ初めての組織であろう。この点で、リトルリーグチームは、家族、教会、学校のクラスルームやボーイスカウトの中隊とは異なる。

チームワークの重要性は、シーズン初めにおいて、そしてコーチが協働に欠けると感じる時はいつでも年間を通して強調される。

> シーズン前の練習試合での、選手に対するエクスポズのコーチの言葉：「この三年間でわれわれは強いチームになった。なのに今は弱小だ。……今年はチーム一丸となって挑もうじゃないか」。その後、選手たちに言い聞かせる。「ほら、声援を送れ。個人個人がバラバラになってる余裕はないぞ。全員がベストを尽くすんだ。昨年は、たくさんの花形選手《プリマドンナ》がいたが、［それでも］三位にしかなれなかった」。それに対し、一二歳の選手がわざとゲップをし、チームは大笑いする（サンフォードハイツでのフィールドノートより）。

コーチの話に対するエクスポズの選手たちの反応は、選手への要求が拒絶されたことを示す。メンバーが異なるからか、あるいは状況が変わるからなのか、コーチたちのコメントに対するチームの反応は様々である。エクスポズの選手のゲップは、その年のチームワークの明らかな欠如を象徴的に表していた。耳障りな笑いは、競争的なリトルリーグ野球に対するそのチームの関心の欠如を追認するものであった。ある一つのチームの経験に基づく説明には慎重であらねばならないが、エクスポズは、シーズン前の予想どおり一八試合中たった三勝しかできず、最下位という屈辱的結果に終わった。エクスポズは、シーズン中、チームスピリット［訳注4］がないことで知られていた。彼らのコーチが、レギュラーシーズン後のインタビューで述べた通りである。

> 彼らは本当は問題児ではないんだ。態度に問題があるだけで。彼らが問題を作り出したわけじゃないが、でも協力すればできたはずの最善のプレーをしなかったからな（サンフォードハイツでのコーチへのインタビューより）。

最下位という結果は、チームワークの欠如に起因するものであろうとなかろうと、ともかくそのせいにされた。

同じような哲学をもつ、異なる選手を受け持った他のコーチたちは、自分たちの選手は望ましい目標としてチームワークを受け入れたことに気づいた。

初試合の前のチームに対するコーチの言葉：「うちのチーム、カージナルスでは全員野球がモットーだ。決して、一人ひとりの寄せ集めではない。エゴ（＝I）は捨てるんだ。だから、俺たちはカーズだ。いや、本当にIを抜かしたら「カードナルス」と言わないといかんから、これは変に聞こえるな」〔訳注5〕。［この言葉を聞いて］選手たちは賛意を表して笑った（サンフォードハイツでのフィールドノートより）。

このチームの笑いは、エクスポズの場合のような蔑みの笑いではなく、そのコーチの野球に関する道徳的規律への承認であった。

努力と同様に、チームワークの有無は、明白で容易にはっきりすると考えられている。さらに論より証拠で、成功したチームは、チームワークを証明したことで賞賛される。

勝利後のコーチの言葉：「私はおまえたちを誇りに思うよ。チームが努力した結果だ」（サンフォードハイツでのフィールドノートより）。

逆転勝ちした後のコーチの言葉：「逆転して勝つなんて素晴らしいじゃないか。チームの努力の結果だ。みんなよくやったな」（ボルトンパークでのフィールドノートより）。

これを、自分のチームがお粗末な試合をしたと考えた時のコーチの言葉と比較してみよう。

オープン戦での敗北後、チーム全員が怒り落胆している時の、チームに対するコーチの言葉：「自分のすべきことをしないで勝手にプレーしたやつがいる。考え無しだ。ボールに対する積極性が見られない。誰も責任を取りたがらない。お前たちは、一つのチームだぞ。チームとしてプレーするんだ。よく考えてみろ。ツーアウトでボールを見逃せば、あそこに立つことはできないだろうが」（サンフォードハイツでのフィールドノートより）。

これらの引用を検討し、文脈に沿って分析してみると、コーチは具体的な現象に関する明確な指標に反応しているわけではないということが明らかになった。むしろコーチは、選手たちがミスを犯していることや、いくつかの優れたプレーの流れが一連の競技の中で起きていることを指摘しながら、状況によって評価をなすのである。ある少年の並はずれて優れた投球と彼のチームメイトの素晴らしい捕球は、合わせてチームの勢いを表すチームワークの一例として定義される(Adler and Adler 1978:162)。もし、その二つの動作が別々のプレーの中で起きれば、コーチはその態度を評価する際に「チームワーク」という概念ではなく、むしろ「ハッスル」という概念を使うだろう。

チームワークやチームスピリットというレトリックは、チームメイトを応援することや、仲間との争いを避けるような活動における努力のレトリックと関係する。「努力」が個人の責任や集団の〔目標の〕実現と関連づけられるのに対し、「チームワーク」は、次の家族のアナロジーに例示されるように、社会的責任であると見なされている。「われわれはチームだ。われわれは家族だ。さあ、一緒に勝つぞ」(ボルトンパークでのフィールドノートより)。このアナロジーは、明らかに、父親の立場にコーチを据え、道徳の一大事業としてスポーツを定義している。努力やスポーツマンシップと同様、チームワークに触れることは、大人の解釈過程の一部なのである。その過程で、子どもたちの身体の動きから、道徳上重要な問題が生み出される。

(4) 勝利と敗北

最後の道徳的課題は、他の三つを内包するものである。支持者と批判者の双方が認めるリトルリーグ野球の重要な側面の一つは、少年たちは、リトルリーグの中で勝ち方と負け方を学ぶという事実である。少年たちは、勝利と敗北の両方の状況での振る舞い方を学ぶ。チームの構成や能力、指導にもよるが、敗北よりも勝利への対応を学ばなければならないチームがある一方で、その逆のチームもある。

勝利へ対応する方がはるかに心地よいが、勝利と敗北の双方とも道徳的問題を提起する。コーチたちは、しばしば、上述した他の道徳的要素に抵触さえしなければ、チームの勝敗記録の重要性は強調しないことでシーズンをはじめる。

二回目の練習中に、チームを目の前に集めたコーチの言葉:「もし、私を満足させるために、すべての試合に勝てと言ったらどう答える?」(選手の中にはできると答えた者もいる)。「もし、私を満足させるために、優勝しなければならないといったらどう答える?」(大人のレトリックに慣れていない、過剰に愛想の良い選手の中には「もちろん」と答える子どももいる)。「君たちはそんなことは何一つしなくていいんだ。私を満足させるために、君たちがしなければならないことは四つだ。その四つのことには

> 真剣に取り組まなければならない。どうしないといけないか分かるか?」(一人の選手が「正直であること」と答える)。「うん、基本的に正しいな。つまり、自分が主張する通りの人であれという意味だ。われわれ[コーチ]が見ているときも見ていないときも、同じようにするんだ。誤魔化さないということでもある。[二つ目は]君たちに人を勇気づけてほしい。主にチームメイトに対して。三つ目はスポーツマンシップだ。負けても文句を言わない。審判が君たちに反した判定をしても文句を言わない。他のチームをからかわないということだ。そうやって勝つチームもあるが、君たちは、そんなことはするな。四つ目は献身だ。つまり、できる限り一生懸命にプレーするということだ。また献身とは、試合と同じように、練習でも最善を尽くすことを意味する。それが、私が君たちに望むことだ。昨晩の練習は私をがっかりさせるものではなかったが、でももし昨晩より改善していなかったら、本当にがっかりするだろうな。君たちが、自分たちよりも強いチームとの試合に負けても、私は気にしない。ただ、自分自身には負けてほしくないんだ(ボルトンパークでのフィールドノートより)。

しかしながら、よりよいチームを組織するということは困難を孕むものだ。というのも、特に、ほとんどのコーチが、試合に勝ち越すことを期待するし、首位か二位になることを望むからである。ほとんどのコーチが、こうした期待が挫かれる目に遭う。そして、そうした包括的な言説は、正直という包括的な概念が野球の試合に勝つという現実的関心の二の次となるように、試合中のコーチの指導とは体系的に異なるものである。選手たちは、正直とは、ある時とある場所でのみ掲げられるべきレトリック上の戦略であることを学ぶ。

リトルリーグに携わる大人は、勝敗や競争に目を向けがちであり、そしてそれは態度に表れる。アストロズのコーチは、シーズン初日、午前八時に球場に到着した(初日の式典は午前九時半開始)。彼は、その前夜、一晩中運転していたと私に言った。別のコーチが、アストロズのコーチは、その前年はダラスまで運転し、またその前はウィスコンシン州のオクレアまで運転したのだと私に話した。この別のコーチは、初日の前は非常に緊張するので、昨年は徹夜して自分のチームのヘルメットの色塗りをしたと言っていた(ボルトンパーク開幕日のフィールドノートより)。コーチが選手たちと話し合う感情は、コーチ自身が直面するものである。数人のコーチが、選手にとって「適切な役割モデル」であるために、「いかなる犠牲を払っても勝つこと」への個人的衝動をコントロールするのに、真剣かつ不断の努力を払わなければならないと個人的に明かした。

勝利は、敗北とは異なる道徳的要因によって評価される。勝利すると、チームの成功は、そのチームが、その日に、あるいはシーズンを通して見せた積極的で価値ある特徴の兆候と見なされる。勝利によってチームの態度は強化されるのだ。何かが（目に見えて）きちんとできたからに違いない。この年頃の子どもたちでは、勝利は、大部分が、休暇予定やピッチャーのローテーションのような調整できない要因や運によるので、チームが勝つためにしたことを特定することは難しい。その結果、コーチたちの説明はしばしば曖昧であり、何か特定の技能を強化するわけでもなく、理由はどうであれ、勝てば立派だと子どもに教えるのである。

接戦をものにした後の弱小チームに対するコーチの言葉：「お前たちはまさに本来の力でプレーしたんだ。……調子が戻ったな」（ボルトンパークでのフィールドノートより）。

連敗後、大事な勝利を得た後のチームへのコーチの言葉：「君たち、ちょっと聞いてくれ。今夜の試合、君たちを誇りに思うよ。残りのシーズンで何が起こっても気にしない。君たちは素晴らしく立派だった。……君たちみんなのこと、それぞれがやってくれたことについて話しているんだ。みんな素晴らしかったよ。だから、他の試合に負けても、残りのシーズンで何が起こっても構わない。まず第一に、われわれは勝って当然だ。君たちは本当にすごかった。君たちの言葉で何て言ったか、あの、ハッスルするとか、うまくやったとか、やっつけたってわけだ。みんな一人ひとりがよくやった。全員がよくやったぞ。お前たちは素晴らしかった。……信じられないな。今夜、自分たちのことを誇りに思っていいぞ。［今日の勝利が］今シーズン全体の埋め合わせを、まさにこの場でしたんだ。一つの試合でシーズン全部を取り返したな」（メープルブラフでのフィールドノートより）。

コーチにとって、試合結果の原因を突き止めることは至難の業である。コーチたちは、成功したパフォーマンスの具体的な諸点について言及することができるし、またそうしているのだが、その結果は、成功したパフォーマンス全体の象徴と受け取られる。

一方で、コーチは敗北について説明しなければならないが、敗因の説明は、前青年期の少年が野球の試合で負けた数だけ存在する。敗北は、何かがうまくいかなかった表れであり、説明を必要とする。しかし、敗北の中にはひどく苛立たしいものがあり、コーチたちは、負けた自分のチームは、よくやったともひどかったとも感じるだろう。よくやった場合は、コーチは、試合は負けたがよく頑張ったと少年たちを誉めるだろう（Iso-Ahola 1976を参照）。また、コーチは、負け試合の敗北をあまり深刻に考えすぎないように、チームには精神的支えが必要であると考えるかもしれない。あるいは一方で、チームは自信過剰のために負けたのだから、「現実の世界」に戻す必要があるとも感じるだろう。最終的に、コーチは自分の期待に基づいて反応するのである。接戦を落とした最下位のチームは、見事なプレーをしたと言われるだろう。だが一方で、同じやり方で大事な試合を落とした首位のチームは、だらしのないプレーをしたと厳しく非難される。試合後のコメントは目に見える結果から生じ、また、それらの結果［＝試合の点数などの結果］が、コーチや選手たちにもたらす社会的意味から生じるのである。

好ましい状況では、コーチは、打ち負かされた自分チームに愛想良くするかもしれない。

最下位のチームが一〇対五で敗れた後のアシスタントコーチのコメント：「お前たち、どんどんヒットが打てるようになるまであと一歩だぞ。問題はエラーを減らすことと、あとちょっとの運だな。われわれは一つの野球チームとしてまとまってきているぞ」（ボルトンパークでのフィールドノートより）。

そのリーグで最強のチームの一つに一点差で負けた後の、あまり強くないチームに対するコーチの言葉：「お前たち、素晴らしいプレーだったぞ。全くもって素晴らしかった。チャーリー、最後のヒットは素晴らしかったな。ロジャー、君のプレーはただただ素晴らしかった。よくやったぞ。お前たちみんなが素晴らしいプレーをした。こういった試合なら、一点差で負けても気にならないな。本当に、二点を取られた初回か二回かのミスさえなければなあ。とてもいい試合だったぞ。これこそが野球だ。素晴らしい試合だったな」（メープルブラフでのフィールドノートより）。

敗北は力量不足という評価に繋がるかというと、必ずしもそうではない。しかし、選手のやる気や態度といった要素にチームの問題が反映していると考えられる場合は、否定的な評価がなされる。コーチは、負けたことについてチームを非難するのに、ハッスル不足やチームスピリットのなさをあげることを含めて、さまざまな戦略を駆使する。特に、そのシーズンを代表するような試合や、チームプレーのちぐはぐさが明確に表れる試合——たとえば、一イニングの中で（「崩壊」してしまうような）特にひどいプレーを見せるような試合では。敗北は、（コントロールできない）能力不足のせいにされることはまずなく、選手たちのやる気不足のせいにされる。

技術的な問題というよりは、むしろ「精神的なもの」であり、それゆえ、意識的なコントロールを必要とするのである。

あるひどいイニングのせいで負けた後、チームに対するコーチの言葉：「五イニングは、いいプレーをしたよ。最初の一イニングを除いてな」（サンフォードハイツでのフィールドノートより）。

ポストシーズンの試合で大差で負け、意気消沈したチームに対して、アシスタントコーチは真剣に、そして慎重に話す。この試合は、ポストシーズンの大会に参加するための予行として行われたものであった。「ちょっと前にこの大会に必ず参加すると決めたわけではないと話したよな。お前たちをそのトーナメントへ連れて行く時間を取るつもりだ。ただし、お前たちの態度やハッスルぶりや、特にチームスピリットにかなりの改善が見られる場合に限る。口論や喧嘩は自分の部屋まで取っておけ。レスリングでもボクシングでも、争いごとならそこでできる。そこは、そんなくだらないことをする場所だろうからな。個人の努力でしたいようにできる。でもこれは違う。一つの下らない態度が、別のまずい行為の原因になる。［お前たちがそんなことをするなんて］まさか思わないけどな」（サンフォードハイツでのフィールドノートより）。

大人はリトルリーグ野球を道徳的事業として定義するので、試合結果は、選手たちの人格の結果と見なされうる。「公正な社会」の前提は、どんな理由であれ、成功者は高徳であり、敗北者は自業自得であると人びとが信じていることである。というのも、被害者とは――結果を、［自分の］気質に原因があると考えるより、むしろ状況のせいにして――個人的非難を受け入れようとしないものだと信じられているためである。これが、コーチたちが、試合を振り返るために試合後にミーティングを開く理由の一つである。（こうしたミーティングの話題としては稀だが）身体的な改善について話し合うだけでなく、道徳的な総意を確立し、強化することもまた話し合われる。誰も成功と失敗の「真の」原因を判断することはできないが、スポーツの社会化の重要な構成要素は、選手たちに、そのような原因が存在することを信じさせ、結果をコントロールできるという信念――有効感――を内面化させることである。こうした解釈を進んで受け入れる選手たちは、成熟さと心構えを称賛される。その一方で、コーチの説明を喜んで受け入れることができない選手たちは、傲慢で扱いにくく、スポーツが下手だという烙印を押される。コーチが、自分のチームの分別と心構えをまず第一に考えるのは、試合の成り行きに社会的な意味合いを無理矢理もたせるコーチの権威を反映している。しかし、こうした説明を聞いている選手たちは、言外のメッセージを受け取るかもしれない。つまり、試合の意味は、身体的運動として選手の行為を客観的に見るのではなく、「ただの」解釈にすぎないということである。このようにして、大人の指導者たちが考えるリトルリーグ野球の道徳秩序だけでなく、社会状況における道徳的意味の構造に含まれるレトリックの装置に向けても、選手は社会化される。

3　大人による道徳的秩序の社会化

リトルリーグとは、合法的に全権付与された社会秩序の執行人が、道徳的行為の基礎を一人ひとりに背負わせる場である。この分析は、一般に、スポーツへの参加にまで拡大できるだろう。特に、プログラムが明らかに道徳的メッセージを含み、「人格形成」に熱心なリトルリーグ野球のような青年期のスポーツに当てはまるようである。

野球では、コーチのコメントは、それが発せられた直接的文脈において選手に理解され、また道徳的メッセージの適切さや、選手自身の能力やモチベーション(コーチは「野球を知っているか?」、コーチは「公平か?」)とどれほど似通っているかによって判断される。同時に、コーチと選手は、前青年期の子どもに対して認められた——大抵は運動の状況に関連するが、場合によってはより一般的な——社会的アイデンティティを構築しようと努める。これは、事実上、コーチが選手を非難する資格をもつことを意味する。というのも、そうした非難は長期的な成果をもたらすと想定されているからである。あるコーチが自分の選手たちに[次のような]説明をした。「われわれは、きみらが望む以上に怒鳴るかもしれない。それで、きみたちは良い少年になるし、そしていつかは立派な人になるんだ」(サンフォードハイツでのフィールドノートより)。別のコーチは、「われわれはただ怒鳴りたいから怒鳴っているんじゃないぞ。お前たちの学ぶ助けになりたいからだ」とコメントした(サンフォードハイツでのフィールドノートより)。

こうした成人男性にとって、前青年期の少年たちに大人の視点から世界を見ることを教えることは重要である。確かに、こうした大人たちは、自分たちは不変の中核的価値を身につけていると——これらの価値がいかに選択的に表出されているのかを認識することなく――信じている。成熟した前青年期の少年は、自分が大人になるための道を正しく歩んでいることを示しながら、適切な場面で同じような価値を表明するだろう。明らかに、レトリックとは操作されるものであるが、操作されているということが悟られてはならない。さもないと、信頼はシニカルな利己的利用へと変貌を遂げることになる。本章と次章とで、私は、少年たちが男性指導者の自発的な生徒であることを論じる。少年たちは、野球が上達するのと同じように、スポーツにおける会話も上達するのである。

第4章　道徳的社会化（Ⅱ）

――仲間による社会化――

おそらく、前青年期の少年の発達段階の最たる特徴は、仲間集団を重視することである。友達同士、共通の関心事については何でも自由に語り合う。もちろん、そのなかには、大人との会話にはふさわしくない話題も多く含まれる。前青年期の少年は、たいてい、仲間のコメントを「真剣に受け止める」。確かに、一つひとつの意見は必ずしも劇的な態度の変化を生みだすものではないが、全体として考えると、こうしたコメントが前青年期の少年の道徳的パースペクティブを形成するのである。これは受動的過程ではない。前青年期の子どもは、それぞれ、意見を受けとめると同時に、気持ちを発するものである。自分たち独自の道徳的レトリックを通して、少年たちは、前青年期の子どもの「社会」へと社会化されていく。そのモラルコードは、大人世界のものと同じように厳しく、また不安定なものである。成人男性の振る舞いを反映すると同時に歪曲した世界を作りだしながら、父親らのコードは息子たちによって書き直される。

本章で検討する前青年期の子どもの道徳的評価は、スポーツに関連するものである。大人が、ハッスル、チームワーク、スポーツマンシップ、勝敗にこだわるのに対し、前青年期の子どもは、これらの関心事を変形させる。大人は、少年が適切に競技できるようにさせ、それを通して、良い市民、立派な人間になるように努める。前青年期の子どもは、礼儀作法を含め、自己呈示に強い関心を抱くものである。彼らは大人たちの使うそうしたテーマを用いるが、より重要なのは、礼儀正しく振る舞うことの「道徳的」テーマである。これは、以下のものを含んでいる。①適切な感情表現――状況に応じて、タフであったり怯えたり――、②攻撃性や恐怖心、涙を制御すること（スポーツマンシップの変形）、③勝ちたいという熱意の表明（ハッスル）、そして、④（産業界における「価格破壊」や警察への密告のように）前青年期の子ども間の結束（チームワーク）を壊さないこと。こうした問題は、それらが見る影もなく変形した場合を除き、彼らのコーチたちの関心と似ている。このモラルコードは破られるのが常であるにもかかわらず、しばしば少年が皺寄せを受ける。

1 適切な感情

少年の振る舞いが不適切な場合、厳しく非難されることは火を見るより明らかである。問題は、何が適切な振る舞いなのかということだ。具体的な手引きを好む前青年期の少年にはあいにくだが、そのようなリストをまとめることができる人はいない。他人に唾を吐くような、間違いなく厳しく非難されるであろう行為をいくつか引き合いに出すことはできるが、ほとんどの行為の評価は状況に依存する。唾を吐くことでさえ、ふざけた「唾吐きコンテスト」では妥当なものである。

選手たちに対する非難や賞賛の多くは包括的なものであり、特定の長所や短所を細かく述べられるものではない。ボルトンパークとサンフォードハイツのインタビューで、個々の選手に、親友を好きな理由と、そうでない少年を嫌いな理由について訊ねた。そのほとんどの回答が、非常に漠然としたものであった。

親友について：

「みんないい奴だよ。僕たちは一緒に、たくさんくだらない事をするんだ」

「彼と一緒にいると楽しいんだ。面白いし。僕らは同じものが好きなんだ」

「あいつのそばに居ると楽しいんだよな」

嫌いな子について：

「あいつ、みんなに怒鳴るんだ。自己中心的すぎるんだよ」

「あいつはガキなんだ。ほんのお子さまなのさ」

少年たちは、おそらく具体的な振る舞いの例を挙げることもできただろう。しかし、次の例のように、彼らの関係がはっきりとしたものであるにもかかわらず、漠然とした言葉で意見を述べるのである。

エクスポズの一一歳の選手、テリー・ヘイズは、子どもじみて社会性に欠けると周囲に思われているため、たいてい見下されている。あるエクスポズの選手は、テリーは「馬鹿だ」と言う。別の選手は、「あいつはゴマすりだ」と言う。エクスポズの一二歳の先発キャッチャーであるブライアン・ナッシュは、痙攣したようなジェスチャーで「脳性麻痺」と言いながらテリーを馬鹿にする。他の一一歳の選手ハーベイ・グレッグは、「ヘイズはピルを飲んでるのさ」（つまり、彼は女の子である）と言う（サンフォードハイツでのフィールドノートより）。

テリーに対する侮辱的言動は、何一つ特定の行為に起因するわけではなく、すべて漠然としたステレオタイプ的な印象によるものである。私はこの評価が正当であるとは思わないが、しかし、その評価は証拠に基づき、公平なものとしてチームメイトたちには考えられているということだけは言える。もちろん、こうした侮辱は、ハーベイのように地位《ステイタス》の低い少年が地位を獲得するために、あるいは誰か他の子どもを貶めることで相対的に地位を上げるために使われるものである。

前青年期の少年が、お互いに期待する行為というものがある。選手たちは、痛みを伴う怪我を真剣に受け止めるものであるとされている――特に、自分や自分のチームが相手チームの怪我の責任を負う場合には。

オリオールズ対パドレスの試合で、オリオールズのピッチャーの投球がパドレスの選手の頭部に当たる。オリオールズの一二歳の三塁手トッド・カクストンがこれを笑う。パドレスのスター選手であるヒュー・モスコウィッツはトッドに向かって怒り、「笑い事じゃないぞ」ときつく言う。パドレスの他の選手もこれに加わる。「何を笑ってるんだ、カクストン。お前のところのピッチャーの顔か？」（ボルトンパークでのフィールドノートより）。

トッドは、前青年期らしい礼儀正しさを守らず、感情的で不適切な態度をとったことに対して厳しく非難されている。彼は（そして他の人も）、出来事にふさわしい感情を表情に出せるようにしなければならないのである。私は、少年がボールに当たった時は深刻であるべきだという普遍的なルールや型が存在すると主張しているのではないし、それは事実ではない。状況的・社会的要因――たとえば、誰が打って、誰が笑ったのか。怪我の程度やその試合の重要性といったようなものすべて――が反応を決めるのである。怪我を笑うことが非難されない場合もある。

Wソックス対パイレーツの試合の六回［最終回］の裏、パイレーツのキャッチャー、ランディ・ブロスキーはファウルボールが肩に当たって、痛みのためにグラウンドに倒れる。両チームのコーチが彼の様子を見ようと出て行くが、一方で、Wソックスのダグアウトの選手たちはランディの怪我をからかう。マーク・クウィントンは、「彼が死んでいますように、死にますように」と言いながら、昔のドラキュラ映画を思い起こさせるやり方で両手を固く握り締める。彼のチームメイトは周りに立って笑う（メープルブラフでのフィールドノートより）。

（相手チームには見えない）この例にかかわらず、非難されようがされまいが、怪我を面と向かって笑うことは戒められる。少年たちは、試合中に起きる出来事に対して、すぐに表情を合わせなければならないことを学ぶ。自分のチームが勝ったのに泣く少年は、（以前、情けない試合をしたのが原因なのだが）「変わっている」と思われる。負けた後に自分たちを励ましあうチームは「頭がおかしい」とされる。アウトになった後に笑う少年は攻撃される。

アストロズの一二歳の戦力外選手、ジェイソン・ブラウンは、シーズンオフのトーナメントで三塁手に向かってフライを打った後、にやにや笑いながらベンチに戻る。同じチームの一二歳の有力選手、ビル・カールーチが「おい、ジェイソン。この間抜け。笑うな」と怒鳴る。一一歳の有力選手、トム・マシューズもビルの側に立って、「あいつは三振しても笑うよ」と言う（ボルトンパークでのフィールドノートより）。

「感情の働き」が不適切だとみなされる選手は、その表情が内心を反映していないかもしれないにもかかわらず、自分の表情に含まれた意味のために不評を買うことになる。印象を「与える」だけでなく「発する」仕方を習得することは、「発せられる」表情が内面を表す鏡だと考えられているので、仲間と一緒にうまくやっていくための極めて重要なツールなのである。

感情を状況に合わせることは、いつも容易であるとは限らない。特に、前青年期の少年たちにとっては。第3章で述べたように、（個人でも団体でも）スポーツの意味は、しばしば曖昧である。そのうえ、適切な振る舞いは一つだけとは限らない。リトルリーグ野球での、表面的には正反対の二つの感情——タフなことと恐怖心——について考えてみよう。どちらも、状況に応じて、適切にも不適切にもなる。

(1) タフネス

タフさの道徳的レトリックは、リトルリーグ野球では、選手たちが進んで怪我をするといったり、他の選手を故意に威嚇するというような時に、特に顕著に見られる。それは、大人のスポーツマンの間でも見られる態度であり、部分的には大人から学んだ態度である。前青年期の少年たちは、スポーツでの負傷を、「試練に耐えること」だと考えることがある。

ジェームスビル・ランバーの選手は、投球を膝に受けたが、退場しなければならないほどではない。相手チームは叫ぶ。「あいつらに試練を与えてやれ」「(ピッチャーの)ルースターは、別の奴の顔面にもぶつけてたぞ。いや、ケツだったかな?」「それが、そいつの試練なのさ」(ホープウェルでのフィールドノートより)。

時に、チームメイトが相手選手の怪我を喜ぶという指摘を除けば、こうしたコメントは、前青年期の少年たちが、怪我を試合の一部だと考えることを示す——技術的な意味ではなく道徳的な意味で。リトルリーガーであるためには、進んで怪我をしなければならないし、時には、相手に怪我を負わせるように他の選手をけしかけることもある。

レンジャーズのディック・グリーンは、一塁を踏むために一塁手に突っ込まなければならなかった。チームメイトは「おい、ディッキー、邪魔なら倒しちゃえよ」と叫ぶ(ビーンビルでのフィールドノートより)。

マイク・マーキオは、シャープストーンのピッチャーのハリー・スタントンに向かって叫ぶ。「あいつを歩かせたいなら、あいつにぶつけてやれ」(つまり、その選手を退場させるために)(ホープウェルでのフィールドノートより)。

ある少年は、まったく必要がないときでさえ、相手チームの野手を「退場させる」(ノックダウンする)ことを専門としていたため、「ベース間のリアル神風」と敬意をもって呼ばれていた。プロ野球選手がするように、リトルリーガーも報復を妥当だと考える。

モーリー・ハーマンは、投球が当たったばかりのチームメイトに、「(ミネソタ・ツインズの)ロッド・カルーがやったことをしてやれ」と叫ぶ。私は彼にそれは何かと尋ねる。トミー・ライリーが、「危険球を背中に受けたとき、ピッチャーに平手打ちを食らわせたんだよ」と答える。モーリーは「頭を殴ったんだ」と付け加える(サンフォードハイツでのフィールドノートより)。

乱暴な言い回しではあるが、しかし、こうした言葉通りの攻撃性が行動に移されることはあまりない。リトルリーガーは、ときどきベース間で野手をノックダウンさせようとするが、また、チームメイトがそれを非難することがあるが、ピッチャーがバッターにボールを当てようとするのは稀であり、ピッチャーが本気で当てようとしたというのを聞いたためしがない。

そうしたレトリックは、リトルリーガーは何を犠牲にしても勝とうと懸命になることを表すように見えるかもしれないが、そうではない。前青年期の少年たちは、自分たちは試合の結果に対して責任を負うべきだと信じている。だから、あまりに策略的な（あるいは、あまりに「技術的な」）コーチは軽蔑されるものである。

シャープストーンのコーチ、ピーター・チャドバーンは、相手チームのコーチであるフレッド・ターナーに、ハリー・スタントン［シャープストーンの選手］に投げさせることができるかどうか尋ねる。フレッドは、ピッチャーは、最後に登板してから丸三日間投げることはできないという「三日ルール」があるから無理だと答える。ピーターはシャープストーンのベンチに戻り、ターナーコーチは正しいと言いながら、選手にこのことを話す。ベンチの近くに立っていた他のチームの選手であるジェイ・タヴィスは、シャープストーンの友人に軽蔑を込めて、「ターナーは、ルールブック通りだよな。……ターナーコーチの頭はルールブックみたいだ」と言う。シャープストーンの選手、ダン・クインブルは皮肉っぽく付け足した。「ターナーコーチは、常にルールに従わないといけないのさ。あのコーチは、夜にルールの勉強をしてるんだぜ」（ホープウェルでのフィールドノートより）。

シャープストーンのある選手は、別の技術コーチについて、「リトルリーグをプロだと考えているコーチを知っている」とコメントする（ホープウェルでのフィールドノートより）。重要なのは、あまりに技術的すぎたり、少年たちに自分たちの試合をさせてやらないことで非難されるのは、相手チームのコーチだけでなく、自分たちのコーチでさえも同様だということである。勝利に非常に固執するボルトンパークのあるコーチは、ある重要な試合で、相手チームのピッチャーが疲れて投球が乱れるのを期待して、選手たちに投球に対してバットを振るなと強要した。彼は正しかったし、チームはその試合に勝ってリーグ優勝戦に決着をつけたが、選手たちはコーチの指揮に腹を立てた。確かに試合には勝ったが、このチームの選手たちは不満だったし、バットを振りたかったと全員一致して私に言った。当然の事ながら、相手チームは、「誠実な」あるいは「公平な」プレーをしなかったことを非難し、憤慨した。少年たちは、リトルリーグをタフで荒っぽいゲームであると考えている。たとえ、ルール上は合法であり、結果的に効果があったとしても、選手たちは、戦略重視は本質的に「不適切」であると考える。

(2) 恐怖心

前項では、選手たちが、「タフ」であることや試練に耐えることは道徳的美徳であると考えることについて論じた。このレトリックには、もう一つの側面がある。選手たちは、こうした試練を恐れるが、この恐怖心を認めることは、特に地位《ステイタス》の低い選手にとっては、汚名《スティグマ》の原因となりかねない。ピッチャーが「とんでもない速球を投げる」とか「投球がほとんど見えなかった」と言い張る選手には、ピッチャーは実は遅くて、三振になったのは自分のせいだと皮肉の言葉が浴びせられるだろう。ある少年は、「(ボールは)噛みついたりしない」のだから、守備につくことを怖れるなと言われる。ときに、非難は真剣であり、皮肉ではない場合もある。

> 試合前、Wソックスで最も上手な選手の一人、ダン・アシュトン(一二歳)は、最も下手な選手の一人であるホーウィー・ノヴァク(一二歳)に向かって厳しく話している。ダンは、ホーウィーはボールに対して後ずさりしているから、ずいぶん遅れて三振するんだと言った。「ボールをよく見て、もっと早く振れよ」。もう一人の上手な選手、ロジャー・レモン(一二歳)は、ホーウィーの前でダンに言う。「こいつは、自分の頭の上を越すものは何だって振るさ」。ダンはダグアウトを離れるときにコメントする。「知っての通り、試合に勝ちたいと思うやつもいるけど、親に言われたからってだけで、ここに来ているやつもいるんだ」。ホーウィーが初回の打席に立とうとした時、ダンとロジャーは二人して彼に叫ぶ。「ホーウィー、いい球が来たら振るんだ。坊や、さぁ、行け」「ホーウィー、そこに来たら、ただ振るんだ。何を待ってるんだよ?」ホーウィーが三振してダグアウトに戻ってくると、ロジャーが彼に言う。「ホーウィー、そんなに難しいボールじゃなかっただろう。……ホーウィー、ホーウィー。この臆病者」(メープルブラフでのフィールドノートより)。

ホーウィーが、自分の感じていることをどこにもほのめかしていないにもかかわらず、この少年たちは、ホーウィーには恐怖心があると考える。実際、彼はチームメイトから責められている間、ほとんど何も言い返さない。技術的な欠点と見なされることが、恐怖心による精神的弱点に変えられてしまったのだ。しかし、正当化できるコンテクストがある場合には、恐怖心を公の場で告白することには割と大らかである。

Wソックスの平均的な選手であるマーク・クウィントンが、おそらく、そのリーグで最速のピッチャーであるジョーイ・オブライエンがウォーミングアップしているのを見て、コーチに向かって深刻に言う。「ああ、ああ。オブライエンがウォーミングアップしてる……。シルバースタインコーチ、僕は打席に立ちたくありません」

シルバースタインコーチ：「なぜだい？」

マーク：「あいつは、陰険なんですよ。そうだ、僕は外野をやります」

シルバースタインコーチ：「お前がプレーをしたいと思うまで、起用できないぞ。……ボールに当たって、簡単に塁に出る。バットを振る必要はないんだよ」

マーク：「ええ。でもコーチもあいつの話を聞いたことがあるでしょう。あいつは殺し屋ですよ」

ハリー・ポンティフ：「お前、あいつが怖くないの？」

マーク：「怖いさ！」（彼は、自分の親友であるディック・グリーンバーグの方を向いた）。「お前だって、オブライエンの名前は怖いよな？」ディックは頷く。

マーク：「見ろよ、このダグアウトにいる全員がそうなんだ」ダグアウトにいる選手は、彼とディックだけである（メープルブラフでのフィールドノートより）。

アストロズがシーズン前のチーム内対抗戦をしている。一方のチームのピッチャーは、シド・コープランド（一二歳）で、リーグ内で最速だが、最も暴投の多いピッチャーの一人である。もう一方のチームの選手、ジョン・カールソン（一二歳）は、自分のチームメイトに「僕はあえて振らないよ」と言う。シドに対峙する打席に向かいながら、彼は「お終いにしようぜ」と言う。シドは親しげな口調で「ゆっくり投げてやるよ」と言う。アンディ・シルベスターは、皮肉っぽく、だけどユーモアを交えて話す。「お前のはすごい速球だからな」。一〇歳のマーレイ・ジスクはおどけて言う。「ワシントンDCに行って、法律を通過させないとな。コープランドには投げさせるなって。アメリカ合衆国憲法に載るぞ」（サンフォードハイツでのフィールドノートより）。

いったん、ターゲットに対して意見が一致すると、特にそれが素直に、堂々と表明された場合は、公然の恐怖心はもっともなことで、非難の対象ではないと見なされる。前青年期の少年の間では、他の場合と同様、同意された定義の作用で意味が変わるのである。

仲間たちは躊躇せずに激しく非難するので、子どもたちは自分の公での振る舞いが受け入れられているかどうかが分かるのである。少年たちは、成人男性のような振る舞い方を習得する。

2　自制心

社会的行為者とは、自覚的で、感情を抑えられる存在である。われわれは、自分の行為に対して「責任を負う」と考えられている。しかし時に、感情が勝ることがある。この情緒性は、大人よりもむしろ前青年期の少年たちに当てはまるようだ。道徳的だと見られるために、少年たちは、しばしば湧きあがる感情の混乱を抑制しなければならない。感情の表現について論じる代わりに、ここでは、［感情の］抑制と、世界をストイックに受け止めることの発達について考えてみよう。外部に対する怒りや内部へ向かう怒り（涙）の制御、そして痛みの表明といった道徳的要素について考察してみようと思う。このような抑制は、男性の性別役割が具体化されたものの一例である。前青年期の少年は、自分の振る舞いに集中する方法、自らの身体を統制する仕方、そしてカッカしているときでさえ「クール」に見せる方法について、仲間の反応を通して習得する。言葉や仕草を通してしか、人が何を感じているかを知る確実な方法はないので、こうした外観上のサインはセルフイメージを促進させる手段として決定的となる。

(1)　怒り

怒りは、通常、行為や目標のフラストレーションに起因する、外部へ向けられた攻撃性だと考えられている。人びとが結果を気にする活動はどれもそうであるように、スポーツでの失敗は大変なフラストレーションとなる可能性があり、このフラストレーションは怒りや攻撃性の中に表れる。その多くは後悔されるものの、しかし、怒りはリトルリーグの一部である（第2章参照）。少年たちはバットやヘルメットを投げたり、他者を攻撃する。特に、自分たちの怒りのパフォーマンスに口出しした人に対して、次のような言い方で当たる。「近づくな」、「放っといてくれ」、「黙れ、ホモ野郎」。

選手たちは、この怒りを社会性の問題と捉えるものの、大抵の場合は、思いやりをもって対応する。もちろん、誰がどういう状況で関わっているかにもよるが。選手たちは、一般にお互いの怒りに共感し、そういう態度は不適切だと他人に見られるぞと言われるものの、怒っている選手が軽蔑されることはない。人前での長い議論は、前青年期の子ども社会では稀である。なぜなら、そのような議論は悪しきものであり、議論に加わった者の道徳的欠点を明かすものだというコンセンサスがあるためである。同じように、大声で罵ることは好ましくないことと見なされ、少年たちは、落ち着くべきだと仲間を説得しようとする。

> Tインダストリーズの一二歳の最優秀選手の一人、トム・マクダレルは、Tインダストリーズが負けている重要な試合でゴロを打ってアウトになる。彼のチームメイトで、もう一人のとても上手な選手、ティム・ミゼル（一二歳）は、彼に、そうカッカするなと言う。トムは怒りで震えそうになりながらブツブツ言う。「しまった。ちくしょう。くそっ」。ジョン・コール（一一歳）は、トムに向かってはっきりと、しかし敵意なく「アウトになるたびに、発作を起こすなよ」と言う（ホープウェルでのフィールドノートより）。

怒った張本人の選手ですら、後で、自分の態度は人びとに非難されてもおかしくないと感じるかもしれない。

> ヘンリー・シムズは、その日の夕方の試合で「カッとなるせいで退場させられた」と私に打ち明けた。彼はキップ・タヴィス（相手選手）に向かって「黙れ」と言った。興味深いことに、彼は、カッとなったから試合から退場させられるべきであったと考えていたのである（ホープウェルでのフィールドノートより）。

怒りは、試合中に起きるもののなかで、正すことが難しい問題であると考えられている。しかし、前青年期の少年たちもまた、選手の中には他の少年に比べて怒りっぽい少年がおり、彼らが怒った時には――ジョンがトムを非難した前記の例のように――個人的非難を受けるであろうことも分かっている。怒りのコントロールは、いつもできるわけではないが、ほとんどの場面でなされるべきである。困難なときにも礼儀正しさを失わないことやスポーツマンシップに関する大人の見解は、ひどいストレス下にある場合を除き、前青年期の少年が自分の怒りをコントロールしようとする試みに反映されている。

(2) 泣くことと意気消沈すること

ある意味で、泣くことや意気消沈することは、怒りと正反対である。それらはともによくある態度だが、泣いたり意気消沈したりする態度が内面に向かうという点で、怒りとは逆のものである。逆説的だが、すぐに怒る少年はまたよく泣いたり塞ぎ込む少年でもある。一般的に、こういう少年は、自分の感情をはっきりと自己呈示する子どもである。泣くことや意気消沈することは、リトルリーグの試合ではよくあることであり、一つにはその試合の重要性によるものである。こうした振る舞いは頻繁に見られ、しかも場合によってはチーム全員が一時的に見せる行為であるにもかかわらず、適切な態度とは見なされない。怒りと同様、泣くことは自制心の喪失を示すのである。

　当然、泣くことの評価は、誰が泣いているかによる。あまり好かれていない選手やライバルチームの選手だと軽蔑される。

　一二歳のロッド・ショックスタインは、（私は彼が泣いているのを見たことがあるのだが）、相手チームの地位《ステイタス》の低い選手、バリー・マーティン（一一歳）のことを、バリーが三振した後、「大声で泣き出した」と蔑むように言う（サンフォードハイツでのフィールドノートより）。

自分のチームの選手が泣いたとき、特にその選手が滅多に泣かず、好かれている場合は、支援されやすい。

　Wソックスの一二歳の選手、グラハム・ソルターは、大声で、みんなの前で泣いている。私は、ヴィンス・トザリ（他のWソックスの一二歳の選手）になぜグラハムが泣いているのかと尋ねた。ヴィンスは、「あぁ、彼は三塁のボールをミスしたんだ」と答える。それはまるで、ヴィンスがグラハムのために、それを大したことじゃないようにしたがっているようだった。たくさんの選手が彼を励まそうと、「気にするなよ、誰でも失敗はするさ」「全部うまくいくよ」と口々に言いながらやってきた。ある選手はやって来て、グラハムに腕を回した（メープルブラフでのフィールドノートより）。

　泣くことは同情を誘うが、選手たちがたとえそれは誰もがすることだと考えていても、それは間違いである。

　ドジャースの一二歳の選手たちが幾人かで話し合っている。モーリーが、ロイはジャイアンツ戦でエラーをした後に泣いたと言う。ロイは「おい、嘘つくな」と言いながら異議を唱える。次に、モーリーはスチューが泣いていたのを見たと言う。スチューは否定しないが、「それなら、ハーモンだって、フランクだって」と言う。

モーリーとフランクは二人とも泣いたことを認める。話し合いの終わりには、泣くことは「女々しく」ないこととなった（サンフォードハイツでのフィールドノートより）。

泣くことは、選手たちが非常に真剣に試合に取り組んでいることを示し、印象操作を忘れていることを示す——泣くことは、少年の「本当の感情」を表す。この点で、男の子は女の子と区別されるだろう。女の子の涙は、嘘泣きじゃないかと疑われることはあっても、女の子らしいとされる一方で、男の子の涙は紛れもなく真実であろうが、男らしくないとされることがある。事実、大きな少年が泣く、このことを道徳的メッセージに変えることは、その状況と、誰が誰を判断しているかによるのである。

(3) 痛み

男性のステレオタイプの一つは、痛みをものとせず、平然とすべきだということである。前青年期の少年は、怪我をしたとき、時として痛みを抱えてプレーをしなければならない（第2章を参照）。痛みに対する反応には個人差があるが、ほとんどの選手が、できればプレーを続行したいと願う。

パイレーツのとても上手な選手、トニー・デントン（一二歳）は、味方のチームが攻撃の時、腕から血を流しながら座っている。パイレーツのコーチ、フィル・コンクリンは、腕の手当のために売店へ行くよう、トニーに強く言う。トニーは「いや、もう大丈夫です」と言って何度か嫌がったが、フィルが強く言い続けたので、結局、手当を受けた。パイレーツが守備についたとき、トニーはまだ登板していたが、彼が腕を痛がっていることは明らかである。キャッチャーのランディー・ブロスキーは、その時コーチに向かって「コンクリンコーチ、トニーの調子がおかしいようです」と叫ぶ。フィルはトニーと話したが、彼は投げるために留まった（メープルブラフでのフィールドノートより）。

痛みは、他の問題ほど直接モラルに関わるわけではない。ひどい痛みは、辛いものだと認識されているため、大声で泣き言を言ったり、また、試合を退場させてくれという要求でさえ正当なことと認められる。痛みは、体内神経の刺激を通してのみ伝わるので、怪我をした人がどれほどの苦痛を感じているのかは、当人以外の誰にも分からない。怪我をした選手でさえ、すべての人間の痛みと比較するのではなく、かつて自分が経験した他の痛みの記憶と比べることしかできない。痛みは内的なものであるにもかかわらず、他者は、痛みの原因が何かや、痛がる人の様子を含めて、さまざまな手がかりから痛みの大きさや辛さを判断しようとする。チームメイトの公のコメントを通じて形成されるこの評価は、選手が何をすべきかを左右する。とはいえ、ハッスルを判断する際と同様に、痛みに関する人びとの評価は、曖昧かつ不明瞭なサインに基づくものである。にもかかわらず、その判断はかなりの影響力を持ち、選手は痛みを人前で訴えるのを抑え込むのである。

3 勝利の渇望

前青年期の少年は、自分が関わる試合には勝ちたいと思う。――少なくとも、ほとんどのチームが、ほとんどの場合に。その目標に貢献していないと他者の目に映れば、選手やコーチは恨まれ、激しく非難される（Vaz 1982を参照）。勝利への衝動は、前青年期のレトリックにおいて強調される。

オリオールズはロイヤルズより優勢にある。オリオールズの選手、チップ・ドイル（一二歳）はチームメイトに言う。「あいつらを一掃しようぜ。やっつけちまおう」。もう一人のオリオールズの選手が「こてんぱんにやっつけるぞ」と付け加える（ボルトンパークでのフィールドノートより）。

チームが大量リードをしている時でさえ（二〇点以上の場合もある）、バッターは、まだできるだけたくさんの点を取りたいと考えるものである。彼らは、大人の専門的戦略によって勝ちたいとは思わないが、しかしほとんどの選手が没収試合で勝つことには反対しない。

メープルブラフでは、欠席や休暇のために選手の人数が揃わない場合、チームは試合のためにマイナーリーグから選手を選抜することができる。しかし、ルールでは、最低七名は自分のチームの選手でなければならない。本日、メッツはパイレーツとの試合が組まれていたが、六人の選手しか揃わなかった。はじめは、パイレーツのコーチは試合をすると言っていたが、後になって選手たちに任せることにした。彼は選手たちに言った。「現在、我々は九勝二敗だ。もし試合をしなかったら一〇勝二敗になる。一位に並ぶぞ。もし試合をして負けても、そこはそれ、勝負だからな。お前たちがどうするか考えている間、一〇分から一五分くらい審判員の所へ行って話をしてくる。……お前ら次第だぞ」。

スター選手のトニー・デントンは、唯一理にかなったことは勝利を受け入れ、記録を伸ばすことだと強く主張した。他の上手な選手のほとんどがトニーに同意した。下手な選手の一人、カール・ライツマンは、パイレーツはメッツより遙かに優っているのだから勝つに決まっていると簡潔に主張したが、説得されて考えを変えた。異議を唱えたのはダグ・ジョンソンとグレッグ・プティだけだった。二人は、野球は楽しむためにプレーするものとされていると主張した。トニーは、いくつかのポジションを任されているダグに「お前は全試合に出たいから、ただプレーしたいだけなんだろう」と言った(パイレーツの選手は九人だけだった)。表決のときに、トニーは「勝ちたいのは何人だ?」と尋ねた。ダグとグレッグを除き、すべての選手が相手チームの棄権に票を投じた(メープルブラフでのフィールドノートより)。

選手たちにとって、特に上位のチームの選手にとって、勝つことは重要である。他のチームの選手たちがどうするのかを知ることは難しいが、ほとんどのチームが同じことをするだろうと私は思う。

どのチームも負けたくはないし、選手たちはできる限り一生懸命に努力するものと考えられている(努力の尺度は多少曖昧であるが)。選手たちは、自分のチームの試合にはすべて出席することを期待されるが、数回の不参加はやむを得ないとわかっている。そして、ほとんどの選手たちが、シーズン中、少なくとも一試合は欠場するものである。病気や怪我、家族の事情は正当な理由と見なされるが、しかし、あまりに長い間、あるいは重要な試合の最中にチームから離れることは意欲不足の表れだと決めつけられ、非難される。

オリオールズの先発一塁手、ラス・ウォード(一一歳)は、両親の所有する夏の別荘にいたので二週間休んだ。この間、チーム内の彼への憤りは増し、彼をチームから追い出してやろうと言う選手もいた。三週間目の最初の試合の前、一一歳のジェリー・ゴスリンは断固として「ウォードは辞めると思うよ」と言った。そのチームの最も上手な選手の一人であるケアリー・カスキー(一二歳)は、加えて、「いいね、どっちにしろあいつは乳離れしてないんだよ」と言った。そこへラスがやって来て、辞めるなんて考えていないと否定した(ボルトンパークでのフィールドノートより)。

ドジャースの選手、ティム・ロンカリオ(一一歳)が準決勝の試合を休む。選手の一人が(正確に)ティムは試合よりも釣りに行ったと知らせる。そのせいで、この大切な試合にドジャースには九人の選手しかいない。フランクとロイは、ティムのことを姿を現さない「とんま」と呼ぶ。フランクは特に厳しい。「あんなやつ、チームから追い出した方がましだ。……もし［選手不足のために］没収試合になったら、ロンカリオを殺してやる」。ポールは「ロンカリオは、本当に馬鹿野郎だ。釣りなんかに行きやがって」と付け加える（サンフォードハイツでのフィールドノートより）。

余暇としての位置づけにもかかわらず、事実上、リトルリーグは強制である。第2章でも述べたように、選手たち（そしてコーチたち）は、スケジュールに組み込まれた練習を含め、リトルリーグを確固とした義務だと考えている。けれども不評を買う理由は、休むこと自体ではなく、正当な理由もなく欠場するからである。

かといって、参加すれば非難を避けられるというわけでもない。もし、少年が集中していない（それゆえハッスルしていない）と見なされれば、嫌味のこもった非難の対象となりうる。ある選手が集中していないと感じたチームメイトは、彼は外野でただ時間を潰しているだけだと非難する（ホープウェルでのフィールドノートより）。少年が不適切な振る舞いをするというのは、周囲との「調和」が取れていないことを示しながら、潜在的なモラル違反を犯すということである。

ところで、選手たちは公平に非難されるわけではないようだ。非常に優秀な選手たちは、下手な選手の場合には厳しく非難されるようなエラーをした時でさえ、大して非難されない。その選手の野球歴（彼の評判）が判断の際の考慮に入れられるのである。だから、一チームに一人か二人いる上手な選手は、チーム内の年齢の低い選手たちが非難されないのと同じように、比較的、努力不足の非難を受ける恐れがない。九歳の選手が、年長の選手に向けられる非難を受けることは稀である。非難は、結局、モラルである。非難を受ける選手たちは、もっと上手にやるべきだったのに、そうしないことを「選んだ」ので、非難に値するのである。三つ目の選手の特徴は、「いじめやすい」ことである。非常に内気な少年が批判されることは滅多にない。このあと論じるように、特に「自慢屋」や嘘つきが非難を受けやすいようである。

怒りを含んだ非難（「ざまあみろ」、「あんなやつ、大嫌いだ」）が重要な場面で多く見られるのに対して、嫌味な非難は、重要な意味がそれ自体にはないという状況でよく見られる。嫌味なコメントも怒りのコメントもどちらも道徳的であるが、前者の場合は努力や能力との明白な関連を暗に意味し、後者は少年の核となる自我に関する非難を含む。

ちょうど、コーチたちが身体的な振る舞いから内面のモチベーションを判断するように、前青年期の子どもたちは異なる問題を強調するものの、しかし彼らもまたそうするのである。コーチたちが努力により関心を持つのに対して、前青年期の少年は、無知・無能・怖れを焦点とする。しかし、どちらの場合も、選手がやろうと思えばもっとうまくプレーできるはずだと決めてかかる。このメッセージは、スポーツ界の至る所で掲げられるスローガンやその他の社会的メッセージのレトリックの核心にあるものである。

プロのような外見

ストーン（Stone 1962）が述べたように、自己表現として外見は重要である。リトルリーグの選手たちは、自分たちが同一視するプロ野球選手のように見られたいと願うものである（Caughey 1984を参照）。少年は、ふさわしい格好をすることで、自らのアイデンティティについて真剣に考えていることを社会に示さなければならない。ミスマッチな靴下を履いたり、汚れたユニフォームを着て試合に来た少年たちはからかわれる。普段着の黒い靴下を履いて試合に来たある少年は、「どこでその靴下を手に入れたんだよ。救世軍でか？」と仲間に馬鹿にされた（ビーンビルでのフィールドノートより）。油のシミがついた帽子を被って来た別の少年は、「それは黒人用の口紅かよ？」と言われた（サンフォードハイツでのフィールドノートより）。チームによっては、選手たちは、できる限りプロ野球選手のように見えるようにしている。

ロジャー・レモンは、今日の試合に目の下に墨を塗りつけて現れた。これは、Wソックスの上手な選手がやっていることで、「プロのスポーツ選手」のようにみえる。それは、プロのスポーツ選手の外見の洗練さと関係し、明らかに予期的社会化を反映するものである。墨をつけることの他にも、選手たちはスパイクシューズ、バッティング・グローブ、リストバンドを身につけ、靴下が程良く引き上げられているかをことさら確認しようとする（メープルブラフでのフィールドノートより）。

シーズン後半、他のチームのメンバーが、ロジャーはアイシャドウを使っているに違いない、「カバーガール」のようだと言いながら、彼の目の下の墨をからかった（メープルブラフでのフィールドノートより）。こうしたコメントから、外見の評価は客観的なものではなく、ローカル・スタンダード（そしてチーム・スタンダード）に基づくものであることがわかる。このように、外見は道徳的問題——侮辱の根拠——に変えられる。

ドジャースのほとんどの年長の選手は、今日の練習にショートパンツを履いてきた。長ズボンを履いて練習をしているフィルズの選手たちを見て、フランクは「おい、あの駄目なやつら《スカジー》を見ろよ。長ズボンを履いてるぜ」と言う。ドジャースのコーチが、ショートパンツではスライディングの練習ができないだろうと言うと、ドジャースの何人かの選手は、自分たちはショートパンツでスライディングしても構わないと請け合う（サンフォードハイツでのフィールドノートより）。

プロ野球選手のように見えることを強調するよりも、ドジャースの選手たちは、ショートパンツでスライディングをすることで、自分たちはタフだからプロ野球選手のようだとほのめかす。スライディングで怪我をすることを怖がっていると思われたフィルズの選手たちは、タフでも男らしくも大人でもない者に対する軽蔑的な言葉でいうところの「駄目なやつ《スカジー》」である。服装は、野球場で自分がどういう存在になりたいのかを伝える役割を担っており、ゆえに、モラル面の自己形成に利用されるのである。

4　前青年期の社会的結束

どのような社会集団もそうであるように、前青年期の少年たちは、集団としての結束——演出的な忠誠心——を維持しようと努める。一般的に言って、前青年期の少年が、仲間を「裏切る《ラット》」ことや大人に「告げ口をする」ことはやってはいけないことである。忠誠心が、前青年期の少年に、自分を他者よりも優れている（あるいは劣っている）ように見せるべきではないと思わせる。その結果、仲間を非難する（あるいは誉める）ことは適切であっても、自分を誉める（あるいは非難する）ことは間違っているというパラドクスに気づく。自分自身に関することは、一般に、話題としてふさわしくないのである。

演出的な忠誠心は、選手たちがチームメイトに向かって「声を出せ」とか「声を枯らせ」と言う時に目に見えて現れる。選手のなかには、個人的には「声を出すことが助けとなる」という月並みな信念に反対する者もいるが、忠誠心がないと思われないために、ほとんどの者が声援を送る。いかなる理由であれ、敵に手を貸す者は誇りを受ける。フィルズ対ドジャースの練習試合で、ドジャースのディッキー・ブリックマンが、選手が揃っていないフィルズのためにプレーをした。

ディッキーは、フィルズのために、対ドジャース戦で三塁打を打った。ラリー・ニロは冗談半分で彼に声をかける。「お前なんか嫌いだよ。戻ってくるな」。ハーモンは「ディッキー、鼻をぺしゃんこにしてやろうか？」と言う。モーリーはおどけて、しかし嘲った脅し口調で「ディッキー、ひどい失敗をしたもんだな！」と付け加える。試合中、ディッキーのナイスプレーはどれも彼のチームメイトから裏切りと評され、彼のしたエラーはどれもドジャースを助けようと故意にしたものと見なされた（サンフォードハイツでのフィールドノートより）。

チームとは、インフォーマルなものも含め、さまざまな状況を定義する権威を握った強力な集団である。チームごとに独自の正義を執行する。

アストロズの選手たちだけで行われるインフォーマルな試合で、一二歳のスタープレーヤーのビル・カールーチは一塁でアウトと言われる。ビルはセーフだと主張し、一塁に留まる。アストロズの選手は誰も彼を塁から離れさせようとせず、ある選手がチームメイトたちに向かって大声で叫んだ。「あいつのことは気にするな。もうアウトなんだから」。アストロズの誰も、ビルをアウトにするための送球をしようとせず、彼がホームプレートを踏んだ時、ピーター・フレッチャー（一一歳）はふざけて言った。「あいつはもう戻って来ないよ。あの姿は幻だからな」。けれども、ビルは正規のポジションで打席に立つことを許され、その後は、まるで別人のように扱われた（ボルトンパークでのフィールドノートより）。

個人差はあるが、前青年期の少年たちは、自分のチームやチームの判断に対する忠誠心は重要であると信じている。

ホットであることとクールであること

上述したように、選手には、自分のことを仲間よりも優れているように装うべきではないという暗黙の道徳律がある。自分のことを「すごく上手い《ホット》」、あるいは「かっこいい《クール》」と考える選手たちを非難することを含めて、「この道徳律の」執行は様々な形態をとる。

Tインダストリーズの一二歳の選手、ティム・ミゼルは、同じチームの一二歳選手のレニー・スティールのことについて、彼が三振した後、皮肉を込めて話す。「スティールは、自分がとても上手い《ホット》と思っているんだぜ」（ホープウェルでのフィールドノートより）。

モーリーは、かつての親友のフランクについて話す。「あいつは自分のことを周りの子どもの中で一番強いと思っているけど、そんなことはない。あいつは自分をかっこいい《クール》と思っているんだよ」（サンフォードハイツでのフィールドノートより）。

他に、「花形選手《プリマドンナ》」「目立つ奴《ホットドッグ》」「自慢屋」であることも非難される。こうした少年たちは、他者からすれば、その名に値しないアイデンティティを主張していると断定されるのである。こう主張することで、仲間の上位に立とうとするのだろう。他人がこういうことを言うのは許されるが、自分自身で言ってはならない。

シャープストーンの九歳の選手、クリフ・アルソップがエラーをした後、同じチームの別の九歳の選手であるレイ・コールマンが、「僕だったら取れたのに」と言う。チームメイトのジム・ポッジ（一〇歳）は、「どうしてそんなことが分かるんだよ?」と意地悪く言う（ホープウェルでのフィールドノートより）。

パイレーツの体力のない選手、グレッグ・プティ（一二歳）は、ホーム・スチールの機会をうかがいながら三塁手のレイ・ガーヴィスを見る。グレッグは、レイを非難したばかりのクリス・コンクリンに向かって言う。「おい！ 今から盗塁してやるからな」。クリスはグレッグの方を向いて辛辣な口調で言う。「ああ。お前もアウトになるさ」（メープルブラフでのフィールドノートより）。

グレッグの問題は（そしてレイも同様に）、自分なら他の選手――特に自分と同等か、あるいはより高い地位の選手――よりも、もっとうまくできるという言い方をしたことである。これは必ず拒絶される。あるリトルリーグの選手が、何人かの年下の選手を批判して「あいつらは実際の自分よりも大きく見せようとするんだ」と言ったように。彼は、年長の子どもは、「大口を叩く」年下の子どもを嫌うと付け加える（サンフォードハイツでのフィールドノートより）。

特に怒りを買うのは、父親がコーチをしている選手たちであり、彼らが特別扱いを受けていると周囲から見られる場合である。

オリオールズのチップ・ドイルは、アストロズのコーチの息子であるテッド・ビーズリー（一一歳）を非難する。「あいつは自分のことをすごくうまい《ホット》と思っているんだぜ。親父の依怙贔屓がなかったら、まだマイナーリーグのチームにいるくせにさ」（ボルトンパークでのフィールドノートより）。

この道徳的評価は、テッドの実際の振る舞いにはほとんど関係がないだろうが、その憤りは本物である。並外れてうまいか、並外れて控えめな少年のみが、父親がコーチであっても仲間の嘲笑から免れることができる。

選手が仲間に見せる憤りはまた、その少年の父親が息子の能力を公然と過大評価していると見なされると、その父親に対しても向けられる。

アストロズの一二歳の有力選手、ダン・ホームバーグはトーナメント戦で大きなフライを打つが捕られてしまう。ビル・カールーチは、アストロズのアシスタントコーチであるホームバーグ氏が「自慢をしだすぞ」とチームメイトに囁く。ホームバーグ氏は、実際に自分の息子は素晴らしい当たりを打ったと言い、チームはクックックッと笑い出した。ビルは囁く。「あいつ、いつも自慢ばかりだ。……黙れ、気分が悪くなる」。ビルは、ホームバーグ氏は、あれはボルトンパークではホームランだったと言うだろうと皮肉を込めて言う（それは恐らく正しい）。そしてホームバーグ氏は、まさしくそう言った（ボルトンパークでのフィールドノートより）。

ここでの道徳的問題は、選手（と彼らの両親）が、前青年期のヒエラルキーにおける自分の位置を知らねばならないということである。確実に言えることや、言えば非難されるだろうことについて、絶対的ルールというものは存在しない。わかりきったことであるが、選手が受ける反応にはその場の状況が関わってくる。自分のチームが大差で勝ち越している試合では、あるいは負けても実際のところ大した問題ではない試合では、選手たちが批判されることはあまりないようである。しかし、そういう時でさえ、適切なコメントに関するモラル構造は存在するものである。能力に応じた序列が暗黙の内に存在しており、少年たちは、自分がその序列のどこに位置するのかを心得るべきだとされる。それを学ぶことは、社会での比較の過程を通して形成され、また少年たちが地域社会と自分自身を結びつけるという――つまり、鏡に映った自己（looking-glass self）や一般化された他者（generalized others）の態度を理解する――社会化の一部である。

彼らのコーチたちと同じように、前青年期の少年たちは、道徳的評価を下すための基準を共有する。スポーツでの行為は、単に技術上の問題ではなく、道徳的な問題でもある。大人にとっても、少年にとっても、振る舞いの道徳的意味は自明のものではない。むしろ、彼らは振る舞いの意味を理解しなければならない。言い換えれば、状況の意味を構築しなくてはならないのである。こうした例より、子どもたちが、シンボルを操作する能力という点において優れた修辞学者であることは明らかである。たとえ、子どもにとって重要な問題が、彼らの周囲の大人にとって重要な問題といつも同じわけではなくても、中核となる道徳的関心事は変わらない。

5　選手はコーチを評価する

ちょうど大人が批評を通して子どもを社会化するのと同じように、おそらく、前青年期の少年たちも自分たちのコーチ(保護者)を――時には直接的に、しかし大抵は不満を漏らす内緒話を通して――評価する。リトルリーグ選手は、自分の目標は野球をすることであり、そして勝つことだと信じている。このため、少年は心の中では野球の基礎を習得するための厳しい練習を期待し、それを望む。実際に、前青年期のほとんどの少年は、厳しいコーチが好きである。

ドジャースの二人の少年による次の会話はスポーツインタビューを真似た形を取る。

フランク：ところで、ライリーコーチについてどう思われますか？　試合後のダグアウトで、彼は非常に嫌なやつだという噂をわれわれは聞きましたが、それについてあなたのご意見は？

モーリー：えー、そうですね。でも彼は、本当はそんなに嫌なやつじゃないんですよ。練習中は手に負えませんが、ほら、彼は厳しくするものだと思われていますので。少し私たちへの扱いは乱暴ですが、でも良いコーチですよ。……近頃、コーチたちは、君たちのことをどのように扱っていると思われますか？

フランク：そうですねえ、彼らはちょっと甘すぎますね。僕らが練習でエラーをした時は、もう少し厳しくするべきじゃないでしょうか（テープによる録音記録。サンフォードハイツより)。

選手たちは野球に真剣に取り組み、その真剣さを通して試合にまじめに取り組むようにさせるコーチに感銘を受ける。

カーズの選手のほとんどが、概して、特に厳しいと考えられているコーチのバーニー・キャッシュモアを気に入っているようである。ロブ・コンスタンティンは、バーニーについてコメントする。「彼はかっこいいよ。彼は厳しくて、そこがいいところなんだ。彼は僕らにもっと練習させるべきだよ」。ダン・グレゴリーはキャッシュモアコーチが厳しいから試合に集中できると言う（サンフォードハイツでのフィールドノートより）。

厳しくないコーチや、きちんと野球を教えてくれないコーチ、または練習量の少ないコーチは、「甘すぎる」としばしば非難される。嫌われるコーチの多くは、「彼らは僕たちに厳しい練習をしっかりさせるべきだったんだ」、「僕らが練習をサボるのを放っておいた」、「彼は規律に欠けていた」、または単純に「全然厳しくなかった」ときつく非難される。いい人であろうとするコーチ――ただいい人であろうとするコーチ――は、「コーチの資質に」欠けていると見なされる。野球の仕方を教える上での技術的な問題が、厳格さの欠如という道徳的問題に変えられてしまうのである。

大人の指導者に対する選手たちの期待がどのように形成され、向けられていくのかを明らかにするために、コーチに腹を立て、コーチを尊敬していないチーム――サンフォードハイツのジャイアンツ――の話をしたいと思う。ポール・カスターというこのコーチは、コーチになることを承諾していた若い男性が引き受けられなくなった際に、リーグの選考試験後にサインした、土壇場で採用された新人であった。カスターは、もしコーチの仕事を引き受ければ、一一歳になる息子（コリン）をチームに入れることを約束された。

ポール・カスターは穏やか人物で、自分の子どもと地域社会での彼の責任に心から関心をもっていた。野球の経験はほとんどなかったが、彼は優れたアスリートであったし、選手たちに対して公平であろうとした。コーチを引き受けたときの彼の主な心配は、リトルリーグに費やす時間の量であった。仕事のせいで、（試合は午後六時半から始まるのだが）六時よりも前にグラウンドにいることはできなかったし、また練習時間をたくさんとることもできなかった。加えて、他の多くのコーチたちとは異なり、カスターはチーム運営のために自分を助けてくれる大人のアシスタントをつけていなかった。

ポールは、私に、自分はボスになれると信じていると隠さずに話したが、自分の権威を控えめにし、それまでに野球のコーチをした経験がないことをチームに話してオープン戦に臨んだ。また、彼はたいてい形式張らない練習を続けた。カスターコーチは、シーズンオフのインタビューでこう話している。

（練習では）ほとんどの時間、選手たちは、ただふざけたがりました。そこで問題なのが、コーチがいい人になるか、あるいはルールに厳格なコーチになるかです。はじめの二〇分間、内野での練習だけしかしないで、次の二〇分間でこれとこれをして。……一〇歳、一一歳、一二歳の少年がそんなに長い時間、興味を持続させるのは難しいと分かりました。……練習では、私に向かって投げるようにさせる。子どもたちは、私を三振やら何やらにさせようとして、楽しんでいるようでした。そして私は、コーチや訓練至上主義者になるよりも、彼らの一員のような、いわば仲間のようなものになろうとしました。そうすると、彼らとうまくやっていけるようだったのです。しかし、それもある程度までにしないと、練習はほとんど無意味になります（サンフォードハイツでのコーチへのインタビューより）。

ポールは少年たちと同等であろうとした。彼は、チームにおもしろくない練習をさせようとしたが、長くは続かなかった。たとえば、ポールは練習初日にチームに柔軟体操（ジャンピング・ジャックや、つま先タッチ）をさせた。けれども、選手がその練習に飽きたように見えた二回目の練習以降、その練習項目は二度と取り上げられなかった。この規律と統制の欠如はまた試合の後でも明白であった。

フィルズのコーチが、軽食スタンドで無料の軽食をとる前にダグアウトを片づけるように選手に命じるのに対し、ポールは、（特に誰を名指しすることもなく）何人か戻ってダグアウトを片づけるようにと言いながらも、選手たちが軽食をとりに行くのを放っていた。誰一人戻らず、彼らに戻るつもりがないことは明らかだったので、ポールと私は散乱したものを片づけた（サンフォードハイツでのフィールドノートより）。

練習不足が一因で、ジャイアンツは八勝一〇敗という成績でシーズンを終えたものの、チームの打率平均は最も低かった（一割五分七厘。次に低いチームは一割六分六厘だった）。また、他のどのチームよりも二割五分以上打つ選手が少なかった（最下位チームには四人いたのに対して二人）。そして、一〇割五分以下の打率だった選手が一番多かった（別の二チームがそれぞれ一人であったのに対して三人）。

シーズン初めから、ジャイアンツはヒエラルキーがしっかりと確立されていた。カスターはこのことに素早く気付き、最初の練習からチームで最も優秀な選手、ロッド・ショックスタインをアシスタントコーチのように扱った。二人は、コーチと選手の間では稀な、冗談を言い合えるような関係を築いた。

バッティング練習でカスターが投げ、ロッドが捕手をする。ある投球の後、ロッドが彼に尋ねる。「今のはナックルカーブ？」カスターは陽気に答える。「そうだよ」。ロッドはチームの他の選手に「僕はコーチをジャンク・マシーンって呼んでるんだ」と言う。みんな笑う。「ジャンク」とは、カーブ、スライダー、ナックルボールといったような球速の遅い投球を指す野球用語である。ロッドのコメントは友好的な口調でなされる。その後、カスターコーチがロッドのバッティング練習で投げていると、ロッドはコーチに向かって言った。「ビーンボールを投げたら、仕返しするよ。真ん中より右上だな」（つまり、ボールを打ち返してカスターコーチの股間に当てるということ）（サンフォードハイツでのフィールドノートより）。

シーズン初めから築かれた、この冗談の言える関係に加えて、カスターコーチは、チームを指揮する大きな権限をロッドに与えた——カスターコーチがいる時にはアシスタントとして、いない時にはチームリーダーとして。

コーチの指導力不足を感じ取った残りの選手たちは、ふざけ合い、たいてい、真剣に試合に取り組まなかった。三回目の練習までには、ジャイアンツはこのように振る舞うようになっていた。

一時間も経たぬうちに、外野手は芝生の上に横になり、時々上がるフライに走るだけであった。下手な選手が打席に立つといつも、外野手全員が内野へ移動し、最後の選手（もう一人の下手な選手）が打席に立つと、野手全員がグラウンドを出た。この間、ポールは何も言わなかった（サンフォードハイツでのフィールドノートより）。

シーズン終盤のある練習に参加したジャイアンツの選手はたった三人だった。皮肉にも、このやる気のない態度——幾分かはコーチに大目に見られている——から、数人の選手（特にロッド）が、練習不足と自分たちの質の悪さについて強い不満を口にした。これらの問題については、ポールだけが全面的に悪いわけではないが、コーチとしての役割と責任が選手たちの不満の種であった。

シーズン前半、ジャイアンツは三勝六敗という、期待に反した成績だった。ジャイアンツは、その早々の負けに対して、十分な練習の機会がなかったことや、他のチームは午後五時には練習を始めているのに対して、午後六時半開始の試合前にグラウンドに現れることは滅多になかったことに対してコーチを責めた。ポールコーチがいつも試合に遅れてくると確信されるようになったのは、ジャイアンツが一勝一敗のあと、シーズン三試合目に初めて遅れてきたときからのようであったように思う。ロッドは、ジャイアンツの野球道具を早くに持ってきており、ロッドが率いた選手たちは、コーチなしでインフォーマルな練習をはじめた。午後六時頃、ロッドは、試合前のウォーミングアップをするためにグラウンドへ移動すべきだと決めた。ポールコーチは少し遅れて到着した。コーチへの否定的なコメントはなされなかったが、これを機に、ポールはいつも試合に遅れるし、やって来るかどうかさえ疑わしいとチーム内で考えられるようになった。彼は、少年の抱くコーチに対する期待に添わなかったのである。この確信は、ポールコーチが早めに(午後五時四五分に)着いた次の試合で、ロッドがチームメイトたちに皮肉を込めて「コーチ、今日は早いな」と言った際にはっきりと見えていた。そのシーズンの後半、コーチが六時までに着かなかった時に、ある選手が次のように話している。「僕らのコーチは時間通りに来たためしがない。当然のことだと思わないとね」。別の時には、ロッドは、ポールコーチはいつも六時二九分に現れると説明し、リッチがこう加えた。「俺たちのコーチは何も分かっちゃいない大ボケ野郎さ」。ポールが六時までに到着しなかった何回かの場面で、選手たちは、もしポールが現れなかった場合はコーチを引き受けてくれないだろうかと私に尋ねた。しかし、ポールが六時三〇分までに到着しないことはなかった。

コーチの遅刻に対するこの予測は、チームの勝利には練習が必要だという大人のレトリックを選手が受け入れた結果であった。敗北やひどい試合(そして自信への脅威)への言い訳の一つの手段は、コーチのせいにすることであった。コーチにとって、試合に参加しないということは、最も根本的な責任を放棄するということである。

出来の悪かった前半への失望に対処するため、選手たちはまた決まって自分のチームを批判する。ジャイアンツが負けそうになっていた時、私が「敵は強そうだね」と言うと、一二歳のリッチ・トーランドが、「僕らが弱そうに見えるほどは強くはないさ」と切り返した。こうした期待の低さは、選手たちが自分のチームメイトが、上手な選手でさえアウトになると予測したという事実に反映されている。たとえば、一二歳のハル・ブラットルは、ワンアウトの場面で、次とその次のバッター(チームで三番目と五番目に上手なバッター)がアウトになるだろうから、この回は自分には打順が回ってこないだろうと言った。確率の点から見るとハルは正しかったが、選手が自分のチームメイトの失敗を予測するのは稀なことで、実際、彼は間違っていた。この気力のなさは、他のチームとは対照的に、（シーズン中盤の間）誰もチーム写真を買おうとしなかったことにも反映されていた。「リトルリーグの」チームは、バッティング・グローブをはめたり、目の下にグレーの墨を塗ったり、特有のバッティング方法をとるといったようなプロ野球選手の特徴を取り入れるものだが、ジャイアンツはプロの特徴を一つ採用しただけだった。シーズン中盤までに、選手は唾を吐き出しはじめたのである。

試合で何が起きているかに注意を払えと言う多くのコーチとは異なり、ポールコーチは、一貫してチームを鍛錬しようとはしなかった。ほとんどのコーチたちが、選手が試合中に飲食物を買うことを許さなかった。ポールコーチも好ましくないとは思ったが、しかし彼は何もしなかった。

デニーは、棒付きキャンディーを食べていた。自分が、ピッチャーのウォーミングアップをする間、ポールコーチに持ってもらうようにそれを手渡す。コーチは、「お前たちはここに野球をしに来ているのか、それとも食べに来ているのか？」と言う。選手たちは彼の言葉を無視して食べ続ける。コーチはただデニーの棒付きキャンディーを持っているしかない（サンフォードハイツでのフィールドノートより）。

これと同様の締まりのなさは、他の面でも明らかだった。サンフォードハイツでは、自分のところの選手が打席に入っている間は、チームはダグアウトの中にいなければならない。たいていの場合、ジャイアンツの選手は試合を観たりぶらついたりしながら、ダグアウトから出ていた。同じように、ポールコーチは、ジャイアンツではない少年がダグアウトの中に入って来ることも許していた。ガールフレンドたちもボーイフレンドと戯れに入ってきた。コーチは、時々こういった侵入者を追い払ったが、彼らはなかなか出ていかなかった。リーグの他のどのチームよりも、ジャイアンツのダグアウトには部外者が多くいた。ポールコーチの――多くのルールを決めたり強要したりしない――甘いやり方は、選手たちに「何をしても構わない」と思わせた。チームメイトを批判したり文句を言うことについてベンチの選手たちを叱った時でさえ、罵倒は続いた。

ジャイアンツは、三回裏にフィルズに五点を許し、八対〇となる。チームは怒り、互いに口論となる。ハル・ブラットルは嫌気が差してグローブを投げつけ、ロッドは頭を抱える。おそらく泣いている。ポールコーチは、再び彼の道徳的権威を主張しようとする。「私が愚痴を言っても、選手は言うべきじゃない。君たちがチームなんだ。君らも少しぐらいの根性はもっているだろう。ぐずぐず言うのはやめようじゃないか」。けれども、シーズン終盤のこの時点で、コーチはほとんど信頼を失っていた。ポールコーチが話し終えた後、ロッドは「ファックユー」と囁き、彼の背中に向かって「中指を立てる」。リッチは、「俺のあそこを嚙め」と嘲笑う。ビル・アンダースは、皮肉を込めて「この試合を野球殿堂に入れようぜ」と付け加えて、コーチを拒絶する（サンフォードハイツでのフィールドノートより）。

コーチの野球の実力への軽蔑や彼の采配への敬意の欠如ゆえ、こうした反応は意味をなす。さらに、それはチームで道徳的統制力をもつロッドによって正当化される。ポールは、コーチの裁量による懲戒権［訳注1］を決して行使しなかった。他のチームと対照的に、ジャイアンツの選手たちは、自分たちの振る舞いのせいでベンチに下げられることはなく、少年たちはこの寛容さにつけこんだ。

この例は、大人の男性が前青年期の少年たちとの関係で直面するパラドクスの一部を表している。少年たちは自由を強く要求するが、もし大人が「自分たちの好きなように」させておくと不満に思う。大人の監理は、この時期の重要な特徴である。リトルリーグは、ある程度の監理と規律を伴うものだと期待されている。ポールのように、選手に楽しい時間を過ごさせようとするコーチは、しばしば、選手たちは楽しめずに、それをコーチのせいにしていることに気づく。前章で論じたように、かなりの程度、前青年期の少年たちは大人のレトリックを受け入れる。そして彼らは、自分たちの監督者にもそれを実行するように期待するのである。

これは、選手たちが、選手に対して厳しく、試合後に叱りつけるといったステレオタイプ的なリトルリーグコーチを求めているという意味ではない。選手たちは、そのようなコーチを不快に思う。ある元選手は、負け試合の後、そうしたコーチがいる選手についてコメントした。「彼ら（選手たち）は、まるでこれから絞首刑にされるロープに向かって歩いて行くみたいだ」（サンフォードハイツでのフィールドノートより）。選手たちは、（特に優秀な選手たちは）、コーチは選手に努力をさせ、（特に才能に劣る仲間が）「怠け」ないようにさせることを望む。しかし、選手は、試合後に――的はずれに見える――長い講釈をするコーチに腹を立てる。チームにみっちりと練習をさせ、ミスをした少年にはトラックを走らせるような「厳しさと意地悪さ」は、道徳的で、かつ望ましいとされる。それに対し、自分のチームの性格を非難するコーチは恨まれる。〔選手たちに〕この「厳しさと意地悪さ」は論外とされるのである。

6 仲間の社会化

前青年期の少年の振る舞いを検討するなかで、前青年期の少年が成人男性の性別役割を取り入れたがるところに行き着いた。彼らは、——もちろん、多少ためらいながら——自分たちの男性リーダーの価値を取り入れようとしている。当然、これは前青年期の少年たちが、小型の大人であるという意味ではない。大人の価値観は変形される。それらは、不完全な大人の価値観、たとえて言うなら小口をまだ断裁していない製本途中の本のようなものだ。子ども期の振る舞いの遺産と前青年期の態度の洗練さの欠如が、前青年期の少年たちの行動と彼らが正しいと考えることを形成するのである。しかしながら、少年たちが、自分自身と大人の監督者のために設定した基準は、そもそも大人によって彼らに用意された価値を不完全ながらも反映するものである。前青年期の頃までに、少年たちは、「男」になることは彼らに課せられた重要な仕事であり、彼らが受け入れる務めであることを理解するのである。

残りの章で、注目すべき焦点を、野球をするといったことから、前青年期の少年が男性の性別役割を発達させていく別の側面に移そうと思う。まずは、前青年期文化のテーマが、より広範な前青年期の子ども社会においてどのように出現するのかを検討する。それから、(リトルリーグ野球のチームといった)小集団とサブカルチャーとの文脈におけるこれらテーマの発達を追跡することとする。どれを見ても、前青年期の男性文化は——成人男性が、自分たちが発しているとは気づかず、ある場合には、心底望んでいないメッセージを含めて——、少年たちが大人の監督者から受け取るメッセージの変形であることがわかる。

第5章　子どもの性と攻撃性

どんな人であっても、エートスとか世界観とかいうものを持っている。それは、環境についてのイメージであって、その環境における適切で合法的な行為をも含んだ観念である。さらにまた、人々は「民族的観念」というものを共有している。民族的観念とは、「人間や世界、あるいは世界における人間生活の性質について、人々が抱いている伝統的な観念」である（Dundes 1971, 95）。こうした包括的な概念は、相互作用から生じるものだから、「静的」なものではない。必要に応じて操作されるし、使用されるし、無視されもする。民族的観念とは、適切な行動や態度に対する他者の期待を内面化したものである。だから、期待に沿わない行動は排除されることになる。

人間の発達のパターンは、子ども（ここでは少年）が持つ世界観や民族的観念を決定づけるものである。その発達段階にかかわらず、子どもの諸能力は、時間とともに確かに変化していく。この変化のプロセスは、比較的一定しており、だから予測できるものである。そしてそれはまた、子どもを取り巻く社会的環境の変化の原因にもなれば、結果にもなるのだ。子どもの諸能力の変化という、この生物学的そして社会的な要因は、行動あるいは合法的な行動に対する期待や前提に内的・外的な緊張をもたらすものであり、子どもの発達の必須要件を構成するものである。

前青年期の重要な特徴として、さまざまな行動領域についての知識が急増していく、したがって大人に迫るほどの知的能力を有している、また高い活動水準を有している、さらには友人関係の重要性を認識している、といった点があげられるだろう。こうした特徴に合わせて、大人たちは、子どもに対して新たな方向づけを行っていく。すなわち、前青年期の子どもは、大人（とりわけ、親や教師）が支配している領域の外側で社会的生活を発達させるよう期待されているのだ。

エリック・エリクソン（Erik Erikson）は、基礎的価値としての能力に関して、「潜在」期（本質的には、前青年期）の中心的な問題を、勤勉性と劣等感との関係であると定義している（Erikson 1963, 258-61）。そして、能力には、その社会の技術的エートス（Erikson 1963, 260）と、他者との意味ある関係を発達させる能力とが含まれている。つまり、潜在期の発達の必須要件には、道具を操作することと他者を操作することとが含まれているのだ。少年は、ますます、大人についての見解を行動に表すようになってくる。この見解は、明らかに、大人が「実際に」どのように行動しているかを客観的に描写したものではない。むしろ、それは、大人や若干年上の友人あるいはマスメディアについての観察に基づいた、主観的なものである。この潜在期（前青年期）の「民族的観念」は、少なくとも、大人が認める「現実」と同じくらいに行動に影響を与える。

なかでも、友人関係と印象操作は、とりわけ中心的な位置を占めている。前青年期の子どもは、自分自身が、それぞれに異なる適切な行動を要求してくるいくつかの社会的世界に身を置いていることに気づくだろう。社会的に組織化された典型的な前青年期の子どもは、首尾一貫した行動をとる人間ではない。そうではなくて、柔軟な役割行動（Elkins 1958 参照）を通して自分自身を呈示すべく、また、他者にそうした自分を支持する役割をとらせるべく、印象操作の技術を習得している人間なのである。彼らは、仲間との社会的世界を発達させるよう期待されている。友人関係も自己呈示も、前青年期に初めて生じるわけではないが、以上の理由から、とりわけこの時期には重要になってくるのだ。さらに、この発達の必須要件は、友人関係において達成される。つまり、友人関係とは、①他の場合には不適切だと見なされる行動が支持的に検証され得る領域なのであり、②行動様式が恥なく学習され得る文化的制度なのであり、また、③そこで子どもの社会的自己が発達していくところの厳しい試練の場所なのである（Fine 1981a）。

1 前青年期

本章では、少年の行動のうち、二つの主要な領域に焦点を当てる。二つの領域とは、性と攻撃性である。何を主要なテーマとするかは、判断の問題である。他の重要な問題を取り上げることもできるだろう。たとえば、教育達成、運動競技、職業関連の問題である。しかし、実用主義的・理論的な関心から、ここでは、性と攻撃性を主要なテーマとして選択することにした。というのも、第一に、少年たちがこの二つの問題を取り扱う方法については、これまで詳細に議論されてこなかったからである[1]。したがって、本章での議論は、子ども時代の理解に資することだろう。第二に、性と攻撃性の問題は、仲間環境に根ざした、大人とは共有されない少年特有の逸脱行動を示しているからである。学業やスポーツ、職業などについては、仲間同士でも議論されるが、大人との間でも議論されるテーマである。したがって、これらは、必ずしも仲間との相互作用に根ざしているわけではないという点で、前青年期の発達上の必須要件とは言えない。第三に、性的・攻撃的な行動は、たとえ「正常な」ものであろうとも逸脱行動に相当するので、少年たちは、それを親や社会化エージェントから隠そうとするからである。こうした繊細な面があるがゆえに、性と攻撃性の話題においては、自己呈示についての関心を強く持つことになる。第四に、性と攻撃性は、観察者としての私にとって、非常に印象的なものだったからである。私は、本研究に先立って性と攻撃性には関心を抱いていたが、それは今回の観察の過程で劇的に現れた。性と攻撃性は、前青年期における唯一の発達の必須要件ではないだろうが、この時期の仲間との相互作用や仲間関係形成能力の成就に特有のものなのである。

2　前青年期における性

前青年期の子ども（とりわけ一一～一二歳の少年）と「付き合う」なかで、私は、性や女性に関する彼らの話に感銘を受けた[2]（Martinson 1981 参照）。性的社会で成長・発達している男性は、ただちに性的能力が成熟の証であることを認めるだろう。男性は、自分が性的に成熟しており、行動的で、知識もあるということを他人に納得させなければならない。少年たちは、男性になるよう努力しなければならない。技法自体は変化するだろうが、男性は、そのライフコースの全体にわたって、こうした過度の要求に晒されているのである。

女性の好みについて誰かをからかう場合、そこには、しばしば評価が発生する。誰かのガールフレンドに出会ったとき、少年たちは、彼女がいかに魅力がないかを滑稽に語るのである。

フランクが、スチューのガールフレンドについて冗談を言っている。「あいつはこれくらいの背丈で［背丈を示すために、頭上高く腕を伸ばす］、体重は一〇ポンド［訳注1］なんだぜ」。スチューは背が低くていくぶんがっちりしているから、この点、ユーモラスである。スチューいわく、フランクは自分のガールフレンドを知ってはいるが好きではないとのことだが、フランクの口ぶりからすると、彼はスチューのガールフレンドのことが好きだと思われる（サンフォードハイツでのフィールドノートより）。

ジャスティン、ウイットニー、ハリー、そしてレイが、少女の話をしている。
ジャスティン（キップ・タヴィスのガールフレンドについて話をしている）：ナンシーはまぬけなやつだよ。
レイ：それ、タヴィスのやつに言ってやれよ。
ジャスティン：（笑いながら）そうだな。
ハリー：ローレルもまぬけだろ［ローレルはウイットニーのガールフレンドである］（ホープウェルでのフィールドノートより）。

リッチ・トランドは、新しいガールフレンドのエリカにぞっこんである。リッチは、友人たちにこう語る。「いままでで最高の彼女だよ。生涯［彼は一二歳］に出会った女のなかで、一番かわいい女さ。今日、キスしたんだ」。エリカは町の別の地区に住んでいるので、友人たちは誰一人としてエリカのことを知らない。リッチは自慢げに、次にエリカに会いに行くときにはトム・ジョーダンに付いてくるよう求めるのだった。トムは戻ってくると、エリカのルックスを皮肉ってこう言った。「エリカは、今まで会った女のなかで一番ブスだったよ。あいつには、歯が一本もないんだ」（トムいわく、「エリカにはとても短い歯が何本かあって、一本はすごく長いんだ。鼻もでかいんだよ！」）。トムは続けてこう言う。「エリカは、そんなに悪くはないが、良くもないよ。誰かさんはあいつのこと好きみたいだけど、あいつは俺が今まで会ったなかで一番のブスだったよ」。この後、リッチはエリカの話をやめて、まもなく、彼女と会うのもやめてしまう（サンフォードハイツでのフィールドノートより）。

ジャスティンやトムのような、ごく少数の地位の高い少年たちだけが、仲間から嘲られることなく、ガールフレンドを持つことができる。トムがリッチに言ったようなことを、誰も彼らには言わないだろう。「お前は信じやしないだろうが、俺はシャロンのことをものすごく愛している。できることなら、彼女と毎晩でもキスをしたい」（サンフォードハイツでの録音記録より）。ハイアワサ・スクールに通う少女についての会話では、トムのガールフレンドのシャロンが学校で一番かわいいという意見で皆が一致していた。いくつかの客観的な基準も含まれてはいるだろうが（というのも、この年齢段階にあっても、数人の少女たちは、ボーイフレンド如何にかかわらず、他の少女よりも魅力的であると確かに思われているから）、こうした評価には、男性集団内における社会的統制機能が含まれている。というのも、こうした評価は、少年たちの「正当な世界」が、異性関係の観点から動いていることを示しているからである。たとえ、ガールフレンドが侮辱されなければならないとしても、少年たちは自分よりも地位の高いガールフレンドを持つべきではないのだ。また、こうした評価は、（エリカに対するトムのコメントのように）ガールフレンドに対する「正しい」評価を確立することによって、リーダー格の少年たちがオピニオンリーダーとしての自らの地位を強調することができる手段でもある。さらに、そうしたいわば「客観的」な格付けは、変化しやすいものなので、女性に対して優しくなりすぎることの危険性を男性に知らしめてもいる。少年は、「キュート」で「セクシー」で「男をタマ抜きにする」ようなガールフレンドを持ちたいと思うけれども、こうしたコメントは、つまり社会的な構成物なのである。それは、少女の恋人である少年を象徴するものであり、また女性と心理的に親密になりすぎることを妨げるものである。

① 親密すぎる関係

少年が異性関係に夢中になってしまうのを妨げるような冗談話は、少女に対する評価と関連している。少年が異性関係に夢中になるのを回避するということは、表面的には逆説的に見えるかもしれない。つまり、異性関係が深まっているのであれば、それはなぜ、さらに深まっていかないのだろうか。問題は、深い関係が、男性の性別役割とは正反対のものを、すなわち、男女間での力やコミットメントの同等性を暗示している点にある。そうした関係を維持することができたのは、ジャスティンやトムのような、逸脱的な関係を操作し得るだけの性的能力や高い地位（十分な特異性クレジット（idiosyncrasy credit）〔訳注2〕）を備えている少年たちだけである。こうしたケースを検証する前に、親密すぎる関係に対する注意が、いかにして発動されるのかを見てみよう。親密すぎる関係に対して注意を促す一つのテクニックは、その「カップル」が結婚するだろうとユーモラスにほのめかすことである。

ラリーがドジャースの皆に言うには、ロイ・ブリビンスのガールフレンドは、ジャニー・ホールマンである、「あるいは、ジャニー・ブリビンスと言うべきか」（サンフォードハイツでのフィールドノートより）。

また、少年が女々しい振る舞いをしたとほのめかす場合もある。

ウイットニーのガールフレンドのローレルが、ミズーリ州で夏を過ごすためにロードアイランド州を発った。自分をからかう友人に対して、ウイットニーは、彼女がいなくて自分がいかに寂しいかを語った。「ローレルの乗った飛行機が飛んでいく音が聞こえたよな」。ジャスティンがいやみに付け加えた。「ウイット［訳注3］は、泣いてたよな」（ホープウェルでのフィールドノートより）。

あるいはまた、ガールフレンドのせいで、少年の行動が萎縮させられている点をほのめかす場合もある。

スチューが早く野球の練習を切り上げようと自転車に乗って走り去ろうとすると、ロイが呼びかける。「おい、スチュー、キャシーがお前を待ってるぞ」（サンフォードハイツでのフィールドノートより）。

少年は、少女を注目の的にさせてはいけない。地位の高い少年たちだけが、比較的そうした非難から逃れることができる。少年たちは、こうした性的な世界に所属しているのだ。事前に「理想的な評判」を描いておくことは不可能である。なぜなら、そうした社会的なイメージは、所属している仲間集団や当該少年のパーソナリティに関する特別な基準や期待に左右されるからである。しかし、少年たちは、一般的に、性的に力強いと見なされたいと思っている。一方で、少女がそうした評判を得ると、その地位を失ってしまうのであるが。ダブルスタンダードは、前青年期には非常によくあることである。

② 評判

評判を得るということは、危険なゲームに参加することである。評判は、間接的には行動に根ざしているが、それは会話においてこそ表現を与えられるのである。こうしたことは、「女たらし」だと思われている少年はもちろんのこと、性に無関心だと思われている少年の場合にも当てはまる。

リッチは、ジョン・ダンビルが数人の少女たちと会話をしているのを見つめている。そして、ジョンの周りにいる彼女たちにこう言うのだ。「女のそばにはいつもジョンがいるな。そうだろう?」(サンフォードハイツでのフィールドノートより)。

ジャスティンが友人に尋ねる。「ずいぶんと会ってないな、アブス。どこにいたんだ? 女と部屋に閉じ込められでもしたのか?」(ホープウェルでのフィールドノートより)。

アイスクリーム店まで車で連れて行ってもらっている間、四人の少年たちが少女について話し始めた。とりわけ、そこには居合わせていないデイヴィ・マッセイを侮辱している。ある少年は、デイヴィは母親と「出て行った」と言い、別の少年は妹と出て行ったんだと言う(ビーンビルでのフィールドノートより)。

少年は、自分が「関係」を取り結んでいる少女が適切なパートナーであるということを保証しなければならない。「ニキビ面」とか「売春婦」などと呼ばれている九年生の少女のことが好きだということで、サンフォードハイツのある六年生が非難された。ここで、この非難が妥当であったか否かはほとんど問題ではない。重要なのは、その少年が彼女と別れたということであり、また彼の友人が「あいつはあんな売春婦なんて好きじゃないよ」と言って彼をかばったということである(サンフォードハイツでのフィールドノートより)。少女に対する少年たちの評価は、彼ら自身の評判と密接に結びついている。彼らは、自分の評判を傷つけないように、前青年期特有の説得の技術を用いなければならないのである。

フィル・オセージは、ジェイソン・フォーウェルが隠しておきたいと思っている何事かに気づいている。フィルは、ジェイソンが好きでも何でもない少女とキス(愛撫)していることを知っていたのである。ジェイソンは、「犬」だと思っている少女とキスしていたことを友人たちに知られたくないと思っている。彼は、このことを暴露したら痛めつけるぞとフィルを脅している(サンフォードハイツでのフィールドノートより)。

行為と評判とは互いに異なるものであろうが、評判は、行為に対する評価と関連している。ちょうど行為が評判に影響を与えるように、評判もまた、行為に対する評価や解釈に影響を与えるのである。前青年期の子どもたちは、発達の必須要件として、自分が性的に活発であることを証明しなければならない。したがって、自分や友人が性的な自己をうまく他人に印象づけたということを明示しなければならないのだ。

ジョン、すなわち、ジョン・ダンビルは、本命のガールフレンド以外の少女と「キス」したことから「大きな傷」を負ったと友人に話す(サンフォードハイツでのフィールドノートより)。

ある少年グループに、少女と出かけたときに何をしたかを尋ねた。一二歳の少年いわく、「キスして、彼女の胸をつかんだ」(ビーンビルでのフィールドノートより)。

ハリーの友人の一人はこう言う。ハリーと彼のガールフレンドは、映画館の後方席に座って互いに「人工呼吸」をする(ホープウェルでのフィールドノートより)。

一つの説明が劇的なものとなり、数日間、話題の中心となることもある。(3)

「色男」との評判を持つリーダー格の一二歳の少年、ダン・グレゴリーがガールフレンドのアニーに会いに行くという話題では、間接的な性的会話が数多くなされた。ある少年が言う。ダンはアニーに、許してくれた「塁」ごとに一〇ドル支払うのだと。翌日、ダンは「三塁近くまで行った」と、スチューが言った。一一歳のゴーディがいったいどんなふうにやったのかと聞くと、ハーディが答えて、ダンは一塁を蹴って「二塁に行く途中だった」が、それから先には進めなかったと思うと言った。数日後、ダンが、「二塁の途中」まで行ったんだが、ゴーディからの電話がなければもっと先まで行っただろうと話した。ハーディがゴーディに対して言う。「お前は、なんて馬鹿なやつなんだ!」。ダンがそれに付け加えて言う。「まったく、困ったやつだよ」。ダンの評判は、ゴーディの評判を犠牲にして守られるのである(サンフォードハイツでのフィールドノートより)。

年下のゴーディが厳しく非難されたのに対して、目的を達成し得なかったけれども、ダンの評判は会話(スチューのような友人による誇張を含む)を通して上昇したわけである。重要なのは、少年たちがアニーのことを「売春婦」と呼び始めたように、彼女の評判もまた影響を受けたという点である。ダンは、アニーをガールフレンドと考えるのをやめたのであった。当事者であるダンとアニー以外、彼ら二人の間で何が起こったのか、その真実を知る者は他に誰もいなかったというのに。しかし、結局のところ、重要なのは、個人的な行動ではなく、公的な場での会話なのである。そこには、ダブルスタンダードが存在する。

③ 性的行動についての会話

少年たち（やジャーナリスト）が主張している割には、性的な行動は実際にはあまり発生しない。少なくとも、一九七〇年代後半のこれら郊外地域では発生しなかった。「二塁」を超えることなどめったにない。つまり、前青年期の子どもたちは、実際のところ、自らの行動でもって性的知識を示すことはできないのである。しかしながら、彼らは、会話を通して自分に対する他者の認識を作り上げるのである。次のような「フレンチキス」の仕方に関する説明にもあるように、少年たちはときどき会話のなかで性的に優位な立場をとろうとする。

トム：「げ〜っ」とゲップをしちゃいけない（ハーディとフランクが笑う）。ゲップはとても下品だろ。風邪をひいちゃいけないし、それで鼻水を出してもダメ（トムが笑う）。女の口に入っちゃうと、マズイだろ（皆が笑う）。

フランク：そしてもう一つ、キスしているときに唾を吐いちゃいけない。

トム：人工呼吸じゃないんだから、息も吐いちゃいけない（皆が笑う）。キスの後、息を口移しするんだ。さて、お気に入りのアフターシェイブローションを手にして、そいつを髪の毛に塗って、全身にも塗りつける。そして（トムがヒステリックに笑う）、辺り一帯に塗りたくる。いい感じだよ（さらに笑う）……。じゃあ、第二レッスンに進もう。まず、電話ボックスにいるセクシーな女に近づいていく。女が誰かはわからない。ただ後姿が見えるだけだ。そいつの尻は大きくはない。電話ボックスのなかに入って、女に腕を回して、「やぁ」と言う。そうすると、女は「えっ！あ〜、はぁい」と言うだろう［声のトーンは、最初は驚いたように、それから「女性的に」、そして「懇願するように」］。それから、女の口を受話器で遮って、女の歯、女の歯はショックでガチガチ鳴ってるんだ。お前はパンツを脱いで……いや……えぇと。

ハーディ：女のパンツを脱がせるんだ。

トム：さて、舌を突き出して、こう言うんだ［トムはわざとらしくロマンティックな感じで歌う］。「ほしいんだよ、ベイビー。俺に夢中なんだろ？」（サンフォードハイツでのフィールドノートより）。

この会話は、他の「おませな」少年たちの会話と大差ない。こうした会話を通して、少年たちは、仲間から何を期待されているのかを学ぶのである。この会話の重要性は、洗練されたフレンチキスの技術を獲得するという点にあるのではない（確かにいくつかの内容学習は生じるけれども）[4]。むしろ、少年たちが、仲間に対して自分自身を「男性」として誇示している点にある。この空想的な性的会話においては、男性は互いに性的にアグレッシブであることを期待しているということ、また、女性は明らかにそうした試みを待っているということが示されている。この短いダイアローグは、男性による支配とそれに対する女性の服従に一致するような世界観を示している。前青年期の子どもたちは、こうした会話を通して、これと同じような会話文脈のなかで自分自身を操作できるような言語能力、また「男性」のように振る舞うことができるような言語能力を獲得するのである。

(1) 少女との活動

前青年期の性は、少年たち同士による少女に関する会話だけではなく、彼らの行動や少女との会話のなかにも見出される。彼らの「性的活動」の実態を探るために、最後のアンケート調査で、ボルトンパークとサンフォードハイツの少年に次のような質問をした。

①現在、ガールフレンドがいるか。

②これまでに、何人のガールフレンドを持ったことがあるか。

明らかに、この質問に対する回答は「真実」を示しておらず、系統的に偏りがあるだろう。しかし、裏づけのない自己報告データであると認める限りでは、男女関係についての洞察を提供するものだと思う。

回答した一六七人の少年のうち五七人（三四パーセント）が、いま現在ガールフレンドがいると答えた。その五七人はまた、これまで平均三・九人のガールフレンドを持ったことがあると答えている。経験的に期待していたよりも小さい差ではあったが、驚くべくもなく、ガールフレンドを持った経験がある少年の割合は、年齢とともに上昇した（一〇～一一歳：三〇パーセント、一二歳：三八パーセント）。ガールフレンドがいる少年は、仲間集団のなかではより人気がある。年齢を統制して分析してみると、ガールフレンドの有無と仲間内での地位に関するいくつかの測定値との間には、著しい、あるいはかなり著しい相関関係があった。地位に関する測定値とは、①この世における三人の親友のうちの一人として同僚選手から指名される数（相関係数 $r=.11$, サンプル数 $n=164$, 有意水準 $p=.08$）、②リーグにおける三人の親友のうちの一人として同僚選手から指名される数（相関係数 $r=.13$, サンプル数 $n=164$, 有意水準 $p=.04$）、③チームにおける三人の最優秀選手のうちの一人としてチームメイトから指名される数（相関係数 $r=.11$，サンプル数 $n=164$，有意水準 $p=.09$）である。推論の域を出ないが、これらのデータは、前青年期の子どもたちの社会的世界のあらゆる側面における諸地位間の結びつきを示すものである。

もちろん、異性間での現実の行動は、関係性の存在を主張するよりもずっと有効である。少年少女は、互いに対して隠れた性的な本性や性的な魅力ある身体を認め始める段階では、いまだ十分な性的行動のレパートリーを持ち合わせてはいない。しかし、少年たちは、年上の少年が実際に少女らと話をしているのを見ることもあるし、またさまざまなマスメディア情報に晒されてもいる。この年齢の少年たちにとっては、こうした経験はあたかも自分の経験であるかのごとく強く感じられる。少女との実際の相互作用は、不慣れな少年たちにさまざまな問題を突きつける。この年齢段階の異性間での相互作用は、そのほとんどが集団単位で行われる。友人関係は、相互に広範囲にわたる自由な行動を認め合うという点で、少年たちが性的行動の基準を切り開いていくことができる舞台だと言える。たとえ少年がその探求に成功しなくても、例によって、彼は友人から支援されるのである。ブロデリック（Broderick 1966）は、一一～一三歳では、少年の五六パーセント、少女の七六パーセントが単独デートよりもダブルデートないし集団デートを好むということを見出している。ホープウェルの一二歳の少年グループは、少女と付き合う際に互いにサポートし合う「ヘルズ・エンジェルス（Hell's Angels）」という「クラブ」を結成していた。そのクラブのメンバーは、惚れた少年の感情的な関与がなくても、ガールフレンドへの、そしてガールフレンドからのメッセージを仲介して伝達するのである。そこでは、社会的な失敗も、より外交的に操作されることになる。こうした社会的活動の形成はまた、少年のプライベートな側面においても明白である。少年が友人に支援され得るような状況、また、少女が友人らと一緒にいるような状況は、いくぶん性的で攻撃的な行動が可能となる中間準備地帯となる。「キス」はそうした場面で起こるんだと、サンフォードハイツの少年が私に教えてくれた。しかしながら、少年たちは、少女に対する勇敢な行動についての青年期の基準を知らないし、また、少女たちに自らのそうした脆さを見せてしまうのを恥じている。だから、せいぜい馬鹿騒ぎをするというのが、一般的であろう。

前青年期の子どもたちは、一般的には、愛情の存在を認めるのに慎重である。部分的には、面目を失うのを避けるために慎重であるのだが。こうした慎重さは、攻撃的な気取った態度ないしは恥じらいによる沈黙のいずれかの形となって表現される。このようないわば未完成の愛情のなかには、大人から見ると、繊細で魅力的に映るものもあるだろう。

ジャスティンとウイットニーの二人のガールフレンドが、彼らの試合を観にきていた。ジャスティンは、ガールフレンドのヴィッキーに対する「愛情」をしたためたメモを、友人のキップに渡した。キップはそのメモを投げ捨てるが、少女たちがそれを拾い上げる。ヴィッキーがそのメモを目にしたとキップが言うと、ジャスティンはいくらか困ったような様子であったが、しかしまた、嬉しそうにも見えた。メモの交換は、声に出すことなく感情を伝える一つの方法である（ホープウェルでのフィールドノートより）。

ある少女はまた、少年が野球をしているのを観ることによって、自分の感情を表現する。少年は、そうした状況のなかでガールフレンドに話しかけることは決してないが、ひそかに彼女の視線を楽しんでいるのだろう。トムはガールフレンドのシャロンが出場したソフトボールの試合を何度か観に行ったが、少年が少女の試合に顔を出すのは一般的ではない。ときに、彼らは付き添いなしでアイスクリームパーラーに行ったり映画を観たりするが、これは稀である。こうしたことは、より成熟した、つまり、青年期の異性間の行動基準に順応した若者たちが行うことである。一般的に、前青年期の子どもたちは、大人の行動基準からすると馬鹿げているような行動をとることによって、自分の感情を相手に気づかせようとするのだ。

カージナルスでは、たくさんの少女たちがダグアウトの後ろに座って、選手たちのプレーを見ている。彼女たちの視線は、リーグの最優秀選手の一人であるジョーイ・オブライエンに釘付けである。キャッチャーのドン・ローレンスは、そのジョーイとふざけることによって、少女たちの注意を引こうとする。たとえば、ジョーイが三塁打を放つと、ドンは三塁に走り寄って、彼に仰々しく握手をするのである（メープルブラフでのフィールドノートより）。

年齢が上がってくると、少女にコップを投げつけたり、メモを手渡したりといった行動は、未熟だ（あるいは「かっこ悪い」）と思われるだろう。しかしながら、前青年期の子どもたちには、そうした行動が適合するのである。彼らが継続的に組織化されたスタイルで相互作用していれば、それは、年上の少年たちから成熟のサインと見なされる。もし、周りの観衆（少女や友人）が少年を支援するならば、その行動は成功を印象づけるための操作として作用する。

　大人からは、「攻撃的だ」と表現され、敵意を表していると理解されているが、前青年期の少年たちのこうした未熟な行動に関しては、以上の点を重要視しておく必要がある。

> ある少年グループが公園のテーブルに座っていると、別の地区の女子ソフトボールチームがやってきた。少年たちは、性的な皮肉でもって彼女たちをからかい始める。「おい、真っ暗闇で俺とやろうぜ」。「俺の毛を引っこ抜いてくれよ」。「俺のケツ穴みたいに純潔だな」。少女たちは腹も立てずに、それを楽しんでいるようである。ときには、少年たちの注意を引こうと歌ってさえいるのだ。ひそひそ話をした後、少年たちは彼女らの魔法瓶をひったくって、なかの水をこぼしだした。少女らは悲鳴をあげるが、本当に気分を害しているわけではない。その後、少年たちはテーブルに戻って、クスクス笑ったり悲鳴をあげたりしている少女たちにビールの缶を投げつける。少年たちがその場を立ち去るとき、一人の少女が、彼らのうちの一人にこう叫ぶのだった。「バイバイ、ハニー！」（サンフォードハイツでのフィールドノートより）。

好き嫌いという感情よりもむしろ、注意を引きたいという気持ちの方が、しばしば少年少女の出会いを動機づける。少年たちが周囲に「キスした」と言えるような魅力的な少女を探すのと同じように、少女たちは自分の地位を高めてくれる人気のある体格のいいボーイフレンドを夢見るのである。少年少女たちは男女の出会いのイメージをメディアや年長者から学習しているが、そうしたイメージには、彼ら（メディアや年長者）の期待が反映されている。

　少年が少女に「アタック」すべく身体的攻撃を用いるのと同じように、少女は、少年に恥をかかせるという公的な作用を利用する。

> バーブ・リチャーズが、リッチ・トランドに歩み寄り、からかうようにこう言った。「あらぁ、かわいい青い瞳ちゃん」。リッチは非常に恥ずかしそうにして目をそらし、バーブに対して何も言わない。その後、バーブはアレン・テイバーの櫛を取り上げて、それを（ベースラインを引くために使われる）石灰のなかに突き刺し、それでアレンの髪を梳きだした。アレンはそのことにようやく気づくと、激怒して（しかし、本当に敵意を持ってではなく）友人にこう言う。「あいつは悪魔だ！」（サンフォードハイツでのフィールドノートより）。

これまで、少年側の活動のみを強調してきたが、実際には、少年少女間の人間関係は、うまくバランスが保たれている。というのも、少女側に「女性の策略」なるものがあると言うと度が過ぎるかもしれないが、少年少女らはそれぞれに、相対する性別者と張り合うための印象操作の技術を発達させているからである。こうした能力に熟達している者、異性間の適切な関係がどういうものかを定義できる者、そして、他者からこうした能力を持っていると見なされている者は、一般に承認されたその「性的能力」によって、仲間内での地位を獲得するのである。

(2) 同性愛についての会話

これまで見てきたように、少年たちは、異性愛について語ったり異性の面前で「適切に」行動したりすることで、自己のセクシュアリティを定義づけようとする。しかし、彼らはまた、性的な成熟とは相反するものとして定義される性の側面、つまり、同性愛について語ることによっても同様のことをしようとする。ほとんどの少年たちは、「本当に」同性愛者だと思われる人物に会ったことなどない。せいぜい、「少年のことが好き」な少年、あるいは「男と結婚したいと思っている男」くらいにしか、同性愛を定義することはできないだろう。にもかかわらず、同性愛は、前青年期の子どもたちの会話のなかでは、中心的なテーマとなっている。各リーグでは、「お前はホモだ」、「あいつはゲイだ」、「あいつは世界で最も偉大なホモだ」、「最低だな、このホモ野郎」、「俺のケツにキスしろよ」などの表現が用いられていた。

「ゲイ」だからといって、同性愛的な行動をしている必要はまったくない。インフォーマルな相互作用では、「ゲイ」というラベルを貼ることによって、相手が「未熟である」ことを主張するのである。事実、「同性愛的な行動」（たとえば、相互自慰）は、「ゲイ」のラベルを一度も貼られたことのない少年たちの間で生じることもあるのだ。同性愛の概念は、少年が他人をけなすために用いる二つの概念と関連している。その二つの概念とは、「赤ん坊」と「少女」である。このいずれの概念も、相手が適切な男性的行動を実現していないということを意味するものである。たとえば、「いやに善人ぶった」少年や教師のお気に入りの少年は、「ホモ」だと見なされる。同性愛のレトリックは、その話し手（言葉の使用者）自身が成熟していることを主張している点で、話し手にとっては一層の利点がある。たとえば、ある少年が友人にこう言うように。「五年生のときは、俺らはホモだった。［互いに］よく取っ組み合いをしたもんさ」(ホープウェルでのフィールドノートより)。マイナーリーグの選手たちは、ときおり「小さな同性愛者(女役)」と呼ばれている(サンフォードハイツでのフィールドノートより)。

多くのレトリックと同じように、「同性愛」というレトリックも非常にあいまいなものである。少年たちは、その対象について必ずしも完全に同意することなく、その言葉を用いるだろう。それはまた、否定的に評価されるあらゆるタイプの行動(いつも喧嘩をしている少年、スポーツに参加したがらない少年、変わったピッチングスタイルをしている少年など)に対して使われ得るので、その意味は状況に根ざしている。同性愛のレトリックは、前青年期の子どもたちが自由に使うことができる、最も融通のきく、虐待的な言葉なのである。

> ハーモンが、ユージンに対して激怒している。ユージンは周りから軽蔑されており、「ゲイ」で「女のように行動する」と思われている少年である。ハーモンによれば、ユージンが教師の面前で、彼に「くそ食らえ」と言ったのだという。ハーモンはユージンにビンタをして応戦したが、ユージンに代わって彼が教師から罰を受けたらしい。ハーモンいわく、「終業式の日にあいつをボコボコにしてやったよ。あいつの親は警察を呼びやがったよ」。一方、ユージンは、誰が自分を殴ったかを警察には言わなかったようである。ハーモンは、もしユージンがそれを警察にチクったならば、彼をさらにひどく痛めつけただろうと言う。彼は続けてこう言う。「あいつは、俺らがバスルームに行くのを見かけると、そこに座り込み、飢えた動物のように睨みつけるんだ」(サンフォードハイツでのフィールドノートより)。

か弱いユージンが男らしくもハーモンに「くそ食らえ」と言い、なおかつ「ポリ公」に仲間を「売ら」なかったにもかかわらず、彼は同性愛のレトリックによって非難されるのである。

同性愛のレトリックは、必ずしも、友人関係における敵意を示しているわけではない。というのも、ときおり、友人同士で「同性愛者」ないしは「ゲイボーイ」と呼び合うからである。そこには、友人関係についての理解、一定のパフォーマンス環境、準言語的な合図の承認が存在するので、そう呼ばれることに対して、何の反撃もなされない。ある少年が、二人の友人にこう言った。「こっちに来て舐めてみろよ、ジェイ。おい、ボブ、俺に噛みついてみろよ」。しかし、ジェイもボブも反撃はしなかった(サンフォードハイツでのフィールドノートより)。とはいえ、やはり許容される限度というものはある。

ウイットニーが、友人のハリーに呼びかける。「お〜い、ホモ野郎」。ハリーは淡々とこう応答する。「気をつけろよ、ウイット」(ホープウェルでのフィールドノートより)。

意味というものはある程度までは変化の余地があるけれども、いくつかの意味については不変で確定的であるので、容易に冷やかしには変換され得ない。

異性愛についての言動と同様に、こうしたタイプのレトリックは、前青年期の主題を示すものである。少年たちは、自分が成熟しているということを、自分自身や友人たちに示したがる。しかしながら、「ハッスルすること」と同様、「成熟」は「客観的に」判断できる代物ではない。むしろ、「成熟」は、確かにそうだと他者に思わせるように誇示されなければならないのだ。性的な言動というのは、自分が「成熟していること」を明示しようとする試みなのである。たとえ、誰一人としてその成熟の事実を指摘することができなくても、それを公に呈示したということについては指摘することができる。前青年期の子どもたちの本分は、他人が知りたがるような特徴を自分は備えていると他者に思わせるようなイメージ形成能力とレトリック装置とを習得することなのである。

3 前青年期の攻撃性

前青年期の子どもたちは、自分は勇気があって強い男であるということを明示しなければならないが、このことは性的な言動と密接に関連している。性的な成熟のように、成熟に関連する特質には、客観的な基準というものがまったくない。だから、彼らは、こうした特質を示していると見なされる行動や会話を形成しなければならないのである。レドル(Redl 1966)によれば、前青年期は、最も魅力的な子どもたちが最も恐ろしい方法で行動する時期である。これは、子どもたちの「攻撃性」や「残酷さ」を指してそう言っているのである。しかし、「正常な」子どもの場合、その攻撃性はランダムに現れるのではなく、それを助長するような社会的文脈のなかにパターン化されている。彼らがどのようにして攻撃性を用いているのかを検証するために、私は二つのタイプに着目した。その二つのタイプとは、(しばしば性的な侮辱を通して)

社会的ネットワークのメンバーに向けられるものと、匿名の他人に向けられるものとである。これらはいずれも、大人が見ればがっかりするものである一方で、仲間からは「成熟」の証と見なされるだろう。しかし、攻撃性のこの二つのタイプは、その根拠と形態において異なっている。

(1) 仲間への侮辱

前青年期の子どもたちは、仲間を侮辱するのをためらわない。社会的地位を確立したいという点では、彼らは年下・年上の子どもたちと同じである。しかし、その際に用いる侮辱の内容は、前青年期という発達段階の必須要件を反映している。つまり、侮辱行為は、侮辱した少年にとっては地位の獲得を意味し、侮辱された少年にとっては地位の剥奪を意味するのである。それはまた、インフォーマルな会話への参加の仕方を少年たちに教えるものである。

サンフォードハイツの一〇歳の少年を想起してみよう。彼は、数人の年上の少年たちに非難されている。その一〇歳の少年、トミーは、コーチの息子である。全州トーナメントに向けての練習の場面で、トミーとハーモンが激しく侮辱し合っている。ハーモンの癇癪は、いつも問題を引き起こしていた。二人の言い争いは、コーチが練習場を離れると、ことのほか激しさを増した。ハーモンは癇癪が収まると帰宅したが、チームのアシスタントコーチである彼の父親は、ハーモンを辞めさせた方がよいだろうと思っていた。翌週、ハーモンの友人たちが、スクールバスでトミーに出くわした。

トミーが友人と一緒にスクールバスに乗車すると、ハーディが大声で叫んだ。「おい、トミー、ふざけんなよ!」。それにロッドが続く。「トミーの意気地なし(wuss)!」[意気地なしとは、女性(woman)と弱虫(pussy)の混合と定義されている]。トミーが近づいてくると、ジェリーとロッドが声をそろえてこう言う。「お前、ふざけんなよ」。ロッドは、ことのほかトミーに腹を立てている。「ハーモンのやつは、お前のせいで野球ができないんだぞ。どうしてくれるんだよ!」。トミーは、そうした侮辱の言葉に反応こそしないが、気落ちしていまにも泣きだしそうである。ハーディがトミーを「女」呼ばわりするとき、そこには怒りの感情が含まれている。ロッドが言う。「あいつにホモ賞を与えよう」。ついには、ジェリーがトミーの友人の野球帽をひったくって、それを走行中のバスの窓から外へ投げ捨てた(サンフォードハイツでのフィールドノートより)。

第一に、子どもたちは、侮辱行為の社会的文脈を考えている。彼らは互いに対してひどく残酷であり得るが、観衆のいない場面では、そうした残酷さが表現されることはめったにない。侮辱の目的は、ターゲットを傷つけることよりもむしろ、周囲に自分の感情を明示することにある。少なくとも、侮辱行為が続いている間は、ターゲットは周囲からは受け入れられない。別の場面では、ターゲットも嫌われることはないかもしれないが、侮辱行為が行われているその場面では、周囲がターゲットを守るようなことはめったにない。第二に、少年たちは、こうした侮辱行為を通して、許容される行動の限界を検証しようとしている。前記のケースは典型的であろう。（同性愛を反映しているこのケースでは）侮辱行為は、ターゲットが腹を立てるか引き下がるかするまで、あるいは、加害者の一人が許容される行動の範囲を超える何かがしかをしてしまうまで続いている。つまり、野球帽をバスの窓から外に投げ捨てるという行為によって、侮辱行為が終息している。ジェリーの行為は、許される行動の範囲を超えて、逸脱していたのである。彼は、仲間たちの意に反して、被害者に謝罪をし、本当は帽子を投げ捨てるつもりはなかったと弁明した。ターゲットが不在でも侮辱行為がエスカレートすることがあるが、ひとたび侮辱する側が飽きてしまうと、それは終了するのである。

多くの少年たちが、私が持っていた録音状態のテープレコーダーに付きまとって、その場にはいない嫌いな仲間について話している。

リッチ：マルキス、ふざけんなよ。おい！

ジェリー：あのニキビ面［デニー・マルキスのガールフレンド］をやっちまおうぜ。

トム：そうだ。やっちまおう。

リッチ：おう。やっちまおう。マルキス、俺に付きまとうのはやめろ。お前は不細工なんだから。くたばれ。おい、マルキス、マルキス、くたばっちまえ。昨日の夜、お前が姉ちゃんとよろしくヤッているのを見たぞ。何で姉ちゃんなんかと付き合うんだ。言ってみろ。ん？　何で先公をやり込めるような九年生が好きなんだ？　何であいつはニキビ面なんだ？

トム：あの売春婦野郎。

リッチ：お前は［ニキビ面だし］太りすぎだし、売春婦だし。そして、臭い（サンフォードハイツでの録音記録より）。

テープレコーダーを通して、その場にいない仲間を侮辱しているという点で、この会話は代表例とは言えないけれども、そのエスカレートしていく様は、侮辱行為の典型である。侮辱という攻撃が増幅していくのは、選手たちがターゲットに対してますます腹を立てているからではなく、自分の言語能力を互いに印象づけようとしているからである[5]（Bronner 1978a, 1978b 参照）。

そして、侮辱行為の第三の重要な特質は、その内容にある。大人の基準からすると未完成、「未熟」であるけれども、侮辱行為は、侮辱する側が成熟した言語を習得しているということを仲間たちに伝えているのだ。デニーが「自分の姉とヤッていた」というリッチの主張は、少年が相手に対して向けることができる最も激しい侮辱のうちの一つであり、リッチのデニーに対する嫌悪感を表している。同時にそれは、リッチ自身に関する何かを、つまり、彼がもっともらしく近親相姦についてのレトリックを使うことができるということを周囲に知らしめているのである。

どんな人も「侮辱」から「逃れる」ことはできない。というのも、相互作用は、社会構造についての認識によって制約を受けるものだからである。侮辱行為は、地位階層を下って、あるいは横切って向けられることはあっても、上昇して向けられることはめったにない。少なくとも、ターゲットがその場にいるならば、確かにそうである。自分よりも地位の高い誰かを非難する地位の低い少年は、まもなく自分自身が数々の侮辱のターゲットになっていることに気づくだろう。

> 重要な試合において、さまざまなポジションをこなすレンジャーズの外野手一〇歳のティムが、一二歳の相手キャッチャーに叫ぶ。「ホームベースの後ろにサルがいるぞ！」。すると、相手キャッチャーのチームメイトの一人が、「あいつは、お前なんかよりもいい選手だぞ！」とやり返す。後に、試合のなかで、レンジャーズの年長選手数人が、相手チームを非難すべく、地位の低い一一歳の少年ブルースを攻撃し始める（ビーンビルでのフィールドノートより）。

ティムとブルースは、それぞれに、侮辱の社会的な妥当性を無視してしまったわけである。

それが攻撃的な様相を示す会話であったとしても、仲間内で「真の」攻撃が行われることは稀である。グラスナー（Glassner 1976）は、子どもたちには社会的統制を強要するような法的なシステムが備わっているということを論証している。少年たちは、ときに互いに殴り合ったり押し合ったりするけれども、それが本当の喧嘩にまで発展することはめったにない。むしろ、身体的な攻撃をするような少年たちは、しばしば笑われるのである。五つのリーグのなかで最も評判の良い少年たちは、身体的攻撃を加えるような者でもなければ、喧嘩っ早い者でもなかった。そういう少年たちは、力で他の少年たちを抑え込んでいたので、リーダーにはなっていなかった。前青年期の乱暴さや乱雑さは、それほど粗野ではないし、多くの混乱を内包するものでもない。頻繁に身体的攻撃を加えるような少年たちは、「精神病者」(「精神的に病気である」。たとえば、自転車のチェーンで少女を殴る少年など)、あるいは「同性愛者」として馬鹿にされる。確かに、少年たちは、他人を奇襲するぞといったような会話をしている。しかし、こうした会話は、たいてい、彼らの感情の低劣さを反映しているに過ぎず、実行に移されることはない。

リトルリーグの試合中、アストロズの最優秀打者であるシド・コープランドが誤って手放してしまったバットで、ドジャースのピッチャーであるフランク・サッツバーグが膝を打ちつけてしまった。フランクは、グラウンドで痛みにもだえ苦しんでいる。見たところ、本当に怪我をしているようである。しかし、彼は立ち上がり、プレーを続ける。一方、シドは、まぬけで決まりの悪そうな笑みを浮かべて、突っ立っている。ドジャースの三塁手であるマウリー・ハーマンが、シドに向かって大声で叫ぶ。「コープランド、このまぬけ野郎。何してるんだ」。チームメイトのところに戻って、マウリーはさらに言う。「あいつ、笑ってやがる。顔を殴ってやろうか」。もう一人のドジャースの一二歳、ポール・マンディが、マウリーに言う。「石であいつを殴ってやれ」。しかし、マウリーもポールも何もしないし、試合が終わると、この件は忘れ去られていた(サンフォードハイツでのフィールドノートより)。

ある少年たちが、腹立たしげに喧嘩するかと脅し合っているとき、他の少年たちは、彼らをなだめようとして、あるいは焦点を変えさせようとして介入する。グラスナーは、これとは異なるタイプ、つまり、喧嘩を回避しようとする「妥協者」について言及しているが、本調査ではこの役割タイプを見出すことができなかった。むしろ、ほとんどの少年たちは、秩序ある相互作用が崩壊するのを防ごうとしている。悪いことに、喧嘩の余波で、しばしばすべての少年が大人にその行動を拘束されることになるだろう。少なくとも、この近郊では、殴り合いではなく、むしろ「辛辣な言葉」や「悪意あるいたずら」が、子どもたちの「成熟した」行為者としての自己表現を映し出しているのである。

(2) 他人への攻撃

前青年期の子どもたちは、一般的には攻撃的行動には頼らないのであるが、だからといって、彼らが礼儀作法の境界線を決して探索しないというわけではない。少年たちは、「ミスチーフ（mischief）」と呼ばれるいたずらを通して、「大胆な」行動に臨んでいる。大胆さという点では、前青年期の子どもたちは高名である。しかしながら、「大胆」の度が過ぎると、あるいは逸脱的であると（多くの少年たちが勇気があればやってみたいと思う行動の範囲を超えていると）、「精神病者」、「乱暴者」、あるいは「廃人」というラベルを貼られ、蔑まれることになる（友人関係は保っているけれども）。度が過ぎているとして否定される行動には、タバコ、アルコール、ドラッグの常用および「犯罪」だと定義される行動が含まれている。後者の、「犯罪」だと定義される行動は、興味深い問題を喚起する。というのも、「一般的な」少年たちによるいたずらは、保護者などの他者によって違法であると定義されるし、また、それが地位の低い少年によってなされたならば、厳しく罰せられるからである（Chambliss 1973 参照）。つまり、「逸脱」は、フォーマルな法律ではなくて、境界線についての合意に基づいているのだ。もちろん、その境界線がどこに引かれるのかは、その人が有している人間関係に規定されることになる。なかには、より大胆で、他の少年たちから道徳的に下劣だと見なされるような行動をする者もいる。[6]さらに、諸々の行為は、行為者（そして、行為者の抱いている動機づけ）によっても、また異なって評価される。たとえば、サンフォードハイツには、他人の自転車を河口に投げ捨てることを誇りにしているような少年たちがいた。しかし、彼らは、数人の「乱暴者」に、自分たちの自転車のタイヤを刺されたときには、怒り狂ったのである。

少年たちは、それぞれの地区のいたずらを、「大胆」ではあるが合法だと見なしていた。これらのいたずらは、面白いものであった。すべての少年たちがこうしたいたずらを実行したわけではないが、実行した少年は笑われるのではなく、むしろ、そうしたチャンスを得ようとしたということで尊敬された。もちろん、こうしたいたずらはめったに起こらなかったけれども、ひとたび行われたならば、すぐさま会話のなかで伝説的に取り上げられた。それぞれの地区における主要ないたずらには伝統があり、個々に異なっている。ビーンビルでは、ほとんどの会話が「ムーニング（mooning）」に関するものであった。これは、走行中の車の窓からズボンを下ろして尻を見せるというものである(Licht 1974参照)。ホープウェルでは、家や車への「エッギング(egging)」(卵を投げつけること)が一般的であった。サンフォードハイツとボルトンパークでは、呼び鈴を鳴らしてサッと走り去るといういたずらが、もっとも頻繁に話題とされた。こうしたいたずらへの参加について調べるために、サンフォードハイツ・リトルリーグの一二歳の五〇人のうち、四八人に対して、シーズン後にインタビューを実施した。そこで、次にあげる四つのいたずらのうち、いずれかをやったことがあるかどうかを尋ねた。四つのいたずらとは、①家に卵を投げつける、②「いたずら電話」をする(Dresser 1973; Harris 1978; Knapp and Knapp 1976, 100-104参照)、③ポリッシュ・ロープ・トリック(Polish Rope Trick)(夕暮れどきに二人の少年が道路にロープを張ったふりをして、車をだまして停止させようとするいたずら)、④ディン・ドン・ディッチ(Ding Dong Ditch)[7](呼び鈴を鳴らして走り去るといういたずら(Opie and Opie 1959, 378-82参照))である。これらのいたずらをいままでにしたことがある少年の割合は、それぞれ、四〇パーセント、五二パーセント、一九パーセント、五六パーセントであった。この数字から、大人をターゲットとする攻撃的ないたずらは、比較的一般的であることがわかる。

インタビューでは、さらに、こうしたいたずらを誰と一緒に行ったかを尋ねた。分析のために、すべてのいたずらを統合して見てみると、サンフォードハイツ・リトルリーグの選手七〇人がいたずらのパートナーとしてあげられた(たとえ複数のいたずらを一緒にしたとしても、インタビューを受けた少年それぞれにつき、一人の少年を一回のみ回答した)。選手たちには、次の点についても尋ねていた。すなわち、自分にとって、他のすべての一二歳リトルリーガーのそれぞれが、リーグ内の五人の親友のうちの一人であるのか、親しい友人であるのか、ただの友人であるのか、嫌いであるのか、あるいは嫌いでもないし友人でもないのか、である。七〇人のパートナーのうち、その六〇パーセントがリーグ内の五人の親友に選ばれており、二九パーセントが五人の親友には選ばれなかったが親しい友人として選ばれており、そして、九パーセントはただの友人として選ばれていた。一人についてては友人ではないと回答され、もう一人については嫌いだと回答されていた。最後の二つのケースは、シーズン中盤で友人を変えた少年があげたものであり、彼らはかつての友人であった。これらの数字は、リーグ内の五人の親友のうちの一人として名前をあげられ得る一〇パーセントに匹敵する(その選択は、一二歳に限定されていると仮定する。そうでなければ、この数値は五パーセントにまで落ちるだろう)。インタビューに答えた少年たちのうち、一八パーセントは親しい友人として、三一パーセントは尊敬している友人として選ばれており、また二パーセントは嫌われており、四九パーセントは友人でもなく嫌われてもいなかった。友人関係は、第三者への攻撃的行動が生じる契機となるのである(Fine 1981a)。こうしたいたずらの一つの目的は、自分がチャンスを得ようとしていることを(つまり、自分は成熟しており、他人をだますという積極的価値を有しているということを)友人たちに示すことである。友人の存在は、その行為を合法であると定義するという点で、また、それが成功すれば地位を提供するという点で、さらには、大人による非難に対する恐怖感や罪悪感で怖じ気づきそうなときに鼓舞してくれるという点で、攻撃的ないたずらを助長するのである。

こうした攻撃的ないたずらの印象操作の機能は、選手たちの会話においても明白である。いくつかの顕著ないたずらは、選手たちに畏敬とともに言及される。たとえば、ボルトンパークのある少年は、友人と実行したディン・ドン・ディッチのバリエーションについて話をし、周囲を楽しませたのであった。彼らは、「犬のフン」をとって新聞紙で包み、それに火を付けてから呼び鈴を鳴らし、そして安全な地点まで走り去る。被害者の方は、玄関先に出て、燃えているものを消そうとそれを足で踏みつける。そのとき、別の少年が裏口の呼び鈴を鳴らすのである。怒り心頭の被害者は、室内を走って通り抜け、結果、室内に犬のフンで足跡をつけてしまうというわけである[8](ボルトンパークでのフィールドノートより)。その話が事実であろうがなかろうが、それは真実として受け入れられ、多くの笑いを誘い、話し手を話題の中心に据えるのである。少年たちは、いたずらの被害者に追いかけられ、もう少しで捕まるところだったというケースを話すのが好きである。

私は、いたずらを、それを統制する人々に対して向けられた「攻撃本能」の表現であると見なす(内的・精神的な結果に重きを置くアプローチ)(Yohe 1950参照)よりもむしろ、公的なアイデンティティを形成するために企画された社会的な行為であると見なす。このアイデンティティの形成は、年長者や地位上位者に特有だと見なされている舞台で発生し、また仲間内の誰もが従事するわけではないような冒険であるに違いない。いたずらは「英雄的」であり、自己の積極性を明らかにする。もし、攻撃本能仮説が妥当であるならば、こうした攻撃的行動は、少年が一人でいるときにも起こらなければならない。しかしながら、いたずらは、いつも、一人ないしは複数の他者がいるときに行われるのである。私は、前青年期の子どもたちが攻撃性に価値を置くということを否定はしない。攻撃性が文化的に認められた形態をとるとき、彼らは確かに攻撃性に価値を置いているのである。しかし、このことは、前青年期の子どもたちの行動を十分に説明するものではない。

4 発達の必須要件の社会的性質

本章では、前青年期の二つの主要なテーマ、「性」と「攻撃性」について検証した。前青年期の子どもたちだけが、これら二つのテーマについて会話をしたり行動したりすると言っているのではない。そうした見方は、彼らの生活に関する歪曲したイメージを提供することになる。また、それによって、多くの読者がよろしくない行動（前青年期の「暗い側面」）をする少年たちを傷つけることになるだろう。性と攻撃性は、その頻出性のためではなく、話題として強い関心を持たれるがために、前青年期の重要な行動的要素となっているのである。いずれも、年少期からの劇的な変化を象徴するものであり、前青年期において急速に変化する（本章のデータのほとんどは、一一歳と一二歳の少年のものである）。性や攻撃性には、青年や大人の真似事（変換されてはいるけれども）が含まれてはいるが、それらは、仲間から積極的に評価されるような方法で公的な自己を変えようとする少年たちの試みを示すものである。その試みの度が過ぎてしまったり、あるいは試みが不十分だったりすると、（「乱暴者」あるいは「同性愛者」として）否定的に評価されることになる。少年たちは、自己をひけらかす際には、しっかりと責任ある行動をとらなければならないのである。

発達の必須要件とは、もしそれをうまく達成できないと、当の子どもが遅れをとり、不適格な社会的自己、つまり、潜在的に重大な社会心理学的結果を伴うスティグマに苦しめられるという意味で、「必須要件」なのである。どの年齢段階であっても、発達の必須要件には、必ず社会的コミュニティが伴うものである。しかしながら、こうした社会的な諸要素が少年たちにとって認識可能となるのは、とりわけ、仲間集団への加入を高圧的に強調する前青年期（「ギャング・エイジ」）においてである。彼らは、いまや、友人を評価することを周囲に誇示しているのである（Fine 1980b）。幸いにも、少年たちは、たった一人でこうした挑戦に直面する必要はない。というのも、今日では、同年齢集団を基盤とする教育システムになっているので、同時に同じ必須要件に直面しているひとまとまりの仲間が周囲にいるからである。[9] 少年が自分の成熟の度合を仲間に見せつけようとする一方で、仲間もまた同じことをしようとする。それぞれが、それぞれを観衆として活用しているのである。たとえ不適切な行動が生じたとしても、その行為者に必ずしも汚名を着せないという点で、積極的な価値やある程度の安定性を有する友人関係はとりわけ重要である。そこでは、非難された行動は、当事者のアイデンティティの一部とは見なされない。友人には、広範囲にわたって技術的に不適切な行動を許すような、重要な「特異性クレジット」がある。友人の行動は、他人による同一の行動よりも、不適切だとは定義されにくい。このように、友人関係は、自己への一撃を和らげる効果がある。

第6章　子どもの文化と小集団活動

文化に関する研究を行う場合、文化のもつ内容と慣習の複雑な関係を明らかにする必要がある。すなわち、文化がどのようにして創造され、広まっていくのか、その過程を説明しなければならないのだ。本章と第7章において、この重要な課題を取り扱いたい。どのように、どこで前青年期の子どもの文化が発生し、そして、どのようにして他の子どもたちがそれを習得するのか。これらの疑問から、前青年期の子どもたちの社会構造と文化に関する問題群が明らかとなる。本章において、私は小集団（前青年期の子どもたちの野球チーム）内の文化の位置付けを調査し、第7章において前青年期の子どもの下位社会とその文化を分析する。

文化に関する文化人類学の研究には、難しさがある。なぜなら、文化の概念に関して、数千でないにしても、無数の定義があるのだから。実践において役に立つ定義で十分であるので、文化とは「本当に」何を意味するのかという問題についてはここではふれない。私の意図するところは、文化が作り出される力学について論じることであるので、ここでは、文化を「文化的項目」の総体として定義する。メルビル・ハースコビッツ（Melvill Herskovits 1948, 625）の議論によると、文化とは「人々がもつ事物、人々がなす行為、人々が考えること」である。文化は、集団に関する重要な伝統と人工物（例えば、知識、振る舞い、言語、物質的なもの）を包括する。これらの文化的伝統は、集団のメンバーにとって重要なものであり、また、メンバーがお互いにやり取りしたり、やり取りしようとするような集団生活の諸相でもある。特に、ここでは、文化に関する文化人類学的研究における二つの一般的な伝統、つまり、①社会全体を構成するものとしての文化、②観念化されたシステムとしての文化（認識的な文化人類学者、構造主義者、象徴主義的文化人類学者がとるアプローチ）という概念をあえて排除する。一般的に評価されている後者の見解は、文化を分析の始まりではなく終着点にしてしまいがちであるという点で別の問題を提起する。これらのアプローチからは、シンボルは身体的な意味でも行為的な意味でも「存在」せず、むしろ、シンボルは行為から抽象化されねばならない概念となる。

私のアプローチは、文化的特徴に焦点を当てたもので、社会心理学的観点から着想したものである。このアプローチからは、文化は、行動に関する成果や相互作用を通して表出する思想、人々により創造されたり価値を与えられたりした物質的対象物、そして、行為者や観察者から意味があるとみなされる振る舞いから成り立つ。参与者からみた意味合いとは関わりなく、行為と創造物を全体的に読み解こうと試みることもある他のアプローチ（認識論的アプローチ、シンボリック・アプローチ、もしくは、構造的アプローチ）と比較される際に、このアプローチは、概して「行動に関する」と呼ばれるものである。私の分析は、シンボリック相互作用論に基づいていて、文化的要素は社会的文脈の中に位置づけられねばならないことを強調するものである。

1 独自の文化（idioculture）としてのリトルリーグ野球チーム

文化は全体社会、下位社会、小集団といった分析レベルで研究されるのだが、ここでは、最も「ミクロ」なレベルである小集団から分析を始めることにする。もし価値が相互作用から伝達される（Blumer 1969）ならば、文化、つまり、共有されたひとまとまりの解釈は、この前提から示されることになる。小集団に焦点を当てることによって、社会科学者は、ある構造をもつ文化が何から成り立つのかを判断するという難題の大半を回避できる（そもそも、アメリカ文化だって何から成り立っているのか）。行動に関する成果から文化を詳細に述べることによって、つまり、活動的システムの一部として観察することによって、言葉を意義深く分析することができる。民俗学者アラン・ダンデス（Alan Dundes 1977）が論じたように、「知識」は、少なくともひとつの特徴を共有するあらゆる規模のすべての集団に特徴的なことである。

すべての集団には固有の知識や文化があり、それらを私は独自の文化（idioculture）[1]と呼ぶ（Fine 1979b, 1982 参照）。独自の文化は、知識、信念、振る舞い、習慣のシステムから構成されており、メンバーが論じたり、それ以外の相互作用の基盤として役に立つようなもので、集団のメンバーによって共有されている。(2) メンバーたちは経験を共有していることを理解しており、他のメンバーから理解されるという期待をもって、これらの経験を論じることができる。ゆえに、参加者からみた社会的事実を形成することができる。このアプローチは特定の地域に集中した文化の本質を強調しており、人口統計学的に区分される下位集団ではなく、むしろ、リトルリーグ野球チームのような、あらゆる小集団に特徴的な展開であることをも示している。オーガスト・ホリングスヘッド(August Hollingshead 1939, 816)が述べるように、「期間の長さに関わりなく継続する集団に属する人々は、その集団に独特で、他の集団や大規模な社会文化的複合体とは多少異なった特徴のある振る舞い方や文化のメカニズムを発展させる。つまり、連続的である社会集団はすべて、独自の文化を発展させ、そのメンバーに共有される独特で大量の社会的関係を発展させるのだ」。

先行研究においては、社会科学者によって集団文化を定義する三つのアプローチが示されており、新しい術語を用いるに十分な根拠がある。第一のアプローチは、集団文化には、独自の感情的なトーン、様式、手続きがあることを論じている(Thelen 1954, Bion 1961, Rossel 1976)。第二のアプローチは、集団文化が集団のメンバーの習慣的な振る舞いに関連することを論じている(Roberts 1951, McFeat 1974)。第三のアプローチは、小集団に関するミクロ民族学ともいえるもので、集団内で共有された知識や振る舞いの中身に焦点を当てる(例えば、Roy 1959-60, Giallombardo 1974, Shibutani 1978)。ここではこれを用いる。なぜなら、私は、①文化に関する詳細な議論を可能にすること、②集団に関する相対的分析を可能にすること、③集団を文化的単位として理解するのを可能にすること、④環境と行為との間の媒介として文化が機能することを理解できること、⑤全体社会と下位社会における文化的創造と拡散について洞察できることといった、五つの社会科学の特徴が独自の文化に関する概念にあることを論じてきたからだ(これらの問題に関する議論についてはFine 1979b, 735-37参照)。

2　独自の文化の内容

独自の文化は、集団のメンバーにとって象徴的な意味、重要性のある振る舞いや特徴的なコミュニケーションから成り立つ。リストにして網羅できるわけではないが、独自の文化として分類されうる現象には、ニックネーム、ジョーク、侮辱的言動、信念、行為のルール、服装、歌、物語、ジェスチャー、イメージの連想の仕方等が含まれる。独自の文化は、もっと規模の大きい範囲の文化と同等とはみなされないけれども、家族や社交クラブのような特定の集団内において影響を及ぼす。リトルリーグ野球チームにおいてさえ、一シーズンの間に相当な量の文化が創造され、それが反芻される。

いくつかの要素は、他の要素より明らかに重要なものであり、独自の文化の核を成す。重要な要素は多くの出来事の中で繰り返される要素で、頻繁に指摘されるものではなくとも、相当な影響力がある。文化的要素が反復されるということはそれがもつ重要性をあらわすが、一方、文化的特徴が与える影響はその中心性をあらわしている。集団の名称（例えば、ヘルズ・エンジェルス（Hell's Angels）というホープウェルの子ども集団の名前）は、中心となるものではないけれども、とても重要であり（Short & Strodbeck 1965）、一方、性に関するような、タブーとなる対象は中心性は高いが、重要性は低いかもしれない。しばしばこれら二つの要素は関連しているが、必ずしも関連する必要はない。

独自の文化は、信念、価値、態度、振る舞いから成り立つが、集団内の相互作用の要素すべてが独自の文化の一部分をなしているのではない。経験したり、あるいは、情報が集団内で伝達されて（例えば、一人以上の集団のメンバーが見聞した）、それは正当で重要であると認識される（Garfinkel 1967参照）ならば、独自の文化は拡大するのだ（例えば、その出来事は注目すべきである、というように）。つまり、ある出来事に対してどのような意味を与えるかということは、その出来事に独自の文化としてどの程度の重要性があるかという規準となるのだ。例えば、メジャーリーグの野球選手の振る舞いは、その振る舞いに対する集団の反応とイメージが独自の文化に組み入れられる。だから集団内で論じられるまでは、自動的にリトルリーグのチームの独自の文化のひとつとなるわけではない。ホープウェルのシャープストーンの選手は、大好きなボストン・レッドソックスや大嫌いなニューヨーク・ヤンキースで起こる乱闘にとても興味をもっており、乱闘について頻繁に話し、自分たちの攻撃的なプレーがそれに似ていることを引き合いに出すことさえある。リトルリーグでは、日常茶飯事に起こるようなヒットや捕球はチームの文化に対して影響力を持たず、「当たり前のこと」となるが、試合に影響しないと思われていたのに大きな影響があるような場合（例えば、試合の重要な局面で下手な野手がボールを捕ること。これは、リトルリーグではそのことにちなんだニックネームが付けられることもありうる出来事）ならば、それは注目に値する出来事となるだろう。

3 集団のメンバーシップに関する尺度としての独自の文化

どのような集団でも最初は、独自の文化は存在しない。しかし、集団の相互作用が開始された瞬間から文化の構造が形成されていく。メンバー同士が出会い、名前や後述するような生活歴について話をすることで、文化を作りはじめる（Davis 1973）。これら最初に得た情報のかけら（「第一印象」）がメンバーを特徴づける上で大変重要であることはよく知られており、独自の文化を作っていく方向性を決める上でも不可欠であることもある。ある少年がシカゴから引っ越してきたことがわかると、彼をシカゴ風ピザにちなんで「ディープディッシュ」と呼ぶ選手もいた（ボルトンパークでのフィールドノートより）。もっと日常的なレベルでは、相手の名前を知っただけでも、言葉の活用によって様々なニックネームがつく可能性がある（Morgan, O'Neill & Harre 1978 参照）。子どもたち全員が知っている人（教師やコーチ）がいれば、全員が関心をもつ可能性があり、また、それが文化が展開する基盤につながっていく。そして、独自の文化ができはじめ、お願いをしたり、顔色をうかがうことは社会的つながりを保つために必要ではなくなる。時間が経つにつれて、習慣が確立され、考え方が明らかになり、情報が交換され、メンバーは一緒に経験を積んでいく（Sherif & Sherif 1953, 236-37）。文化は、権威をもつ相手から一方的に命令されて押し付けられたり、集団によって押し付けられたり、あるいはその両方から押し付けられることもある。集団の構造は集団の文化に影響する。もちろん、その逆もまた真であることをつけ加えておかねばならない。つまり、集団の文化は、集団の構造に権限を与える一方で、集団の構造のあり方を決めたりもするのだ。

一回目の練習から、リトルリーグチームの文化は発展しており、二回目の練習から参加する選手であっても、正式のメンバー、チームにふさわしいメンバーとしての役割を果たすためには、チームの常識と行動のルールを身につけなければならない。文化が発展するにつれて、文化は集団の言動や行為の中心としてますます機能するようになり、長期にわたって継続してきた集団に参入しようとするメンバーは、集団文化の中心的ルールを習得するまでは、目立たないようにせねばならない（Nash & Wolfe 1957 参照）。実際、シーズン半ばの頃にチームに参加した少年の中には、チームから全く受け入れてもらえない子もいる。サンフォードハイツのケースでは、途中参加した少年はチームに入って一〇日足らずで、周囲からリトルリーグを辞めるように強いられていると感じたためにチームを辞めた。彼はチームメイトから嫌われていると思い込んでいた。この少年の問題は、チームメイトとして受け入れてもらえる程度までチームのルールや内輪話を理解できていなかったことにあった。ゆえに、部外者として彼は遠ざけられたのだ。

これらの観察から、私は次の命題を提示する。集団の独自の文化に関する知識をもち、集団の独自の文化を受容することは、集団のメンバーと部外者とを識別する必要十分条件である。

ロバート・フリード・ベールズ（Robert Freed Bales 1970 153-54）は次のように記している。「ほとんどの小集団は、メンバーを守りつつ、文化に対してアレルギーをおこすこともあるような構造を発展させている。メンバーたちは自分たちの周りに境界線を引き、侵入しようとする者に対して反発する」。ある集団の文化が境界維持機能（Dunphy 1969）を働かせる範囲は、集団の目的、集団がメンバーに与える有用性、集団の独自の文化が社会の文化からどの程度異なっているか（例えば、対抗的文化かどうか）、そして侵入者の性質による。リトルリーグチームの場合、自発性があって逸脱にあたるような習慣もないため、その文化は、他の集団の文化ほどはっきりとは境界として機能することはないのであるが。

集団のメンバーと部外者とを区別する手段として、どのように独自の文化は機能するのか。そのわかりやすい例は冗談の言い方やからかい方である。ある状況下で集団内でかわされるユーモアがよくわからないと部外者が感じることがある。それは、メンバーの共有する暗黙の前提に基づいているためである。冗談は必ず以前の出来事に関するエピソードに関係しており、その「手がかり」がないと、話を理解し、楽しく受け答えし、冗談を言い返すことができない。

集団はメンバーが共有する情報により特徴づけられる。社交クラブの会員のように、部外者から見れば些細な情報を漏らすことに厳しい処罰を与える集団もある。情報を漏らすことは、メンバーの間の社会的関係や集団の価値観を変えることだと考えられている。

この原理体系は情報を秘密にしておくことに基づいている。集団の独自の文化に関する情報によって暗示される社会的イメージと、集団が望んでいる社会的イメージとの間の差が大きいと認識されるほどに、集団は社会からその情報を隠そうとする。

告げ口する子ども、スパイ、密告者、「秘密を漏らす」人や集団の社会的な「体面」を傷つける人に対して敵意が示される理由をこの体系から説明できる。リトルリーグチームが作り出す文化はゆるやかなものであるので、秘密の行為というものはそれほどない。野球のサインは、実践的な理由から秘密にしておく必要があり、チームに属さない少年は、サインについて話し合っているときは、ダグアウトから離れているように求められる。前青年期の子どものインフォーマルな集団では、濃い秘密のベールがあることがわかる。なぜなら集団の話題には（お尻を出して見せるいたずら、共同のマスターベーション、車をけしかけることのような）好戦的活動や性的活動が含まれていて、取り扱いに慎重を要する内容があるからだ。もちろん、何を話してよいのか、また、秘密が露呈するのはどんな状況下であるのかを予測させるような客観的基準はない。秘密厳守の基準は集団の望ましいとする社会的イメージに基づいているのであって、社会全体から望ましいと捉えられるイメージに基づいているのではない。

「内輪の」情報を漏らすことは集団のルールに対する責任感が足りないこと、つまり、集団に対する責任感が足りないことを暗に意味しているのである。秘密をばらすことは、潜在的に集団の存在そのものを台無しにしようとする行為としてみなされる。例えば、元ピッチャー、ジム・バウトン(Jim Bouton 1970) の暴露本、*Ball Four* は、メジャーリーグの関係者から激しく非難された。バウトンがあまり害がないと思われるような情報でさえも漏らしたために、野球関係者は望ましい社会的イメージが損なわれたと感じたのだ。審判員ハンク・ソーアは、「もし我々全員が知っていることをすべて書いたとしたなら、それは野球ではなくなってしまう」

と述べ、多くの団体から支持された（Bouton 1971, Simmel 1950, 330-76参照）。私がリトルリーグを観察した三年の間に、移動式トイレが燃やされたり、外野フェンスが破壊されたり、排泄物がダグアウトに放置されたりした。これらの悪事の犯人が公にばれたり、大人にわかることはない。そのいくつかに選手たちが関与したことに私は気がついたが、選手たちが関わったことは秘密にされていた。

集団の許可なしに情報が暴露された場合には、メンバーは団結してその話を否定し、集団の信頼を裏切ったメンバーを罰することさえある（例えば、リトルリーグでは、告げ口屋に告げ口された仲間を守るためには嘘をつくだろう）。少なくともリトルリーグにおいては、秘密がおおむね守られているだろうことは、集団の信頼を裏切る行為がほとんどないことからわかる。

もうひとつの体系は、新しいメンバーとなる可能性のある者を最終的に受け入れるかどうかに関係する。新しいメンバーが現れたとき、集団は明らかに閉鎖的になる。絶対に集団の秘密を暴いたりしないと新しいメンバーを信用できるまでは、集団はその独自の文化を隠そうとする。

この秘密厳守の体系は、調査の初期段階において観察者が

参与するのが難しいことから例証されている（Janes 1961）。数週間にわたり積極的な参与観察をし、友情らしきものができて、ようやく、私は、少年たちが秘密や内輪の冗談や乱暴ないたずらを打ち明けてくれるに足るだけの信頼を得た。典型的な場合をあげると、前青年期の子どもたちは猥談をするときは、大人が現れないかと警戒していたし、声が聞こえる範囲に人がいるときには決まり悪そうに話題を変えた。プライバシーや秘密を守ることは多くの集団にとって重要なことであるが、秘密を守るということは、集団の独自の文化のような重要事項の秘密を守ることなのだ。

新しいメンバーが集団、特に共通の関心事や信念がメンバーシップの基準となっている集団への参加権を得るためには、新しいメンバーは自分のもつ関心事（潜在的な文化 Becker & Geer 1960）と集団のメンバーの独自の文化との間の類似点をはっきりと示さなければならない。新しいメンバーは①独自の文化の重要な要素を修得する、②集団の規範と一致するように振る舞えるという条件を満たし、集団の文化を内面化したことがはっきりしたときに、集団に受け入れられる。近所に新しく引っ越してきた少年には親切な友達や助けてくれる仲間が必要で、彼らに教えてもらったり、人柄を保証しても

らうことで、集団に参加できるようになる。つまり、新しい場所に来たばかりの頃には、友情は社会的ネットワークを拓く上で重要であるのだ。

4 リトルリーグの独自の文化の創造と持続

独自の文化の具体的な内容は無作為に創造されるのではなく、一定の社会的プロセスを経て形成される。集団の独自の文化に特徴があることを説明する上で五つの要因が役に立つ。その要素とは、集団の地位のヒエラルキーの用語として、理解されていること（K：known）、便利であること（U：usable）、機能的であること（F：functional）、ふさわしいこと（A：appropriate）、経験を重ねることで誘発されること（T：triggered）である。これら五つの要素を、累積的に互いの尺度に見合うような潜在的な特徴の数に従ってベン図の形で並べると、K＞U＞F＞A＞Tというように図式化することができる。外部の強制力によりどの特徴が選択されるのかが決定されるのではなく、むしろ外部の強制力により社会的要因の選択と交渉に制限が定められているのだ。自由に作用する範囲が制限されているのである。

(1) 理解された文化

潜在的文化の要素が集団の独自の文化の要素になるかどうか、その第一の尺度は、特徴もしくは特徴の構成要素があらかじめ集団の少なくともひとりのメンバーに理解されているかどうかである。潜在的な情報の集合を、ここでは集団の理解された文化と呼ぶ。

この見方は、集団の明示的文化はメンバーの潜在的な文化に由来するというベッカーとギアの議論（Becker & Geer 1960）と一致する。文化は集団内の相互作用から創造されるが、既知の知識と過去の経験は、はっきりとせずとも、文化的特徴のあり方に影響を与える。過去の関係性や現在の関係性を通してメンバーは他の独自の文化（もしくは潜在的な文化）を理解するため、潜在的に理解される情報は広範囲にわたるかもしれない。

サンフォードハイツでは、ファウルになってバックネットを越えたボールのことを「ポーランド人のホームラン（Polish Home Run）」と言う。ホームランとは何かについて、文化的特徴は意味をなさないであろうし、潜在的な文化的特徴も意味をなさないであろう。これは、外野フェンスにまっすぐにボールを打つことやバックネットを越えるように打つことに関する象徴的な抵抗なのだ。言い換えれば、グラウンドのどちらか一方の端っこを越えてボールを打つことが「ホームラン」なのだ（これはファウルのラインの外にカーブしたボールについて述べているのではない）。この特徴は社会的類型化に関する知識、つまりここでは「ポーランド人（Polish）」は、「後発国」や「無能力」をほのめかした民族を揶揄する言葉であるという知識を必要とする。この文化的知識がなければ、「ポーランド人のホームラン」のようなファウルが前青年期の子どもの文化の一部に加えられることはない。ホープウェルではユニフォームの色に基づいて選手を「緑の豆（green bean）」とか「チキータ（chiquita）」［訳注1］と呼んでいることは、サンフォードハイツの例と同じように、文化的要素が既知の知識によっていることを示している。

まったく新しいものを一から作り出すわけではないので、創造性からは大きな問題はおこらない。創造性は、前からよく知っている要素を今までにない組み合わせにすることに影響するのだ（例えばHebb 1974）。組み合わされたものは本来の要素がもつ意味とは異なる意味を集団のメンバーによって付与される。メープルブラフのWソックスの選手は、メジャーリーガーを観察し、全く同じではないが大まかなところを手本にして、服を着こなすようになった。サンフォードハイツでのドジャーズの練習開始前、チームメイトの一人が激しくフェンスを揺さぶり、数人の選手が練習場のバックネットにしがみついていた。彼が「チャイニーズ・ペイン・シェイク（Chinese pain shake）」と呼ぶ運動で、その言い回しは明らかに自発的に創造されたものだ。以前はその言葉を口にすることはなかったが、その前提となるものが話者の潜在的文化の中に存在する。すなわち、拷問（例えば中国式の水責め）と最近に中国で発生した地震から中国を連想させており、この運動はそれを真似ているのだ。ゆえに、この文化的特徴の作り出し方については、一見すると特異な構造ではあるが、既知の知識から理解することができる。振る舞いを表す言葉は我々の文化において「意味を成す」のだ。

(2) 便利な文化

集団の独自の文化に含まれる中身についての第二の尺度は、潜在的な特徴がメンバーの便利な文化をなしていること、つまり、集団の相互作用の文脈の中で扱うことができることである。潜在的文化もしくは理解された文化は、集団の全メンバーに共有されているが、厳粛な意味合いやタブーになる意味合いが含まれているために、公然とは共有されてはいない。

文化的要素の利便性は、絶対的尺度から判断されるのではなく、集団によって与えられた社会的意味から判断される。メンバーのパーソナリティ、宗教、政治的イデオロギー、道徳は、文化的特徴の発展していく可能性に影響を与えるかもしれない。例えば、ボルトンパークでは、スター選手が他の選手の「へまをやってだいなしだよ」という発言に強く反発した。すると、同じチームの他の選手が、チームメイトを「ジーザス・クライスト」と神の名を罵り言葉に使ったと非難した。しかし、他のチームでは、このような会話は当たり前である。チームにはそれぞれ違った「道徳上の」基準があり、これは、大人と子どもの顔ぶれによるし、また、それぞれが公的な振る舞いを行う際に自分の考えをどの程度表現するかにもよる。

ビーンビルでは、エンジェルスは、レンジャーズより宗教を強く意識していたが、両チームとも大半がカトリック教徒であった。エンジェルスのメンバーは、教会に行かない理由について話し合った。レンジャーズははっきりと教会の話をすることは決してなく、堕胎に関する冗談を言うこともあった。説得力に欠ける推論でしかないが、選手のことを理解するにつれて同じ冗談をエンジェルスが言わないのは、そのような冗談は不適切なことであるとされているからだと私は推測した。下品な冗談や性的な冗談は、エンジェルスではみられず、レンジャーズでだけ（コーチの聞こえない場所で）広まっている。

便利さに繋がるのは、ある状況により生じるふさわしさである。規定されたり禁止されたりした規範は、前後の関係に結び付けられていることがある。ある文化的特徴は、コーチがいないときのような、特定の状況においてのみふさわしいものとなる。集団のメンバーが部外者の前でいるとき、チームの独自の文化について表現できる要素は限られてしまう。大人や見知らぬ相手の前では下品な冗談を言うのをやめる前青年期の子どもの姿をみれば明らかなことである。ビーンビル・レンジャーズの冗談として、中絶された胎児を熟したものになぞらえて言う、「赤いトマト」は（私の他に）大人がいない状況に限られて用いられる。これと同じようなことがある。サンフォードハイツのドジャースの少年は、愛情深い母親から「ねずみちゃん（Mousey）」と呼ばれていた。彼はチームの中心的メンバーであり、そのニックネームは彼が特に嫌がっているものであったので、このニックネームは本人のいないときにだけ用いられた。本人が嫌っていることにより、このニックネームはチームメイトにとってますます価値のあるものとなった。

(3) 機能的文化

第三の尺度は、ある特徴が集団の独自の文化に組み入れられる可能性に関するもので、集団の一部のメンバーまたはメンバー全員の目的やニーズに適うものであるか、集団が継続していくために活動がうまくいくように役に立つかによって測られる（Pellegrin 1953）。この基準に適った特徴は集団の機能的文化を構成する。もし集団やそのメンバーのニーズに適うものでなければ、理解された文化、便利な文化であっても、その潜在的な文化的要素は独自の文化にはならない。

相互作用論者には、文化とは共有された問題に対する受け答えの仕方であると論じる人もおり（Becker & Geer 1960, Hughes, Becker & Geer 1968, Spector 1973）、集団の文化が機能的でより文化的な生産物であるという論は集団の問題の解決の方法に直結するものである。この命題は、時系列的な問題解決ストラテジーが最も効果的なストラテジーであることを示した、実験を基にした集団文化に関する検討からも立証されている（Weick and Gilfillan 1971）。

リトルリーグのチームにおいて、メンバーによって課せられるルールや制約は、集団文化の機能的特性を示している。ビーンビル・レンジャーズは、選手が練習場に来た順番にバッティング練習（選手にとっておもしろい練習）をするというルールをつくり、メンバーに課した。この決まり事によって、選手たちは機敏に行動するようになり、レンジャーズのチーム全員が、相手チームよりも先に到着することもあった。レンジャーズの選手たちは練習を通して大変仲良くなっているので、チーム・スピリットの強さと親密さが特徴的であった。このルールはバッティング練習の順番に関するケンカを減らすメカニズムとして作用する。このようなルールがあるために、コーチではなく子どもたち自身がチームの振る舞いを律し、また、リーダーの少年は練習場から一ブロックのところに住んでいて常に早目に来ることができたため、チームでのリーダーとしての地位を確立できた。このルールができる前には、バッティングの順番は行き当たりばったりに決まっており、コーチが決めるのではなく、ごねて譲らない子どもの主張するように決めていた。バッティング練習の順番決めはレンジャーズにとって解決しがたい問題であったので、このルールは問題解決メカニズムとして機能的であったのだ。

ホープウェルのチームでは、試合場でガムを噛むことを禁止している。なぜなら、フライをキャッチしようとしたときに他の外野手にぶつかって、ガムでのどが詰まりそうになった選手がいたからだ。同じ問題が起こったことがなかったので、リーグの他のチームではこのルールはなかった。文化的特徴が集団にとって明らかに機能的であるためには、暗示的であれ、明示的であれ、集団内に問題があることがはっきりしていなければならない。また、文化的特徴は問題の解決策として示されることもある。

集団の問題に直接には関連しない文化的特徴もあるが、それでも娯楽や社会的結束のような、集団の目的を達成する上で機能的なものもある。相互作用の難しさにもよるが、これらの独自の文化の特徴は、集団の機能性を高めるものである。文化のもつルールと禁止事項は、機能的特質と直結している。潜在的な機能的文化の特徴の契機は、集団に機能的に不可欠な要素ではなく、継続的な習慣にある。

(4) ふさわしい文化

集団の文化の潜在的特徴には、集団の目的や個人のニーズを満たす上で機能的であるにもかかわらず、創造されなかったり、継続しなかったりするものもある。そのような特徴は、集団内の人間関係や勢力関係を裏付けるものではなく、集団の構造を損なうものなのだ。集団内の相互作用のパターンと一致する文化的要素は、集団にとってふさわしい文化である。集団内で好まれ、正当な影響力を持つ人に対して、敵意を示す文化的特徴が、(その敵意を表現する上では)理解され、便利で、機能的であるということもありうる。しかし、集団の構造を改めない限り、その特徴は、ふさわしいものではない。

このプロセスはニックネームに関する例をみれば、明らかである。多くのニックネームはその個人への評価にちなんだもので、個人の集団内での地位に見合ったものでなければならない。ビーンビル・レンジャーズで行った参与観察の最初の一年間、チームのメンバーの一人、トム・メイン(Mayne)は、「マニアック(Maniac)」というニックネームで呼ばれていた。そのニックネームは、彼の姓をもじったもので、また、試合中にミスしたことに基づいている。参与観察最初の年、彼は一一歳で、補欠の外野手であった。シーズンの中盤、メンバーに対してチームで最も仲の良い友達三人の名前を挙げるように求めると、トムを挙げたのは一二歳の少年の一人だけだった。ソシオグラムや実際の地位をみると、トムの地位は低かった。その翌年、ほとんどの試合で三塁手として先発したトムは、チームの優秀なバッターの一人となり、チーム内のヒエラルキーで真ん中になった。シーズンの初めと終わり両方のソシオグラムで、トムは一四歳の選手四人から、チームで一番仲の良い友達の一人として指名された。トムとチームメイトは昨年のニックネーム「マニアック」を思い出しはしても、そのニックネームでトムが呼ばれることはない。トムの新しいニックネームは「メイン・アイ（Main Eye）」で、これは彼の姓にちなんだものであっても、全く違った意味合いがあたえられている。

同じようなことがサンフォードハイツでも起きた。ジャイアンツの一一歳の少年は野球がとても下手で、昨年はシーズン中ヒットがなかった。野球が下手であることとチーム内でやや孤立した立場にあることから、姓に因んで彼は「スメル・トン（Smell-ton）」と呼ばれた。シーズンの最初の一週間、（彼自身を含めて）皆を大変驚かせたことに、彼はリトルリーグで初めてのヒットとして満塁ホームランを打った。スメル・トンという彼のニックネームは忘れ去られ、以降、チームメイトは彼をジムと呼んだ。地位はニックネームの決定要素のひとつであるが、ニックネームは少年にラベルを貼り、その地位を強化することもある。

ニックネームは、地位に関わる文化的特徴であるだけではない。地位の低いメンバーに対するからかいの意味や気の利いた冗談の意味もある。また、年長者や優れた選手に特権を付与するルールを作ることもある。例えば、（高い地位にある少年が）グラウンド内で主導権を握ることになったり、（孤立しがちな少年が）売店に水を買いに行くことになったりする。

地位によって意味内容が影響を受けるだけではない。文化的特徴が受容されるかは、その提案者が誰であるのかにもよる。潜在的な文化的特徴は、高い地位にあるメンバーから提案された場合、集団の特徴的な文化に組み込まれやすい（Sherif & Sherif 1953, 252）。例えば、コーチがいくつか文化的要素を提案した場合、前青年期の子どもたちが受容するか保証はできないが、受容される可能性は大きい。ホープウェルにおいて、試合前に円陣を組んで、皆の手を中心に重ね、コーチが「いくぞ！」と言ったら、一斉に元気よく腕を挙げることをコーチたちが提案した。メープルブラフのコーチは、子どもたちに、「勝つために必要な三つのことは何か」とよく尋ねていたが、いつも子どもたちは元気よく「ハッスルすること、自信を持つこと、チームの仲間」と答えていた。また、ビーンビルのコーチは、下手なヒットを打つと、「私のおばあちゃんだってもっとましなヒットを打つだろうに」と言って、下手なヒットについて中年男のおばあちゃんのヒットという滑稽な連想をチームの文化に加えた。

コーチと同じくらい高い地位にある選手は、自分の地位が自らが意図するような伝統を作る上で役立つことを知っている。ビーンビル・レンジャーズで二番目に人気のある少年ワイリーが髪をウィッフル（ショートヘアカット）にし、それを自慢すると、チームの選手には、同じ髪型にした者がいた。チームで最も人気のある少年リッチがその髪型は間抜けだと思うとおおっぴらに批判するまで、この流行は続いた（毎日一人か二人が髪を切った）。もっとも、このとき、間抜けだという価値判断からワイリーのことをリッチは意図的に外したが。リッチの発言後、地位の低い少年が一人だけウィッフルにカットしたのだが、チームの子どもたちは、彼の髪型を声高に非難し、彼の髪型はとても格好悪くて、本当のウィッフルじゃないと言った。試合の際にリストバンドをはめたりスニーカーをはいたり、また、練習の際に半ズボンをはいたりシャツを脱いだりという風に服装の同一化が引き起こされた。

(5) 契機となる出来事

理解されている文化、便利な文化、機能的な文化、ふさわしい文化とみなされる潜在的な文化的特徴は広範囲にわたっており、どの特徴が集団文化の範囲に含まれるのかを決める上で不可欠な社会的メカニズムもある。私は、範囲を決める上で役に立つ基準として、契機となる出来事という概念を仮設する。ちょっとしたやりとりであっても、独自の文化の具体的内容を創造する「呼び水」になる。このようなやりとりには、集団の反応を引き起こすような行為や発言が含まれていて、スメルサー（Smelser 1962）が提唱した突発的な集合的行為の要因に関する概念によく似ている。髪を切るという行為は、新しいニックネーム（「コジャック（Kojak）」、「ジョリジョリ頭のコンロイ（Buzz Conroy）」、「ピーチ・フィズ（Peach Fuzz）」）で呼ばれる契機として十分なものである。ミスをすると、それが集団の知識に組み込まれることになるし、からかわれ続けるようにもなる。集団を脅かすようなことをした場合には、メンバーに言い伝えられる話ができたり、新しいルールもしくは集団の行為に関する規定ができる。

理論上は、ありとあらゆる契機となる出来事が独自の文化を作り出すことになる。しかし、何度も発生する出来事もある。この場合には、特に、独自の文化の特徴が作り出され、いったん作り出されると、機能的でふさわしいものであるように集団にとって価値を持ち続ける。ビーンビルのある有名選手はバッティングが大変上手であるため「スーパースター（Superstar）」と呼ばれているが、一方、ボルトンパークではバッティングがとても下手なため「三振の王様（Strikeout King）」というニックネームで呼ばれる少年がいる。これらのニックネームは、両方とも社会関係上適切なものであり、二人の少年の成績が契機となったものである。

加えて、重要かつ稀な契機は、特に独自の文化を誘発する。[3]グメルク（Gmelch 1971）は、プロ野球選手のもつ迷信の分析から、しきたりは特にうまくいったプレーから生じ、タブーは特にお粗末な結果に終わったプレーから生じていることを明らかにした。ボルトンパークでは、練習中、ファウルボールがコーチの大衆車インパラに当たりそうになったとき、コーチが冗談で僕の「キャデラック」に当てるなよといったことから、コーチの古いインパラはキャデラックと呼ばれるようになった。この言葉の使い方はチームに根付き、それ以降、オリオールズは古い車を「キャデラック」と呼んだ。重要な出来事もタブーに影響する。シャープストーンのコーチたちは、シーズン初日に、チームに一体感と特殊性をもたせるために、チームに赤、白、青のリストバンドを買い与えた。しかし圧倒的な点差でチームが負けて以降、二度とリストバンドをはめることはなかった（一七八頁下段を参照）。

(6) 要約

五つの要素——理解された文化、便利な文化、機能的文化、ふさわしい文化そして契機となる出来事——は、チームの独自の文化の具体的な内容を作り出す。これら五つの要素の配列の違いによって、集団が異なる文化を持つようになり、また、特定の集団において具体的な構造が現れ、それが維持されることになる。五つの決定要因すべての影響を指摘するため、私は、すべての要因を考慮に入れながら文化的特徴が作り出され、用いられる様子を以下に挙げよう。

シーズン中頃、ビーンビル・レンジャーズでは、「試合中、ベンチに座っている間、選手はアイスクリームを食べてはいけない」というルールができた。このルールは複数の状況の組み合わせが契機となって作られた。連勝していたのに、負けてしまった試合が契機となり、このルールができた。ベンチでは、試合に参加していない地位の低い選手たちがアイスクリームを食べていた。（ガムは嚙んでもよいけれども）ベンチではアイスクリームを食べてはいけないと、地位の高い年長の選手[4]（コーチではない）が決めたことがはじまりとなった。このルールは、プロのスポーツチームの方針や物事の捉え方と矛盾しないという点において理解された。子どもたちの文化のタブーや神聖視される内容に関わりがない点で便利であり、また、子どもたちが相互作用の中から作り出すルールと類似していた（Piaget 1962(1932), Cooley 1964(1902)）。このルールは、年長の選手が試合中に感じていた不満を解消する点で、また、年少の少年たちの注意を試合に向けさせるという点で機能的であった。さらに、ルールやしきたりによって、集団の統一感が生じ（Cartwright & Zander 1953）、満足感が得られた（Borgatta & Bales 1953）。最後に挙げるなら、地位の低いメンバーを統制するために地位の高いメンバーが考え出したものであるため、ルールはふさわしいものであった。シーズンの後半、地位の高い年長の選手がベンチでアイスクリームを食べたことがあった。他のチームのメンバーはルールを守るように強いられていたが、だれもアイスクリームを食べたことを非難しなかった。

5　独自の文化の比較

独自の文化の構成要素を用いて、構造的によく似た形態をもつ集団群を比較することができる。つまり、独自の文化の概念を基にすると、集団の比較分析が可能となるのだ。この分析方法をフィッシャー（J. L. Fischer 1968）はミクロエスノグラフィー（microethnography）と呼んでいる。文化人類学による小集団の比較分析によると、文化（特によいところ）は類似点のある集団群の構造に強い影響力を持っていることがわかる（例えば、Rogers & Gardner 1969, Vogt & O'Dea 1953, DuWors 1952, Zimmerman 1938）。しかし、分析対象となった集団は比較的大規模な「集団」であるために、どの程度集団全体を特徴づけているのかは明らかではない。また、文化のよいところを中心に分析することで、集団間の行為の相違を不問にすることができ、本来の文化のよいところが明らかとなる。

ここでは、同じリーグに所属する二つのリトルリーグチームの比較分析を通して、個別的具体的事例（個別性）と普遍的科学的法則（標準的）との、古くから議論されている相違について改めて論じていきたい。チームの文化から具体的内容を論じることができるわけではないが、それは、集団の文化的伝統が無作為であるためではない。ここでは、はっきりと異なった文化的伝統と行動様式をもつが、外部から見ると類似して見える前青年期の子どもたちの二つのチームに関して、理解されている文化、便利な文化、機能的な文化やふさわしい文化を規定する要素について具体的に論じていくこととする。

6　チーム

ホープウェルでは、リトルリーグに二つのチームが参加しており、私が参与観察を行った年には両チームとも高い成績を修めていて、シーズン終了時のリーグでの順位は一位、二位であった。実力ではシャープストーンがわずかに優位であったが、大まかにいって両チームは同等である。優勝してもおかしくないレベルにあって、ほぼ同じレベルの才能を備えたチームを選択することで、ここでは、個人的・文化的要素が

集団の相互作用にどのように影響を与えるのかについて考察を行う。

(1)　シャープストーン・オート

シャープストーンは、良質な指導を行うことで有名である。選手の父親や元リトルリーガーの若い男性が指導するようなチームと違い、シャープストーンでは、二人の若い男性、ピーター・チャドバーンとデーブ・ハンドリーが指導を行っている。彼らは、地元大学の体育教育専攻学生で、キャリアのひとつとして子どもたちを指導している。私は、彼らの技術指導の知識や野球の技術、すばらしい援助の仕方に感心した。加えて、二人は、すばらしい選手であり、年長のコーチが言葉で説明して済ませるような技術も実演してみせた。彼らの良質な指導はシャープストーンに影響を与えた。つまり、選手たちは、野球の基本技術について他のチームより詳しく習得していた。他のチームの選手と違って、シャープストーンの選手は、バントし、盗塁し、走塁する方法を習得していた。コーチの技術によって、選手たちは尊大すぎるくらいに自信を高めていた。この二人の若い男性が最高のコーチで、運動競技の知識がたいへん豊かなコーチであることは、ホープウェ

ルの他のコーチや選手、親たちによく知られていた。

選手について個別に記述はしないが、特徴的な選手について述べておく。

① ジャスティン・ケイ

多くの選手や大人たちは、ジャスティンがリーグ最優秀選手であると考えている。身長は小さく、特に筋骨たくましいわけではないが、ジャスティンはありとあらゆる野球の技術を修得している。他のリトルリーガーと比べて最も特徴的な点は、彼の持つ恐れを知らない大胆さである。ジャスティンは「神風」と呼ばれている。彼は、相手の野手に向かって猛スピードで突進したり、他の選手ならヒットと判断して手を出さないゴロも、ものにしようとして突っ込んだりしていく。リトルリーグのバッターの大半と違い、ジャスティンにはデッドボールに対する恐怖感がない。この恐怖感が、たいていの選手の唯一の弱点であるのに。数年前、ジャスティンは、ほとんどの選手が避けるようなライナーを捕ろうとして、前歯を折ったことがある。

ジャスティンは、闘士として評判で、彼の活躍によって勝利を得、チームメイトを喜ばせる。三年生のとき、彼は教区立学校から退学を勧告された。私が出会ったすべての選手の中で、ジャスティンは、最も強烈な人種差別主義者で、黒人の子どもたちを何気なく「ニガー（niggers）」と呼んだ。いくつかの点で、彼は大変厄介な子どもだった。しかし、このことは、逆説的にバランスを与えていたようである。ジャスティンは、真にチームのリーダーで、チームメイトを責めることはほとんどなかった。彼はコーチに代わって練習を引っ張り、年少の選手にアドバイスをし、年少の子どもたちがうまくなると褒めた。ジャスティンはよく自分を責めた（チームが勝っても、もし自らがエラーをしていたら泣くこともあった）が、彼はチームを責めはしなかった。これは、前青年期の子どもとしては立派な性質である。

一概に解釈できないが、ジャスティンの振る舞いは彼の家庭が崩壊していたことから説明できる。彼の父親は、大変負けず嫌いな男で、飲んだくれで、（噂によれば）女たらしであった。ジャスティンの両親が揃って息子の試合を観戦したことがあったが、両親は野球場の反対側に別々に座り、父親はガールフレンドと座って酒を飲んでいた。おそらくこのような家庭環境から、ジャスティンはコーチのピーター・チャドバーンやその家族ととても親密な関係をもっていた。ジャスティンとピーターはリトルリーグを離れても、多くの時間を一緒に過ごしていた。

② ハリー・スタントン

ハリーはジャスティンの親友であるが、もの静かで、ふさぎこんでしまうこともある少年である。ジャスティンと同じく、ハリーも優秀な選手であり、ジャスティンのような強烈さはなかったが、おそらくホープウェルのリトルリーグでは最高のピッチャーであった。彼は、小学校でケンカするときもジャスティンの相棒であったが、人種差別はしなかった。ケンカ中でも（ケンカのはじまりでも）冷静さを保つたくましい子どもで、ハリーは友達と一緒になって攻撃することはなかった。

③ ウイットニー・エヴァンス

ジャスティンもハリーも一二歳であったが、ウイットニーは、同学年ではあるが一一歳だった。ウイットニーは優秀な選手であるが、ジャスティンやハリーと同じくらい優秀であると評価する者は少なかった。ウイットは、良いピッチャーであり、素晴らしいキャッチャーであったが、足がやや遅く、彼の年齢にしては強力なバッターではなかった。彼はジャスティンとハリーの仲の良い友達であり、三人の少年はしばしば一緒に遊んだ。ウイットニーは三人の中で最も社交的で、よく満面の笑みを浮かべた。友達と同じく、彼は、全力疾走や乱闘といった不測の事態にいつも備えていた。

④ チーム全体

この三人の少年、ジャスティン、ハリー、ウイットニーは、シャープストーン・オートの精神的支柱であった。シーズンの最後にシャープストーンの選手にチームの中で一番仲の良い友達三人を指名するように求めたところ、ジャスティンは全一二人の仲間のうち一一人から指名され、ハリーとウイットニーはそれぞれ九人から指名された。彼ら三人は、多くのメンバーから指名されるエリート集団を構成する（図6-1参照）。選手たちに、チームのリーダーは誰かと尋ねた。その質問に答えた一二人の選手のうち全員がジャスティンとハリーの二人がチームのリーダーであるとした（三人目のリーダーに一一歳のウイットニーが挙げられた）。選手たちには、チーム内で横柄な態度を取っているのは誰かについても尋ねた。ハリーが横柄だと言った子どもが一人いたが、ジャスティンやウイットニーについて横柄だとした子どもはいなかった。チームの社会構造は、あいまいなものではなく、容認されたものである。[5]

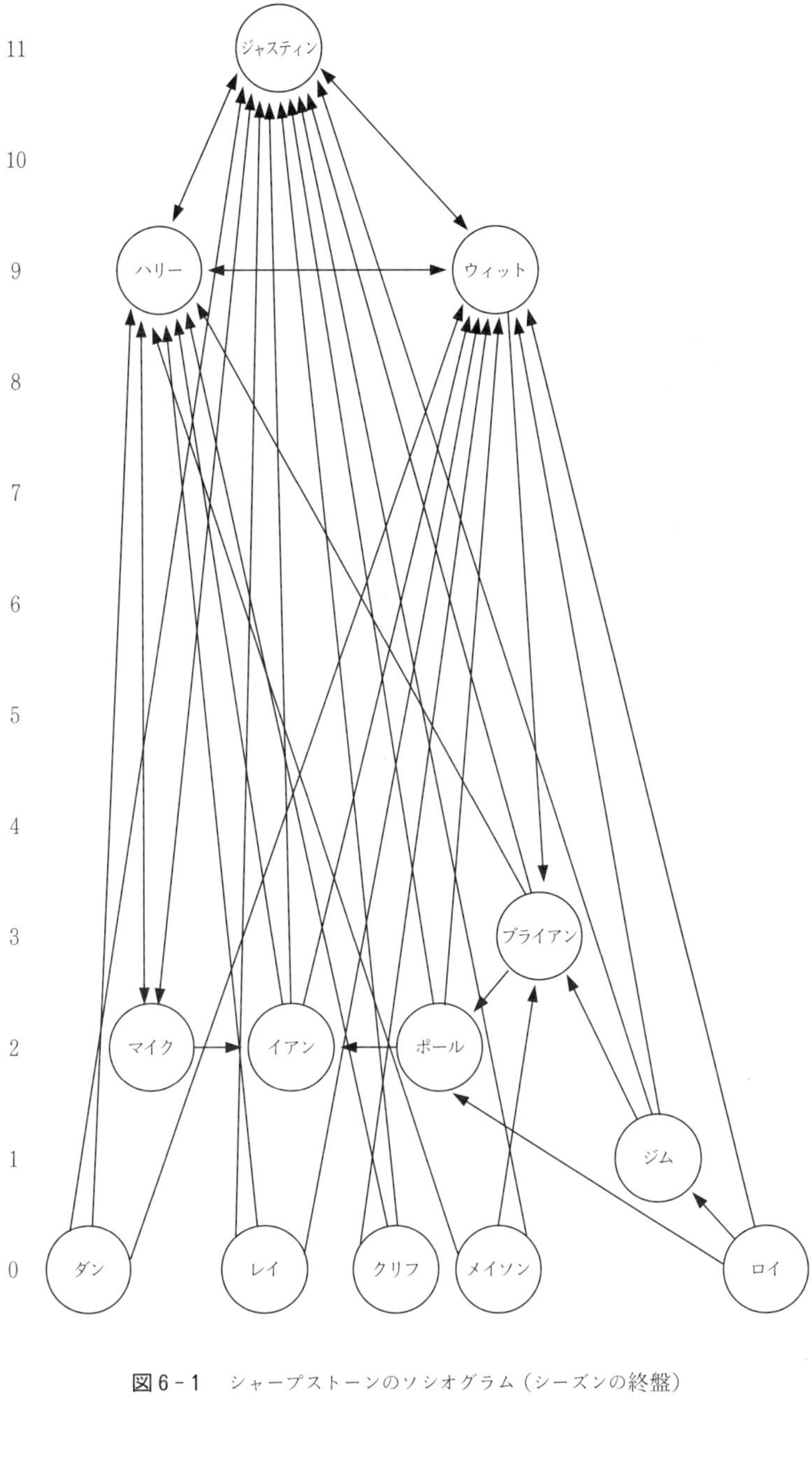

図 6 - 1　シャープストーンのソシオグラム（シーズンの終盤）

(2) トランスアトランティック・インダストリーズ

前の年、トランスアトランティック・インダストリーズ（以下、Tインダストリーズと記す）は激戦となったリーグ優勝決定戦でシャープストーンを破って優勝した。シャープストーンと同じく、Tインダストリーズには優れた歴史がある。私がシャープストーンに参与観察した年、その前の年に優秀な選手二人が復帰し、そのためシャープストーンは勢いづいていた。逆にTインダストリーズでは、優秀な選手二人がリトルリーグを卒業し、ほとんどの関係者はTインダストリーズが次の優勝決定戦で勝つのは難しいだろうと感じていた。しかし、Tインダストリーズの選手は、自分たちの技能に自信を持っていた。Tインダストリーズの優勝を全員が信じていたわけではないが、彼らは負けたわけではなかったし、自分たちが優勝すると楽観的に考えていた。

多くのリトルリーグチームと同じく、Tインダストリーズのコーチは選手の父親であった。フレッド・ターナーは長年リトルリーグのコーチをつとめ、優秀なコーチであると評判であった。フレッドにはシャープストーンのコーチのような野球の技術や指導技術はなかったが、彼は何度も練習を行い、選手と関わり、選手に関心を持ち、チームに野球の基礎知識を教えた。彼は子どもたちに親しまれる人物であるが、彼の方針に反するときには選手を叱った。彼の息子、フランクに関する問題を除いては、フレッドの指導法にも、選手たちの性格にも、練習に関して問題はほとんどなかった。

シャープストーンとは違って、Tインダストリーズには、事実上、子どもたちのリーダーが存在しなかった。シャープストーンでも全員の子どもから指名されるリーダーはいなかったが、Tインダストリーズにも全員から指名されるリーダーはおらず、五人の選手がリーダーであると少なくとも四人の選手から思われていた。はっきりと支持されたリーダーの地位はなく、やや弱いリーダーたちがチームを動かしており、七人以上の選手からチームのリーダーとして支持される選手はいなかった。フランク・ターナーとトム・マクダレルはTインダストリーズにおいて重要な役割を担っていたが、「本物のリーダー」ではなかった。

① フランク・ターナー

コーチの息子であることは、最良の環境の中でもやりにくいことであるが、本当に優秀な選手でない少年にとってはもっとやっかいなことであった。フランクは一一歳。ファーストバッターで、ほとんどの試合では二塁手として先発した。フランクよりヒット数の多い選手は、他に二人（ともに一二歳）だけであった。父親は自信たっぷりであったが、フランクはたった二割の打率（四〇打数八安打）しか出せなかった。コーチが自分の息子を特別扱いしていることは冷ややかなチームメイトや試合相手にも明らかであった。フレッド・ターナーは周囲が認める以上に息子の才能を見積もってはいたが、フランクは一一歳の優秀な選手であり、Tインダストリーズでは優秀な選手九人の中の一人であった。チームメイトにはフランクをTインダストリーズの中で「本当に優秀な」選手と認める子どもは一人もいなかったが、四人の選手がフランクをチームの中で最も仲のよい三人の友達の一人と思っていた。彼は誰からもリーダーとして支持されることはなく、三人からは横柄な奴と思われていた。彼は、ほどほどには好かれるが、尊敬はされない少年だった。

おそらく父親に特別扱いされていたために、フランクは試合中の成績による評価よりも自分はずっと優秀な選手であると思っていた。彼は、シーズン終盤にチームの最優秀選手の一人として自分自身を挙げた。フランクの過剰な自己期待は、その行動に影響し、すぐに挫折したり攻撃的な発言をしたりした。例えば、フランクがチームメイトに「僕、もし満塁で空振りしちゃったら、危ないことをするかもしれないよ」と発言したことがあった。うまくいかないときには、フランクはよくバットやヘルメット、グローブを放り出し、父親から「気性の激しさ」を咎められることもあった。[6] フランクは行動面で大きな問題はなかったが、他のチームメイトより攻撃的であったし、父親が思っているより攻撃的であった。

② トム・マクダレル

トムは、物静かで、分別があり、責任感のある一二歳の少年であり、Tインダストリーズの最優秀選手の一人であった。彼の打率は四割五分八厘であり、チームで二番目の成績であった。シーズン終盤、トムのことを五人の仲間がチームで最も仲のよい友達として名前を挙げ、六人から横柄な奴とされ、七人からはリーダーであるとされ、五人からチームの最優秀選手の一人であると支持された。トムはシャープストーンにおけるジャスティンやハリーのように全員から支持されるリーダーではなかったけれど、チームメイトから尊敬されていた。トムは、コーチとの間に、親密で、兄弟に近いような関係を持っていた。シーズン当初から、フレッドはトムをチームのリーダーとして扱い、二人は一緒に戦略を練った。チームメイトの多くとは違って、トムは、楽観的な意見に舞い上がることはなく、現実に目を向けるところがあり、フレッドは楽観的な意見が的を射ていることをトムに納得させようとすることもしばしばであった。

シーズン最初の練習のとき、トムはこっそりとフレッドに「優勝決定戦に勝ちたいならチームにはもっと強力な打者が必要だよ」と言った。練習の後半、トムのチームメイト、ダレン・アルソップが二本のホームランを打った。そのとき、フレッドはトムを見て、「打者がいないって、どういう意味だい？」とからかった。フレッドが繰り返すと、トムはくだけた口調で「いいよ、いいよ、よくわかったって」と答えた（ホープウェルでのフィールドノートより）。

トムに対してチームが冷ややかに接することがあるのは、トムが「責任ある大人」であろうとする子どもだと周囲から認識されていることによる。トムは好かれているが、トムが大人の道徳的基準をチームに強要するときには衝突が起こる。

試合中、フレッドは、「大声を出せ」と強く言って、チームメイトを大声で応援した。トムがチームメイトを鼓舞し、「OK、おしゃべりを聞こうぜ」というと、一一歳のチームメイトが「僕はおしゃべりなんか聞きたくないよ」と不平をもらした（ホープウェルでのフィールドノートより）。

シーズンの終わりには、トムは二番目に多くの人数（五人）のチームメイトから仲のよい友達として指名されたが、同じ一二歳の選手では一人しか彼を指名しなかった。コーチや年少の選手からみるとトムはリーダーであったが同年齢の仲間内ではリーダーとは思われていなかった。

③　チーム

シャープストーンと違い、Tインダストリーズにはエリート集団が存在しない（図6-2参照）。仲のよい友達として最も多くの指名（七人）を受けた少年、ロン・ウインチェルは、リーダーとしては四位の位置付け（五人からの指名）であり、打率成績もチームで五番目である。最優秀打者ダレン・アルソップは、仲のよい友達として二人の指名しか受けておらず、リーダーとしては四人から支持されたにすぎない。Tインダストリーズは、シャープストーンに比較して、つながりの密度が希薄であることに特徴のある分散型チームであった[7]。多くのリトルリーグのチームのように考え込むことはなく、意見が衝突して困ることもなかった。シャープストーンとは対

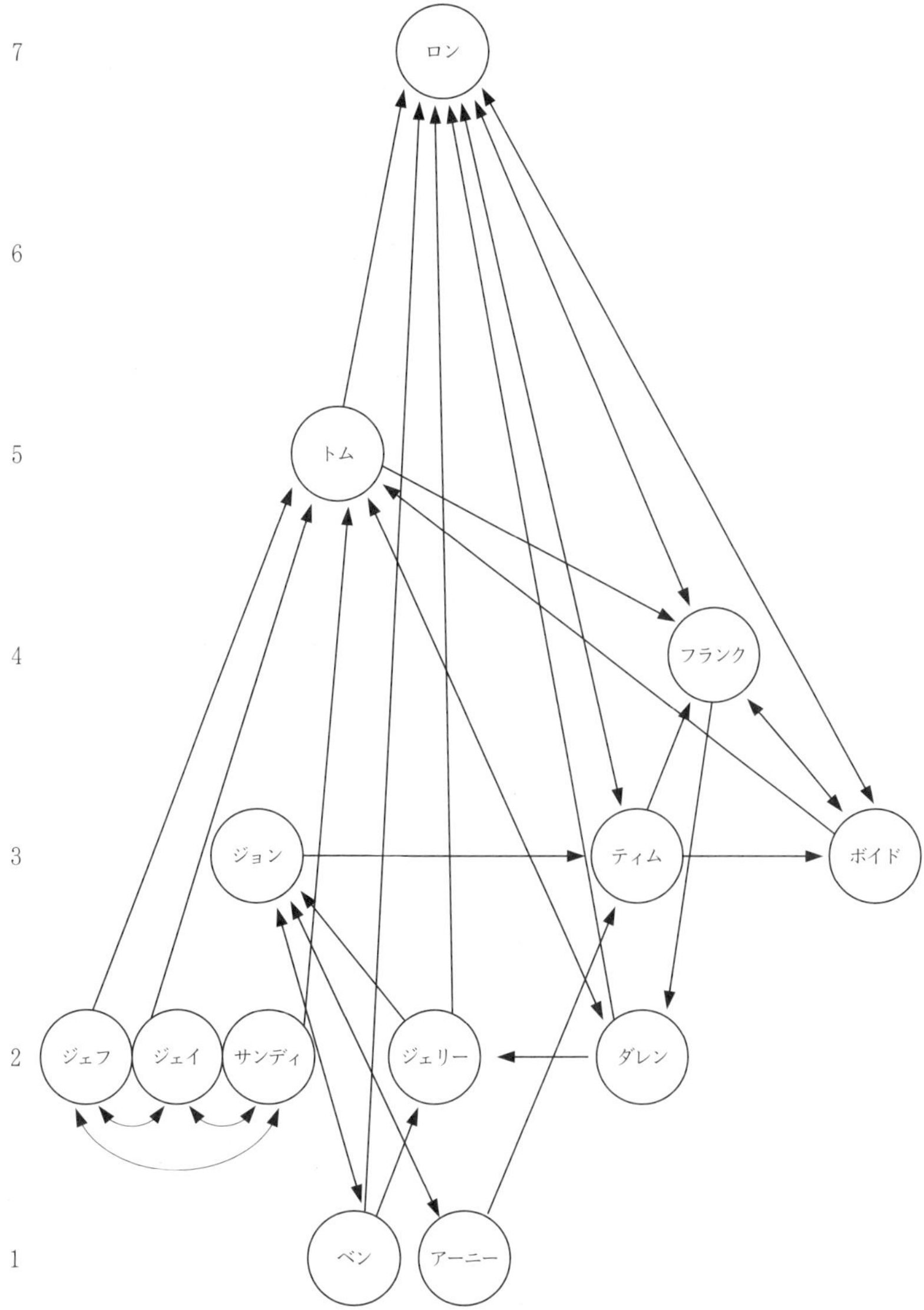

図6-2　Tインダストリーズのソシオグラム（シーズンの終盤）

(注)　ジェリーとアーニーはチーム内で親しい友達として2人しか指名しなかった。

照的に、チームを代表する選手もいなかった。このような凝集性のない構造ゆえに、Tインダストリーズでは、シャープストーンが形成しているような独自の文化が発展することはなかった。

7　チームの文化

文化を研究する際には、社会的単位の構造や環境が、作り出される文化に影響を与える（もしくはその原因となる）ことを論じることになる。集団間でそれぞれの母集団や環境が明らかに違う場合には論証しやすいが、ここでは、同じ母集団に属する小集団であること、同じ環境下であることを前提としている。どの集団内部においても、どの習慣を理解し使用するかを左右する個人が錯綜している。つまり、集団ごとに様々なニーズ（機能的文化）や様々な地位の順位付け（適切な文化）があり、契機となる出来事についても集団ごとに異なった出来事が起こる。この分析において、私は前青年期の子どものチームとその文化を特徴付ける三つの要素に焦点を当てる。つまり、①シャープストーンのコーチのもつプロ意識の影響、②シャープストーンにおけるエリート集団の存在の影響、③Tインダストリーズの選手にとってリトルリーグの試合場は楽しい場所ではないことについて考察を行う。

(1)　プロ意識

二つのチームを一見しただけでわかる最大の相違点は、野球に対する志向性である。Tインダストリーズには野球の基本を身につけた優秀な選手が数多くいるが、彼らは自分たちの技術を磨こうとはしない。それとは対照的に、シャープストーンの選手は、技術のわずかな違いについてもコーチから指導を受ける。シャープストーンほど頻繁にバントしたり、盗塁したりするチームは滅多にない。選手たちは違いがあることを知っている。

私はTインダストリーズのロン・ウインチェルに「Tインダストリーズと他のチームでは、何が違うと思うか」と尋ねた。彼は、それはプレーの方法だと答えた。彼は、シャープストーンはバントするのが好きだけど、Tインダストリーズはただただ打つんだといった（ホープウェルでのフィールドノートより）。

Tインダストリーズには野球の技術から派生した独自の文化がほとんどないが、メンバーは守備やホームランの数にこだわっていた。フレッド・ターナーは守備にこだわった。彼は、守備がうまくいけば、打撃がうまくいかなくても「つじつまが合う」と思っていた。シーズン初期、フレッドの練習計画は、週三回の練習のうち二回を守備にあてる（「単調にならないように、少し打撃練習もする」）というものだった。計画より守備練習に費やした時間は少なかったが、Tインダストリーズは守備の上手なチームであった。トム・マクダレルもダレン・アルソップも強力なホームラン打者であり、二人はどちらが最多ホームラン打者になるか張り合っていた。盗塁やバントはほとんど会話に上ることはなかった。

シャープストーンでは全く違う。コーチや選手（特にジャスティン、ハリー、ウイット）の関心が高いこと（理解された文化）もあり、シャープストーンには野球に関係した文化がたくさんあった。チームは野球に関する独特な儀式を作り上げた。例えば、いつも試合前に柔軟体操をするのはこのチームだけであった。柔軟体操の内容はコーチが独自に編成したものであったが、コーチがいなくてもチームのリーダーによって実行されるようになった。

Tインダストリーズのトム・マクダレルはシャープストーンが柔軟体操をしているのをみて、「何をしているんだ」と尋ねた。年少のチームメイト、ジェフ・ジェームズは「ウォーミングアップだろ」と答えた。トムは、「どんちゃん騒ぎをしているように見えるぞ」とからかった（ホープウェルでのフィールドノートより）。

その上さらに、シャープストーンの選手は必ず練習前にグラウンドの周囲を「一周走る」。他にもいくつか「プロの」儀式を作り上げたが、それらはウォーミングアップとは関係がないものだ。対戦相手は笑うのだが、シャープストーンの選手は試合の前にすばやく集まり、円陣の中心に手を重ね、それから、大声を出して手を頭上に高く挙げる。これらの儀式はコーチが始めたものであったり、他のスポーツのしきたりに由来するものであったが、シャープストーンに特徴的であった。選手たちは自分たちでプロのスポーツチームに由来する類似の儀式を作り上げた。試合開始前、シャープストーンのピッチャー、キャッチャー、内野手は守備位置につく前にマウンドに集まる。あるときピーター・チャドバーンが選手たちに「そんなお茶会はやめろ」と注意したので、コーチたちがこの儀式を認めているかどうかはわからない。さらに、シャープストーンの選手らは、ホーム側のダグアウト（グラウンドの一塁側にあるダグアウト）は幸運のダグアウトであると考えていて、いつも一塁側ダグアウトを使用したがった。ホームチームがホーム側のダグアウトを使う権利を主張すると、チームはおろおろしたり怒ったりした。

シャープストーンは「遠征してきた」チームであるが、ホーム側のダグアウトをいつものように今日も使用する。カールソン・ローラーリンクの選手には、ホーム側のダグアウトを使いたがった者がいたが、シャープストーンの選手はホーム側のダグアウトから離れなかった。ジャスティンが挑発的なことを言ったこともあり、カールソンのコーチが到着すると、コーチはカールソンがホーム側のダグアウトを使用することを主張した。ピーター・チャドバーンはシャープストーンがホーム側のチームであることをカールソンのコーチに納得してもらおうとしたが、駄目だった。ついにシャープストーンは不本意ながらグラウンドの反対側のベンチへ移動した。九歳の内野手レイ・コールマンは遠征側のダグアウトを「いまいましいダグアウト」と呼び、もうひとりの九歳の選手クリフ・アルソップは「このダグアウトは臭うよ」と不満を漏らした。一二歳のイアン・カートライトは、「このベンチ、腐ってる。ついてないよ」と付け加えた。遅れてウイットニーが到着したが、まず彼はチームメイトになぜ自分たちは遠征側のダグアウトを使っているのかと尋ねた（ホープウェルでのフィールドノートより）。

シャープストーンでは、スポーツのジンクス（「野球のマジック」Gmelch 1971）は子どもたちが抱く試合に対する不安感を減らすために大切であるが、野球ばかりに集中しているわけではない他のチームではあまり大切ではないのだ。

このプロ意識は、外見などの他の場面でも現れてくる。一九七〇年代後半以降、子どもの外見を気にする大人はほとんどいない。しかし、ピーターとデーブは、選手は髪を切り、シーズン中は髪を短くするべきだと注意し、髪を切らないなら先発させないと脅すこともあった。シャープストーンの子どもたちの容姿は子どもたちの理想とする「自己」像に影響した。

コーチは選手それぞれに赤、白、青のリストバンドをふたつ買い与えた。シーズン開始前日にリストバンドを配布し、仲間意識とプロ意識を促す「シャープストーンらしい装い」を通してシャープストーンと他のチームを区別しようとした。しかしながら、シャープストーンは大差（一二対三）をつけられてTインダストリーズとのシーズン最初の試合に負けてしまい、このとき、選手たちはリストバンドが不運をもたらしたのだと決め付けた。シーズンの思い出として、リストバンドを挙げた子どもは一人もおらず、子どもたちが野球のジンクスを深刻に受け止めていることがわかる。

この「プロ意識」は、彼らのスポーツに関する俗語の使用からもわかる。シャープストーンのコーチは二人とも「スポーツ用語」を使って話をする。スポーツ特有の言葉は、最初、コーチによって使用され始めたが、コーチへの尊敬の気持ちからチーム全体に広まっていった。コーチは選手を「ターキー(turkeys)」と呼ぶが、チームはこのスポーツ用語を受け入れた。チームが静かにベンチに座っていると、ピーターは「ここは霊安室になったのか」と言ったり、チームを活気付かせたいときは「さあ、メロン・シティ（Melon City）についたぞ」と言ったりした（ホープウェルでのフィールドノートより）。（内野手をプレーに「集中」させたまま）外野手の注意を集めるため、彼は「さあ、粘り強くD（=defense守備）しろ」と叫んだ。このような言い回しを選手たちは繰り返し用いるが、コーチほどスポーツ用語を流暢に使うわけではない。多くのチームがスポーツ用語を使用しているが、シャープストーンほど使用するチームは他にない。

スポーツのジンクスやスポーツ用語がTインダストリーズにはなくシャープストーンにあることの他にも、二つのチームには違いがある。それは、シャープストーンでは態度のとりかたがはっきりしているが、Tインダストリーズでは目立たないということだ。これらの態度は競技に関する内容に集中している。シャープストーンの選手は粘り強く、鼻っ柱の強い選手であれと教えられている（またそれを受容している）。ほとんどのチームの選手が激しい競争心を抱いているものだが、コーチはこれを支持しない。しかし、シャープストーンでは、コーチによって支持されている。例えば、重要な試合の前に、デーブ・ハンドリーは「シャープストーン印のボールでプレーしろ。一生懸命プレーするんだ」とアドバイスした（ホープウェルでのフィールドノートより）。選手たちは、ダブルプレーをとられないように、足を高く上げてベースに滑り込むように教えられた。シャープストーンのこの振る舞いは、審判員や他のコーチの間でよく知られていた。

シーズン最初の試合の前に、フレッド・ターナーはピーター・チャドバーンに「相手チームの内野手を『攻撃』しちゃいけないよ」と言った。初め、ピーターは（ターナーが言い出したきっかけのためでもあるが）懐疑的であったが、最終的には同意した。

ターナーは私に対し「シャープストーンは前のシーズン中、相手の内野手を攻撃したために非難されていたのさ」と言った（ホープウェルでのフィールドノートより）。

この強気なプレーは、シャープストーンではよく使われた。選手たちは、このようなプレーが原因で審判員と自分たちは対立するのだと感じていた。審判員が好きなチームはないが、シャープストーンの選手とコーチは、審判員をただの役立ずと嫌うというより、審判員がシャープストーンに対して陰謀をたくらんでいると思い込んでいた。

シャープストーンとファニチャー・マートの最初の試合の途中、審判は霧のため試合を中止した。試合はシャープストーンが勝っていたが、再試合になった。遠征地での試合が続いていたこともあり、シャープストーンの選手とコーチはひどく怒った。ピーターは私に、シャープストーンがあまりにも勝ちすぎるから審判は自分たちを「やりこめ」ようと躍起になっているんだと言った。ピーターは、昨年、シャープストーンが土砂降りの雨の中プレーをさせられて、負けたことを思い出した。選手たちは、審判がシャープストーンをだましているというピーターの考えに共感した（ホープウェルでのフィールドノートより）。

シャープストーンの子どもたちの持つプロ意識は、コーチの影響を受けており、試合の進め方の端々に現れる。多くのチームと違い、シャープストーンには複雑なサインがある。例えば、コーチが手をベルトにかけると選手は盗塁するし、コーチが手を帽子にのせると選手はバントする。他のチームにもサインはあるけれども、子どもたちはサインの意味を忘れていて、サインを見逃してしまうので、たいていのコーチはサインが機能していないことにすぐに気がつく。シーズン中、シャープストーンの選手は上手にサインを用いた。ピーターとデーブは選手たちに、ピッチャーを追い込むためにどんなときに投球を「見送る」べきか（例えば、故意に打たない）を教えた（多くのコーチとは違って、彼らは「フォアボールで一塁に進むことはヒットと同等の価値がある」と思っていた）。二人は、相手チームの選手が試合に集中できないようにキャッチャーに敵のバッターに話しかけさせたりもした。他のどんなチームよりもはるかに強力に、高校生や大学生の選手、プロ野球の選手と同じくらいにシャープストーンはコーチによって統制されていた。Tインダストリーズの選手が「君らのコーチは管理しすぎさ。いつ盗塁するかまで指示するんだ」と軽蔑して述べたことからわかるように、このプレーの方法は相手チームにも知れ渡っていた。他のチームの選手ならばこのようなプロ意識に基づいた思想すべては受け入れられないと思うだろうが、シャープストーンの選手は自分たちの姿勢を誇りに思っていた。彼らは単に勝ちたいだけではなく、選手の言葉によると、「プレーされるべき」試合の戦い方を修得したいのだ。彼らの競争心はすさまじいけれども、彼らは勝利以上のものをなしたいと思っていた。つまり、シャープストーンは試合スタイルによって勝ちたいのだ。

プロ意識に関しては、Tインダストリーズの文化はリーグの多くのチームの文化に類似していた。選手は勝ちたいと思っているが、「プロ」として勝つ方法は教わっていない。彼らは単に一生懸命プレーしているだけであり、才能ある子どもたちだから勝つ。シーズン中に両チームが試合した二回、Tインダストリーズはシャープストーンを打ち負かしている。しかしながら、Tインダストリーズは野球に関連する独自の文化を少しも作り出さなかった。選手は自分たちの近くにフライが飛んでくるのを待つだけで、コーチも強調したが、Tインダストリーズはただ野球をするだけであった。選手とコーチはプロスポーツの独自の文化を作り出す上で必要となる理解された文化を共有していなかった。

(2)　エリート集団と独自の文化

これまで述べてきたように、シャープストーンにははっきりとしたエリート集団がいるが、Tインダストリーズの社会構造はかなり拡散しており、この点がシャープストーンとTインダストリーズの違いである。この違いは文化の創造と受容に影響する。社会的リーダーの存在は、文化的構造（ふさわしい文化）を受容するか拒否するか、子どもの権威構造に影響を与える。リーダーの存在ゆえにシャープストーンには広範で強固かつ特有の文化があり、その文化はリーダーの関心の方向やパーソナリティに影響されていた。ここでは、シャープストーンの文化を支える三つの柱、つまり、攻撃性、性的関心と人種差別主義に焦点を当てる。これらは、Tインダストリーズの選手にはほとんどみられない。これらの中心的文化の発展には、コーチの影響も見られるが、主なところは前青年期の子どもたち自身に起因している。

①　攻撃性

シャープストーンにはジャスティン・ケイが、Tインダストリーズにはフランク・ターナーがいるように、どのチームにも攻撃的な選手がいるものだ。二人ともバットやグローブ、ヘルメットを投げるし、二人とも憂鬱になるとふさぎ込む。

しかし、二人の少年は、チームメイトやコーチからその攻撃性を支持されているかという点で異なる。フランクはチームメイトから全く支持されておらず、フランクには未熟なところがあるとチームメイトは思っている。彼の父親は困っており、フランクが怒りを爆発させると叱る。フランクの攻撃性がチームメイトに広まることはない。

ジャスティンの立場はもっと複雑である。ジャスティンは攻撃性を褒められたり、報われたりすることがある。彼はベース近くにいる相手チームの内野手に飛びかかろうとしたり、相手チームのキャッチャーを急襲したりしようとする。彼の行為がチームの役に立つ場合、そのがんばりはコーチから褒めてもらえたり、あるいは、「がんばりすぎない」ようにやさしくたしなめられる。ジャスティンは自分がキャッチャーの動きを妨害しなければならないと考え、グルグルと三塁を回りながらキャッチャーに笑いかけたこともあった。シーズン中、シャープストーンは「乱暴な投球（hardball）」でプレーすると非難された。チーム外の大人たちは、「乱暴な投球」により怪我をするかもしれないと思っていた。シャープストーンのコーチたちは表向き「乱暴な投球」は避けるべきだという考えに賛成していたが、子どもたちが全く「乱暴な投球」をしなかったら怒って、ジャスティンの攻撃的な性格を引き合いに出した。チームに対して、コーチたちは「乱暴な投球」を妨げたりしないように指示したり働きかけたりした。ジャスティンは「最悪の攻撃者」であったけれども、他の選手もこのプレーを認めていた。彼をおとなしくさせる唯一の方法は、やさしく叱ることであった。例えば、ジャスティンが相手チームの二塁手に繰り返し「飛びかかった」とき、デーブが「僕は誰かが怪我するところなんて見たくないな」と言ったが、はっきりとジャスティンを止めようと命令しなかった。結局のところ、このような「神風」走塁はプロの野球には不可欠なものなのだ。

この攻撃性はTインダストリーズとの二回目の試合において、試合の流れからみると必要もないのに、ジャスティンが繰り返し二塁手に「飛びかかった」とき、最高潮に達した。結果として、シャープストーンのバッターは妨害行為のためにアウトになり、コーチはジャスティンに「教訓」を与えるため試合（一点差でTインダストリーズが勝った試合）からはずした。このため、シーズンの残り二週間、目に余る攻撃性は押さえ込まれたが、シャープストーンは乱暴な試合の進め方を続けた。その試合の後の練習で、ピーター・チャドバーンは「僕が二塁でアウトを取るふさわしいやり方をしてみせるからね」と言って、安全にアウトをとる巧みなプレーをしてみせた。ピーターはチームに次のように述べた。「もし君らが二塁手に飛び込んだら、優秀なショートは君らの目にボールを投げつけるだろうよ。僕は君らが攻撃的であることをわかっているけど、君らに入院する羽目にはなって欲しくないんだ」（ホープウェルでのフィールドノートより）[8]。コーチたちはこのプレーのやり方を受容する雰囲気を作り出すよう努めたが、役割モデルとなってチームを特徴付ける攻撃的プレーを作り出したのは、ジャスティンやハリー、ウイットニーであった。

攻撃的なプレーとともに、シャープストーンは不満を我慢したり、失敗を受け入れることができないという点でも有名であった。ジャスティンは特に駄目だった。審判が続けてチームにとって不満のある判定を行うと、シャープストーンのベンチからは審判に石が投げつけられたことがあった。審判が石を投げたのは誰か尋ねると、シャープストーンの選手は知らないと言い張った。後日、シャープストーンの選手二人が私に上機嫌でジャスティンが犯人であると教えてくれた。次の試合のとき、ジャスティンは誇らしげに石を投げたのは自分だと言った。自分の「勇敢さ」をほのめかすためにおそらく大げさに言ったのだろうが、彼が私に示した石の大きさはゴルフボールの大きさくらいであった。ここで重要なのは、有能な選手が石を投げたことではなく（こんなことはチームの特徴にはならない）、チームメイトが彼の大胆さに感服していたことやこの出来事がチームの大切な思い出になったことである。

シーズン中もっとも記憶に残る試合の一つは、優れた二つのチームであるシャープストーンとカールソンの試合であった。シャープストーンは、最終回裏のジャスティンのヒットで試合に勝った。試合終了後、ジャスティンは、二打点を上げ、数々の素晴らしいプレーをしたにも関わらず、ダグアウトに座りこんで大声で泣いた。試合の序盤で、彼はショートでエラーをしたのだが、そのことを忘れることができなかったのだ。コーチはその様子を見て、シャープストーンのシーズン最高の試合の後にジャスティンが惨めな気持ちを味わっていることに驚いた。

（フランク・ターナーを含めて）攻撃的なプレーをする選手は、大抵、チームメイトから「変わった奴」とか「乱暴者」、「嫌なやつ」と非難されたことがある。しかし、ジャスティンは非難されない。彼はチームでもっとも粘り強い少年で、強すぎるくらいに闘争心があり、大変優秀な野球選手であるとチームから思われている。彼を支えてくれるチームの中に仲良しの友達もおり、コーチからはリーダーとしての扱いを受けていた。ジャスティンのチーム内の地位は、試合相手にもわかっていて、彼は試合相手から尊敬され、同時に、恐れられていた。Tインダストリーズには、「僕はジャスティンを困らせたくないね。だって、そうしたら、あいつは僕を殴るにちがいないもん」と言う選手もいた（ホープウェルでのフィールドノートより）。

　シーズン中、ジャスティンは周囲の子どもから軽蔑されかねない行動を咎められることはなかった。ジャスティンの行動は親友のハリーやウイットニーの行動に影響されているところもあったのだ。

> ハリーは一塁でけん制で刺され、ひどく怒った。彼はシャープストーンのベンチに歩いて戻りながら、グラウンドに落ちていたビールの缶を蹴飛ばし、缶はフェンスに音を立ててぶつかった（ホープウェルでのフィールドノートより）。

> 六回裏、アウトサイド（ボール）と思った投球で、ウイットニーはストライク・アウトの判定をうけた。彼の三振のために、シャープストーンは試合に負けた。彼は泣き出し、バットとヘルメットを投げ捨てて、怒って出て行ってしまった（ホープウェルでのフィールドノートより）。

チームリーダーのこのような行動は、コーチから叱られることはなく、彼らの行動はチームメイトへと広まっていった。

> 九歳のクリフ・アルソップは、三振した後、泣きながら土を投げ始めた（ホープウェルでのフィールドノートより）。

> 一一歳のダン・クィンブルは、ピッチャーが投げる度に怒りを募らせ、不満を言いながらバッターボックスに立っていた。三振すると、彼は泣きながらダグアウトに戻ってきた（ホープウェルでのフィールドノートより）。

シャープストーンの選手は思い通りに進まないといつも泣いたり怒ったりするわけではないが、シーズン中、多くの選手（少なくとも一二人の選手のうちの一〇人）が泣いたり怒ったりすることがあった。この行動様式は、チームのふさわしい文化に基づくもので、便利であり（コーチから咎められることはない）、敵に勝ちたいと願っているチームの抱く不満を具体化するという点で機能的である。洞察力のある試合相手の子どもの話によると、シャープストーンの選手は勝ちたいと願っているからこそ激しく怒り、シャープストーンほど勝利に貪欲ではない他のチームよりも敗北は大きな影響を及ぼすのだ。

この話はシャープストーンのエリート集団の役割とエリート集団から波及する怒りに基づいている。同様のエリート集団を私は他のチームにおいても見つけた[9]。チームの構造が感情的反応に影響を与えるのはもっともらしいことである。優秀な選手のエリート集団がチームにいると、メンバーは試合に勝てるだろうと期待する。チームを引っ張っていく仲の良い仲間たちがいると、メンバーは試合に勝てると思うようになる。このような考え方がチームの他の選手からも認められるようになると（他の選手から友達として選ばれるからこそ「エリート」であるのだ）、個人的達成や集団的達成に対する期待はますます強まっていく。その結果、勝利への期待を台無しにすることは勝利に対する期待があまり高まっていないときよりもずっと強い不満を抱かせることになるのだ。

怒りとエリート集団の存在との関係を説明する第二の特徴は、集団の構造から非難の対象が明らかになる点である。シャープストーンの選手は表立ってはジャスティンやハリー、ウイットニーを責めないが、シャープストーンが負けたときに責任があると思われているのは、この三人（とチームメイト）であるのは明らかだ。三人の怒りは、審判や試合相手や世間といったチームの外にある原因から負けたのだと責める方向へと向けられていく。はっきりとした攻撃ができないときは、怒りは涙や罵り言葉といった曖昧な形で表現される。涙や罵り言葉は、周囲で見ている子どもたちに対して、競技上の失敗は自分のせいではなく、不公平だから怒っているのだということを示すのだ。一見したところ、泣くことや罵ることは自己中心的な行動であるが、前青年期の子どもたちが役割を区別するための方法としてはもっともらしいものであろう（Goffman 1961）。子どもたちが泣くのは、実は自分自身の行為として泣いているのではなく、自分に害をなす世間に対して泣いているのだ。泣くことにより、外部の力や自分を泣かせたものは自分とは全く違う存在であるということを示している。個人もしくは集団に好ましくない結果の責任があると思われているとき、涙はたいへんふさわしいものである。同じことがエリート集団のいるチームにもあてはまる。Tインダストリーズのように、拡散した社会構造をもつチームでは、個人にはそれほど責任はない。つまり、チームの勝利を期待させるような個人や集団は存在せず、涙や怒りはなじまないのだ。

② 少女と少年

私が先に強調したように、男女の区別のある社会において、思春期までの間に少年たちは男性の性別役割を身につける。このことは、少年たちが性的存在であるもしくはまもなく性的存在となるのだとして理解できる部分もある（第5章参照）。性別役割は、それぞれの集団の中で様々な形をとる。本章で論じる二つのチームは、女性や同性愛について全く違った捉え方をしていた。Tインダストリーズの文化ではガールフレンドのことや同性愛のことについて話すことは（ふざけた話の中でさえ）ほとんどなかったが、シャープストーンでは話題の中心であった。

シャープストーンでは性的なことに関する会話は理解され、便利で、機能的かつふさわしいものであるが、Tインダストリーズではそうではない。この点には構造的な理由がある。コーチたちの行為、野球のシーズン開幕前の選手たちの関心事、シャープストーンにおけるエリート集団の存在といったことすべてが、性的な話題がシャープストーンの独自の文化の中心を成していくように方向付けている。

(i) コーチたち

ピーターとデーブには親としての責任があるわけではなく、コーチとしての責任により作り上げた関係、つまり親子関係とは異なった関係にある。コーチたちは野球について話すときには権威があるが、野球以外の事柄については、選手たちと対等な関係にある。コーチたちは、選手の「ロマンティック」で性的な経験談に興味を持っており、性的な話を促したりもする。例えば、ジャスティンとハリーがそれぞれのガールフレンドに指輪を買ったとき、コーチたちは彼らとガールフレンドの関係すべてを聞きたがり、ジャスティンとハリーは自分のガールフレンドについて、大人の男性同士が冷やかすような口調で話をした。いやらしいものではなかったが、子どもたちは「知っている」のだ。

シャープストーンの練習が始まると、三人の少女が観覧席に座り、ウイットニーとハリー、ジャスティンを応援していた。ある少女がウイットニーを応援した。すると、ピーターは、その子たちをからかって、「いいかい、女の子たち。練習が終わるまでいちゃいちゃできないよ」といった（ホープウェルでのフィールドノートより）。

ウイットニーとジャスティンがデーブに、前の夜、ストリーキングしたことを話したとき、デーブはとても面白がり、どんな風だったか、反応はどうだったかと尋ねた。

シャープストーンにおいて、男らしい性別役割文化を育てる上で、会話よりもっと重要なのは役割モデルとなるコーチが日常の練習中に発するコメントである。これらのコメントには、セクシャリティに関する発言をからかうコメントや「女々しい」選手を非難するコメントがある。例えば、

試合前に、ピーターは真剣に次のように話した。「いいかい、ここでは君たちは女の子じゃないんだ。君らは野球選手だ。男らしくプレーしろ」（ホープウェルでのフィールドノートより）。

女の子が悪いのではなく、女の子は男性らしい特質において少年と違っているのだ。同じことが「同性愛」や「女々しさ」についてもいえる。

ジャスティンとハリーはグラウンドで、二人で話をしていた。二人は練習に注意を払っていなかった。ピーターは二人に「一緒にいる男二人をなんていうか知ってるか」と言った（ホープウェルでのフィールドノートより）。

ピーターはハリーが力を込めすぎてボールを投げていると思って、「ハリー、ちょっとホモみたいに投げてみろ」（すなわち、弱々しく手首を使って軽く投げる）と言った（ホープウェルでのフィールドノートより）。

これらの発言は悪意から出たものではなく、選手たちは受け入れた。コーチがこのような「大人の」やり方で話しかけることを選手は喜んだ。このような発言をすることがシャープストーンの特徴であった。つまり、選手たちは互いを「女の子」や「ホモ」と呼び、互いの性的経験に興味を持っていた。選手たちはコーチと性に関する冗談を言ったりもした。例えば、ピーターが結婚し、一週間の新婚旅行に行くという空想話をしたり、次の冗談も言った。

ジャスティンが打った最初のライナーがピッチャーのデーブを飛び越えた。ジャスティンはからかって「ボールに気をつけろよ」

と言い、さらに、「もう少しでお前の金玉を打っところだったよ」と言った（ホープウェルでのフィールドノートより）。

他のチームではこのような会話をすることはなく、性に関する比喩は、保守的な中年男性の父親がコーチをしているTインダストリーズでは聞くことは全くなかった。

(ii) 選手たち

エリート集団としての地位にいることがその子どものパーソナリティにどのように影響するか明らかにするのは難しい。予想にたがわず、ジャスティンやハリー、ウイットニーは最も積極的に女の子と交際し、三人の他にも、仲間からしつこく訊かれると、ガールフレンドがいることを認めたり、もうすぐガールフレンドができると発言する少年もいた。これは、(Tインダストリーズを含めた）他のチームでは、このような話題が全く無視されていることと対照的であった。

ジャスティン、ハリー、ウイットニーは他の少年よりガールフレンドとの交際に関してオープンであった。シーズン中、三人のガールフレンドは練習や試合にやってきたり、シャープストーンが出場しない試合をカップルで観戦に行ったりすることもあった。適切な行為に関するルールに基づいて男女交際のルールが決められた。少年は練習の時にはガールフレンドに絶対に話しかけなかったし、ガールフレンドが来ていることとさえ気づいていないように振る舞った。少女は少年を応援するけれども、ボーイフレンドに絶対に話しかけたりしなかった。少女は一人では練習に来ないで、いつも二人か三人で来た。試合のとき、少年と少女は二人で静かに立ち話はしたが、互いの体に触ったりはしなかった。このような交際の仕方は、からかったり、大声を上げたり、追いかけたりするような男女交際の仕方とは全く対照的であった。前者は「ロマンティック」な男女関係であって、気品があってちょっと気恥ずかしいものとして捉えられた。後者も男女関係ではあるが、ロマンティックな関係ではない。前者のような男女関係と比べてオープンであるところが他のチームと違っていたが、シャープストーンの選手は他のチームの選手よりも頻繁に、ロマンティックな関係もロマンティックではない関係も持っていた。

男女関係はデリケートである。たいへんデリケートな関係であるので、ジャスティンとハリー、ウイットニーは、少女との交際をお互いに助け合う（例えば、手紙を渡す、メッセージを伝える、「自分の彼女に意地悪をした」少年を打ちのめす）ため、また、あざけられたり恥ずかしい思いをしたりせずに、ロマンティックな雰囲気を作るため、学校でインフォーマルな「仲間（gang）」、「ヘルズ・エンジェルス」を作っていた。三人の性的経験に関する話がチームに広がり、冗談に用いられる文化になる。例えば、ハリーのチームメイトは、ハリーがガールフレンドに母親の高価な指輪をプレゼントしたということを知ってハリーをからかった。練習のとき、飼い主のわからない黒犬が吠え出した。すると、ウイットニーのチームメイトはその犬をローレル（ウイットニーのガールフレンドの名前）と名付けた。ジャスティンは、「ウイットのガールフレンドが吠えてるぞ」と言ってウイットニーが「本物の犬」と付き合っているとその意味をはっきりさせた。次のような出来事もあった。

練習中、休憩を取ったとき、デーブはハリーがいないことに気がついて、「スタントンはどこだ。ダグアウトですねているのか」といった。ウイットニーは、「彼は個人的な用事に行ったのさ」といってくすくす笑った。ちょうどその時九歳の選手レイ・コールマンが上機嫌で笑いながらダグアウトに駆け込んできた。デーブは、「彼（ハリー）がガールフレンドとキスしてるところを見たんだろう」と言った。ハリーがレイを追いかけてやって来た。ハリーがもう少しでレイを捕まえそうになったところでレイは「僕、何も言ってないって」と叫んだ。ハリーはレイを追いかけるのをやめた。ハリーは少し恥ずかしそうな様子であった（ホープウェルでのフィールドノートより）。

シャープストーンでは、他のどのチームよりも、男女関係が重要視された。男女関係を重要視することは、チームリーダーの態度に起因する。男女関係に興味を抱く態度はチームメイトにも広まり、チームメイトはチームリーダーの男女関係について話すのと同じくらい頻繁に自分のガールフレンドについても話をした。少女とデートをしている選手がいるだけではなく、シャープストーンでは男女関係がチームの自己意識の中で中心的で重要な部分を占めていた。選手たちの性的でロマンティックな行為は、チームの文化の一角をなしていた。このような文化は、性的行為に関する話や「女の子」「女々しい」といった侮蔑の表現として表出された。このような文化的内容はチームの構造によるものである。コーチが性的な出来事に関心を抱いていることは隠蔽されているが、エリート集団は性的な行為を男らしさの現れであると思い込んでいる。Tインダストリーズには、選手の「友達」になるコーチも、性的に早熟な少年も、チームの「道徳的な」基準を決めるエリート集団もいない。私はシャープストーンとほぼ同じ時間をTインダストリーズの参与観察に費やしたが、Tインダストリーズでは、選手からガールフレンドの話を聞くことはなかったし、少年たちの誰にガールフレンドがいるのかも全く知らなかった。

③　人種差別

シャープストーンとTインダストリーズで異なっている三つ目の点は、人種差別に対する考え方である。両チームとも白人だけで構成されていた。Tインダストリーズでは人種差別的な会話をすることは決してなかったが、シャープストーンではごく普通の、便利な話であった。特にジャスティンは黒人の子どもに嫌いな相手がいた。しかし黒人の大人とは良好な関係を保てる程度には、機転が利いた。ホープウェルのリトルリーグには四人の黒人選手がいて、そのうち二人が特に嫌われていた。その二人の選手、ロジャー・モットとビル・モットはカールソンに所属していた。モット兄弟はすばらしい野球選手で、六割六厘というビルの打率はリーグで第三位であり、ジャスティンの打率五割より秀でた成績であった。シーズン中、ジャスティンはビルやそのチームメイトに対して容赦がなかった。

> シャープストーンの選手たちとリーグで最優秀ホームラン打者は誰かという話をしたとき、私はカールソンのビル・モットがとても優秀だと言った。ジャスティンは嫌悪をむき出しにして「あの汚い黒人か」と言った。彼はすぐにどのようにして「黒人二人が自分をだまそうとした」のかを話し始めた（ホープウェルでのフィールドノートより）。

> グラウンドキーパー助手の一人は浅黒い肌をした同世代の子どもであった。ジャスティンはハリーとウイットニーにあの少年はプエルトリコ人で、だから「半分黒人で、半分白人」なんだと言った。ジャスティンは彼を「同性愛者」と呼び、ジャスティンとウイットニーの二人は「ハーフ（half and half）」と呼んだ。それを聞いて少年が怒ったが、ジャスティン、ハリー、ウイットニーは笑いながら走っていた（ホープウェルでのフィールドノートより）。

このような人種差別的態度は他のメンバーに広まり、公然と表現された（シャープストーンの選手全員から人種差別的発言を聞いたわけではないが）。

マイク・マルシオは、隣人の「有色人種」を「ジャングル・バニー」と呼ぶんだと言った。レイ・コールマンは「自分の周りに住む人はみんな黒人（niggers）だ」と言った（ホープウェルでのフィールドノートより）。

コーチの反応からは、このような人種差別的な会話は便利なものだと考えているようであった。コーチは、まごつきながらも、人種差別は、道徳の乱れというよりはチームの体面をどう保つかという問題であるという意味で、戦略上の問題であるとした。

ビル・モットはカールソンの選手とキャッチボールをしていた。ビルの投げたボールがシャープストーンのバッターに当たった。ジャスティンはビルに向かって、「来いよ、ニガーめ」と言った。ピーターはジャスティンに「馬鹿なことはやめろ」と言った。ジャスティンは「だって、そうだろ」と返答した。デーブはジャスティンに注意して、「試合に出場させないぞ」と言った。ジャスティンは「ビルが僕を白人って呼んだって、僕は気にしないから」と話を終わらせた。これで会話は終わった（ホープウェルでのフィールドノートより）。

コーチ以外の大人が子どもたちに罰を与えたり叱ったりするので、コーチは子どもたちが人種差別的な言葉を使うべきではないと考えている。九歳のレイ・コールマンが近所の住人を「ニガー」と呼んだとき、デーブはレイに「それはよくないな」と言い、話題を変えた。コーチの対応は、人種差別的な言葉を褒めはしなかったが、使ってはいけないとまでは教えなかった。コーチから、道徳的指導はなかった。

人種差別的な言葉はどうやらすべての選手が知っていたようだが、シャープストーンだけで使用されていた。その理由を示すのは難しいが、二年前、ジャスティンがリトルリーグに入った年、シャープストーンには黒人のコーチと黒人の選手がいたことに原因があるのかもしれない。噂によると黒人のコーチは選手を厳しく罰したそうなのだが、彼に対する反感が人種差別のきっかけとなったのかもしれない。しかし、特にジャスティンはこのコーチについて不満があった訳ではないので、これは推測に過ぎず、彼がモット兄弟はあの黒人コーチみたいだと思っているとほのめかしたわけでもない。ジャスティンとビル・モットのライバル関係がきっかけとなり、ジャスティンは人種差別的な発言をした。ジャスティンの激しい競争心と攻撃性を向けられた少年には受け入れがたいことであるが、ジャスティンとビルはリーグの最優秀選手の中の二人だと評価されていた。チームにおいてジャスティンがリーダーの地位にあったこととコーチが強く拒否しなかったことから、人種差別的な言葉はチームの他のメンバーにも広まったが、他のメンバーたちは沈黙を守った。

8 地理的距離

ホープウェルの本拠地であるロードアイランド郡はほぼ六四平方マイル［約一六四平方キロ］の広さで複数の町から成り立っている。ホープウェルの町には、ウィスパー（厳密には他の行政区だが、事実上ホープウェルの一部）、ジェームスビル、ノース・ジェームスビルが含まれていた。リトルリーグの試合場はホープウェルにあり、ホープウェルやウィスパーからは自転車で行くことができたが、ジェームスビルやノース・ジェームスビルから自転車で行くには遠すぎた。

二つのチームでは選手の住む地域が違う。シャープストーンの選手一三人のうち一一人は、ホープウェルかウィスパーに住んでいた（ジェームスビルとノース・ジェームスビルから来る選手は一〇歳である）。しかし、Tインダストリーズの一三人の選手のうち六人（一二歳の選手三人を含む）はジェームスビルとノース・ジェームスビルに住んでいた。選手が住む地域はチームとその文化に影響する。シャープストーンには、Tインダストリーズよりも深く発展した文化があり、また、Tインダストリーズより洗練された（顕著な）文化的伝統があった。シャープストーンの選手は試合や練習に早めに到着し、しっかりとコミュニケーションをとることができた。彼らは町中でもよく会い、自分のチームが出場しない試合を観戦する子どもも多かった。このような機会は、子どもたちの友情を強化し、その文化を強化する上で有益であった。この点が遠くに住んでいて親に送り迎えしてもらっているTインダストリーズの選手たちとは違っていた。

シャープストーンの選手の親はTインダストリーズの選手の親よりも頻繁に試合を観戦する。シャープストーンの選手の親は平均して一一・三試合を観戦したが、Tインダストリーズの親はたった九・二試合しか観戦しなかった。[10] これには理由がある。第一に、ジェームスビルとノース・ジェームスビルに住む選手の親が試合を観戦するには、多くの時間とガソリンが必要になる（一日あたり一〜二人の母親が選手たちをまとめてグラウンドまで乗せていったので、Tインダストリーズの選手の親は相乗りした)。第二に、ジェームスビルに住む親はホープウェルに住む親ほど親同士の「ネットワーク」ができていなかった。親がリトルリーグの試合を観戦する理由の一つは大人同士の社会的なつながりを持つことにあり、その意味では、ジェームスビルに住む親は観戦する理由に乏しかった。

ここで重要なのは、Tインダストリーズの数少ない独自の文化の一つは親が試合を観戦に来ないことへの子どもたちの捉え方であった。つまり、子どもは親が観戦に来ないことで惨めな思いをしていたのだ。

Tインダストリーズの特別観覧席に親が一人いた。フランク・ターナーは皮肉ってチームメイトに「僕らのファンをどう思うよ?」と言った。他のTインダストリーズの選手も何人かこの話に加わった(ホープウェルでのフィールドノートより)。

フランク・ターナーはチームメイトに「僕らのファン全員を見てみろよ」と言って、特別観覧席や車の中にいるTインダストリーズの選手の親の人数の少なさを指摘した。彼が私に言ったことには、シャープストーンには試合に来る親がいつもたくさんいて、シャープストーンの選手が長打やホームランを打ったときには親たちが車のクラクションを鳴らすが、Tインダストリーズの選手がヒットを打っても静かなものであるということだった(ホープウェルでのフィールドノートより)。

概してこのような発言をするのはホープウェルやウィスパーに住む選手であるが、これらの発言はジェームスビルに住む選手に向けられたものではなく、選手の親全員に向けられたものであった(子どもと親を区別している点で機能的である)。このような会話は、一見すると、Tインダストリーズではフランクに先導されて親に反抗的な態度をとっているように見えるが、このような態度ははっきりしたものであるから、チームの文化としては発展しなかった。

9 文化および構造に対する文化の影響

シャープストーンとTインダストリーズは全く異なった独自の文化を持つ二つのチームで、シャープストーンの文化はTインダストリーズの文化よりもはるかに進んでいた。シャープストーンでは、明確に階層化されて完全に受容されたチームの構造があり、野球に関するプロ意識、攻撃的なプレー、性的早熟さ、人種差別といった文化的伝統が展開しており、それは理解され、便利で、機能的で、ふさわしい文化に影響を与えた。選手たちはこれらの内容を受容しており、受容した内容が行動に反映され、共通のアイデンティティを形成し、シャープストーンにはプレーや会話の独特の様式ができていった。

Tインダストリーズには、このように明確な文化はなく、選手たちは他のチームと自分たちに違いがあるとは思っていない。Tインダストリーズで展開した文化的要素には、内容の統一性がなく、定期的に反復されるものもなかった。私がTインダストリーズから多くの独自の文化の要素を提起しなかったということは、Tインダストリーズに独自の文化がなかったということを意味するのではなく、独自の文化がチームの社会構造のように拡散していて目立たなかったことを意味する。

シーズン中、両チームは好成績を修めたけれども、成功までのプロセスについては、文化の機能の点で違っていた。Tインダストリーズには、優秀なピッチャーや長打者といった大変優秀な選手がたくさんいた。それぞれの選手が好プレーをした。シャープストーンは、チームへの忠誠心と攻撃的な行動からチームの実力以上に優れてみえた。情緒的なつながりと野球のチームワークはチームの構造に有益であり、構造と文化の相互作用に有益であった。

二つのチームが環境や成績（野球での好成績）の点で似ていたとしても、それぞれの集団や文化において起こる出来事は似ているとは限らない。シャープストーンとTインダストリーズは特に便利な文化とふさわしい文化において違い、結果として習慣と行動の様式が異なっていた。同じようなチームにおいて正反対の独自の文化が存在するのは、無作為の振る舞い（契機となる出来事）が違うためだけでなく、チームにとって制限できること、自由になることが違うことによる結果でもあった。子どもたちは、全く違う目的のために、一般的な子どもの文化を形成することが可能であり、また、形成している。このことから、集団の相互作用の内容は無作為の出来事が個別に存在するのではなく、集団の変動を研究する上で社会学的に分析する価値のあるものであるということがわかる。

第7章　子どもたちのサブカルチャー

これまでは、参加者同士が互いに見知った集団の中で、子どもの文化が創造され伝達される過程を分析してきた。次に、より大きな社会的単位の中での文化伝達に焦点を合わせる。本章では、一つの集団としての、アメリカの少年について扱う。彼らは、社会的なネットワークに組み込まれている一方、ある少年は別の少年のことをほとんど何も知らない。そうした状況の中で、どのようにして子どもの文化が多くのコミュニティを横断して相対的に似てくるのかを分析する。「発達上の規範」の一般的形式について扱った第5章とは異なり、本章では、どういった相互作用のもとで、文化的マテリアルが広範囲に拡散していくのか、そのメカニズムについて分析する。現代の西洋社会が文化的に単一でないことは明らかである。国家はエスニシティや宗教、階級、職業、年齢などによって分割されている。社会構造上の区分は、その社会のメンバーの知識の分割とも対応している。アメリカにおける文化の大衆化も、いまだに特定の文化のバイタリティを拭い去るには至っていない。このように分割された社会のことを下位社会と呼ぶ。そして、それぞれのメンバーが共有する知識がサブカルチャーである (Fine & Kleinman 1979)。

サブカルチャーを概念化するに当たって、多くの研究者が、相互作用を欠いた、閉鎖的で固定的な構造・社会システムであるかのように扱ってきた (Miller 1958, Cohen 1955)。それに対して私は、文化の創造や使用における、直接的な相互作用の役割を強調している (Spector 1973)。しかし、相互作用を重視するアプローチでは、文化がどのようにして互いに相互作用することのない社会へと、一つの下位社会を超えて広がっていくのかという疑問が湧いてくる。いかにして、多くの文化的項目が不変のまま残り、広く知れ渡るようになるのだろうか。子どものサブカルチャーが存在することを主張するためには、まず、彼らに共有された文化的伝統が存在することを示さなければならない。すなわち、子ども以外の社会のメンバーにはあまり知られていないような文化的伝統が存在することを。と同時に、このような文化的要素がアメリカの子ども全体に広がっているということも示さなければならない。

文化的伝統は、個人的あるいは集合的にシンボルを操作することで創造される。創造という観点から見ると、文化的形態は他者に伝達され、最初の相互作用の相手以外へと拡散される(Jacobs 1893)。大きな集団内での文化の伝達もはじめは相互作用から起こるのだ。もちろん、その情報がマスメディアを通じて広範なオーディエンスに届かない限り、拡散は限定される。メディア(たとえば、子ども向けのマンガ、映画、趣味情報誌、ラジオなど)を通した拡散の後、付加的な拡散が個人間のチャンネルや反復してその情報を流すマスコミを通して起こる。子どもの文化を扱う際には特に、情報拡散の範囲と伝達の方法とを区別しなければならない。マスメディアが伝達するものの大部分は、決してオーディエンスにまで伝わらない。さらに、メディアによって伝えられたことのない多くの文化的項目が、文化的なシステムを通して知られている。膨大な量の情報が、若者の間での「共通の知識」となっている。たとえば、汚いジョークや性的な話、攻撃的なユーモア、ドラッグの習慣、悪ふざけやいじめなどである。これらは、大人に管理されたメディアによって伝えられることは決してない。そのようなメディアは子どもを無垢でデリケートな感覚の持ち主と強く考えている。

オーピー&オーピー(Opie & Opie 1959)は、子どもたちの習慣が遠く離れたコミュニティにまで広がる速度を明らかにした。彼らによると、「児童期の子どもたちは世界をまたにかける運び屋を雇っている」とのことである。急速な伝播は、特定のパロディ・ソングの広がりを観察することで明らかとなった。エドワード八世の退位〔訳注1〕に関するある下卑た替え歌は、ロンドン、チチェスター、リバプール、オールドハム、スワンシーとイギリス中に三週間で広がった。オーピーらは、こうした現象は一般的なメディアでは伝えられなかったと述べている。(様々な年代の)若者文化は、マスメディアの外に広がるコミュニケーション・チャンネルについて教えてくれるすばらしい例である。コミュニケーション・チャンネルとは、ある文化の境界を確定する情報の管のようなものである。多くの大人は、「幸福にも」そこで何が伝達されているのかを知らない。集団の文化から発生するサブカルチャー的な伝統は、マンハイム（Mannheim 1952）が述べるように、他の者たちにもその後拡散されるような新しい視点を創造し、文化的様式を発達させる。それは、若者たちの具体的な集団（世代ユニット）として若者文化を説明する視点を支持してくれる。

構成されたサブカルチャーは、互いに連結した集団内のコミュニケーションや集団の中で共有された知識・行動にとっての「注解」として機能する。サブカルチャーの範囲は、特定の集団が他の集団との関係の中でもつ知識の境界から構成される。シブタニ（Shibutani 1955）が述べているように、「文化的エリアはコミュニケーション・チャンネルと一致する」のだ。

このような理論的土台をもとに、ここでは次のような課題を設定した。すなわち、子どもは現代アメリカ社会の中でサブカルチャーを形成しているのかどうか、もし形成しているとすれば、情報を拡散させるコミュニケーションのリンクとは何なのか。こうした問題意識のもと、サブカルチャーの存在を示すものとして、子どもの言語（スラング）を分析する。大きな社会的枠組みの中で活動している集団は何であれ、特定の言語を発達させる。もしサブカルチャーが存在しているのなら、他の集団には広まっていないが、子どものコミュニティではよく知られているような言葉を発見することができるはずである。(1)

1　共通の文化的内容

民俗学者はその昔、同じ文化的形態は孤立の中から発達するという考え、すなわち多源的発生説を放棄した。言い換えれば、複数の集団に共通した文化的伝統の存在は、それらの集団が接触していたことを示すものである。共通の習慣や言語の存在は、子どもが、大人とは内容において異なる独自の社会を形づくっていることを示す。ダグラス・ニュートンの著作の中に、「子どもたちの世界規模の兄弟愛は未開民族の最たるものである。そして、滅亡の兆候を見せない唯一の未開民族である」とある（Opie & Opie 1959）。子どもの習慣はその緩やかな連続性と地理的な広がりという点においても注目に値する。子ども文化を大人たちの大部分は忘れ去っているが、メアリー＆ハーバート・ナップ（Mary & Herbert

Knapp 1976）が述べるように、子ども文化は「子どもの秘密の教育」の一部を形成している。ストーン＆チャーチ（Stone & Church 1968）は、アメリカにおける子ども文化の存在を「学年も半ばのころになると、子どもたちは友達と独特の文化の中で生活するようになる。そこでは、世代から次の世代へと無傷のまま伝達される独特の伝統的なゲームやリズム、不思議な話、トリック、迷信、神話的な習慣、技術が息づいている。そして、時には大人の助けも借りずに、世紀を超えて生き続ける」と述べている。

子どものサブカルチャーがアメリカにおいて存在することを示すために、複数のコミュニティで子どもに知られている言葉やフレーズを紹介する。そして、それらの言葉が、少なくとも大人にはあまり用いられていないことも同時に示す。もちろん、このような分析は思弁的なものに過ぎない。というのも、私のサンプル調査は、言語使用の範囲を決定できるほど十分に大きいものではないからである。たとえば、南部や南西部、西部ではよく知られているのに、この研究では拾いきれていない言葉もあるかもしれない。本研究はニューイングランド（New England）とミネソタ（Minnesota）の五つのコミュニティを分析対象としているだけである。本研究の目的は子どものインフォーマルな語彙やスラングを体系的に明らかにすることではないので、分析の対象としたコミュニティでも、多くのスラングが報告されないままかもしれない。したがって、ここでは、実際に存在する共通の知識を不十分にしか報告できていない。集められた言葉はそのコミュニティの中で少なくとも一人の話し手が用いた語彙である。知識の範囲は社会経済的位置や態度、年齢、興味、能力などによって確実に変化する。非常に限られた地理的範囲内であっても、文化的知識はそこに住むすべての子どもに知られているわけではない。それを踏まえた上で、本章においては、コミュニティ内で集められた言葉はそのコミュニティで話されていたものと仮定する。

情報は個人個人の間で共有されるわけだが、その際二つの尺度を用いて分析する。「水平的尺度」と「垂直的尺度」の二つである。これは、社会構造研究から借りてきた比喩である。水平的尺度とは、ある言葉が知られている地理的な範囲を示す。すなわち、あるスラングが広く知られているか、隣人同士の間でしか知られていないかといったことを表す。大人が用いる言葉の拡散に関する最も重要な研究では、地理的な拡散に焦点を当てている（Allen 1973）。一方、垂直的な拡

		水平的拡散	
		広い範囲	狭い範囲
垂直的拡散	狭い範囲	一般的なスラング ① 四文字言葉など	地域的なスラング ③ イッシュ（ish），ソーダ（soda）， ポップ（pop）など
	広い範囲	子どもたちの言葉 ④ なんて（duh），バカな（doofy）， 自転車の２人乗り（buck）， 女々しい男（wuss）	地域特有の子どものスラング タバコの回し飲み（schmedley）， ありがとう（angy） ②

図７-１　スラングの水平的／垂直的分布

散とは、ある言葉（知識）が地理的にではなく、構造的な社会の各セグメントに浸透する範囲を表す。ある語彙は社会の中で特定の集団や階層にしか知られていない一方、他の語はより多くの人に知られていたりする。階級的区分は、下流階層の上に上流階層が横たわるといったふうに、しばしば垂直的な観点から定式化されるが、ここでの垂直的尺度は、比喩的に高さを用いているだけである。そして、ここでの垂直的尺度には、階級的区分だけでなく、職業や人種、宗教、年齢といった集団も含まれる。年齢という観点から見れば、ほとんどの個人は他の年齢グループの人と親密な関係の中で生きている。それでも、他の年齢グループが有している知識をすべて共有しているわけではない。

これらの二つの尺度は、分析的、経験的に区分される。筆者はこれらの尺度を、帰納的な目的のために、クロスさせそれぞれ二つに分割する（図7-1参照）。したがって、文化的要素は、図の中のどれかに位置づけられることになる。①多くの人に共有されている語は、広い水平的拡散と広い垂直的拡散によって特徴付けられる。卑俗的でよく使われている四文字言葉（四文字からなる卑猥な語、FUCKなど）など、一般的な意味でのスラングがここに含まれる。②広い垂直的拡散と狭い水平的拡散によって特徴付けられるのが、地域的な言葉である。③狭い水平的拡散と狭い垂直的拡散によって特徴付けられる言葉は、地域の中で特定の階層だけに用いられているものである。それは、話し手の間での固有の文化の存在を示す。家族内で用いられる言葉や儀礼、風習などがこの現象の例である。④四番目のタイプは、この章で特に関心が向けられているものである。すなわち、特定の集団では広く知られているが、その集団と同一化していない人々やその集団のコミュニケーション・ネットワークに参加していない人々には知られていないような言葉やフレーズである（広い水平的拡散と狭い垂直的拡散）。もし、子どものサブカルチャーがアメリカで存在するとすれば、彼らの言葉はこの四番目のカテゴリーに当てはまる。子どもの言葉の境界は、昔子どもだった大人がその言葉を思い起こし、それらを適切な状況で使えるほど、正確なものではない。また、すべての子どもが必ずしも仲間内で共有された知識に慣れ親しんでいるというわけでもない。しかしながら、サブカルチャーが存在するためには、ある集団内で共有された知識があり、さらにそれが兄弟のような絆で結ばれたその集団の外部の者には知られていないということを必要とする。なお、少年と少女との生活には差が存在するという点に留意することも重要である。男女間には、多くの点で重大なギャップが存在する。子どもは二つの分離したサブカルチャーを有しているのだ。

(1) 古くから使われてきた言葉

ある社会において、有能なメンバーは誰でも、他者とコミュニケーションをとることができる、一群の言葉やフレーズを獲得している。共有されたシンボルを通して、人は集合的な意味を構築することができる。それは、語彙自身の表示的な意味を超えて働く意味のことである。少年たちは、前青年期に達するまでに、非常に多くの、集合的意味を装飾し、記述し、指示する社会的な語彙や言葉を獲得している。前青年期までに、少年たちは、ほとんどの社会的トピックスに関して、大人や仲間と十分な相互作用を展開できるようになる。大人が学校や家庭で子どもに教えようとする、また直接的ではないがマスメディアを通して伝えられるフォーマルな語彙と同時に、ほとんどの子どもは一般的なスラングの生きた知識を獲得する。そして、そのようなスラングは「日常会話」の一部をなす[2]。

子どもは、成人男性によって用いられる性的で攻撃的なスラングを非常によく知っている。たとえば、インフォーマルでプライベートな会話では、金玉（balls）やバカ（boobs）、オンナ（chicks）、ちんちん（dicks）、ホモ（fags, faggots, fairies）、オナニー（jerks）、ニガー（nigger）といった言葉を使う。これらの言葉は、一般的なアメリカにおけるスラングの一部である。もちろん、それらは、特定のグループ（男性、若者、下流階層）でより頻繁に使われる。ただし、先行研究が指摘するように、ある集団（その研究の場合は、大学生）で特定のスラングが使われていたとしても、必ずしも、それがその集団を代表するスラングというわけではない[3]。

(2) 地域的な言葉

狭い水平的拡散と広い垂直的拡散によって特徴付けられる言葉が、地域的な言葉である。ただし、マスメディアによる画一化の影響が大きいためか、地域性のある言葉はほとんど見出すことができなかった。「汚いもの」を意味するイッシュ（Ish）という言葉はミネソタ州にある三つのリーグではすべてで用いられていたが、ニューイングランドでは見られなかった。アメリカの他の地域では、イック（ick）やイーチ（yeech）という言葉が用いられている。本書では、イッシュという言葉の地理的な分布を明らかにすることはできなかったが、その言葉はミネソタの住人にはすべての年齢層で知られていた。また、ミネソタにおけるオーフダ（oofda）は「しまった」（my gosh）という意味である。さらに、ミネソタにおけるポップ（pop）は、東部ではソーダ（soda）に該当する。すなわち、甘い炭酸飲料のことである。これらは、ある社会の大部分に拡散した地域的な言葉の例である。

(3) 集団内のスラング

水平的にも垂直的にも狭い範囲にしか広まっていない言葉は、ある集団の文化を反映したものである。家族内で用いられる言葉や友達同士の間で使われる秘密の言葉などがこのタイプに該当する。ほとんどの子どものスラングは地域的なものであり、特定の集団の中だけで用いられている。つまり、特殊な文化の中で創造される言葉である。多くの言葉は生まれてすぐになくなり、中には集団内で存在し続けるものもあるが、国家規模あるいは地域規模で共通語となるものは極めて少ない。サンフォードハイツの少年たちは、「ありがとう」を意味するアンギー（angy）という言葉を造語したと主張している。また、メープルブラフにおけるシュメドリー（schmedley）という言葉は、少年たちが屋外で一本のタバコを回し飲みすることを意味する。ボルトンパークにおけるオノマトペ的なブラッチャック（blutchuck）という言葉は嘔吐を意味する。ビーンビルにおけるグロム（glom）という言葉は、無様な少年、いやなやつを意味する。プラング（prang）やグレムタイト（gremtight）、ヒューマンド（humaned）、レオン（leon）、ラガ（raga）、ルミネント（ruminento）、リメイン（remain）、ロイヤル・パトゥーン（royal patoon）といった言葉は、子どもたちがつくった地域的な言葉の例である。これらの言葉は、コミュニティの外部までは広がっていないし、大人にも知られていない。地域的な言葉の創造には、大きな想像力が要求される。たとえば、放屁を表すボルトンパークの言葉がある。そこでは、放屁のことをリップ・ロアリング・フライング・マウンテン・ライオン・アヘム（Rip Roaring Flying Mountain Lion Ahem）と言う。また、サンフォードハイツでは、猥褻な悪態のことを、ロイヤル・ボヘミアン・スペリオール・ブットファッカー、イッツ・オン・ファイア（Royal Bohemian Superior Butt-Fucker, It's on Fire.）と言う。子どもたちは、このような下品な言葉のひねりに嬉々として取り組んでいた。これらの言葉のほとんどは、その目新しさゆえに、またそれらの意味が大人や集団外のメンバーには分からないので、最初に用いられることに意味がある。ただし、一般的にこれらの言葉には長く残るだけの力はない。こうした言葉は、存在したという何の記録もなしに、常につくり続けられ、使われ続け、消え去り続けるのだ。

(4) サブカルチャーのスラング

サブカルチャーのスラングは、相互作用が存在する集団に起源を持つが、その集団内だけで用いられるわけではない。それは、相対的に狭い垂直的拡散と実質的な水平的拡散によって特徴付けられる。子どもたちから収集した三八七の言葉のうち、九八の言葉（二五パーセント）が一つ以上の地区から集められた[4]。先にも記したように、この数字は実際に共有されている語彙の量を控えめにしか表していない。なぜなら、そうしたデータを集めることはこの研究の主目的ではなく、副次的な関心に過ぎないからである。したがって、多くの言葉が収集されずに残っている。ただし、共通の言葉の多くが子どもだけに用いられているわけではない。収集された言葉のいくつかは、アメリカにおける一般的なスラング文化の一部となっている。金玉（balls）やホモ（fairy）、間抜け（fart）などがそうである。これらのほかにも、大人に知られているものもある。ただし、大人がそれを使うことはめったにない。認識している、あるいは知ってはいるが、使わないのである。子どもも大人も各自の文化の中でこのような言葉の部分集合を持っている。しかし、大人にとっては、こうした言葉はあまり使用に適していないのだ（おそらく、そのようなスラングを使うことは、子どもっぽさや未熟さを意味するからである）。しかし、子どもにとっては、それらの利用価値は高い。

私が収集した言葉のうち、一つ以上の地域で、子どもには用いられているが大人には用いられていない言葉がいくつあるかを概算するために、ウェントワース＆フレクスナー（Wentworth & Flexner）による、アメリカ・スラングの権威的な辞典である『アメリカ・スラング辞典（Dictionary of American Slang）』と私が収集した言葉のリストを比較してみた。九七の言葉のうち、五八の言葉（六〇パーセント）は同辞典にも掲載されていた。それらは、特に子どもの言葉と認めることはできない。したがって、残りの三九の言葉が「子どものスラング」と認められる（表7－1参照）。ただし、これらの言葉が思春期の若者にも使われていないと結論付けることはできない。実際、「子ども文化」は明確な年齢による境界を持たない知識システムなので、多くの言葉が思春期の若者にも使われている可能性は高い。

子どもの言葉や行動に関する大人の知識を調べるために、サンフォードハイツでインタビューした一四人の親に、自分の息子がどのような行動をとっているか、それに気づいているかどうか尋ねてみた（表7－2参照）。そのうち、四三パーセントの親は自分の息子は汚らしくて乱暴な言葉は使わないと回答した。また、五〇パーセントの親が自分の息子は汚いジョークを言わないと回答した。さらに、五七パーセントの親が自分の息子はいたずらをしないと回答した。子どもはみんなこのような行動をしていると仮定することは誤りかもしれないが、少なくとも、何人かの親は自分の息子の行動パターンに気づいてもいないし、部外者に対してこうした行動を自分の息子がしていることに同意するわけにはいかないということをこの数値は示している。後者に関しては、なぜそうするのか全体的に説明することは難しいが、親が偽っているとは思わない。できるだけ良心的に判断した結果、親は自分の息子に対して親愛を示しているのだ。子どもが実際に彼らの友達と一緒にしていることを私が知っていると親たちも認識しており、私に対して息子への愛情を示したかったのかもしれない。ただし、何人かの親は自分の息子の行動に本当に気づいていなかった。

親が知らない最も端的な例は、「ファニー・フォーン・コールズ（funny phone calls）」と呼ばれるケースであった[5]。一四人の親のうち二人（一四パーセント）しか、自分の子どもがこのいたずらをしていることを知らなかった。しかし、実際は半分の子どもがこの行動に関わっていた。また、親は子どもの話し言葉についてもほとんど知らなかった。子どもがあ

表7-1　子どもたちのスラング

1	Adoi	形容詞	愚かな（例文）「あいつらはあんな駄目な選手を抱えている。」	BP，SH
2	Bite	動詞	同性愛的な意味を含んだ侮辱の言葉（例文）「お前を噛んでやる。」	BV，BP，SH
3	Booger	名詞	（身体の）粘液	MB，HW，BP，SH
4	Buck	名詞	自転車に後ろの人として2人乗りすること	MB，SH，BP
5	Bumpers	名詞	（スタイリッシュでも，有名ブランドでもない）古いスニーカー	BP，SH
6	Buzz	名詞	ショートヘア・クルーカット	BP，SH
7	Ding Dong Ditch	名詞	ドアベルを鳴らし家から走り去るいたずら（類：Ding Dong Door Ditch，Ring and Run，Nigger Knocking）	BP，SH
8	Dink	名詞	（小さい）ペニス；嫌われている少年	BV，SH，MB
9	Doi	感嘆詞	（例文）「それはバカだ，なあ。」	BP，SH
10	Doof	名詞	バカで，臆病な少年	BP，SH
11	Doofy	形容詞	バカな・臆病な	HW，BP，SH
12	Dork Dorko	名詞	嫌われている少年	BP，SH
13	Duh	感嘆詞	なんてバカなんだ	BV，BP，SH
14	Egg	動詞	いたずらで対象に向かって卵を投げる（一般的には車や家へ）	HW，BP，SH
15	First base	名詞	(1)キスすること　(2)唇	HW，BP，SH
16	Gaywad	名詞	同性愛的な意味を含んで，嫌われている少年のこと	BP，SH
17	Get on your horse	動詞	速く走る	BP，SH
18	Goober	動詞	よだれをたらす	BP，SH
19	Heinie	名詞	尻	BP，SH
20	Ish	感嘆詞	嫌悪感を表す表現（「いやなやつ」といった感じの）	MP，BP，SH
21	Mo	名詞	同性愛者	BP，SH
22	Motormouth	名詞	常に喋っている少年	BP，SH
23	Mutt	名詞	嫌われている，あるいは醜い女の子	BP，SH
24	Nail	動詞	当てること（たとえば，「車に卵を投げつけて当てる」など）	HW，SH

表 7 - 1（つづき）

25	Pusslick	名詞	嫌われている少年（女々しいという意味を含む。女性器に対する隠語から）	BP，SH
26	Sad	形容詞	満足のいかない，悪い，下手な	BV，BP，MB，SH
27	Scabby	形容詞	満足のいかない，悪い，下手な	BP，SH
28	Sleezy	形容詞	幸運な（しばしば思いがけない幸運という意味を含む。たとえば，「幸運なキャッチ」というように）。時には，思いがけない幸運を手にした少年という名詞でも用いられる	BP，SH
29	Slug bug	名詞	フォルクスワーゲンのビートルを最初に見たと叫んだ少年が他の少年を殴ることができるゲーム。このゲームは通常，ドライブ中に行われ，親がやめさせるまで続く。このゲームのバリエーションとして，Orange Slug Bugがある	BP，SH
30	Snuggy	名詞	ある少年の背後に回り，その少年の下着を脱がせるいたずら（類義語：wedgie）	BP，SH
31	Swirly	名詞	一人の少年の頭をトイレに押し込み，水を流すいたずら（水が流されるswirlから派生）	BP，SH
32	Tinsel teeth	名詞	前歯に金属のかぶせ物をしている少年	HW，BP
33	Ultra	形容詞	とても洗練されているさま，あるいはクールなさま	BP，SH
34	Wanky	形容詞	常軌を逸した，バカな，おろかな様	BP，SH
35	Way to be	感嘆詞	支持的なコメント，「大丈夫だよ」といった意味	MB，BP，SH
36	Wedgie	名詞	ある少年の背後に回り，その少年の下着を脱がせるいたずら（類義語：snuggy）	BP，SH
37	Whore	名詞	嫌われている，あるいは醜い女の子（類義語：prostie，slut）	MB，SH
38	Woman	名詞	嫌われている，あるいは女々しい少年	MB，SH，BP
39	Wuss	名詞	女々しい少年	BP，SH

注 1）2 つ以上の地域で見られ，『アメリカ・スラング辞典』に掲載されていないものを集めた。
注 2）BP＝ボルトンパーク，BV＝ビーンビル，HW＝ホープウェル，MB＝メープルブラフ，SH＝サンフォードハイツ。

表 7 - 2　親／息子が子どもの文化について知っている割合

	親の認知率		子どもの認知率	
	実数	%	実数	%
Buck（自転車の 2 人乗り）	4	29	8	57
ding dong ditch（ディン・ドン・ディッチ）	1	7	9	64
doofy（バカな）	1	7	5	36
dork（嫌われ者）	9	64	10	71
hot box（挟殺のシミュレーション）	6	43	13	93
mutt（ブスな女）	2	14	11	79
polish home run（ファウルボール）	1	7	9	64
polish rope trick（ロープを使ったいたずら）	0	0	1	7
prange（突撃）	0	0	5	36
royal bohemian（放屁）	1	7	4	29
snuggy（下着を脱がすいたずら）	5	36	12	86
swirly（トイレの便器に頭を押し込むいたずら）	1	7	4	29

る言葉を使うのを聞いたことがあると主張していても、その意味には気づいていなかった。

遊びやジョーク、伝説や民間信仰のようなジャンルの文化は、子どもを大人から区分し、子どもの文化とは単なる隠喩ではなく、「組織化された世界」であることを示している。この年齢階梯的な文化の一例は、誰かの下着を引っ張るという単純ないたずらに示されている。ミネソタではそれをスナッギー（snuggy）と呼び、ニューイングランドではそれをウィージー（wedgie）と呼んでいた。このいたずらは、その犠牲となる者（同級生か年下の少年）の背後に忍び寄り、その下着をできるだけ強く引き摺り下ろすというものである。それは、少年たちの間でセクシュアリティが発現しつつあることを示している。すなわち、それは、ブラジャーをはずすことと構造的には同一の行為である。ボルトンパークでは、ある少年は助けが入るまで延々二時間もの間下着を引っ張られたということを聞かされた。ビーンビルでは、実行犯があまりにも強く下着を引っ張ったため、下着が破れてしまったという話を聞いた。その後、その実行犯は相手の顔に破れた布をこすり付けたという。このスナッギーやウィージーは前青年期男性サブカルチャーの一部を構成するものである。

前青年期の少年のスラングで、他に主要な要素となっているものに、(第5章で論じたように)同性愛(そしてオーラル・セックス)に関する語彙がある。少年たちはお互いをファゴット(faggot)やファグ(fag)、フェアリー(fairy)、フェザー(feather)、ゲイ(gay)、ゲイワド(gay wad)などと呼び合う。その中でも、コックサッカー(cocksucker=フェラチオをするやつ)という呼び名は最も強烈な軽蔑の言葉である。なぜなら、その言葉は、他の言葉では隠されている事柄を明確にすると同時に、子どもたちが抑圧している感情(心理ダイナミクスという点でも、印象操作という点でも)をあらわにするという点で危険だからである。子どもたちのインフォーマルな話の中で強調されることの一つに「吸う」(五つのリーグすべてで見られた)や「噛む」(たとえば、バイト・ミー(bite me)という言葉はビーンビル、ボルトンパーク、サンフォードハイツで見られた)、そして「食べる」(ボルトパークとサンフォードハイツで見られた)というものがある。それらの比喩は、話が女の子の「犠牲者」に向けられたときは、女性器や尻を舐めるという意味のスナッチバイト(snatchbite)やトゥワトリック(twatlick)、プスリック(pusslick)などと同じように、オーラル・セックスのことを指す。少年たちは自分の友人やライバル、敵(それぞれにはもちろん違うトーンで)に向かって、「僕のお尻を噛んで」や「頭を噛んで」「僕のふくろを噛んで」「僕のニキビを食べて」「僕を食べつくして」「僕の穴を使って」「女(cow)を吸いに行こう」「女(egg)を吸いに行こう」「僕にぶつかってきて」「僕のお尻をなめて」「頭を吸って」「もっと吸って」「僕のちんちんを吸って」「僕のにおいを吸って」「僕の若いソーセージを吸って」などと言う。同性愛はこの年齢集団のメンバーにとって重要なテーマである。すなわち、性的な風習は個人間のコミュニケーションの市場において威信となるのだ。

2 文化の拡散

子どもが他の集団とは異なる(その境界が常に明瞭とは限らないが)文化を共有しているということを認めると、その文化的要素はいかにして子どもたちに広まるのかという疑問が次に湧いてくる。複数の集団にまたがる文化的要素の存在は、コミュニケーションが存在することを物語っている。地域社会における子どものコミュニティは閉じたシステムだが、そのコミュニティのメンバーはメンバー同士だけと相互作用しているわけではない。前青年期であっても、社会的な連結を通して他のコミュニティと結びついている。その連結は多様な形態をとり、個人的連結という観点からでも、集団的連結という観点からでも分析しうるものである。たとえば、個人は複数の集団に同時に、あるいは継続的に所属している。集団は、間集団的なコミュニケーション（たとえば、一つの集団から他の集団へのコミュニケーション）や多集団間のコミュニケーション（たとえば、マスメディアのように、一つの集団あるいは一人の個人から複数の集団へのコミュニケーション）、集団間のコミュニケーションを要求・推進するような役割・地位を持った非所属成員によるコミュニケーションを通して、他の集団と結びついている。このような連結を通して、文化的な情報や行動のオプションは拡散され、結果的に言説の共有世界をつくり出す。次にこの社会的ネットワークについて分析する。それは、子どもの年齢階梯上の境界について分析するよりも、「サブカルチャー」という概念で分析するのにふさわしいものである。子どもたち全員が必ずしも「子ども文化」について知りうる立場にいるわけではないが、思春期に入りたての若者や社会科学者はそれについて十分知りうる立場にある。

(1) 複数の集団に同時に所属する成員

人は複数の集団に同時に所属している。そのことによって、人々の間で文化の交換が促される。一つの集団において見られる文化的要素は、またがって所属している成員によって簡単に他の集団へ紹介される。このことは、近年の子どもたちの忙しいスケジュールを見れば明らかである。少年は自分が住む地域の外でも複数のユース・グループに所属している。たとえば、ボルトンパークに住むある少年は、他の郊外で開かれている銃の安全教室に参加していた。サンフォードハイツのある少年は、学校パトロールでの外回りに、シーズン中の一週間を費やしていた。スポーツやコンテスト、サマーキャンプなどによって、子どもたちは地域を越えた、あるいは州を越えた仲間と会うことができる（たとえば、ボーイスカウト・ジャンボリーやナショナル・スペリング・ビー［訳注2］

といった集まりで)。所属している集団に導入することが必要な文化的項目に子どもが出合うと、すぐに伝達される。集団への参加が短期間であっても、全生活的なものに及ぶときは(キャンプやジャンボリーなど)、少年は注意を引くようなドラマティックで目立つ情報を手に入れようとする。また、その新しい知識がどの程度のものかを見積もる。

少年が「冒険」から戻ってくると、地元の友達はそこで起こったことを熱心に知ろうとする。こうしたパーソナルな語りは文化の紹介にとって一つの源泉となる。特に、性的な話や攻撃的ないたずらといった子どもたちの「逸脱」にとっては。スワーリー(swirly)とは、一人の少年の頭をトイレの便器に押し込み、水を流すいたずらであるが、北ミネソタで行われた夏のホッケー・キャンプに参加した小さなスターによってサンフォードハイツに持ち込まれた。チームのほとんどの少年がそのいたずらを彼から教わった。

集団間の交流はそれほど劇的なものではないが、集団同士が関係付けられるとき、新しい文化的項目に目が向けられる。ほとんど同じメンバーがいない複数の集団に所属している子どもは、文化的伝統の拡散や変質にとって決定的な連結点となる。替え歌のような、記憶に残りやすい文化的産物はすぐに拡散する。これは、個人が他の集団に加入したときに最初に演じる役割である。拡散は、その情報が受け取られたときの価値が高いと、さらに促進される。

メンバー間をつなぐ極端な例は、引っ越しをよくする子どもである。[6] 移動性というものは明らかにコミュニティや家族が持つ社会経済的、環境的、歴史的要素の結果につれて変動する。研究した五つの地域における移動性は低かった。たとえば、サンフォードハイツの四八人の一二歳の少年のうち、リトルリーグのシーズン開始の一年前までに引っ越してきたのは二人だけである(一人はセントポールから、もう一人は州南部の中央にある小さな町から)。しかし、シーズン終了後数ヵ月もたたないうちに、二人ともサンフォードハイツを去った。一人はサンフォードハイツの北の小さな準郊外に、もう一人はウィスコンシンに。ときに少年たちはとんでもない距離を移動する。ボルトンパークのある少年はフロリダへ引っ越したが、そのチームメートの一人はシカゴから移ってきたところであった。こうした移動によって、メディアが存在しないところでも文化的な伝統は拡散する。移ろいやすいコミュニティ(軍の基地や大学のそばのような)では、安定したコミュニティよりも文化変動の度合いが大きい。

子どもが移動するとき、彼の知識の在庫全体も彼とともに移動し、新しい仲間集団へと伝えられる。これによって子ども文化において伝統的なマテリアルの同質化がもたらされる。郊外から移ってきた少年は普通もの静かで、新しい環境の中では低い地位しかもてない。しかし、南ミネソタから来たハーディー・ウィーダーはすぐに仲間集団内のリーダーとなった。それは、彼が性的なことに関して幅広い知識を持っていたからである。子どもたちの伝統に関して彼が有していたものが、彼の友達にも知識も広げたのだ。

(2) 子ども同士の弱い結びつき

少年たちの社会的ネットワークの凝集度にかかわりなく、彼らは自分たちが主に活動している集団以外からも知識を獲得する。相互作用するネットワークは決して全体的に縛られたり、限定されたりすることはない。グラノベッター(Granovetter 1973)は、閉じた友人サークル以外での接触が社会システム全体に情報を拡散する上で決定的に重要であると論じている。大人に指導された「小世界」に関する一連の研究では、ネットワークの結びつきの範囲が示されている。それは、国家をも横断するぐらいである。近代社会における社会的、地理的移動という特性ゆえに、アメリカ人はいくら物理的に距離が離れていても、地理的な境界を越えて社会的な結びつきを有しているのだ。こうした結びつきは、適切な動機付けがあるところには、文化的拡散の機会を提供する。うわさの拡散や狂乱の伝播、ニュースに関する研究などでは、情報や行動は適切な条件下では急速に拡散することが示されている。すなわち、その情報が伝達するに値すると見なされ、その構造的な特性が拡散に適したものであるときには、急速に拡散する。

私のデータからは、こうした弱い結びつきが子どもたちの間で見られる正確な範囲まで測定することはできない。子どもは簡便な移動手段を持っていないし、電話も大人によって管理されているので、彼らのコミュニティ外への接近は大人に比べると限られている。しかし、子どもにもそれが存在することは確かである。

地理的に移動する子どもは何マイルも離れたところでも友情を維持している。そして、昔の友達が招待されることもよくある。ペンフレンドに手紙を書くという前青年期の娯楽は、同じような現象の違う例である。同様に、アメリカの拡大家族に一般的な、離れた(空間的にも血縁的にも)いとこも、子どもにとって自分の生活状況や文化を比較する他者となる。親族の再会は、そのメンバーを互いに知り合い、地域や家族の伝統を共有する機会である。親族間の訪問は、特に前青年期の子どもを持った家族ではよく行われる。彼らは多くの問題を引き起こすほど未熟ではないが、親たちが親戚にその姿を見せたいと思うほどには十分幼い。また、親に付き添わないという選択もできない。こうした訪問を通して、子どもは自分と同い年くらいの親戚と会うことになる。そして、もし親戚内での風習が何かしら生きているなら、目新しい子ども文化に出会うこととなる。子どもの文化は地域によって多様なので、親戚との結びつきは、文化的な伝統が地理的な隔りを飛び越えるメカニズムを提供する。たとえば、バリー・ライマーはサンフォードハイツに住む一二歳の少年だが、彼の一〇歳になるいとこがアイオワ州メーソンシティ近くの農場から訪ねてきた。彼は「汚い指の爪」の農夫とからかわれたが、彼とバリーの友達は文化的な情報を交換した。たとえば、醜い女の子をマッツ（mutts）と呼ぶ代わりに、アイオワの男性サブカルチャーではホッグス（hogs）という言葉を使う。また、病人を呼ぶときにはモーロン（moron）という言葉を使う。サンフォードハイツ及びメーソンシティの少年たちに文化的なオプションを提供する情報が交換されたのだ。頻繁に会わない人と会話すると、相対的に短時間のうちに、膨大な新しい情報が急速に拡散する。それは、ヤコビッツ（Yerkovich 1976）が「更新」（updating）と呼んだものである。互いに質問を重ねることで、参加者たちは非常に細かいところまで重大なトピックスについて知ることができる。

近隣には、子どもが敏感なトピックス（セックスやいたずら、侮辱など）について喜んで話してくれる思春期の若者が何人もいる。この手の情報の主要な源泉は兄である（姉がこの役を演じる話題もある）。兄の中には、自分の弟が仲間内で地位を獲得できるよう、この手の文化的伝統について弟に教えることを自分の責任と感じている者もいる。兄弟は「近しい友人」にはなれないが（彼らは異なった社会的世界に住んでいるので）、兄は文化を伝承する上での源泉となっている。兄弟を持たない子どもは、この手の話題を兄弟のいる子から学ぶ。同様に、七年生［中学一年生］たちは、自分を庇護の下に置こうとする学校の先輩に愛着を持つようになり、自分の仲間に先輩から仕入れた情報を伝える。

ここで、ゾ・イ・ド・（zoid）というスラング表現の拡散について考えてみよう。ゾイドとは、その発案者によると、「敗者」

の少年や評判を得ていない少年、どの集団にも属していない少年に言及するときに用いられる（たとえば、皮肉を込めた軽蔑の言葉として、「お前はゾイド、だろ?」というように）。この言葉はサンフォードハイツの一二年生［高校三年生］の少年がつくり、[7] 彼が正規に所属している野球チームの友人に広まった。その後その少年の九年生［中学三年生］の弟が覚えた。そして、その少年は、ゾイドという言葉を友人たちと使用した。この九年生の少年の友人の一人には、リトルリーグでプレーしている六年生の弟がいた。この六年生の少年は自らのボキャブラリーにゾイドという言葉を加えた。四八名の一二歳の少年にシーズン終了後インタビューしたとき、一一人がその言葉を聞いたことがあると回答した。その六年生の少年はこの一一人のうち一〇人（九一パーセント）が友達であると答えた（彼が友達といった全少年の五三パーセント）。年齢を超えた連帯の構造は、近い年齢、同学年の友人たちの間で起こる拡散に給しているのである。

(3) 特定の情報の拡散

コミュニケーション・チャンネルが存在しているだけでは、あらゆるタイプの情報が伝達されるわけではない。コミュニケーションのつながりは、特定の情報を拡散させる。情報は、興味関心にしたがって、ネットワークの中を流れる。結果的に、あるコミュニティの中では複数のコミュニケーション・チャンネルが同時に作用している。たとえば、一つ目は汚いジョークが流れるチャンネル、二つ目は学校での出来事が流れるチャンネル、三つ目はスポーツに関する話題が流れるチャンネルというふうに。人は伝達される情報によって分化し、論じるのに適当であると感じるものにコミットする。したがって、取り扱いに注意するような文化的情報（たとえば性的な知識など）は、受け入れようと思っている人にだけ届くことになる。ここでのデータは、このような特定の情報チャンネルの存在を明確に支持できるほど確かなものではないが、そういったプロセスが確かに存在することを示している。

ネットワークの分化を調べるために、サンフォードハイツのリトルリーグでプレーしている四八人の一二歳の少年たちをサンプルにデータを収集した。コミュニケーション・ネットワークの密度は、それぞれの少年が他の少年を、親友やただの友人、話し相手というふうに特徴付けするときに明らかとなる。サンプルにおける、一一、二五六の群のうち、一八・二パーセントが親友、三一・二パーセントが友人、二三・六パーセントが話し相手だった。[8] つまり、計七三パーセントになんらかの関係性が存在した。

少年たちには三五の文化的項目について知っているかどうか尋ねた。それらのうち、いくつかはサンフォードハイツにおける子どもたちの観察から知り得たものである。ある項目について聞いたことがあると答えた少年には、それを誰から聞いたか、聞いた人の名前を全員挙げさせた。そして、ある項目に関する伝達経路が存在するものには1と、伝達経路が存在しない項目には0とコード化した。そして、それぞれの項目にとって、一つ以上の伝達経路がそのサンプル（四八人の少年）の最低四分の一に存在しなければならないという尺度を用い、三五の項目を二四にまで減らした。

そして、これら二四の用語を五つの文化的なカテゴリーに分類した。①異性に関する用語、②侮辱に関する用語、③いたずらに関する用語、④野球に関する用語、⑤性的でも攻撃的でもない残りの用語の五つである。異性に関する用語には次の四つの言葉がある。女の子の胸をなでるという意味のスピン・ザ・ボトル（spin the bottle）とゲッティング・トゥ・セカンド・ベース・ウィズ・ア・ガール（Getting to second base with a girl）、異性の子どもに「あなたはパティが好き?」といった質問をし、その子は正直に答えるか、否定しなければならないという子どもの遊びを指すトゥルース・オア・デア（truth or dare）、キスするか「殺される」かを問うキス・オア・キル（kiss or kill）の四つである。侮辱に関する用語には次の七つがあった。サンフォードハイツのある地方に存在する一般的な侮辱の言葉であるホモ（gaywad）、「僕を噛んで」（bite me）、バカな（doofy）、嫌われ者（dork）、ブスなオンナ（mutt）、突撃（prange）、放屁を表すサンフォードハイツ特有の言葉であるユア・ロイヤル・ボヘミアン・ブットファッカー、イッツ・オン・ファイア（Your royal Bohemian butt-fucker, it's on fire）の七つである。いたずらに関する用語には八つのものがあった。ドアベルを鳴らし、走って逃げるファニー・フォーン・コールズ（funny phone calls）、エッギング・ア・ハウス（egging a house）、ディング・ドング・ディッチ（ding dong ditch）、通行人や車に尻を向けるムーニング（mooning）、相手の下着を後ろから引き摺り下ろすギビング・ア・スナッジー（giving a snuggy）、相手の頭をトイレの便器に突っ込み、水を流すギビング・ア・スワァーリー（giving a swirly）、手製の爆破装置を用いてテニスボールを発射するシューティング・ア・ポリッシュ・キャノン（shooting a polish cannon）、二人の少年が夕暮れ時に路の反対側に立ち、架空のロープの端を持って引っ張り、車の通行を邪魔するポリッシュ・ロープ・トリック（Polish rope trick）の八つである。野球に関する用語には二つの言葉があった。次の出番を待つことを指すビーイング・イン・ザ・ホール（being in the hole）、バックネットを超えるファウルを指す「ポーランド人のホームラン」（Polish home run）の二つである。最後のカテゴリーには攻撃的でも性的でもない三つの言葉が入った。自転車に二人乗りすることを指すギビング・ア・バック（giving a buck）、野球の挟殺をシミュレーションするゲームを表すホットボックス（hotbox）、目標になるものを持った少年めがけてタックルするレスリング・ゲームを表すスメア・ザ・クィア（smear the queer）の三つである。

興味関心にしたがって情報が拡散するのなら、伝達パターンはカテゴリーごとに同様のものとなり、違うカテゴリーでは異なった伝達パターンをもつはずである。言い換えれば、性的な用語はいたずらや侮辱に関する用語と違う経路で伝達されると仮定したわけである。

この仮説に対して、伝達経路に関する因子分析（一〇回の反復を繰り返したバリマックス回転を行った因子分析）およびガットマンとリンゴーズの最小空間分析を行った結果、質的な支持が得られた。両方の分析から得られた結果は同様であり、因子分析の方を紹介するが、両者とも、どの変数が最も近似しているかを決定した。すなわち、報告された拡散の例を比較することによって、どのコミュニケーション経路が最も近似しているかを調べた。標準的な一・〇の固有値尺度を用い、二四の文化的項目の伝達パターンにおいて、五つの因子がともに五一パーセントの分散を示していることを説明した。そして、ある項目が与えられた因子に対して有意かどうか調べるために、標準レベルを〇・四に設定した。それぞれの因子は定義的に独立しているので、それらは異なった伝達パターンを表している。すべての文化的要素が同じチャンネルを通って、すなわちすべてのマテリアルを拡散する経路を通って伝達されるなら、単一の因子が想定されることになる。同様に、もし特定の文化的項目が一緒に伝達され、この伝達が内容や興味関心に基づいていないとするならば、因子の違いは説明できないものとなる。

コミュニケーション・ネットワークの中に特定の経路が存在することを示す最も明確な証拠は、第二因子（表7－3参照）である。この因子で最も高い負荷は異性に関する四つの用語、すなわちトゥルース・オア・デア、キス・オア・キル、ゲッティング・トゥ・セカンド・ベース・ウィズ・ア・ガール、スピン・ザ・ボトルである。これらの異性に関する言葉を学習する伝達パターンは他の項目を学習するパターンとは異なっている。第四因子も明確な結果を示している。第四因子では攻撃的な言葉の負荷が高くなっている。最も高い負荷量を示したものは、「僕を噛んで」(bite me)、ホモ (gaywad)、突撃 (prange) の三つである。女の子を示すマットという言葉やユア・ロイヤル・ボヘミアン・ブットファッカー、イッツ・オン・ファイアという言葉も、この因子の中では中間の負荷を示している。「バカな」(doofy) や嫌われ者 (dork) といった二つの相対的に害のない悪態は、高い因子負荷量を示していない。このことから、明らかに第四因子は攻撃的な悪態に関する用語の経路であり、それ以外のものはこの因子の中で高い負荷量を有していない。

第五因子には性的でも攻撃的でもない残りの用語が含まれている。残余カテゴリーの三つの言葉はすべて、第五因子で高い負荷量を示している。すなわち、第五因子は仲間活動に関する言葉の経路となっている（ただし、バック（自転車の二人乗り）は設定した標準レベルには達しなかった）。エッギング・ア・ハウスも、この因子で高い負荷量を示している。エッギング・ア・ハウスはいたずらの一種だが、他の三つの言葉と同様に身体的な活動でもある。実際、他のいたずらに関する言葉は高い因子負荷量を示していない。

残りの二つの因子には明確な結果を見出すことはできない。第一因子は、最も強い因子であるが、いくつかのいたずらに関する言葉の拡散経路となっている。サンプルの中では八つのいたずらに関する言葉があったが、そのうち四つがこの因子で高い負荷量を示している。ギビング・ア・スナッジー、ファニー・フォーン・コールズ、ポリッシュ・ロープ・トリック、ムーニングの四つである。しかし、他のいたずらに関する言葉はこの経路を通っていない。また、嫌われ者やギビング・ア・バックも「いたずら」因子で高い負荷量を示している。

第三因子はカテゴライズすることが難しい。野球に関する用語は二つとも（「ポーランド人のホームラン」とビーイング・イン・ザ・ホール）、第三因子で高い負荷量を示しているが、「バカな」や「ブスなオンナ」、ギビング・ア・スワァーリーも高い値を示している。このような文化的項目の

表 7－3　スラングの伝達経路に関する因子分析（バリマックス回転）

	因子 1	因子 2	因子 3	因子 4	因子 5
Spin the bottle（スピン・ザ・ボトル）	.36	.47*	.04	.05	.16
second base（セカンド・ベース）	.03	.55*	.25	.14	-.02
truth or dare（トゥルース・オア・デア）	.37	.70*	.02	.06	.17
kiss or kill（キス・オア・キル）	.15	.54*	.08	.07	.10
gaywad（ホモ）	-.02	.01	.04	.49*	.05
bite me（僕を噛んで）	.05	.21	.37	.46*	-.10
doofy（バカな）	.04	.01	.44*	.08	.06
dork（嫌われ者）	.57*	.10	.30	.09	.08
mutt（ブスな女）	.07	.25	.49*	.25	.23
prange（突撃）	.24	.14	-.03	.53*	.05
royal Bohemian（屁をこく）	.13	.06	.03	.28	.13
funny phone calls（ファニー・フォーン・コールズ）	.56*	.17	.11	.31	.18
egging（エッギング）	.15	.37	.16	.10	.44*
ding dong ditch（ディング・ドング・ディッチ）	.11	.38	.10	.29	.18
mooning（ムーニング）	.57*	.27	.19	.33	.13
snuggy（スナッギー）	.52*	.12	.23	.10	.12
swirly（スワァーリー）	.06	.20	.50*	.01	-.13
polish cannon（ポリッシュ・キャノン）	.11	.32	.18	.10	.27
polish rope trick（ポリッシュ・ロープ・トリック）	.72*	.22	-.11	.01	-.04
in the hole（イン・ザ・ホール）	.08	.00	.41*	-.02	.03
polish home run（ポーランド人のホームラン，ファウル）	.09	.10	.44*	.01	.20
buck（自転車の二人乗り）	.61*	.11	.11	.01	.31
hot box（挟殺のシミュレーション）	.43*	.11	.07	.17	.48*
smear the queer（突きあいマッチ）	.30	.28	.07	.16	.47*

注）＊は .40 以上

集合に何らかのラベルを貼るよりは、ここではそのまま謎として残しておく。

五つの因子から比較的明瞭に文化伝達における特定の経路が存在することが示された。この解釈はあくまでも仮説的なものだが、第四因子のように、明確な結果を得られたものもあり、ある程度妥当すると言えるだろう。もちろん、異なった変数や別のカテゴリーで調査した場合には、より強い(あるいはより弱い)証拠がもっとはっきりと見つかるかもしれない。一連のカテゴリーは私の理論的な想定から引き出されたものであり、予備調査の後に得られたものではない。しかし、それらは、文化的伝統の中には興味関心に沿って拡散されるものがあるということを示している。前青年期の子どもの間で性的な言葉と攻撃的な言葉との間には異なった伝達パターンが存在することは確かである。言い換えれば、考えられてきたよりも、子どもたちは礼儀正しさに関する複雑な感覚を有しており、そして子どもたちの間には複雑で高度に分化した社会的ネットワークが存在するということである。

(4) 構造的役割

第三に、文化的情報は、間集団的な関係の中で特定の構造的な役割を演じる個人を通して、社会システムの中で拡散する。特定の集団のメンバーとはなっていないが、集団と接触している個人というものが存在する。子どもの習慣という点から見れば、相対的に多くの個人がこの役目を果たす可能性がある。子どもは多くの大人や若者の保護の中で発達していく。教師のような保護者は一定期間ある子どもたちと接触し、その後新しい子どもと接することになる。大人－子ども関係の性質のゆえ、あらゆる子どもの習慣がそうした状況の中で伝達されるわけではないが、伝達されるものも確かに存在する。

たとえば、キャンプ・カウンセラーは、キャンプの楽しみの一つとして、子どもたちに幽霊の話や「下ネタ話」を語る。逆に、子どもはこのカウンセラーに自分たちの文化のことについて何かしら教える。もし、そのカウンセラーが二週間その子どもたちと一緒に生活し、その後新しい少年が来るとすれば、彼は少年たちの習慣を広めるキーパーソンとなる。彼はその集団の正式メンバーではないが、彼を通して子どもの習慣は大きく広まる。ただし残念なことに、文化伝達者としてのキャンプ・カウンセラー(あるいは同様の役割を持った人)の役割について体系的に解明した研究はほとんどない。

ポーゼン（Posen 1974）はサマーキャンプにおけるいたずらや経験に富んだジョークの役割に関する興味深い分析を通してこの現象を研究しようとしたが、ある夏から次の夏までキャンプに来る少年とカウンセラーとの連続性がまったくないので、キャンプの中で伝統が継承されていくさまや失われていくさまについては何もわからなかった。ポーゼンは、キャンプに来る少年もそのスタッフもともに伝統の継承に対して役割を有していると主張している。また、特にいたずらがお金のかかるものでひどいときには、その記憶は回想の中で生き続けるとも記している。カウンセラーの第一義的な役割・義務は子どもの文化的伝統を広めることではないが、カウンセラーは複数の集団と接触することによって、間接的にそのような結果をもたらす。つまり、カウンセラーのような若者は直接の連結を欠いた集団同士を結び付けているのである。リトルリーグのコーチも、毎年五〇パーセントが移動する中で、何年にもわたって同じような少年やほかのスポーツに参加する少年を指導しており、子どもの習慣を広めているのかもしれない。

(5) メディアによる拡散

第四のパターンは、マスメディアを通した伝播である。テ

レビやラジオ、映画などは子どもの生活の中で大きな役割を演じている。メディアは国民的なもの（テレビや映画のネットワークのように）であり、国家的な影響に対応している（ラジオのトップ40や地域のテレビ番組のように）ので、これらのメディアの中で表象された文化は相対的に画一的である。多くの子ども集団が同時に一人のコミュニケーター（あるいは一つの発信グループ）から影響を受けている。この研究を行っている間にも、フォンズ（Fonz）［訳注3］やコジャック（Kojak）［訳注4］に対する膨大な言及がなされているように、ポピュラーなテレビ番組の子ども文化に対する影響を低く見積もってはいけない。一組の友人をスタスキー（Starsky）とハッチ（Hutch）と名づけるようになったのは［訳注5］、テレビのキャラクターの影響である。本研究中、『がんばれ！ ベアーズ』（"The Bad News Bears"）［訳注6］という映画が全米で公開された。少年たちは、自らの経験を語るためにしばしばこの映画を引用する。また、ホープウェルの少年は、映画の中で語られた記憶に残る台詞を引き合いに、ほかの少年を攻撃していた。「太陽が輝かないところで刺してやる」と。別の少年は、ホープウェルのあるチームは「ベアーズ」のようだと言った。それは、そのチームが運動能力

を欠いているからである。映画の中で、ベアーズはリーグのチャンピオンに近いところまでがんばった。しかし、子どもたちの相互作用における「ベアーズ」の意味は、あくまでも、悪態をつき、暴言を吐くような無能な選手が多いチームのことなのである。

テレビコマーシャルやポピュラーソングにおける繰り返し言葉は、ラジオやテレビで頻繁に流されることによって、子ども文化に入り込む。そして、子どもたちに共通の知識の在庫や資源を提供する。それは、パロディをつくり出し、広める源となるのだ。それぞれの地域のグループは、メディアや流行を通して提供された生の素材を自分たちの仲間集団のニーズに合うように、相互作用の中でそれを変化させる。

メディア商品のオーディエンスは、特定の年齢層に限定されるわけではない。それは一般的にほかの集団によっても視聴される。しかしながら、メディアという文化的要素が用いられる方法は年齢や社会的地位によって異なる。『がんばれ！ベアーズ』の場合では、映画の中でのいたずらは、攻撃的ないたずらを行う前青年期の文化に適合していた。その映画は、表面上は過剰な競争の危険性や若者スポーツへの大人のかかわり方について描いている。メディア商品は万人に受け入れられるものであるが、ある人口のランダムなサンプルに消費されるわけではなく、先有的な興味関心に基礎付けられて選択されている。そして、その興味関心は、サブカルチャーの境界を画するものでもある。

文化的連結に関するこれら四つのタイプは、伝達のメカニズムを説明すると同時に、地理的な移動が制限され、子どもがスポンサーとなったメディアが存在しないにもかかわらず、いかにしてアメリカ社会において子どもの文化が存在しうるのかを説明するものである。

3 同一化

サブカルチャー研究者の中には、社会生活の感情的な側面を無視する者が多い。その視点に立つと、前青年期の文化の分析は、価値や規範、行動、創造物といった「実体的」な特徴に限定されるべきであると論じられる。しかし、こうした要素に関する議論だけではサブカルチャーの決定的に重要な側面を見逃してしまうことになる。すなわち、ある集団のメンバーとして自分自身を位置づける人間の能力、ミードの言葉に倣えば（Mead 1934）、「事物の領有」という側面を見落としてしまう。セルフ・アイデンティティの獲得は、自己指示の発達を含むものである(Blumer 1969)。それによって、個人は自分自身をある集団のメンバーや周辺的な者、あるいはアウトサイダーなどと位置づける。

単一の年齢カテゴリーの中でさえ、個人は、呈示する自己のタイプや同一化する文化的システムに対してオルタナティブな視点を有している。私はこれまで子ども文化を単一で同質的なものとして提示してきたけれども、彼らの知識や彼らが適切な行動と信じていること(前青年期の徒党化に結びつく一つの特徴)には、集団間で驚くべき多様性がある。前青年期にはすでに、少年はいくつかのモデルが自分に利用可能であることを知る。これらのモデルは子どもたちに広く知られ、語られている。たとえば、ボルトンパークのある学校では、子どもたちは、向こう見ずなやつ(トラブルに突っ込むやつ)、体育会系、廃人(喫煙や飲酒、薬物を使用しているやつ)といったカテゴリーで分類される。ほとんどのリトルリーガーは自分のことを体育会系と位置づけている。そして、年長のアスリートがそうするように、廃人を軽蔑している。ボルトンパーク教会区の学校に通っている三人の少年は私に次のようなことを聞かせてくれた。彼らの学校では、子どもたちに三つのグループがあるという。乱暴者、中間、いい子という三つである。当然のことながら、三人とも自分は中間に位置すると考えていた。こうした分類はほかの学校にも見られ、子どもの文化を同質的なものと前提化することに注意を促すものである。また、所属集団との同一化を理解することの重要性を強調するものである。サブカルチャー・システムの一部を構成するには、動機付けやメンバーとの同一化が要請される。価値、規範、行動、創造物などは、そうした「対象物」にメンバーが意味を付与するコミュニティの一員として、自分自身を位置づけたときにのみ、サブカルチャーを構成する。特定の年齢カテゴリーに分類することは、それだけで文化的指向を予測するのに決して十分ではないのである。

個人は、たとえ前青年期であっても、自分がメンバーとなっている特定の集団や、自分が所属しているより大きな社会的カテゴリー(下位社会)に自己を同一化する。子どもの同一化は、実際に相互作用している集団や機関に向けられる傾向が強い(チームや仲間集団、ときにはコミュニティなど)。思春期を迎えるにつれて、「階級」意識が発達し、自分を社会的に枠付けられた下位集団のメンバーとしてのみ位置づけるようになるが、この年齢では「階級」意識は十分に発達していない。前青年期の間に子どもは、自分がある下位集団のメンバーであるということを認識するようになる。ただし、特定の集団としての年齢集団について語るためのレトリックがまだあまり発達していないので、同一化はそれほど明瞭なものではない。しかし、特定の年齢コーホートに所属することの重要性を訴えることで、少年は二、三歳しか離れていない少年たちとのみ前青年期を過ごすべきだという意見を招き寄せてしまう。前に述べたように、サンフォードハイツのある六年生の男子は、九年生のガールフレンドと付き合っているということで周りから非難されていた。たった一年の年齢コーホートでさえ、学年というものがあり、同一化の対象とされるのだ(そして、このような同一化は、前青年期全体に対する同一化よりも強力なものである。特に、五年生と六年生がライバルとなるときは)。

子どもにとって同一化とは、大人と同様、状況によって変化する。すなわち、子どもの指向は、自分が置かれている社会的文脈によって変化する。このことは、この時期に親からと仲間からの交錯した圧力がかかり始めるということとも関連している(Kohen-Raz 1971, 103)。それは思春期を通してかなり重要なものとなる。子どもは二つの異なった規範的な命令のもとで立ち回ることになる。二つの規範的な命令はこの時期ますます顕著なものとなってくる。なぜなら、①両者とも制裁する力を持っているからである。すなわち、両者とも報酬や罰を与える力を有している。②子どもは状況に応じてどちらの集団にも同一化することを望む、つまり仲間にも親にも同一化しているからである。子どもは、両者が同時に現れ、異なった行動の仕方を要求するときを除いては、たいした困難もなく、仲間にも親にも二重に同一化する。子どもがますます仲間とともに過ごす時間が増加するという事実は、家族のメンバーとしてよりも、仲間集団の一員としての同一化が発達するということを意味する。仲間の役割は、サンフォードハイツでシーズン終了後の短期間に一二歳の少年たちに行った、時間に関する質問によっても示されている。私が、前の土曜日(シーズン終了後)何をしていたか質問したところ、彼らは平均四・四時間を友達と過ごし、三・八時間を家族と過ごしていた。この差はそれほど有意なものではないが、それは同時に、少年が家族の勢力範囲から移動し始めていることを示している。子どもたちの変化する行動パターンは、サブカルチャーの発達を促す。サブカルチャーは、文脈を共有

する と同時に、同一化とも関連する。アメリカ社会で見られる年齢による分化は、子どもが親と過ごす時間が少なくなるという点だけでなく、非仲間的な同一化を提供する大人と過ごす時間が歴史的にも少なくなってきたという点においても、こうしたプロセスの一部をなす。

メディアや大人は、前青年期を世代という単一の社会的カテゴリーとしてステレオタイプ的に定義しようとする。その年齢カテゴリーのメンバーは、自分たちをコミュニティの年上のメンバーから与えられたステレオタイプと関連付けて、位置づけようとし始める。仲間たちとのこうした同一化は、部分的には大人にも支持されて、子どもたちをその年齢に特有のものとして定義されるような、行動パターンや創造物の採用へと導いていく。

アメリカの子どもの間で共有された文化的内容、異なったコミュニティ間でコミュニケーション・チャンネルが存在するということ、自身の年齢集団への同一化が存在するということ、そしてアウトサイダーによるステレオタイプといった点を加味することによって、前青年期のサブカルチャーの特質が見えてくる。このようなサブカルチャーはすべての少年に同じような影響力を持つわけではなく、参加者全員に完全に共通した知識の核を与えるわけではない。しかし、文化的要素の中には前青年期を特徴付けているものも確かに存在する。サブカルチャーは、年齢集団自体によって規定されるわけではなく、核となる共通の知識によって枠付けられている。それは、子どもたちのコミュニケーション・ネットワークの中で参加者に共有された知識であり、参加者は自分を興味関心に基づいたコミュニティに位置づけている。

訳者付記

注(1)と注(3)は、原典では欠落している。そのため、注の内容から判断してふさわしいと考えるところに訳者が当てはめた。

第8章　子ども・スポーツ・文化

本章を書いているとき、ミネソタでは野球シーズンが始まった。雪は溶け、子どもたちはバットとボール、グローブを片手に、公園やグラウンドへと現れる。野球という、アメリカ人にとって最大の娯楽に熱中する少年たちを目にするのは、素晴らしいことだと感じる人も多いだろう。また、こうした前青年期の文化に関する研究も素晴らしいものだと希望的に思われるかもしれない。スポーツという観点から、私はすべての文化に共通することを明らかにしたいと考えている。また、前青年期の少年たちを記述することによって、われわれすべてに共通することを明らかにしたいとも考えている。野球や仲間集団の背後にある問題は、前青年期の子どもや男性、アメリカ人だけに限られるものではない。もちろん、行為者が取る様式は、環境によって枠付けられる。本書では、人間が、自己を発見し位置づける環境の中で、いかにして意味や行為、構造をつくり上げるのかという点を明らかにするために、相互作用論を用いてきた。本書では、一見したところ「奇妙な」あるいは「ささいな」と思われるようなトピックに焦点を当てている。しかし、それらは、より大きな領域にある感情や関心の作用をわずかではあるが明らかにしてくれるものである。

本章では、私の関心を再度述べ、一般化を試みることによって、本書のいくつかの主要なテーマについて簡単に検討してみようと思う。特に、次の四点に焦点を合わせる。①野球の世界内外での男性の性別役割の発達について、②リトルリーグにおける社会化過程について、③労働と遊びとしての少年野球の地位について、④独自の文化やサブカルチャーを含めて、文化の創造と組織化についての四点である。

これらのことはすべて、言葉の「道徳的な」意味で「男」

になりたいと願う前青年期の欲望の一部と関係している。私は、このことによって、子どもは大人の男性と同じように振る舞うだろうとか、男性（特にメディア上の男性や役割モデルとしての男性）が見せる行為のレパートリーの中から選択して子どもは行動しているなどというつもりはない。彼らは、自らの独立、少女やより幼い子どもの世界からの分離にとって必要な行為を選択しているのだ。彼らは、自分たちがそうした保護された集団とは違うということを示さなければならない。そのために、男性のステレオタイプ化された行為（そのいくつかはコーチからの要求にも反映されている）が賞賛されるのである。少年たちが常に自らを女性や弱い者、幼い者から区別しようとしているということは、すべての年齢段階の中で、この年代の男性の発達を最も特徴付ける点である。この研究は、一つの年齢段階の数少ない状況を対象としたものであるが、こうしたプロセスに関するケーススタディである。

性別役割の研究者は、そのほとんどが女性に焦点を合わせてきた。一方、男性について記した人も、フィールドでの観察を主導してこなかった。もちろん、この点は、ほとんどの社会科学の研究が男性によって主導されていることと比べて、

皮肉なものである。しかし、男性という主題は、「男性」としてではなく、「人間」として典型的に扱われてきた。対照的に、女性集団に関するほとんどの研究は、明らかにその主題が人間と女性に関するものである。人々が両性間の関係性に関心を抱くにつれて、こうした研究のアンバランスは不幸なものと見えてくる。明らかに、第5章（やその他の章）で扱った素材の一部は、公正な社会秩序を志向する研究者を深く困惑させるものだろう。「悪いニュース」の伝達者として、私は次のことを望む。すなわち、私は性別役割に関する伝統的な結果の一部から逃れられることを。少なくとも、ここでの議論は読者に、経験的に観察され、記述されうる男性の性別役割が存在するという事実を触発するものである。少年たちとともにあることによってのみ、われわれは、彼らにとっての成長の意味を理解できる。われわれの息子たちは、すべての年齢段階のほとんどの男性がそうであるように、アラン・アルダよりもクリント・イーストウッドを好み［訳注1］、フィル・ドナヒューよりもジョニー・カーソンを好む［訳注2］。

1 社会化

リトルリーグにおいて選手が社会化されるということに、大きな異論はないだろう。問題は、彼らが何を、どのように学ぶのかということである。私は、リトルリーグで起こる道徳的社会化(すべての道徳的社会化)は、生来的に問題含みのものであると考える。ほとんどの道徳的教示は修辞学的なものである。このような社会化が「失敗」だとか、不正直だとか、偽善的だとか言うつもりはない。むしろ、その道徳的な妥当性を志向する人々に受け入れられやすいようにデザインされている。しかし、その経験や行動のリアリティは、外部の観察者からは不確かにしか確認することができない。たとえば、コーチは「ハッスル」について話すことで、選手たちに自分の内面について語れるよう要求する。また、自分の能力や動機付けに基づいて何が限界かを判断できるよう、要求する。同様に、スポーツマンシップは自己呈示に関する道徳的期待に基づいている。ただし、そうした期待が表明されることはほとんどない。さらに、選手自身による社会化のテクニックにおいてでさえ、少年たちは他者が何を考えているべきかという期待に暗に依存している。道徳的社会化はいつも、行動だけではなく、内面を変えるよう要求されるという点で、難しいものである。

道徳的社会化のダイナミクスは、地域が変わっても、一般的には同じである。すなわち、あらゆる地域で道徳的社会化は生起する。もちろん、道徳的教示の幅や深さには違いがある。あらゆるケースにおいて人は、他者が何を考えているのかを解読しなければならない。それによって、自分がどう感じるべきであるかを決定する。これをなすためには、他者の役割を取得する必要がある。すなわち、自分がどう行動すべきかを知る必要はないが、行動の仕方を他者に伝える必要があるのである。幸いにも人は、他者の心の中で生起していることを思い描くのが得意である(少なくとも、他者に受け入れられやすいようなことを)。だから、道徳的な妥当性に対するこうした企図は抵抗されることがない。ヴィトゲンシュタイン(Wittgenstein 1968)の用語に従えば、われわれは、慣習的な行動に関する優先的な知識を表明しているのだ。われわれは内的過程をはかる外的尺度を知っているのである。

生活の内外でこうした連携があるおかげで、われわれは社会的相互作用のなかに道徳的なコメントの資源を築くことができる。リトルリーグには印象的な言葉が蓄積されている。と同時に、その親組織自体が教訓的な意図を有しているので、リトルリーグ野球を教えることには、少なからず道徳的な性格が課せられる。ただし、いかなる集団活動でも、行動を通してその特徴を明らかにする。相互作用を行う者は誰でも、自らを潜在的な道徳のバロメーターと見なし、自分の基準を他人にも強制する（たとえ、特定の環境化で、その基準が多元主義や不干渉主義になっても）。おそらくスポーツのテクニカルな側面は二義的なものと考えられている。その結果、専門的なアリーナの外では、特に道徳的な内容にかなりのウェイトが置かれることになる。算数に対して価値を教えるべきだという主張をする人はまずいないが、スポーツに対してはこうした主張も受け入れられている。

2　労働と遊び

労働と遊びとの関係は、スポーツを理解するに当たって、最も重要なジレンマの一つである。スポーツは遊びと同義ではない。同じ娯楽活動であるスポーツと遊びとを区別するものの一つは、スポーツは結果を要求するということである。

そして、この結果という点は、パフォーマンスの競争性に基づいている。いかにうまく実行できるかが、スポーツにおいては決定的に重要なのである。一方、遊びにおいてはそのような質的な判断は二次的なものに過ぎない。ゴフマン（Goffman 1961）は、ゲームをするにあたって、楽しみこそが唯一の正当な理由であると述べている。しかし、こうした説明では、なぜ個人がスポーツに熱中するのか、特にチームスポーツに熱中するのかという点を完全には理解できない。スポーツへの参加に同意するということは、集団やその活動へコミットするということである。すなわち、その同意は、「楽しみ」が欠けているからといって破られるようなものではない「契約」を取り結ぶことと見なされる。大人になって、このような契約がより公的なものとなるとき、この点は明らかに認められる（労働とスポーツの間にほとんど違いはない）。しかし、子どもの参加者たちでさえ、いったんリトルリーグ野球にコミットすると、やめるべきではないし、試合や練習に参加すべきであり、試合中はできる限り一生懸命やるべきだと信じている。理想的には、常に集中し、真剣であるべきなのだ。こうしたことがいつも強制されるわけではないが（したがって、遊びのいくつかの特徴も前青年期のスポーツには残っているが）、この価値は広く保持され、リトルリーグと自発的な遊びとの間に対照をつくりだしている。

　重要なことは、少年たちには「ハッスル」することを頻繁に奨められるが、「楽しむ」ことはまず奨められないということである。「ハッスル」が奨められる理由の一つは、少年たちが「本来的」に野球を楽しんでいるからであり、長期間にわたる利益をもたらすために活動するものと野球が見なされているからである。「良い」プレーと「悪い」プレーは、成功／失敗、勝利／敗北といった言葉であらかじめ決定されている。リトルリーグに対する批判者たちが感じているように、このことの危険性は、試合における技術的な要求は増大する一方、「楽しみ」が不必要なものへと減ぜられることである。同様に、競争は、前青年期のインフォーマルな活動では自己目的的なコンテストであったものが、勝利のみが目的となるような形へと、課題の性質を変えてしまう。こうしたプロセスは、スポーツに関するわれわれの理解の曖昧さや両義性を反映し、一見対照的なカテゴリーに見える労働と遊びとが、決して分離できないものであることを示している。

　ほとんどの人間の活動において、道徳的な要求として活動を扱うことと純粋に自発的な活動として扱うこととの間には結びつきがある。その結びつきは、意識しないと、片隅に追いやられてしまう。職業について考えてみよう。職業について論じる際に、われわれは明らかにその活動を第一に労働として扱うべきであると考えている。実際、ほとんどの職業的活動は労働である。それはまじめで、合理化され、経済的なインセンティブによって動機付けられている。しかし、職業的な役割の中にも遊びの側面は存在する。第一に、労働が非常に構造化され、「タイムアウト」をとるゆとりもない、というようなことはまずない。遊びが労働を片隅へと追いやるような職業もある。これがインフォーマルな時間である。労働する人は、喜びをもたらす活動に熱中するために、公式に要求された役割から「ブレイクアウト」する時間をいつも見出している。彼らは労働の要求と遊びの楽しみの間で揺れ動いているのだ。同様の過程はリトルリーグ野球にも存在する。試合に完全に集中するわけではなく、時に応じて注意は移動する。こうした関心の移動は、子どもを対象とした分析を行っているから、というわけではない（もちろん、注意のスパンには子どもという点は影響を与えるが）。焦点を移動し、活動状況を超えるような自律性を増大させる傾向が人間には存在するのだ。こうした焦点の変化は、公的で社会的な状況においても私的な状況においても、多くの人間の活動にとって本質的なものと考えられる。そのような場での空想は、楽しみにあふれた相互作用に置き換わる。

遊びと労働とが統合される第二の方法は、労働と遊びとの区分を取り払うことである。労働は、部分的には「苦痛」を伴うものではない。労働する人の中には時折、本書で記述したリトルリーグの選手たちのように、すべきことを楽しんでやっている人もいる。さらに、彼らは、労働に対して「楽しむ」という態度を示す。すなわち、彼らは労働に楽しみという尺度を持ち込み、活動における公式のルールを、それを壊さないにしても、変質させているのである。この意味で労働はパフォーマンスであり、パフォーマンスは複数の方法で演じることができる。パフォーマンスは決まりきったやり方でやる必要はなく、ルールを受け入れている限りでは、楽しく、刺激的で、面白いものである。ルールの束によって役割演技を固定しようとする試みは誤った命令系統であり、効果のない試みである。人が演技すべきことを演技する方法は、時間とともに、また参加者間で多様に変化する。この点で、リトルリーグもそのほかの活動も、その行動の中には遊び的な志向と労働的な志向の両方の要素が含まれている。つまり、リトルリーグ野球において見られる労働と遊びとの闘争と、自分をいかに見せるのかという役割の誇示をめぐる闘争とは、アナロジー的な関係なのだ。

3　文化という縦糸

本書を貫く縦糸の一つは、第6章と第7章で明らかにしたが、前青年期の文化（敷衍すれば、すべての文化）が創造され、特定の集団へと結合される過程に関してである。ここでは、これまでに提起されたあらゆる文化理論を検討したわけではない。本書は、文化に関する理論的な専門書ではなく、経験的な検証を行ったものである。さらに、本書の分析は、相互作用論的なパースペクティブに基づいている。このパースペクティブでは、社会行動的な観点から文化を記述する。心理分析や構造主義、マルクス主義などは、本書では扱わなかった視点であり、それらはすばらしい理論的統合体なのだが、私は関心を持てない。それらは、文化が集団の中でどのように用いられるのか、コミュニティ内でどう伝達されるのか、といった関心を喚起しないからである。

(1) 独自の文化

文化（独自の文化）は小集団の活動にどのように入り込むのだろうか。本書では、文化的項目が集団生活の中に入り込むには五つの要素が必要であると指摘した。その五つとは、文化的項目の中身が知られていること、有用であること、機能的であること、集団内の地位階層に適合的であること、そして何らかの経験によって触発されることである。長期間にわたって親密な相互作用をなし、メンバー同士が互いにコミットメントの感情を有している集団は、相対的に、強力で生き生きとした独自の文化を創る傾向にある。リトルリーグ野球のチームはこの種の集団の例として頻繁に引用される。ただし、すでに指摘したように、チームの中にはほかのチームよりもこの理念に近づいているものもある。共有された活動に関する社会感情を強調し、明白な課題目標を持っているスポーツチームは、特に集合的な伝統や共有された意味を発達させやすい。

しかし、独自の文化の伝統の存在がリトルリーグのチームだけに見られるなら、このコンセプトは有効性や強靭さをたいして持ち合わせていない。こうした概念がいかなるタイプの小集団にも応用できることをこれから論じたいと思う。共通の文化をつくるのに必要なのは、志向が共有されていること、行為を共に行うことである。つまり、それぞれのメンバーの貢献や集合的・個人的に起こる出来事が潜在的に関連付けられ、相互作用をなす人々にとって意味あるものとなる、ということが必要とされる。独自の文化の重要性がスポーツチームよりももっとはっきりしているのは、家族である。すべての家族は、それを特徴づけ、他の家族とは区別する伝統を築いている。それは、家族の行動を独特のやり方で方向付ける。家族間の差異を放棄したり、家族間の差異を強調したりすることも社会科学的分析において立証不可能ではないが、家族内での文化の構築や変容、使用を調べる、より効果的な方法を獲得するよう努力すべきである。このことは、リトルリーグ野球のチームに関する私自身の研究課題でもある。本書ではまだ、いかなる適切な「一般化」も表明していない。本書はただ、プロセスやフィルタリングのメカニズムを明らかにしたに過ぎない。

独自の文化や集団文化という概念は、①集団に影響を与える外部の要因や個人の行動を規制する内的な人口学的・パーソナリティ的要因と、②集団における相互作用の結果との媒介と見なすことができる。本書は、集団のダイナミクスにおける共有された意味の役割を調査している。すなわち、構造が行動に移行されるプロセスを提示している。集団はこれまであまりにも、純粋に構造的な方法の中で互いを扱う個人の集合体として描かれてきた。集団の相互作用という概念は、社会的なダイナミクスの議論において無視され続けてきた。私が社会心理学に要求するのは、集団における相互作用の決定的に重要な役割である。それこそが、内容と意味とを媒介する。本書では、単なる変形した独断的な分析よりも、独自の地理的な記述を行ったつもりである。リトルリーグ野球チームの文化的な伝統は、その集団に特有なランダムな項目の寄せ集めでは決してない。それらは、当然に、社会科学にとって価値のある手がかりを有している。

(2) サブカルチャー

小集団を超えた世界がある。文化はもともとのコミュニティの外部にも広がり、膨大なコミュニティの中に位置付き、その中でも拡散していく。下位社会は、メンバーが自分自身を集合的に意味のある社会的セグメントとして同一化している、膨大な集団の連携から構成されている。サブカルチャーは、社会的ネットワークを流通し、下位社会のメンバーや外部の

者からこの社会的セグメントの特徴と受け取られている文化的項目から構成されている。

このような境界は多分に曖昧なものであるが、前青年期のサブカルチャーは確かに存在する。その中での拡散のパターンは、社会的連結という観点から論じることができる。すなわち、この下位社会の部分部分を結びつけるようなパターンをなす。こうした連結、すなわち重なり合う集団のメンバーや交際範囲、構造的役割、マスメディアによる拡散などは、単に年齢階梯的なサブカルチャーだけに見られるわけではなく、他の社会的世界の特徴でもある。たとえば、主婦層とは、同様のダイナミクスに基づく下位社会である（あるいは、かつてそうだった）。主婦たちは様々なボランティア活動を共有している。たとえば、ブリッジ・クラブ〔訳注3〕やガーデニング・クラブ、ジュニア・リーグ、PTAといったものである。そうした場で主婦たちは、遠くに住んでいるが、同じような志向を持った他の主婦に出会うことができる。そのような集団の中には全国的なものもあるので、非常に遠く離れた人とも会う機会がある。また、主婦たちの多くが、自分のコミュニティ以外にも友人を持っている。それは、おそらく彼女たちが、夫の仕事の都合で住居を移したためである。あ

るいは、親族のネットワークや大学時代の友人との交友などで、遠くの人とも知り合えるかもしれない。他にも、主婦たちの下位社会の中で、情報をコミュニケートする構造的な役割を持った場がある。美容室やエーボン〔訳注4〕の従業員たちは文化を拡散している。さらに、主婦たちは、ほとんど彼女たち専用のメディアを持っている。それは昼間のテレビである。そこでは彼女たちは、子どもと同じように、自己抑制などしない。広告主や番組製作者はこのことを知っており、主婦というオーディエンスに向かって直接的に広告を提示してくる。主婦という特殊な下位社会がいまだ存在するかどうかは経験的な検証を要する問題であるが、私が提示した分析のタイプは確かに前青年期を超えて適用しうるものである。われわれは、独自の文化と価値を持つ、様々な社会的・個人的に規制された社会の一部をなす。サブカルチャーは、対面的な相互行為によって特徴付けられる集団の独自の文化に比べれば、拡散をまぬがれないけれども、国民文化よりは十分定義しやすい。もしわれわれが、社会関係の中で拡散するものとして文化を理解するなら、そのときには、伝承のパターンや多様性を理解するために、下位社会同士の意味のあるつながりを調査する必要がある。

4　まとめ

あらゆる研究が、物事の終わりというよりも、むしろ始まりである。しかし、まとめるなら、良い研究というものは、さらなる研究のための方向性を提示しているという点で、「パイロット」的なものである。私が前青年期のスポーツや文化を分析するために用いてきた視点はあらゆる年齢段階に適用できるものであり、またそうすべきである。さらに、以下のような、より明示的で長期的な研究も行う必要がある。すなわち、いかにして幼児の無邪気さは前青年期の高度な知識へと移行するのか、あるいはいかにして前青年期の無邪気さは思春期の高度な知識へと移行するのか、あるいはこれらのことすべてがいかにして大人の男性の関心へと移行するのか。これによって、「子どもが人の父親となる」多様なパターンを示すことができる。

このモノグラフの理論的な関心は、あらゆる種類の集団における文化の社会学に焦点を合わせることである。文化的な内容は、決して、社会心理学的・社会構造的なダイナミクスから分離されえない。もちろん、その結びつきを描くことは決して完全には到達しえない。こうした視点は、日常的な活動という意味での文化を調査する研究においてよりも、ファインアートの世界に関する研究において頻繁に用いられてきた。他の文化的ユニットにおいても、こうした点を徹底的に吟味することが必要である。そして、意味の社会的な構築性を強調することが必要である。さらに、より長期的な研究によって、私がこの参与観察によってヒントしかつかめなかった、変化のプロセスを捉えられるだろう。メンバーを共有している集団のセットに焦点を当てることも有効な方法である（たとえば、野球チーム、仲間集団、教会グループ、ボーイスカウトグループ、サマーキャンプの間での個人のコネクションなど）。また、距離を隔てつつ「生の」相互作用を持った集団を研究することも有益である（たとえば、ボーイスカウト・ジャンボリーの集団構造について調べるなど）。ここではこれらのトピックスをほとんど使い切っていない。消耗しきったのは、観察者の私だけである。

最後に、本書は特定の社会的世界の一つを扱ったものである。リトルリーグは、社会環境というよりも、一つのステージである。選手とコーチは演じ、その演技を通して、多様な感情を表現している。彼らが演じる試合は、前青年期の子どもの生活において、きわめて重要なものの集合体である。夕暮れ時に活動し始める前青年期の子どもという「生き物」を理解したいなら、大人でもあり少年でもある、統制された存在でもあり統制のきかない存在でもある少年たちに質問をし、リトルリーグを調べてみるのも悪くない。

補論1　リトルリーグの活動効果

アメリカ人は自分の子どもに体罰を加えることがあるが、そうしたこれまでとは異なった子どもの育て方の実践例として、人類学者は、これから何年か先にリトルリーグ野球を引用することがあるだろう。そのときには、親や教育者は、人類学者が実践例として示したような意見を難なく受け入れてしまっているに違いない。ほぼ半世紀の間、リトルリーグ野球は激しい批判にさらされてきた。だが、この間に、リトルリーグが大きく成長し、発展してきた事実を見れば、リトルリーグをめぐる論争が決して一面的なものでなかったことがわかる。

リトルリーグに対する批判はかまびすしいものであり、それは試合に関わる大人にも影響を与えた。彼らは批判に対して守勢に回ることもあった。また、リトルリーグという半軍隊的な組織に決して子どもを参加させないと決めた者もいた。このように、リトルリーグに対して批判がある一方、その組織は支持者を欠くこともなかった。支持者はリトルリーグが高い有益性を有していると論じてきた。ウォルト・ディズニーやウォルター・オマリー［訳注1］、エドガー・フーバー［訳注2］を巻き込んで、組織としてのリトルリーグは、行政の公的な委員会に参加することを求め続けた。野球殿堂入りしたピッチャー、ロビン・ロバーツがリトルリーグを批判する一方、同じく野球殿堂入りしているボブ・フェラーは熱狂的に賞賛している。

ロバーツは次のように述べている。

リトルリーグでは、若者たちに、その年代には不自然なことをやらせようというプレッシャーが多大にかかっている。そこでは、ほとんどの選手に不平や失望が渦巻き、彼らに無力感を味わわせている。これが、リトルリーグの根本的な失敗なのだ。野球の基礎となるかのように見えるトレーニングも、若い選手を妨害するだけのネガティブな試行のプログラムと成り果てている（Roberts 1975）。

一方、フェラーは次のように述べている。

リトルリーグは、少年たちの間に友情を培い、調和をもたらし、良い健康習慣を身につけさせる。それだけでなく、より緊密なコミュニティをつくるための社会的障害も消し去る。ある少年の父親の財産がいくらで、どんな社会的地位なのか、といったことに誰が注意をはらうだろうか。民主主義にとってこれ以上の実践的なトレーニングの場があるだろうか（Feller and Lebovitz 1956）。

1 リトルリーグの利点に関する主張

リトルリーグに関しては、その支持者から主立った利点が五つ挙げられている。①リトルリーグは非行を減らす。②リトルリーグは忍耐を養う。③リトルリーグは野球のスキルを教え、運動習慣を提供する。④リトルリーグは子どもの自己評価の側面に関して特に心理的な効果がある。⑤リトルリーグは子どものリーダーシップを養うという点で、特に社会的な効果がある。リトルリーグに対する批判について検討する前に、これらの主張を検討してみよう。

(1) 非行の減少

エドガー・フーバーはかつて、リトルリーグはアメリカの歴史上、最も犯罪を抑止したと述べたことがある。多くの人は警察ほどこの主張に納得しなかったが、フーバーの信念は決して孤立していなかった。ペンシルバニア州ウィリアムスポートの警察は、コミュニティにおいてリトルリーグが拡大するとともに、少年非行率が減少するということを発見した。犯罪率は体系的に分析されたものではないが、コーチはこの結果に満足し、リトルリーグは少年に空いた時間を満たす建設的な活動を提供しているのだ、と指摘した。

スポーツに参加している少年はたいてい、あまり多くの問題を抱えていません。彼らはすごくいい子というわけではないけど、アクティブです。彼らは夜は疲れている。良いスポーツマンシップを勉強することにエネルギーを完全に費やしているんです。それが彼らの性格をつくり上げるんです。男の子、女の子をもっとスポーツにかかわらせる時間があったら、ほとんどの時間を何かほかのことを考えなくて済むんだ。彼らの小さな心を忙しいままにしておけるんです（ボルトンパークでのコーチへのインタビューより）

スポーツによって若者を街頭から遠ざけることでトラブルから守るという考えは、かつて犯罪学の専門家やソーシャルワーカーたちに広く受け入れられていた。注意深く考えることを要するスポーツは確かにポジティブな効果を持っているのだが、その通俗的な主張を支持する、あるいはそれに異議を唱えるための証拠を探し出すことは難しい。アスリートはそれ以外の人よりも非行に走りにくい、というデータは確かにある。しかし、これがスポーツの選択によるものなのか、スポーツの持つ道徳的高尚さによるものなのかははっきりしない。アスリートのほうが非行率は低いというデータがある一方、リトルリーグは決して万能薬ではない。そうした信念が存在するということこそが、アスリートに対するアメリカ人の価値観を示している。エドワーズ（Edwards 1973）やオーグルヴィ&タッコ（Ogilvie & Tutko 1971）は、運動は性格を形づくるというよりも、無頓着な交友関係をつくるのだと述べている。彼らは、スポーツが性格を形づくるのではなく、スポーツを選択する過程で望ましくない道徳的特質を持った子どもが締め出されるのだと言う。

(2) 寛容な心の育成

下院議員ウィリアム・カーヒルはかつて議会で、リトルリーグは偏見を減らすと語ったことがある。「アメリカにおける人種関係を改善し、世界とより良い国際関係を発展させる上で、リトルリーグによって描かれるような理想的な状態を体現する、野球という偉大なスポーツほどすばらしい媒介になるものはあるだろうか」（Ralbovsky 1973, 54-55）。

人種的な接触がほとんどないにもかかわらず、ウィノークのインディアンの少年と白人の少年はメイン州とカナダのニューブランスウィック州の境界上で仲良く野球をしていた。アメリカ南部においても、たとえばテキサス州ハーリンゲンで、リトルリーグが人種の壁を克服したことがあった。ハーリンゲンでは、一九五〇年代、テキサスのあらゆるところがそうであったように、人種によって完全に分離されていた。一九五三年、あるリトルリーグの練習に黒人の若者があらわれ、第一メソジスト教会チームでプレーしたいと申し出た。教会は自身でこの道徳的決断を下そうとせず、問題をリーグへと上げた。その結果リーグは、その黒人の若者（と何人かの黒人たち）がリーグで練習できるよう決定を下した。怒った白人たちから脅しもあったが、一人の黒人の若者はチームに選抜され、何の問題もなくプレーした。

リトルリーグという組織は、バックグラウンドにかかわらず、どんな男性でも（現在では女性も）平等にチームにアクセスできるということを基盤にしている。一九五〇年代のまだ初頭にリトルリーグ協会は、「スポーツマンシップを促進し、人種や信条、肌の色に関わりなく、地域の少年たちの人格を発達させるためにある」と宣言した（Redmond 1954, 175）。チームの協力やチームで共有された目標、広く能力に基づく地位、リーグ組織からの制度的な支援といった点を強調することで、リトルリーグ野球は、少なくとも理論上は、人種的接触に関するオルポート（Allport 1954）の仮説が正しいことを証明した。実際には、居住区が分離しているので、ほとんどの郊外のコミュニティでは、経済的、人種的多様性が相対的にわずかしか存在しないという困難がある。調査対象とした四二のリトルリーグ野球のチームのうち、四つのチームにしか黒人の選手はいなかった。その四つのチームでは決して人種的な侮蔑等が聞かれることはなかったが、ライバルチームの選手たちはかなり激しい人種的偏見をあらわにしていた（第六章参照）。寛容をはぐくむということ、それはリトルリーグの潜在的な効果の一つなのだが、チーム間の競争が偏見を悪化させることもある。ただし、それはほとんどのリーグで取るに足らないことである。

(3) 運動技術の教育・エクササイズの機会の提供

野球のメカニズムを教えているリトルリーグは、確実に若者たちに規則的なエクササイズの機会を提供している。リトルリーグに対する主立った批判は、ロビン・ロバーツのようなプロ野球選手からも発せられた。彼は、前青年期の子どもが特定の野球のスキルを学ぶことは早すぎると論じている。しかし、その彼でさえも、この時期に何らかの運動トレーニングを行うことの正当性は受け入れている。一般の観客でさえ、リトルリーグの選手が、シーズンが終わるころには、始まったときよりも上達していることに気付くだろう。そしてこの上達は、身体的な成長だけによるものではない。コーチの中には、変化球や犠牲バント、投球法、走塁法のような、かなり洗練されたスキルを教える者もいる。多くのかつてのリトルリーガーたちが、試合の基本的なスキルを教えてもらうことは価値ある経験だったと述べている。ただし、リトルリーグは運動能力の低い少年を公式のスポーツに参加することから締め出す、かなり厳しい選抜過程の始まりでもある。リトルリーグの参加者は前青年期の子どもからランダムに選ばれるわけではない。また、リトルリーグの選手は参加していない少年よりも野球がうまい。しかし、観察を通して分かったことだが、リトルリーグは基礎的な運動スキルを教えることに確実に成功している。この点は、私の意見では、リトルリーグの最も明瞭な効果の一つである。しかし、リトルリーグに対して賛同を示す者、批判する者両方が、リトルリーグを野球のプログラムからかけ離れていると見なし、リトルリーグの道徳的、心理的効果という点での議論は白熱している。

(4) 心理的効果

リトルリーグは子どもに心理的な害悪を及ぼすという主張に比べて、良い効果をもたらすという主張のほうに、より多くの証拠がある。ここではこの問題をリトルリーグの効果の一つとして取り上げたいと思う。この問題に関する主立った研究では、子どもに対するリトルリーグの長期的な効果という点に関しては、未決着のままである。これは当然のことである。なぜなら、リトルリーグに関する論争の白熱ぶりに比べて、子どもはたった三ヵ月の間、一週間に一〇時間程度しか参加しないからである。こうした時間で、劇的でなおかつ将来にわたって持続するような効果をあげられるとしたら、驚くべきプログラムである。

親は、自分の子どもに対してリトルリーグはかなりの効果を持っていると結論付けている。たとえば、ホープウェルのある親は次のように述べた。「私の息子はね、リトルリーグに参加することで大きな効果を得たわ。自己概念や、チームメイトをケアし、協力する態度をつくる上で、リトルリーグには大きな効果があるわ」。不運にも、研究結果では、この親の主張と一致しない部分が確かにある。

シーモア (Seymour 1956) は、一〇歳から一二歳までのリトルリーグに参加している少年と参加していない少年とを比較研究した。その結果彼は、二つのサンプル集団間に見られる問題の数にほとんど差がないことを明らかにした。また、パーソナリティ尺度に関しても、リトルリーグ参加者のほうがリーダーシップやソシオメトリックテストにおいて高い得点を記録したことを除いて、ほとんど差はなかった。しかし、このような差は、シーズン終了後の測定と同様に、シーズン前にも見られたのだ。これは、参加者はパーソナリティの特定の側面においてより成功した状態でプログラムに参加していくことを示しているのだが、このような差がシーズン中に増大するわけでもなく、他の差が現れてくるわけでもない。

ディッキー（Dickie 1966）は、リトルリーグに参加している少年と参加していない少年とを、カリフォルニア人格検査を用いて、そのパーソナリティの差を比較研究した。その結果、選手と参加していない少年との間には、シーズン前もシーズン後もトータルスコアでなんら有意な差はないことを見出した。彼は、参加している選手ではシーズン中にこのテストの結果が上がるようなことを示す傾向はわずかしかないと結論付けている。しかし、サンプリングや回答不明率の問題から、その結論はかなり推論的なものとなってしまった。ブリューゲル（Brugel 1972）の研究では、八歳から九歳までのリトルリーグに参加している少年と参加していない少年とを比較した結果、リトルリーグは自己概念に良い影響を及ぼさないということが示された。ただし、八歳の参加者では、シーズンを通して自己概念の発達が有意に見られた。

参加者と非参加者との間に差を見つけようとする研究のほとんどが、プレテストあるいはポストテストを行っていない。

その結果、その差がサンプルの性質によるものなのか、プログラムの効果によるものなのか、それとも他の要因によるものなのかが判然としない。スクビック（Skubic 1956）は、学校で良い行いをしている選手は、非参加者に比べて、運動能力も高く、社会的、感情的にうまく適応していることを明らかにした。サルツ（Salz 1957）は、前青年期の少年を三つのグループに分類して調査した。その三つとは、前年のリトルリーグ・ワールドシリーズで優勝したチームの選手、優勝できなかったチームの選手、非参加者である。その結果彼は、優勝チームの選手は、ほかのリーグ参加者よりも測定項目のいくつかで優れており、リトルリーグに参加している選手は、学校生活や責任感、ソシオメトリックテスト、交友関係といった多くの測定項目で非参加者よりもかなり高い得点をマークしていることを明らかにした。また、優勝チームの選手は、非参加者に比べ、協力性や統合性、コミュニティとの関係、家族関係、全体的な社会適応といった項目でも高い得点をマークした。サルツはリトルリーグがこのような結果をもたらしたと主張しなかったが、リトルリーグが発達を害することは決してないという自信を得たことだろう。

一九六二年から六三年にかけて、リトルリーグ組織自体が、リトルリーグの選手の子どもをもつ医者一、三〇〇人を調査した。質問の一つは次のようなものである。「リトルリーグ野球はあなたの息子に感情上の適応感を与えていますか」。六四パーセントの親がリトルリーグは好ましい影響を与えていると回答した。一方、三三パーセントの親がリトルリーグはなんら重要な影響を与えていないと回答した。また、感情上の適応にネガティブな影響を与えているとした親はわずか三パーセントであった。さらに、リトルリーグのせいで極端に攻撃的になったと回答した親も四パーセントにすぎなかった。六パーセントの親は子どもの攻撃性が「ときどき」問題になると回答しているが、九四パーセントの親はリトルリーグが子どもにとって有益であると感じていた。これらの結果は、因果関係ははっきりしないが、学校におけるスポーツ参加に関する研究の結果とも一致している。

リトルリーグ野球が望ましくない効果をもたらすという主張のほとんどは、個人的な経験に基づいている。子どもの中には、リトルリーグをトラウマ的に捉える者もいる。たとえば、ホープウェルのある少年は、競争のプレッシャーに耐え切れず、プレッシャーが頭に渦巻くときには、野球をやめようと思ったりもする。しかし、リトルリーグが心理的に害悪を及ぼすということを示した体系的な研究を私は知らない。

私の観察に基づくと、リトルリーグが特に強く影響を及ぼす少年には二つのタイプがある。それは、一方は肯定的なものだが、もう一方は否定的なものである。前者は攻撃性を抑制しがたい少年、後者は内気な少年である。リトルリーグの特定の効果は、チームの成功やコーチの態度、チーム構成といった複数の要因から結果する。リーグが攻撃性を悪化させた例では、次のような状況が頻繁に起こっている。①仲間から、あるいは、少なくともリーダーから完全には受け入れられていない。②思っていたほどのプレーをしないチームにいる。③選手の攻撃性を適正に位置づけることができず、将来的な攻撃性の発現を避けるための効果的な規範的行動を起こそうとしないコーチがいる。こうした問題が明白に起こった五つの事例のうち四つの事例において、(問題を起こした)選手はチーム内でベターな選手ではあるが、ベストな選手ではなかった。そして、結果的にチームのリーダーを恨んでいた。ほかの事例では、同様の問題を抱えた選手が救われることもあった。肯定的な効果があがった最も明白な二つの事例では、コーチは、明示的/暗示的を問わず、(問題を起こした)少年をチームリーダーとしていた。その結果、少年は自分の攻撃性を軌道修正することができた。もし少年が優れた選手でないなら、ほかの選手は彼の権威を受け入れられないので、こうした対処は決定的に失敗する。リトルリーグ・チームの中で起こる化学変化は複雑であり、特定することが難しい。しかし、選手のことをよく知っている感受性あるコーチは、ほかの選手も彼らの性格を向上させるための資源としてうまく用いる。

リトルリーグの経験は、内気な少年にとっても特に重大な意味を持つ。一般的に、内気な少年は能力の高い選手ではなく、シーズンが終わるまでにやめようと思ったり、時々しか姿を見せない。他の少年が騒々しいときでも、そういった少年はトラブルを起こさないので、失念しているコーチもいる。こういった類の少年は、他の何よりも、自分の運動能力に対して自信を喪失している場合が多い。したがって、この問題は、その選手を時々スターティング・メンバーに入れてやったり、彼を励ましたりすることで解決する。侮辱は少年に対して被害や敗北感をもたらすが、チームメイトからの応援は援助となる。結局、もしその少年に何らかの能力があり、その能力を決定的な場面で開花しうるなら、チームの統合を達成することができる。ブリューゲル（Brugel 1972）は、一般的にはリトルリーグ野球は自己イメージには効果を及ぼさないが、それはときにドラマティックな結果を内包していると述べている。

リトルリーグはそのほとんどの参加者にドラマティックな変容をもたらすことは期待できないが、思いやり豊かに運営されているスポーツプログラムは、そうした変化が起きうる適切な環境を提供してくれる。私の観察結果では、リトルリーグが選手に肯定的な実質的効果を及ぼしていると結論付けることは不可能である。しかし、肯定的な結果が起こる場合もある。さらに、リトルリーグがパーソナリティに害を及ぼすということを示す証拠は何もない。

(5) 社会性の育成

リトルリーグを擁護する者は、それは子どものリーダーシップの能力を高め、彼らを人気者にし、父と息子の関係を強めると主張する。リトルリーグは「建設的な生活」を教え込む方法として描かれている。しかし、こうした望ましい結果がリトルリーグによってもたらされるということを示す証拠は今までほとんどなかった。参加者は、非参加者に比べて、リーダーシップの能力が高く、好かれやすいという若干の証拠があるだけだ。

① リーダーシップ

シーモア（Seymour 1956）によると、教師は、リトルリーグへの参加者は非参加者に比べてリーダーシップを発揮していると評価している。それは、シーズン前にもシーズン後にも当てはまる。加えて、参加者のリーダーシップの程度は、非参加者に比べて有意に増加している。リーダーシップとよく結び付けられる特質、たとえば協力姿勢や社会的な思いやり、責任感などといった項目では、同様の効果を示していない。サルツ（Salz 1957）によると、リトルリーグ優勝チームの選手はリーダーシップに関して非参加者よりかなり有意な差を示しているが、優勝できなかったチームの選手と非参加者との間には差がなかった。この研究では、シーズン前のリーダーシップについて測定したわけではない。優勝チームの少年はずっとリーダーシップを示してきており、正確に選抜されてきたので、リトルリーグがリーダーシップを高めたと通俗的な推論をすることはできない。組織化されたスポーツが特定の個人、特に運動スキルの高い個人にリーダーシップの技術を形づくることは疑い得ない事実である。しかし同時に、組織化されたスポーツは、子どもに服従的、受身的になる方法を教えるという側面も持つ。リトルリーグは、少年を組織化されたヒエラルキーの中で特定のポジションに振り分ける。つまり、リーダーとそれに支配されるものである。

② 人気

リトルリーグを擁護する者は、リトルリーグの選手は非参加者に比べて友人をつくりやすいと主張する。少なくとも子ども時代には、因果関係は不明確だが、運動選手は、運動していない子どもに比べてより高い社会的評価を得る。シーモア（Seymour 1956）は、リトルリーグの選手は、非参加者に比べて、少年からも少女からも高い社会的評価を得ていることを明らかにした。しかし、この差はシーズン前にもシーズン後にも生じており、シーズン中に社会的評価がどう変化したのかに関しては、二つのグループの間に有意な差を見出すことができなかった。サルツ（Salz 1957）は、リトルリーグの優勝チームの選手は、通常の選手に比べて、高い社会的評価を得ていることを明らかにした。翻って、通常の選手も、非参加者に比べれば、高い社会的評価を得ているのである。特にリトルリーグに焦点を合わせたものではないが、いくつかのほかの研究でも、スポーツをしている子どもは、していない子どもに比べて、好かれやすいことを実証している。

この現象を説明する一つの解釈は、チームスポーツをしている少年は仲間と出会う機会が多いということである。この社会的接触仮説で、おそらくその差のいくらかは説明できるだろう。しかし、それですべてが、特に少女からの評価に関しては、説明しつくされるわけではない。いくつかの付加的な要因が考えられる。第一に、先にも述べたが、スポーツ選手は身体的、情緒的、社会的に、スポーツをしていない子どもに比べて成熟しているということが考えられる。第二に、スポーツ選手は、スポーツをしていない子どもに比べて、いろんな人と出会う機会が多いという点が考えられる。第三に、子どもたちの相互作用ではおもしろい者にひきつけられる特徴があり、スポーツ選手は、彼らの個人的な属性ゆえ、他者に対してこの報酬を与えうる立場にあるという点が考えられる。第四に、アメリカ社会において、スポーツ選手は価値ある地位であり、スポーツをしていない子どもはこのような「文化的ヒーロー」と自分たちを結び付けようとするからという点が考えられる。

③　父と息子の接触

リトルリーグが父と息子を結びつけるという考えを体系的に証明した研究はほとんどないが、ある研究が個人の経験に基づいた説明をしている。メジャーリーガーのボブ・フェラーは次のように述べている。「リトルリーグは父と息子の健全な関係を保ってくれる。野球の中で父親と息子は同じグラウンドに立つことができる。そこでは、協力や尊敬、真実の愛が花開く」(Feller & Lebovitz 1956)。ディッキー（Dickie 1966）は、その因果関係ははっきりしないが、カリフォルニア人格検査における選手たちの全体的な適応スコアはリトルリーグの試合を親が観戦するかどうかと正相関であることを示した。

イリノイ州にある二つのリーグ（一つは中流階層の、もう一つは労働者階級のリーグ）に参加している親に、息子の試合を観戦することで得るものがあったかという質問をした調査がある（Watson 1974）。それによると、三四・五パーセントの親は、息子が行っている野球を観ることに楽しさを感じていた。また、三一・三パーセントの親が全試合を観戦すると答え、四二・七パーセントの親はほとんどの試合を観戦していると答えた。まったく観戦していないと答えたのは、五・三パーセントに過ぎなかった。ホープウェルでは、シーズン終了後に一四試合のうち何試合を観戦したかを親に尋ねてみた。そうすると、父親の平均は九・四回、母親の平均は一〇・

三回だった。ワトソンが明らかにした結果とほぼ同じく、三一・八パーセントの親は全試合を観戦していると答え、一試合も観戦していないのは三・五パーセントに過ぎなかった。しかし、これらの数値は、子どもが親の存在にどう反応しているのかを示すものではない。サンフォードハイツとボルトンパークのインタビューでは、五一人の選手に、リトルリーグにおける親の役割に関して三つの質問をしてみた。

一、親がリトルリーグ野球を重大事と考え、自分たちにプレーさせることがありますか。
二、このことはあなたの親に当てはまりますか。
三、あなたは、自分の親が試合を観に来ることが好きですか。

二つのリーグの結果にほとんど差はないので、全体的な結果だけを示そう。よくあるケースとして、選手は、ほかの選手の親は押しが強く、競争的だと感じている。七四パーセントの選手が、少なくとも何人かの親はリトルリーグをあまりにも重大事と考え、子どもに無理やりプレーさせていると感じていた。しかし、そのなかで、自分の親がこれに当てはまると答えたのは、八パーセントに過ぎなかった。八八パーセントの選手が、親が観に来ることを好きだと回答した。しかし、四人の選手(八パーセント)は、親が来ることがいやだと回答した。(1) これらのデータはリトルリーグが親子間の相互作用を促進するものであるかどうかについて直接尋ねたわけではないが、親子の友好的な関係に関連していることを確かに示している。

能力のない父親が息子をコーチしている場合や息子が傲慢で攻撃的な場合には、リトルリーグが親子のギャップを広げるということはあるかもしれない。しかし、そういったことを示す確かな証拠はどこにもない。リトルリーグは、家族に共有された「言説の宇宙」(言説空間)を提供するという点で、ポジティブな相互作用を導くものと思われる。ワトソン(Watson 1973)は、リトルリーグは親を子どもの世界に効果的に社会化させると論じている。子どもの世界とは、通常は親の目に触れることのない世界である。家族成員の間を架橋するのに、組織化された制度を必要とするということは不幸なことかもしれないが、アメリカ社会においてはそうした年齢による社会の分化が確かに存在するのだ。

2　リトルリーグに対する批判

これまでリトルリーグの有益な点について述べてきたが、今度はリトルリーグという組織の効果やその使命の妥当性を疑問視する六つの主張について検証してみよう。その六つとは、①リトルリーグは身体を傷付ける。②リトルリーグはあまりにも競争的に過ぎる。③コーチの質が十分でない。④観客として親が観に来ることが試合を台無しにしてしまう。⑤リトルリーグは選手を搾取している。⑥試合が大人によって組織化されているため、子ども自身が楽しみをつくり上げることができない、という六つである。

(1)　身体への害

リーグの執行部にとって最も恐ろしい批判の一つは、試合が身体に危険を及ぼすという主張である。もしこれが本当なら、リトルリーグの根本的な目的であるフィットネスという点が否定されてしまうことになる。ここで、短期的な「表面上の」怪我と長期的な「隠れた」怪我とに分けて、検証してみよう。

怪我の危険性があるにもかかわらず、どんな荒っぽい批判でさえ、子どもが野球をしないよう主張するものはない。リトルリーグが存在しなかったとしても、子どもは大人の監視外で野球に興じ、今よりももっと怪我をすることだろう。全米組織の幹部たちはできるだけ安全に試合ができるよう大変な努力をしてきたし、世界中のどんな若者向けの運動プログラムよりも安全であるよう努めてきた。そして、医学的な研究や設備の改良という点に関しては、適正なプライドを持っている。大怪我をすることはまれであり、決して重大な問題ではない。

リトルリーグの長期的な影響を評価することはより難しい。子ども向けの組織化された運動は、まだ彼らの骨や軟骨、関節、肋骨、筋肉が十分に成長していないので、有害だと批判する議論もある。特に、「リトルリーグ・エルボー」として知られる状態や、骨の怪我には細心の注意が払われてきた。「リトルリーグ・エルボー」とは、ピッチャーの肘の周りにある、成長途上の骨にストレスがかかることで生じる怪我である。医者でない者にとっては、この議論はかなり難しい。なぜなら、「リトルリーグ・エルボー」の発生危険率は、五〜九〇パーセントもの幅があるからである。最新の医学研究では、危険性はかつて考えられていたよりも重大なものではないということが分かってきた。そして、多くの整形外科医たちは、リトルリーグでのピッチングを定期的に行うことは問題ないと判断している(一人の少年が一試合に三イニング以上投げるとすれば、中三日で一週最大六イニングまで)。

「リトルリーグ・エルボー」の真の問題点は、医学的なものではなく、実は社会学的なものなのだ。リトルリーグのルール自体は適正なのだが、子どもがほかのチームと試合をやったり、父親と練習したり、友人とのインフォーマルな試合の中で投球したりすることをやめさせるルールは存在しない。結果的に、子どもの腕にかかるストレスは増大する。さらに、少年はカーブを投げることで高い評価を得られると考えており、それを投げることで腕に過度の負担がかかることを知らなかったり、気にしなかったりする。コーチが子どもにカーブを投げないよう説得することは難しい。狙ったカーブを決めることはこの年代の子どもには難しいので、なかなか投げたがらないという側面も確かにある。その一方で、勝利や仲間からの評価を勝ち得るために投げ続けるのだ。選手がリトルリーグの試合の中でコーチの注意に耳を傾けているときでさえ、彼らは友人と完璧なカーブを完成させようとしている。「リトルリーグ・エルボー」の問題が解決されるのは、カーブの「社会的意味」が警告されてからである。

(2) 過度の競争性

リトルリーグに対する批判の中心は、その競争的な性格にある。子どもにとって競争が適切かどうかが、この論争の中心的な問題である。しかし、競争の効果は、参加者がそれをどう意味づけるかに拠る。

批判者は過度の競争がもたらす恐ろしい物語を描き出す。自分の思いや仲間、親からの期待に沿えなかったとき、子どもはいつも泣きじゃくる。他方、審判やコーチといった周りの大人に子どもは自分の怒りをぶつける。リバーデール・タイガースとボルトンパーク・アストロズのあるトーナメントゲームで、六回表アストロズが一対〇で負けていたとき、その事件は起こった。アストロズの第一打者をアウトにとった後、タイガースのピッチャーが次のバッターのところへ歩いていった。そのとき、彼は明らかにストライクをとったと思ったのだ。このことでそのピッチャーは審判に怒り出し、ザ・フィンガー(the finger)をくれてやった(中指を立てる卑猥なしぐさ)。アストロズの選手たちは静かなままだったが、親やコーチは、スポーツマンらしくない振る舞いをしたその少年を審判は退場にすべきだと叫んだ。数分後、審判はその少年を退場処分にした。このときそのピッチャーは怒りを鎮めていたのだが、再び怒り出し、泣き叫んだ。「みんな僕をバカにしやがる。僕は何も悪いことなんかしてないのに」。コーチは彼を鎮めようとしたが、ピッチャーはグラウンドから走って出て行った。これは異例の事態であるが、子どもにかかるトーナメント試合の重圧を物語っている[2]。しかし、リトルリーグを批判する人々は、このような出来事は程度こそ違え多くの場面で遭遇すると主張する。シカゴの小児科医であるジョン・L・ライチャーはリトルリーグの競争性に対して次のように批判している。

> 過度のプレッシャーのかかる競争的な試合によって、強い感情的反応がしばしば見受けられる。ヒーローへの崇拝、チームをつくれなかった少年や決定的なプレーをできなかった少年が感じる敗北感、失敗したときの親たちの明らかな落胆の様子、勝利したときの過度の誇りと賞賛、勝者と敗者の間に横たわる明らかな社会的受容の差、これらすべてのことが子どもの情緒的発達や社会的適応に深刻な影響を及ぼしている（McNeil 1961）。

批判者はビンス・ロンバルディ〔訳注3〕の言葉（「勝利がすべてではない。勝利こそが唯一なのだ」）やジョージ・アレン〔訳注4〕の言葉（「勝利すれば生まれ変われる。敗北すれば死す」）を何度も引用する。しかし、こうした恐れにもかかわらず、勝利チームと敗者チームの少年の間に社会的適応の差はまったく見受けられないように思える。

一方、大人は子どもにとっての競争を支持する。それは、大人になったときに競争しなければならないからであり、競争を早くに始めることに価値があると気づいているからである。六歳までに、子どもはすでに競争することを学習する。子どもがリトルリーグに参加している医師を調査した結果では、一〇パーセントが子どもは過度な情緒的プレッシャーのもとでプレーしていると感じていた。二二パーセントが時々こうした事態が生じると感じており、六八パーセントは過度な情緒的プレッシャーのもとには置かれていないと感じていた。何件かの調査では、プレッシャーの影響がどのようなものであれ、それはすぐに移ろっていくことが示されている。サンフォードハイツとボルトンパークで、選手と親に競争や勝利に対する態度について質問してみた。選手には次のように尋ねた。「一般的にリトルリーグは過度に競争的だと思いますか」。親には次のように尋ねた。

一、一般的に、コーチは勝利を過度に強調していると思いますか、まったく強調していないと思いますか、それとも適正だと思いますか。

二、では、今年あなたの子どもがプレーしているチームでは、コーチは勝利を過度に強調していると思いますか、まったく強調していないと思いますか、それとも適正だと思いますか。

一チームから一二歳の少年四名をランダムにサンプリングし、また親のサンプルとして一チームから一名の母親と一名の父親（別々の子ども）をランダムにサンプリングした。[3]

参加者の意見が競争性を測る唯一の尺度ではないが、競争性が受け入れられる程度を示してもいる。表A１-１を見てのとおり、四分の三以上がリトルリーグはそれほど競争的ではないと感じていた。下層の中流階層が多いサンフォードハイツでは、上層の中流階層が多いボルトンパークと比べて、いくぶん競争的であると見做している（カイ二乗値 $\chi^2=4.76$, 自由度 $df=1$, 有意水準 $p<.05$。回答は「はい」と「いくぶん」を合計したものと「いいえ」で検出している）。この差が、上層の中流階層のリーグはあまり競争的でない環境にあるためなのか、あるいは下層の中流階層の少年は競争の否定的な効果に敏感になっているためなのかどうかは、この表からはわからない。しかし、私の感覚では、前者の説明がおそらく妥当するだろう。サンフォードハイツのコーチは、ボルトンパークのコーチに比べて、美徳としての競争を強調していた。

親もまた、一般的には、勝利に重きを置くことに満足していた（表A１-２参照）。両方のリーグともほとんどの親は、リトルリーグは一般的に、また自分の息子のコーチも勝利を過度に強調することはないと感じていた。また、リトルリーグ一般に比べて、自分の息子が所属しているチームへの満足度が高い傾向にあった。上述したように、下層の中流階層のリーグでは、上層の中流階層に比べて勝利志向が強かった。ただし、その差は統計的に有意なものではない。

私自身の競争に対する考えは、シェリフ（Sherif 1976）の論に従っている。すなわち、「（競争をめぐる議論における）参加者は、ほとんどいつも、いかなる話にも変換できない、競争の効果に関する前提化された判断から議論を始める。ある者にとっては、競争は自然で、健康的で、性格を形づくるのに本質的なものと見なされている。逆にほかの者にとって

表A１-１　「リトルリーグは過度に競争的ですか」

	はい		いいえ		時々	
	実数	%	実数	%	実数	%
ボルトンパーク						
成功したチームの選手	0	0	11	92	1	8
成功しなかったチームの選手	0	0	11	92	1	8
小計	0	0	22	92	2	8
サンフォードハイツ						
成功したチームの選手	1	7	11	73	3	20
成功しなかったチームの選手	4	33	7	58	1	8
小計	5	19	18	66	4	15
全体平均		10		78		12

注：質問文「リトルリーグは一般的に過度に競争的だと思いますか」。
成功したチームとはシーズンを勝率５割以上で終了したチーム，成功しなかったチームとは勝率５割以下で終了したチームのこと。

表A１-２　コーチによる勝利への強調に対する親の見方

	ボルトンパーク		サンフォードハイツ		計
	実数	%	実数	%	%
一般的に					
過度に強調しすぎ	1	8	5	36	23
適度	9	75	8	57	65
強調が足りない	1	8	0	0	4
わからない	1	8	1	7	8
息子のチームについて					
過度に強調しすぎ	0	0	3	21	12
適度	10	83	9	64	73
強調が足りない	2	17	0	0	8
わからない	0	0	2	14	8

は、競争は有害で、精神を傷つけ、協力的な活動を阻害するものと見なされている。その人たちにとっては、協力的な活動こそが唯一有益なものであり、人間の活動のなかで最も高い地位にあるものと見なされているのだ」。この説明は、競争をめぐる議論が本質的にイデオロギー的なものであり、決して経験的なものではないということを示している。また、「競争」が文脈の中で検証されなければならないということも示している。加えて、競争の心理学的な意義に関しては、その相互作用の重要性が考慮されなければならない。言い換えれば、子どもに影響を及ぼすのは試合そのものではなく、子どもの運動に関わる他者（コーチ、親、仲間）が試合をどう定義するかということである。[4] 質問紙調査の回答や私自身の観察によると、競争は決して重大な問題ではない。

(3) 十分な資質のないコーチ

リトルリーグに対する批判の中には、コーチに多大な責任を求めるものがある。この種の議論では特に、ほとんどのリーグでコーチは無給で働き、選抜されたわけでもないボランティアであるという点が問題となる。コーチにまつわるたくさんの「恐ろしい話」がこの責任の負託をやめさせるために引用される。「恐ろしい話」の一例として、ある作家は新聞に、リトルリーグは「児童虐待」を無視し続けてきたという批判を寄せた。コーチは、スター選手を「買収」しようとしたり、非正規の選手を使ったり、バットで親や審判を襲ったり、試合を「放棄」したりして、互いに告訴合戦を繰り広げてきた。

ある成功したビジネスマンが、不正確ではあるが、リトルリーグのコーチの過ちに関して簡潔な説明を述べている。「リトルリーグやポニーリーグ〔訳注5〕を運営する者、それらの組織に属する残りの者も、たいていは社会階層の下位に位置し、ビジネスや結婚、社会生活で成功できなかった。だから彼らはほかのこと全部を子どもたちに置き換えている」。また、映画監督のウォルター・マッソーも、『がんばれ！ベアーズ』のなかでモリス・ブッターメーカーというコーチの横顔をこのようなステレオタイプを用いて描いている。こういった見解は、リトルリーグをめぐる議論に階級的バイアスが反映されたものである。すなわち、高い教育を受け、社会的にリベラル派に位置する人が保守主義者を運動論的に攻撃するというものである。リトルリーグのコーチは確かにダンカンSEI（ダンカン社会経済指標 Duncun Socioeconomics Index）では自分たちが教えている少年の親よりもわずかに低い地位に位置するが、このことによって彼らが公的／私的生活において差別されているというわけではない。

（ボルトンパークとサンフォードハイツの）平均的なヘッドコーチは、四一歳で、四人の子どもを持ち、高校卒業後三年間ほど、典型的には商業学校や工業学校で学校教育を受けている。ボルトンパークの上層の中流階層のリーグでは、ヘッドコーチは保険のブローカーやトラックの運転手、経理担当者、貿易コンサルタント、工場主、歯科医であったりする。一方、サンフォードハイツの下層の中流階層のリーグでは、ヘッドコーチは、エンジニアや石油販売員、不動産業者、運輸業者、道具の鑑定人、郵便局員、溶接指導員であったりする。ホープウェルにおける一〇人の父親／コーチの平均は、ダンカンSEIで五三・五に位置する。この数値は、リトルリーグにかかわっていない父親の平均値六〇・二と比較しても、有意な差とはいえない[5]。より同質的なボルトンパークのコミュニティでは、コーチと親の間に差は見られなかった。一四人の父親／コーチと五六人の非参加者の父親を比較してみると、SEI得点での実質的な差はなかった（六九・五対六八・七）[6]。

ほとんどのコーチは公式のトレーニングを積んでいないという批判もある。また、リトルリーグに関する研究においても、子どもの問題を扱えるよう、コーチを訓練しようという体系的な試みは見出すことができなかった。ほとんどのコーチは子どもの発達について公的な指導を受けていない親であり、このことは重大な問題であるかのように思える。「変化する能力を持ち、身体的、心理的問題を抱えた少年がいるチームをマネジメントするのに要求される能力は、最良の意図をもってしても、多くの親の能力を超えている」（Beleaguered Little Leaguers 1964）。

地方のリーグが訓練を施すことはほとんどないが、多くのコーチはほかの若者向けのプログラムで活動をしている。初期の研究では、六五パーセントのコーチが若者向けの活動でなんらかの訓練を受けたと回答している。サンフォードハイツとボルトンパークにある一三のチームのうち一二のチームで、コーチは、カブ・スカウトやスポーツ活動など他の若者向けの活動の経験を有していた。したがって、ほとんどのコーチは専門的な訓練こそ受けていないが、まったく経験不足だというわけではない[7]。これまでの研究によると、コーチ向けの適正に組織化されたシーズン前の訓練プログラムは、リトルリーグのガイドラインを教え込み、子どもと関わる適切な方法を議論する機会を提供するのに有意義であることが明らかになっている。そうした訓練を受けたコーチのもとでプレーしている子どもは、訓練を受けていないコーチのもとでプレーしている子どもに比べて、自己評価を増大させることが示されている。

確かにコーチは公的な訓練を受けていないが、ほとんどの選手や親はコーチのリーダーシップに満足している。ボルトンパークで調査した一二人の親のうち、実に八二パーセントの親(コーチではない)が息子のコーチを支持していた。サンフォードハイツでは、一四人の親のうち九二パーセントが支持していた。選手の間にもコーチに対してはかなりの支持がある。ボルトンパークでは、二四人の選手のうち八八パーセントが自分たちのコーチに満足し、四パーセントはどっちつかずな見方をし、八パーセントが不満であった(後者の二つを合わせた一二パーセントはすべて、同じ一人のコーチに向けられた不満であった)。サンフォードハイツでは、ボルトンパークよりも不満の割合が高かった。インタビューした二七人の選手のうち、五六パーセントが満足し、一九パーセントがどっちつかずな見方、二七パーセントが不満であった。不満のある四人は全員、七つのチームのうち一つのチームに属しているが、自分たちのコーチへのリーダーシップに対する不満であった。私の意見では、観察した百人のコーチのうち、子どもと活動するのに明らかに不適格なコーチは二人であった(あくまで私の意見だが)[8]。多くのコーチが自らのコーチング技術を向上させていた。

① 事例1：怒鳴るコーチ

フェリックス・ディマジオは、グラウンドを離れると理性的なのだが、アシスタントコーチとしては、自らの怒りを抑えられず、いつも些細なミスで選手を叱り飛ばしていた。彼こそはリトルリーグのコーチの最悪のステレオタイプであるかのようだ。彼の攻撃は根拠のないものだ。「もしお前らがミスを連発するようなら、俺はお前らを踏んづけるからな」「お前らは仔犬のようにプレーしている。野球をするんだ」といった言葉である。あるとき一対〇でチームが敗れ、彼は怒鳴りながら次のように言った。「お前らは最低だ」。このコメントは、声の大きさ、内容という点で尋常ではなかった。批判は延々と続き、敵意むき出しのトーンだったので、チームは大いに困惑した。こうした言葉は彼の信念を表現しているわけではないが、自分がコーチしている子どもを彼自身が嫌っているように思わせた。彼の行動は非常に支離滅裂なので、シーズン途中にリーグは彼にコーチを辞めるよう打診した。

② 事例2：偽善者

アル・ウィンゲートは勝利にはほとんど興味がないようなことを公言していた。あるとき私にも次のように語った。「結局、ただのゲームなんだ。子どもたちが良い成果を手に入れることこそが重要なんだ」と。しかし、この言葉は、実は勝利に執着しているアル本人と対照的である。彼が人前で見せる微笑みに、一二歳の選手たちに皮肉を込めて言う言葉を聞いていなかった人たちはだまされるだろう。「お前らはどこから来たんだ、岩の下か。」一二歳の選手たちを怖がらせることもよくあった。ある選手が次のような話を聞かせてくれた。

> 去年のことなんだけど、僕と何人かの子どもの話なんだけど、僕らはその夜プレーしていなかったんだ。でも、コーチのチームはしていた。僕らはふざけて走り回っていた。そしたら、コーチが来てこう言うんだ。「そこから出て行け」と。それで、僕らはそこでプレーした、わかるだろ。そしたら、コーチが僕のところへ来て、こう言ったんだ。「こっちへ来い。もしお前らがリトルリーグでまだプレーしたいなら、ここから出て行け。俺はお前らのユニフォームを取り上げて、二度とプレーできないようにすることだってできるんだぞ」（インタビュー記録より）。

特に重大な問題は、彼の言葉の内容と言葉以前の態度とがダブルバインド的で、調和していないということである。彼はアシスタントコーチと話しながら、ベンチの後ろに立っていた。能力の欠如を理由にある少年をののしりながら。しかし、その少年が彼の言葉が聞こえるところまで来たときには、さかんにその少年の努力を褒め称えた。このことは、他の選手の聞こえるところでもともとのコメントがなされていたという点を除いては、悪いようには思われないかもしれない。しかし、選手は、彼の賞賛が信頼できないものだと学んでしまうのだ。

前青年期の子どもは、様々な教師や世話をする人たちと接しており、非常に可塑性に富む存在である。利用可能な証拠さえ整えば、子どものケアを行う人をランダムにサンプリングすると、そこで見つかる不適格者の数に比べて、リトルリーグのコーチのそれが飛びぬけて多いとは思えない。しかし、地方のリーグは、もし公的な訓練ができないのなら、その気質を精査することによって、コーチの発掘に重きを置くべきである。ほとんどのコーチは善良な役割モデルを果たしているが、これによってコーチの発掘と訓練における努力の欠如が許されるわけではない。

(4) 親による有害な影響

親は、前青年期の子どものスポーツを荒廃させるものとして、非難され続けてきた。ある熱狂的なジャーナリストは、巧みな表現で次のように主張している。「父親でも母親でも、リトルリーグに関わっている親ほどわれわれの時代で不快極まりない現象はない」(Sumner 1978)。事実、親の中には試合に関与しすぎる者もいる。

以前にリトルリーグの選手だった人が思い出すには、「ある四月の日、僕の母さんは紙袋を持たせてくれたんだ。その中には、二切れのボローニャ風サンドイッチとオレンジ、何枚かのクッキーが入っていたんだけど、母さんはこう言ったのさ。『もしリトルリーグに入れないようなら、夕食を食べに家に帰ってこないほうがいいかもね』って」(Robins 1969)。

リーグ首位のフィルズにカーズが挑んでいたある試合の最中、フィルズのある父親が審判の判定に興奮しだした。フィルズのコーチは(故意にではないが)プレー中に、カーズのコーチに対してタイムアウトを要求した。このタイムアウトに関してフィルズに味方した審判の裁定は受け入れられた。この父親は、酒を飲んでいるようで、その決定が自分の息子のチームに有利だとはわからずに、塁審に向かって怒鳴り始めた。「そこにいるのはなんて生意気なやつなんだ。俺はバカじゃない。俺には何が起こっているかわかってるんだぞ」。彼は塁審を「捕まえるぞ」と脅している。塁審は、もし自己コントロールできないようなら、球場から追い出すぞとたしなめた。こうして事件は終わった(サンフォードハイツでのフィールドノートより)。

決してすべての人に満足がいくよう答えられるものではないが、経験的には、親が関わる範囲が問題である。コーチは親に関する問題を頻繁に訴えるとする報告もある。ボルトンパークとサンフォードハイツの一三人のコーチ全員に、「あなたがリトルリーグの運営中に親のことで問題を抱えたことはありますか」という質問をしてみた。

その質問を肯定したコーチは、親の問題を列挙し、素描してくれた。一三人のコーチのうち六人が肯定し、一〇件の親の問題について述べた。それらのうちほとんどは、親が自分の息子を過剰評価しているというものである。推測されるように、コーチの視点は常に正当化されており、こういった話は適切なコーチと親の関係を示す道徳的例として語られる。一三人のコーチはトータルで六三年間をリトルリーグに費やしているのだが、仮にその一〇件の出来事が正確な数字だとしたら、六・三年ごとに一件の親の問題が起きている。この数値は明らかに低い。コーチは親とうまくやっていくことを望んでおり、何が「問題」となるかはコーチによって変化する。親の問題を抱えたコーチの多くは指導を続けたくないのだ。この回答から導き出されることは、コーチは親との関係を重要な問題と考えていないということである。

親に対するインタビューの中で、ほかの親の態度について尋ねてみた。第1章でも記したように、サンフォードハイツとボルトンパークから得られた結論では、ほとんどの親は、ほかの親のほうが「概して」勝利に対して適切な強調を置いていると感じているというものである。八一パーセントの親が勝利に対して適切な強調が置かれていると感じ、一二パーセントの親はまったく強調されていないと感じていた。また、一人の親（四パーセント）だけが、強調されすぎていると感じていた。同時に、親の行動を変え、試合から親を締め出すことによってリーグを改善するべきだと感じている親は一人もいなかった。選手やコーチに特定の問題や改善点について尋ねたときも、親の問題はでてこなかった。

観察結果からもこの回答は支持される。親のことが重大な問題になることはめったにない。どのリーグでも「アクシデント」は起こるが、頻繁に起こるものではないし、レアなケースである。リトルリーグの試合中に叫んでいる親もおり、確かにかなりうるさいが、そういった過剰な行動はリーグの職員によって適切な役割距離を親に思い起こさせることで解決する（たとえば、「これはただのゲームなんだから」と）。子どもと同様に親も、好ましい方法で自己を呈示する必要性に気づいているのだ。

(5) 大人による選手の搾取

近代スポーツは商業的な事業であり、故意かどうかは別にして、リトルリーグに参加する子どもを大人が搾取していると批判する者もいる。スター選手がリトルリーグから利益を得るということは一般的には認められるけれども、そういったスター選手自身が貪欲な大人から一番搾取されているのだと。

搾取の極端な例は、ペンシルバニアのあるリトルリーグに見出すことができる。そこでは、コーチが、近隣のリーグに所属する二人の少年に、自分のチームに入ったらニューヨーク旅行に連れて行ってやると提案した。ジェームス・ミッチェナーは、こうした例がますます増えつつあることを示している。「あまりに熱心なコーチがチームのために才能ある選手を求めて遠くまで探し回るケースが明るみに出てきている。自分のチームを梃入れするために、九歳のスター選手を連れてきて、自分の地区に移るよう説得したケースまである」(Michener 1976)。選手の契約やフランチャイズ、二軍、オールスター、ワールドシリーズなどを通したリトルリーグのプロフェッショナル化は、大人の関心から生起した事態である。クリスチャン・センチュリー誌(Christian Century)は次のように述べている。「(もし親がリトルリーガーのプロフェッショナル化を防がないなら)すべてのアメリカのスポーツを脅かしているプロフェッショナリズムによる荒廃は、わが国民や文化の欠点というべき部分に深く根を下ろすことになり、アマチュアスポーツの中で残るものは、戸外のグリルでステーキを節約して焼くことだけになってしまう」(Little League baseball produces rhubarb 1959, 870)。

搾取は、リトルリーグにおけるビジネスとの関わりにも反映されている。すなわち、「スポンサー」に対する小さな「サンドイッチマン」として子どもを使うようなこともある。たとえば、ファストフードやガソリンスタンド、行政組織、葬儀会社の広告やフィクションの世界の話だが、『がんばれ!ベアーズ』の「チコ保釈金ローン」[訳注6]の宣伝のように。

ジョーイ・ジェイは、リトルリーグ出身でメジャーリーガーになった最初の選手だが、次のように述べている。「私は、ヒーローのように扱われた多くの子どもたちを知っている。結局彼らは、みんなが自分を銀のホームベースの上に立たせてくれると期待していた。しかし、現実はそうならなかった。彼らは適応できなかったのだ」(Wake Up, Wake Up 1960)。

しかし、この点に関する体系的な証拠は何もない。私が調査したリーグでは、いかなる重大な搾取の存在も疑われなかった。スポンサー料はリトルリーグの登録料を低額に抑えるのによいお金である。スポンサーに一年に二五〇ドル(リーズナブルな額だが)課している八チームから成るリーグでは、二、〇〇〇ドルの収益を上げ、野球くじをやめることも、登録料を減額することもできている。スポンサーとは、お金を払い、その後チームを孤立させるようなものである。それらは、減税や広告、そして寄付金を渡すというコミュニティ精神に満足しているのだ。

私が調査した五つのリーグでは、選手はチャンピオンシップを獲得したという公的な名誉も持っていなかったし、彼らが獲得した名誉といえば、謙虚ではかないものばかりである。リトルリーグを批判する者の中には、物証よりも感傷に基づいている者もいる。ドラフトや契約に関してある人が語った事実によると、リトルリーグのそれらは、プロと同じ意味あいのものではない。リトルリーグで行われている「搾取」は、アメリカのメディアや産業が子どもを搾取しているのに比べて、穏やかなものである。

(6) 子どもの自発性への弊害

最後の批判は、アメリカ人の子どもに対するイメージを反映している。子どもは娯楽の時間をどのように過ごすべきなのか。子どもの「自然の状態」とはどのようなものなのか。これらの疑問に対する答えは、「子どもの役割」に関するイメージに基づいている。それは、大人が自らの子ども時代を選択的に思い出すイメージに基づいている。

教育者の間で流布しているイデオロギーは、子ども自身がその娯楽を楽しみ、自分たちの社会システムや道徳的秩序、文化を発達させるためには、自由放任にしておくべきだとするものである。リトルリーグの批判者によれば、大人が運営する組織は子どもの活動のバイタリティを破壊することになる。すなわち、「リトルリーグ至上主義」は、アメリカの子どもから自由な遊びや自発的なゲーム文化を消し去る恐れがあると訴える。したがってそれは、子どもから楽しみだけでなく、最も価値ある学習経験をも奪うことになる。またそれは、子どもの遊びを画一化し、アメリカの子どもの間にある遊びとゲームの自然で自発的な文化の破壊へと導くことになる。

デブローの考えは一般的なものであるが（Opie & Opie 1959; Beleagued Little Leaguers 1964; Kleiber 1978, 1981）、子どもの文化が破壊されるという考えに対する実証的な証拠は何もない。実際、サットン-スミス&ローゼンバーグ(Sutton-Smith & Rosenberg 1961) は、一五年以上にわたって調査し、子どもたちの間にインフォーマルな集団活動が増加していることを発見した。彼らは同時に、少年たちが行うゲームの数は減少しているということにも気づいていた。一日のうち、限られた時間を他の活動にも振り向けなければならない。しかし、リトルリーグの中でさえ、自由な時間は残されているのだ。クライバー（Kleiber 1978）は、組織的なスポーツに参加している子どもとそうでない子どもを比較して、驚くべきことに、子ども自身によって行われたゲームの数に差はないことを明らかにした。

子どもは大人の影響から自由であるべきだとする議論に対しては、二つの反対意見がある。一つはアメリカ社会における組織の必要性、もう一つは子どものインフォーマルな活動における攻撃的な性質という点である。自らの子ども時代に関する大人の回想の中では、野球の経験はうつろながら試合に焦点付けられることが多い。しかし、その当時より現在では空き地も少なく、結果的に、決まって行う球場と公的な組織が必要となる。野球自体は、リトルリーグがなくなっても存続するだろうが、スケールは小さくなる。三〇人の子どもが試合に集まることはまずないだろう。一〇人でも、十分大きな集団と見なしうる。小さな集団で行う野球にも利点はあるのだが、フル・ゲームを成立させるためのポジション間の相互関係は失われる。

第二の論点は、子どもたちの相互作用の中身に関するものである。ロマンス化された子ども時代の記憶に基づき、子どもの遊びは牧歌的だと述べる大人もいる。実際には、子どもは嫌いな相手に対しては残酷になる。スポーツにおいて、少年は嫌いな子がインフォーマルなゲームに参加することを許さない。インフォーマルなゲームにおける階層構造は、リトルリーグにおけるそれよりも激烈である。少なくともリトルリーグにおいては、ほとんどのコーチは子どもを公正に取り扱おうとしている。数年前、マーチン・レヴィン（Martin Levin 1969）は、リトルリーグの公式ルールと子どもが行うゲームのインフォーマルなルールを比較して、示唆に富む知見を示している。

リトルリーグ野球の公式ルールを拾い読みしてみると、私が草野球をしていた時から時代は変わったなあという印象を持つ。今リトルリーグのルールがどうなっていて、かつて私がやっていた草野球ではどうだったのか、お伝えしてみよう。

（リトルリーグにおける）抗議：抗議が認められるのは、ルールに対する違反や干渉があったとき、あるいは不適格な選手を使ったときだけである。審判の判定に対する抗議はいかなる場合でも認められない。

（過去の草野球の場合の）抗議：抗議は、ある少年がほかの少年を今にも殴りかからんばかりになったときにだけ認められる。誰かが松葉杖をついていて、プレーができないときにのみ、審判はおかれる（彼が審判になる）。しかし、誰も彼の呼びかけには注意を向けない。彼はただの少年に過ぎないから。

（リトルリーグにおける）グラウンド上の礼儀：選手やマネージャー、コーチ、審判、リーグ職員の行動は不名誉なものであってはならない。

（過去の草野球の場合の）グラウンド上の礼儀：マネージャーやコーチ、ほかのどんな大人もいない。神の名を汚し、つばを吐く選手がいるだけ。不名誉なことをしない選手はぶちのめされる。

この説明はユーモラスだが、真実を衝いている。前青年期の娯楽はむき出しの暴力によって構造化され、乱暴なヒエラルキーによって統制されているのだ。

これまで強調してきたように、リトルリーグに対する評価は、それを評価する人のパースペクティブに拠っている。したがって、組織化された野球とインフォーマルな野球に対する態度について選手に尋ねるのが適当である。シーズンの中ごろ、ボルトンパークとサンフォードハイツの選手に次のような質問をした。「リトルリーグで行う野球と、公園や誰かのうちの裏庭で友達とやる野球のどちらが好きですか」。ボルトンパークでは、八三人の選手のうち、九四パーセントがインフォーマルな野球に比べてリトルリーグが好きと回答した。サンフォードハイツでは、九〇人の選手のうち、七三パーセントがリトルリーグが好き、二四パーセントがインフォーマルな野球が好き、二パーセントの選手が両方同じくらい好きと回答した[9]。このサンプルは現にリトルリーグ野球に参加している選手を選び、シーズン中になされているので、明らかに自己準拠的なものなのだが、それでもなおこれらの回答は、選手は自由なプレーをしたがっていると考える伝統的な観念を疑問に付すものである。選手は、リトルリーグには口論がほとんどなく、公正なので、そちらの方が好きであると主張している。大人は、子どもと一緒にいるとき、その権威によって、緊張のもととなる口論を止めさせ、問題を解決することができる。

僕は友達と一緒にはプレーできないよ。口げんかが多すぎるんだもん（一二歳、ボルトンパーク・ロイヤルズ）。

リトルリーグはよくまとまってるから、友達といやなけんかをしなくてすむよ（一二歳、ボルトンパーク・オリオールズ）。

上記の子どもたちは、組織化されたリトルリーグの特徴を評価している。リトルリーグの長期的な影響についてははっきりしない。それは、ほかの多くの変数が参加者あるいは非参加者に影響しあっているからである。しかし、リトルリーグが子どもの文化を破壊しているという証拠はほとんどない。たとえ子どもの文化がリトルリーグによって変化を受けたとしても、傷つけられているとは言えないのだ。

3 まとめ

リトルリーグの利点と欠点について検証するため、親と選手に一般的な満足度について尋ねてみた。親の満足度に関しては、ボルトンパークとサンフォードハイツでサンプルを採り、次のような質問をした。「子どもが参加しているリーグに対して、あなたはどの程度満足していますか。⑤とても満足している。④やや満足している。③満足している。②あまり満足していない。①満足していない」。

結果は、二つのリーグともに、自分のリーグに対して支持的であった。サンフォードハイツの保護者の満足度の平均は三・三で、ボルトンパークでは三・八だった。二六人のうち二人だけが「あまり満足していない」と回答し、「満足していない」とする者はいなかった。この結果はリーグにまったく問題がないということを示しているわけではないが、リーグの基本構造が子どもを傷つけているということも示していない。

選手はさらに満足していた。選手の満足度を示す直接的な行動上の指標の一つとして、シーズン中に自発的にリーグを抜ける子どもの数がある。リトルリーグは自発的なものなので、子どもはその参加をやめることもできる。仲間や親からの強力な社会的圧力によって明らかに脱退が妨げられているが、実際に脱退は起こっている。そしてそれは、極度の不満を反映している。完全なデータを入手することのできる（ビーンビル以外の）四つのリーグでは、三九一人の選手のうち、シーズン中に休暇や家族の引越し以外の理由で辞めた者は九人（二パーセント）に過ぎない。メープルブラフとサンフォードハイツで四人ずつ、ホープウェルで一人の選手が辞め、ボルトンパークではいなかった。九人の選手のうち、プレーする時間がないために不承不承やめたのは二人である。

シーズン終了時に、選手にリトルリーグのプログラム及びプレーしてきたチームに対する満足度について尋ねた。質問文は以下の通りである。

表A1-3　リーグ及びチームに対する満足度

	リーグに対する満足度		チームに対する満足度	
	平均値	実数	平均値	実数
ビーンビル（1年目）	データなし		4.3	32
ビーンビル（2年目）	4.6	30	4.1	30
ホープウェル	4.5	99	4.1	99
サンフォードハイツ	4.2	90	3.8	90
ボルトンパーク	4.5	83	4.3	82
メープルブラフ	4.0	107	3.8	107

一、あなたはリトルリーグ野球にどの程度満足していますか。⑤とても満足している。④やや満足している。③満足している。②あまり満足していない。①全く満足していない。

二、あなたは、現在所属しているチームでプレーしていて、どの程度楽しいですか。⑤とても楽しい。④やや楽しい。③楽しい。②あまり楽しくない。①楽しくない。

一般的に選手は、たとえ所属しているチームが勝てなかったとしても、リーグやチームのパフォーマンスに非常に満足していた。リーグに対する平均的な満足度は四・三（サンプル数$n=409$）で、チームに対する平均的な満足度は四・〇（サンプル数$n=428$）であった。チームに対する満足度とリーグに対する満足度の相関係数は・五六（サンプル数$n=408$, 有意水準$p=.001$）であった。これは、五つのリーグすべてで同じパターンを示している（表A1-3参照）。

確かにあるリーグでは他のリーグに比べて若干満足度が高くなっているが、結果は一貫している。[10] リトルリーグのプログラムは決してすべての少年のニーズを満たすものではないが、ほとんどの子どもにとって満足のいくものと言えるだろう。

リーグに対する満足度やチームに対する満足度が勝敗とどの程度関連しているのかを検証するため、チームを勝率五割以上と五割以下に分類した（表A1-4参照）。勝者チームの少年が敗者チームの少年に比べて満足度が高いのは当然である。また、この差は全体としてリーグに対する満足度にも影響している。これも当然のことである。強いチームと弱いチームの間に見られる少年たちの満足度の差は、選手が勝敗によってフラストレーションや自尊的な感情を感じていることを示している。

表A 1-4　リトルリーグに対する満足度の平均値

	リーグに対する満足度[1]						チームに対する満足度[2]					
	勝ちチーム[3]		負けチーム				勝ちチーム		負けチーム			
	満足度	実数	満足度	実数	t値	有意水準	満足度	実数	満足度	実数	t 値	有意水準
計	4.39	237	4.20	172	-2.26	0.024	4.31	247	3.62	193	-7.05	0.001
ビーンビル（1975年）							4.80	10	4.05	22	-2.19	0.037
ビーンビル（1976年）												
ホープウェル（1976年）	4.60	52	4.30	47	-1.98	0.051	4.46	52	3.64	47	-4.76	0.001
サンフォードハイツ（1977年）	4.21	53	4.27	37	0.32	0.750	4.23	53	3.27	37	-3.95	0.001
ボルトンパーク（1977年）	4.57	42	4.49	41	-0.58	0.561	4.62	42	3.90	40	-3.84	0.001
メープルブラフ（1977年）	4.13	60	3.79	47	-1.76	0.081	4.05	60	3.43	47	-2.77	0.007
	12歳		9歳～11歳				12歳		9歳～11歳			
	満足度	実数	満足度	実数	t値	有意水準	満足度	実数	満足度	実数	t 値	有意水準
計	4.23	218	4.42	179	2.25	0.025	3.99	229	4.18	199	2.85	0.005
ビーンビル（1975年）							4.50	12	4.15	20	-1.00	0.325
ビーンビル（1976年）	4.83	12	4.50	18	-1.66	0.109	3.83	12	4.28	18	1.37	0.182
ホープウェル（1976年）	4.41	49	4.50	50	0.60	0.550	4.06	49	4.08	50	0.10	0.922
サンフォードハイツ（1977年）	4.20	50	4.28	40	0.39	0.701	3.58	50	4.15	40	2.25	0.025
ボルトンパーク（1977年）	4.38	39	4.66	44	1.95	0.054	4.08	38	4.43	44	1.76	0.089
メープルブラフ（1977年）	3.93	68	4.07	27	0.62	0.534	3.76	68	3.93	27	0.59	0.559

注(1)　次の質問にもとづく：「あなたはリトルリーグでの野球がどのくらい好きですか」。
⑤非常に好き　④やや好き　③好き　②あまり好きではない　①全く好きではない

注(2)　次の質問にもとづく：「あなたは現在参加しているチームでプレーしていて、どのくらい楽しいですか」。
⑤非常に楽しい　④やや楽しい　③楽しい　②あまり楽しくない　①楽しくない

注(3)　勝ちチームとは勝率5割以上の，負けチームとは勝率5割以下のチームのことである。

チームの成功が満足度に影響していることを明らかにしたので、次に個人的な成功と満足度との関連を検証してみよう。シーズンの最終週にすべての選手に対して自分の今のバッティングの状態について尋ねた。報告された打率を、三割五分を基準に二つのグループに分けた。その結果、二つのグループの間には、全体で見ても、リーグごとに見ても、満足度に差はなかった。選手は、個人的な成功とシーズンやリーグに対する評価とを分けて考えているようだ。

おそらく、子どもの報告する打率は、個人の成功を測る尺度としては「客観的」なものとは言えないだろう。満足度と技術との関連を検証するために、ボルトンパークとサンフォードハイツにおいて二つの別のデータを収集した。コーチから提供してもらったスコアブックをもとに、それぞれの選手の「実際」の打率をはじき出した。それでも、この指標ではまだ十分に「客観的」とはいえない。むしろ、社会的・政治的なものである。なぜなら、たとえばコーチの息子などは「特別」の計らいを受けるからである。しかし、この記録は、選手の報告よりも十分に信頼できるものである。第二の「客観的」な指標は、シーズン終了時にボルトンパークとサンフォードハイツのすべてのコーチに対して行った質問に基づいている。コーチには、選手が発揮した能力について五段階評定で尋ねた。⑤リーグの中で他のどの選手よりもよかった。④リーグの中でほとんどの選手よりもよかった。③リーグの中で平均的な選手よりもよかった。②ほぼ平均的だった。①リーグの中でほとんどの選手よりもよくなかった、の五段階である。

結果、どの尺度も、チームに対する満足度あるいはリーグに対する満足度と有意な相関を示さなかった。チームに対する満足度と打率との相関係数は〇・〇七（サンプル数$n=172$, 有意水準$p=.18$）、チームに対する満足度とコーチの評定との相関係数は〇・〇〇四（サンプル数$n=147$, 有意水準$p=.31$）、リーグに対する満足度と打率との相関係数は〇・〇〇一（サンプル数$n=173$, 有意水準$p=.47$）、リーグに対する満足度とコーチの評定との相関係数は〇・一二（サンプル数$n=147$, 有意水準$p=.07$）であった。技術と満足度との間には関連がないと言えるだろう。[11]

一方、年齢は選手の満足度に大きな影響を与えている。一二歳未満の若い選手は、その差は大きなものではないが、年上の選手よりもリトルリーグで楽しんでプレーしていた（表A1-3参照）。ただし、年齢による差は全リーグで見られるわけではない。この差は、サンフォードハイツやボルトンパークのようなメジャーとマイナーとの地位格差が大きいところや、ホープウェルのようなメジャーとマイナーの格差が求められているリーグで顕著に見られた。ビーンビルはマイナーリーグを運営していないし、メープルブラフは一一歳と一二歳の選手全員にメジャーリーグに参加することを認めている。強い地位格差を有するリーグにおいて、優秀なリーグに参加することが生来的に若い選手に満足感をもたらす一方、年上の選手には優秀なポジションにいることが当然と思わせる。これによって年齢による満足度に差があらわれたと思われる。

この章で提示したデータに基づいて、リトルリーグへの批判に判断を下すとすれば、その批判は十分に証明されていないと言わざるを得ない。リトルリーグに対する批判は、個人的なケースでは妥当するかもしれないが、一般的には妥当しないものが多い。リトルリーグには大きな利点があるとする賛同者にも、同じことが言える。リトルリーグは、その賛同者が期待し、批判者が恐れているような劇的な影響を子どもに及ぼさない。基本的にリトルリーグは、参加している子どもにとって楽しみであり、われわれはその欠点を少なくしようとしなければならないし、子どもの生活に少なからぬ楽しみをもたらしていることに満足すべきだろう。

補論2　子どもの集団活動と参与観察

あらゆる研究方法には、それ特有の問題がある。それは、データ収集の方法論として取り扱われるべき問題である。補論2では、質的研究法の方法論、特にその問題点および扱い方について述べたいと思う。さらに、フィールドの状況がデータに与える影響についても論じる。特にここでは、子どもたちからインタビューや質問紙を通して収集したデータではなく、(研究方法論上の主要な焦点の一つとして) 参与観察という方法に焦点を合わせる。

子どもを研究しようとする大人の参与観察者が直面する重要な問題は、いかなる目的であろうとも、彼らの社会に透明な存在として参与することはできないということである。アメリカ社会には年齢による役割構造が存在し、エスノグラフィーの理想形としてときに述べられるような、完全な参与者役割を遂行することは不可能である。現代アメリカ社会には大人と子どもとの間に年齢による分化が厳として存在し、その結果、大人が子ども集団と親しくなることは期待されていない。

こうした難しさは、子ども集団に参与観察したこれまでの数少ない研究にも反映されている。数ある調査の中には、一人の子どもと長期的な関係を築き上げたものもあるが、子ども集団を調査した研究はほとんどない。そうした中で、子ども集団に最も接近したものとして、シェリフと彼の同僚たちによるサマーキャンプの調査が挙げられるだろう (Sherif & Sherif 1953, Sherif et al. 1961)。しかし、サマーキャンプは人工的な集団であり、子どもと平等な地位関係を築こうという試みはなされていない。フォーマルな観察技術を駆使して、自然な状況下での子どもを研究した研究者もいることはいるのだが、そこでは、大人は観察者であると同時に、カウンセラーとしても参加していた。

1　調査者とエスノグラフィーの対象者との関係性

子どもとの調査は、通常のエスノグラフィーにおける調査者と被調査者の関係が代替可能なものであるのとは異なる。伝統的なエスノグラフィーのモデルでは、調査者は被調査者と同等である、あるいは少なくともそう扱うべきであると仮定される。こうした関係が理想とされるのは、それによって調査者が被調査者に敬意を払っていると見なし得るからである。しかし、子ども集団に参与するにあたっては、この仮定は少なくともその明示的な意味においては持ちこたえられない。なぜなら、参与者の役割は年齢や認知的発達、身体的な成熟度に対する態度によって構造化されているからである。

こうした避けがたい差異の結果として、子ども集団に参与しようとするあらゆる調査者が直面する問題が生起する。ここで焦点を合わせようとする問題は、子どもを扱うために選ばれるべき役割とその役割が持つ意味、そして子どもを扱おうとする大人の調査者が有する倫理的な責任とその責任が果たされ得る方法、ラポールを獲得し子どもたちにアクセスするという課題、そしていかに大人という役割が子どもたちの社会的意味づけに関する理解を複雑にするかといった問題である。ここで挙げた問題は、大人に対する調査においても該当しないわけではないが、これらの問題が持つ形態は、対大人と対子どもとでは異なるものである。

2　調査者の役割

私はかつて、子ども集団への参与観察における調査者の役割は、次の二点で大人への参与観察とは区別されるべきであると論じたことがある。その二点とは、①大人と子どもとの間でなされる肯定的な接触の程度、②大人が子どもに対して行使する権威の程度の二つである。このような尺度を仮定した上で（ここではそれらを二分するものとして扱う）、大人の調査者が採用しうる四つの役割を提示する。その四つとは、リーダー、スーパーバイザー、観察者、友人である。

①　リーダー

リーダーは子どもに対して権威を持ち、彼らと親しい関係を維持しようとする。人気のある教師は、このタイプに該当する。

② スーパーバイザー

スーパーバイザーの役割は子どもに対して権威は持つが、親しい関係を構築しようとはしない（権威主義的な教師がこの例である）。

③ 観察者

観察者という役割の理想的な形態は、被調査者と肯定的な関係を築かず、個人的な関わりを持つことなく、ただ単純に出来事を記録するというものである。

④ 友人

友人という役割は、権威性を最小限に抑え、肯定的な関係を築こうとするものである。このような役割は、大人を対象とした伝統的な参与観察モデルでは理想とされている。

本研究にとって最適の役割は、「友人」であると考えられる。私は特殊なタイプの「友人」には違いないが、できるだけ権威性を少なくしようとした。というのも、本書では、大人が近づくことのできない子どもたちの行動を知りたかったからである。

友人という関係は、大人と子どもとの間で築かれる典型的な関係ではない（もちろん、権威的で親しい関係というのもよくあるが）。したがって、その関係を発展させるためには時間が必要である。私は今でもビーンビルに観察に入った最初の週のことを鮮明に思い出すことができる。そのときの少年たちはなんと「すばらしく」、卑猥なことのなんと少なかったことか。しかし、何週間か後には、少年たちの慎みはそぎ落ち、私は彼らに十分に受け入れられるようになった。

わずかな例外はあるが、同様の過程はどのリーグでも起こった。最初子どもたちは私を無視し、私が知りたいと望むことをほとんど見せなかった。ビーンビルは最初に調査したところで、私が最も多くの失敗をしたリーグだが、シーズンに入って何週間かは私の目的について子どもたちに伝えなかった。その期間は、私は集団のメンバーとしては扱われなかった。ほかのリーグでは、かつての失敗から学んでいたので、（コーチの許可の下）早いうちに自己紹介をした。私は、「君たちのような子ども」が何を考え、何をするのかを知りたいと説明した。そして、君たちの周りを「うろつく」だろうと言った。もちろん、これだけの説明で、子どもたちの心の中にある、声に出されなかった疑問すべてに答えたわけではない。権威的に振る舞うつもりはなく、君たちのことを、社会秩序を維持しようとする大人に報告するつもりもないということを選手たちに確信させるのには時間がかかった。ようやく私は、試合中にもプライベートな遊びの時間にも、子どもとラポールを獲得する機会を得た。子どもに受け入れられたということは、シーズン終了後のボルトンパーク・オリオールズのパーティーで劇的に証明された。そこは、最も丹念に調査したチームの一つだが、パーティーの終了にかけて、選手たちは私の後ろをうろついていた。そして、服を着たままの私をプールへと突き落としたのだ。サンフォードハイツ・ドジャーズでは、より礼儀正しいものだが、選手全員のサインが書かれたボールをプレゼントされた。ほかにも、あるチームでは、子どもたちから「エレクトリック・ヘアー」というニックネームで呼ばれたりした。それは、私の髪の毛がもじゃもじゃで焦げたようになっているときがあるからである。

　しかし、選手と相対的に平等な地位を築こうとしているにもかかわらず、大人としての役割が完全に消えるわけではない。ジレンマに立たされるケースもあった。また、選手が私の権威を主張し、個人的にそれを支持するというケースもあった。次のような例がある。

> ロイヤルズの選手にその年最後の質問紙を配っていた。ハンク・ガンベルがそれを埋めたくないと言い出した。私が返事をする前に、チームメイトのブルース・フェイが、ハンクは質問紙に答えなければならない、もしハンクがそれをしたくないのなら、チーム全員が私に味方すべきだと言い出した。その後なんのコメントもなく、ハンクは質問紙を埋めた（ボルトンパークでのフィールドノートより）。

　これはとてもまれなケースなのだが、決して特殊な状況ではない。私は選手からの支持を利用してきた一方、それに居心地の悪さも感じていた。というのも、このような状況は、大人である私は特権を認められているという認識から派生している。このように、子どもが攻撃的ないたずらをするのを見たり、男女間で行うパーティーを観察したりすることができないように、子どもとの関わりには限界がある。私が見聞することを許されていることと許されていないこととは確実に区分されている。私はある種の「友人」には違いないが、なんらかの特権や責任もなく、友人になることが必要なのだ。

3　調査者の個性

　調査者の「個性」は、「友人」という役割に影響を及ぼす。ここで、三つの個人的要因に焦点を合わせてみよう。もちろん、あらゆる個人的要因が何らかの形で参与観察に影響を与えるのだが、他の個人的要因に関しては、別の状況の別の調査者のほうに相対的に強く現れる。その三つとは、調査対象との融和性、調査対象に対する技術的な能力、そして過度の関与の危険性である。

① **融和性**

参与観察で基本的に求められることは、観察者が調査対象者と心地よい関係を築くことである。ほとんどの人間には、つきあって心地よい集団もあれば、そうでない集団もある。したがって、観察者と調査対象者との間にもこのことはあてはまる。私は、この研究を始める前、別のところで五年間子どもと一緒に活動してきたが、彼らを観察しているとき、居心地のよさを感じた。もちろん、参与観察のはじめの時期は緊張することが通例なのだが、自信を持ってラポールを築けると信じていた。同僚の中には、子どもを知ることがいかに難しいかを述べている者もいた。彼らにとって、本書のような調査は実行不可能である。私は中流階層の子どもを扱うことに慣れていたので、関係の進展を図ることができた。

② **技術的能力**

観察する目的をオープンにした参与観察者は、すべてを一緒に行うよう期待されていないが、しばしば集団の支持を受け、調査者が取り組まなければならないいくつかの活動がある。調査者は自分の技術的な能力や徳性を勘案して、その課題にいかに応答すべきかを決定しておくべきである。

調査期間中私は、いくつかの野球関連の活動に従事するよう依頼され、期待もされた。私の野球の能力は、リトルリーグの友人やほとんどのコーチ以下であることは客観的に見て明らかである。これによって調査に重大な悪影響がもたらされたわけではないが、私の役割を確かに限界付けた。調査を始めて最初のシーズンに、ビーンビル・エンジェルズを手助けするよう依頼されたことがある。

チーム内での試合がエンジェルズのコーチによって企画された。十分な数の選手が集まらなかったので、私はセンターにつくよう依頼された。一度だけ私のところにボールが飛んできたが、立っていたところからかなり遠かったので、それをキャッチできなくて困るようなことにはならなかった。実際には、バッターをダブルプレーにしとめるため、かなり正確な返球も行った。打つほうでは、最初三振し、二順目は打つには打ったがアウトをとられ、「楽勝」として知られるようになった。三順目にやっとシングルヒットを打った（ビーンビルでのフィールドノートより）。

ビーンビルとサンフォードハイツでは特に、私の技術のなさを選手にからかわれたし、コーチに言い訳もしなければならなかった。

ディック・ファウエル（エクスポズのコーチ）：「バッティング練習用に投げてくれませんか？」

私：「投げるための準備が腕にできているか…」（サンフォードハイツでのフィールドノートより）。

私の技術が不足していたため、選手と相互作用ができないこともあった。また、そのために、コーチを手助けできないこともあった。しかし、そのことで、野球のエキスパートとして扱われなかったという点では、利点もあった。また、野球をしないことで、観察し、ノートをとる機会にも恵まれた。

リトルリーグの参加者に要求されるかも知れない第二の役割は、審判になれというものである。審判が予定された試合に来られなくなることがときどきあるが、そんなときはその場にいる大人が、審判の代わりができそうな人物を探し出す。私は公式にはどちらのチームにも属していないので、審判をよく頼まれた。私は、調査を始める前に、決して審判にはならないこと、そしてその決心を変えようとするどんなプレッシャーがあっても、この点は曲げないと決めていた。それは、コーチや親がいつも審判を代替することがわかっていたからである（実際、審判の欠場によってできなくなった試合は一つもない）。この決心は三つの考慮にもとづいて立てられた。その三つとは、①審判になることによって、観察に注ぐ力が著しく制限される。②リトルリーグのルールをすべて把握しているわけではないので、適切なジャッジを下す能力がない。③審判の役割についてはっきりと認識されていない場合、チームの一方（あるいは両方）からの敵意を引き起こしやすい。私は一つのチームを調査しているわけだから、③は特に敏感になる問題である。もし調査チームに反するようなジャッジを下せば、私とチームとのラポールは弱まってしまう。そのため、本研究に役立つようなジャッジを下そうという心理的プレッシャーが大きくなって、スポーツの公正さが汚されてしまうことになる。少年たちからインフォーマルな試合での審判を頼まれるときもあったが、そんなときはすぐに引き受けた。公式戦で私のジャッジに対して争っているような状況はとても受け入れがたいが、インフォーマルな試合ではとても緩やかな状況だからである。

ある人が有している技能は、その人が演じることのできる役割に影響を与える。私が有しているよい技能としては、スコアのつけ方を知っていたことである。この技能によって、本調査に著しい利点があった。それは、コーチをやれという要求から逃げ出すことができたからである。つまり、選手がスコアや打順、打率などについて私に尋ねてくるので、選手に注意を向けることができた。また、あまり目立つこともなく、ノートをつける機会にも恵まれた。さらに良い点は、スコアをつけ続けた結果として、選手たちの打率を計算し、研究上の様々な目的に使用することもできたことである。

③ 過度の関与

スポーツイベントは参加者や観客に関与することを要請する。それは、バイアスを持たない参与観察者に対しても同じである。ある意味では、どちらのチームが勝つのか、そしてどのような勝ち方をするのかは研究上重要なことではない。調査の成功という観点から考えれば、分析されたいかなる結果であっても、前青年期のスポーツへの関与に関する冷静な洞察を産出しうる。しかし、冷静な視点を維持することは難しい。私は、調査しているチームや、友人と考えている少年たちに（静かにではあるが）同一化していることに気がついた。負けが込んでいるチームを研究しているときは、その負けが研究上は役に立つものであっても、そのチームがたまに勝利すると、興奮を禁じえなかった。ある重要な試合のときには、勝負があまりに盛り上がったので、ノートをつけ忘れたくらいである。

調査一年目に、こうした現象の最もドラマティックな例が起こった。ビーンビル・エンジェルズのコーチとアシスタントコーチがシーズン終盤に試合を欠席し、私がコーチをするか、チームがペナルティを科されるかという状態になった。

コーチは難しい仕事である。それは、常に決定を下さなければならないし、選手たちを整列させなければならないし、怪我をしないよう監視しなければならない。私は控えめに試合をするよう決心し、何回も盗塁をすることを許さなかった。手助けしてもらえるようアシスタントコーチとして比較的上手な一人の選手を残した。それでも、ノートをつけることは難しかった。コーチが内面に抱えているプレッシャーに気づくと同時に、コーチすることの個人的な爽快感も感じていた。特にそのときは、エンジェルズはそれまで未勝利だったにもかかわらず、それまで無敗のレンジャーズを破ったからである。エンジェルズの選手の中には、私には幸運を呼び寄せる力があると言った者もいる。そして、ずっとコーチをしてくれるよう頼んできた（ビーンビルでのフィールドノートより）。

もちろん、個人的な関与はこの調査に特有のものではない。しかし、スポーツのような社会的世界では、関与によって参加者はチームや試合へと同一化するので、関与が期待されている。つまり、参与観察者が関与することは同一化の外的な結果なのだが、データ収集の妨げにならないよう、その点には留意しなければならない。

研究対象と「友人」のような個人的な役割関係を築くためには、融和性、技術的な能力、過度の関与といった個人的な要因の影響を認識しなければならない。子どもを扱う場合には、これらの諸要素は特に重要なものとなってくる。なぜなら、伝統的に大人と子どもの相互作用は、大人側の条件によって達成されるかどうかが決まるからである。

4 倫理的問題に関する大人の役割

参与観察における倫理的問題は多彩な観点から論じられてきたが、それらの議論は典型的には、仲間内の平等な関係

――実際上も理論上も――を前提としてきた。しかし、平等が強制されたような状態でも、大人と子どもは快適に相互作用するなどと想定してはならない。力の差を教えることには研究上の利点もあるが、非指示的な「友人」関係の構築のような、差異の排除は達成され得るものではないし、望ましいものとも思わない。

大人と子どもとの間に存在する避けがたい差異を受け入れることは、この役割関係から派生する倫理的な問題を生じさせる。大人集団への参与観察と異なり、子どもと関わる参与観察においては、対象の「未熟さ」や研究対象が法的な責任能力の認められる年齢に達していないという事実を認識しなければならない。大人の逸脱集団で調査活動している参与観察者は正当な仲間として交渉しているから、その仲間の行動を妨害するということは、特に調査という観点から見れば、調査に対する責任感がないとして非難されるだろう。しかし、こうした立場は若者と関わる研究においては問題を含むものである。ギャング集団を扱った研究の中には、「調査者」が調査対象としたギャングの解散にまで関わった事例もある。この問題には、子ども集団への参与観察に関わる三つの課題が反映されている。その三つとは、①人に危害を加えるよう

な状況が潜在的に存在するときに、それに対処する大人の責任、②大人による「警察活動」、規範、他の大人からの期待や子どもの行動に対して大人という役割の持つ意味、③「インフォームド・コンセント」を獲得し、総合的に研究について説明することという問題の三つである。

(1) 大人の責任

公的な大人の権威が一切ない状況で子どもを扱おうとするとき、問題は起こる。子どもはいたずら好きで、ときに攻撃的になり、痛ましいほど残酷になる。観察者以外に大人がいないときには、何らかのコントロールが必要となる。リトルリーグの試合では、子どもの行動をコントロールしなければならないという責任を感じたことはなかった。しかし、インフォーマルな遊び時間に子どもと一緒にいるときは、事態はより問題性を帯びてくる。参与観察調査に基本的に要求されることは、調査対象がいかなる個人的な危害も受けないという点を保証することである。大人の観察者が単にいるだけでは、子どもや若者たちの攻撃的な行動は増加するということを報告している研究もある。攻撃的な行動には、子どもが「やっていいこと」を決定するために観察者をテストしているという側面もある。本調査中にも、このテストは存在した。ただし、私の場合は、身体的な攻撃というよりも、言葉による攻撃だった。子どもたちが互いに辛辣な言葉で批判しあう様子は、私が怒ったり、そのことをほかの大人に報告したりすることなく、どのくらいまで受け入れるのかをテストするたびに、増えていった。

干渉に入る適切な時期を定める固定的なルールを決めることは不可能である。私は、子どもが自分自身あるいは他の子どもを傷つけると感じたときは、干渉に入った。

ワイリーとバドの間で喧嘩に近いことが起こった。試合の開始時に、ワイリーはチームメイトの頭から帽子をひったくってレンジャーズのベンチを歩き回った。試合後、レンジャーズが敗れたときには、バドがワイリーのかぶっている帽子を脱がせようとした。ワイリーは怒った。私は心配した。なぜなら、バドは暴力的な気質で知られており、金属バットをそのとき持っていたからである。彼らは互いに押し合ったが、殴るようなことはなかった。私は彼らに試合に集中するよう注意し、その件は終わった（ビーンビルでのフィールドノートより）。

大人の参与観察者は子どもを守る道徳的な義務を有してい

る。子どもは大人の監督下にあると感じない人でも、参与観察者が不在ならば、子どもを守るために行動し、介入しようとする人もいる。身体的な危険があるときには、たとえその行動が集団の行動を変えることになったとしても、大人は完全に受動的な役割を演じることはできない。

危険な状況というのは、そうあるわけではない。少年たちは互いに闘いはする。そして、その闘いが「おふざけ」に見えるときは、子ども自身の「法体系」がその状況を統制するということを信じて、私は注意深くそれを観察した。子ども集団には闘いを中座させる技術を持ったメンバーが存在する。これは、高い地位にある少年に特に該当する。彼らは自分の地位を守るために、相手を「払いのける」よう他の子どもに頼むことができる。しかし、コントロールを外れてしまったような状況では、道徳的、そして法的にも、部分的に責任を持たなければならない。私が観察した子どもの中では、私以外に大人がいないときに、(喧嘩している子ども同士を引き離すような)直接的な指示が要求されたケースは一度もなかった。しかし、この問題は、社会的に保護された集団を調査する際、すべての研究者が認識すべきものである。観察技術の理想的な目標は、自然の行動を変化させないことであるが、

それはあくまでも理想である。

子どもに直接の身体的危害が及ぶような状況はまれである。しかし、身体的な危険はなくても、一般的に社会によって非難されるような行動が生起する状況はある。この調査の中では、主に二つの社会的に受け入れられない行動が見られた。人種差別と盗みである。

人種差別は、五つのリーグすべてにおいて、かなりの程度で見られた。ビーンビルの少年を家へと車で送って帰る途中、白人が住む郊外住宅地区と隣接するところで、何人かの若い黒人たちが自転車に乗っている横を通り過ぎた。一人の少年が車の窓から身を乗り出し、「ジャングル・バニー(Jungle bunnies)、故郷へ帰れ」と叫んだ。サンフォードハイツでは、ドアベルを押し、住人が出てくる前に走り去る子どもたちのいたずらを「ニガー・ノッキング(Nigger Knocking)」と呼んでいた。それは一般的には「ディング・ドング・ディッチ(Ding Dong Ditch)」という名で知られている。

こうした事態に直面したときの方法論上の問題としては、何を行い、何を言うべきなのか、ということである。ほとんどのケースで、私は直接の批判を下さなかった。そういうときは、エスニック・グループのせいで偏見を受けた過去の少

年たちのことを思い出していた。それは、アイリッシュ・アメリカンの少年たちに特に顕著で、彼らの中には自分たちの集団がボイコットの対象となっていることを認めない者もいた。この点に関しては叱責があるかもしれないが、子どもを批判することはほとんどなかった(もちろん、彼らを刺激することも)。それは、よりよい方法とはその出来事を記録することであり、あることを問題化するような道徳主義者と見なされることは避けなければならないと信じているからである。むしろ、私がなしうることで彼らの行動に影響を与えるようなことは何もない。もちろん、調査期間中には、自分の行動が方法論的に健全なのか、道徳的に理にかなっているのか、悩んだこともあった。

もう一つの困った行動の例が、盗みや「かっぱらい」である。数人のビーンビルの選手たちとアイスクリーム屋へ行ったことがあった。私が支払いをしているときに、選手たちがガムやキャンディーを盗んでいることに気がついた。私の最初の反応は、彼らの行動をやめさせ、盗んだものを返すよう主張するというものだった。このような反応は、一般的な倫理、道徳的に正しいことを子どもに教えようとする欲求、店のオーナーやスタッフが一連の出来事を見ていて、自分が非難され、恥をかかされるのではないかという恐れからくるものであった。同時に私は、彼らの行動を明るみにすることは、長期にわたって彼らの行動を変化させることはないが、二度とこのような行動に関与できなくなるとも思った。それによって、こうした子どもの逸脱とは、たまには遭遇できるかもしれないが、今後出合えなくなると考えた。加えて、私はこの少年たちに愛着を感じており、表立って注意することによって少年たちに困惑や法的なトラブルを引き起こすのではないかと思った。結局何もしないと決めた。それは、特殊な調査対象における不決定である。帰途振り返ってみると、この決定は健全だったと思う。なぜなら、それによって集団に私を受け入れるという刺激的な出来事をもたらしたからである。また、非公式の調査を通じて、学校内では多くの盗みが横行していることも知った。学校内では、ロッカーは常に壊され、本やノート、筆箱の盗みが横行している状態だった。

これらのケースでは、私は、「科学的な」合理性を適用することによって、大人の責任という問題に答えてきた。科学的な合理性とは、状況に可能な限り介入すべきではないということである。もちろん、こうした対応が完全に正しかったと主張するつもりはない。むしろ、最良のルールとは、参与観察者が自分自身の生き方で生きられるような行動をしなければならないというものである。ゴールド（Gold 1958）によれば、参与観察の関心に基づいて、自分自身を他者の役割に従属させることは避けられない。しかしそれでも、子どもを扱う上では、大人が道徳的な規範を注入しなければならないときもあるのだ。

(2) 大人による警察的な役割

第二に、倫理的な問題に関連して、大人の参与観察者が警察的な役割を担わなければならない程度について考えてみよう。この問題は、数段階にわたる権力レベルの中で観察している場合や研究の焦点が地位の低い個人に当たっている場合には、特に重要なものである。ギア（Geer 1970）は、観察する大学の管理者に、自分がスパイをするつもりではないことを明示する必要があったと述べている。参与観察者にとって、「正直な仲介者」と受け取られないことが最も大きなダメージである。子ども集団を含めて多くの集団が、自分たちが提供する情報の使用方法に関心を持っており、観察者は他の権威の拡充と見られないような役割をつくり出す必要がある。

問題は、私も最初そうだったが、参与観察者に疑いを抱いているのは子どもだけではないということである。大人の権威主義的な人物が参与観察者を自分たちの目的のために使おうとすることもある。それは、皮肉なことに、子どもを手助けしたいという欲求を離れることがしばしばある。たとえば、バークステッド（Birkstead 1976）は、思春期の子どもを観察することで、自分が彼らを忙しくさせ、トラブルから遠ざけることによって、学校にとって便利なサービスを演じていることに気づいた。しかし彼は、自分を教師と同程度に生徒を管理する役割を要求されていると見なしていなかったので、葛藤へと至ることになった。私も、練習を管理し、子どもを監視するよう頼まれたときは、同じようなプレッシャーを感じた。大人ともラポールを築く必要があるので、できるだけ指示的、規範的にならないように、これらの活動を行った。しかし、そのときは、権威という大人のマントを着ることに不快感を覚えた。それは、私が築こうとしていた友人という役割とは正反対だからである。親やコーチから子どもの小さな行動上の問題に関してアドバイスを求められることも何回かあった。そういうときは、アドバイスしたかったが、収集した情報を明かすわけにはいかないので、ごく一般的な観点から親の関心を呼びそうなことを話すにとどめた。同様に、コーチにも、自分は子どもにルールを守らせようというつもりのないこと、「アシスタントコーチ」ではないことを強調した。この点はシーズン前にも明言し、コーチから特に問題視されることもなかったが、子どもにルールを守らせることが望まれていると感じ、理論的な考慮の前に実践的な必要性があるときは、秩序を築くためにコーチを手助けすることもあった。たとえば、秩序や冷静さが必要とされているときに、走り回ったり、叫んだりしているのをやめさせるといった場合である。私が採用した非規範的な役割に付随する問題点として、コーチが「厳しい」と受け取られているのに対し、私は「グッド・ガイ（いいやつ）」と見なされている、という点を挙げることができる。

(3) インフォームド・コンセント

あらゆるタイプの真っ当な社会調査では、事実上、調査者が対象者に参加することの性質や調査の目的を伝えることが必要とされる。インフォームド・コンセントの必要性は、参与観察においてそれほど十分に認識されてきたとは言い難い。参与観察においては様々なことが秘密にされ、方法論的な理由からそれが正当化されている。今日、調査対象者が研究の性質について知らされることを保証しようという関心は増大しつつある。そして、ときには、それによって研究上の協力を促進しようというケースもある。

私はかつて、インフォームド・コンセントを、調査者によって用いられる「カバー（cover）」という観点から述べたことがある。調査者の存在を正当化するためには、何らかの説明が必要とされる。もちろんこれは、参与観察調査だけでなく、長期にわたる関係構築のためにも必要である。調査と関わりのない状況では、その人の存在の正当性を導き出すのに、知識を提供したり、自分の履歴について語ったりする。こうした説明はルーティン化され一般的なものとなっており、特に問題を含むようなものではない。自然な相互作用の中で参加者が提供する説明は、相手から確実に受け入れられる。すなわちそれは、その人の存在の「真の理由」を信じさせるものである。しかし、参与観察においては、こうした説明で同じようにいくとは限らない。

参与観察者の存在を説明するのには、三つのアプローチがある。第一に、参与観察者が調査対象者に対して研究の目的や仮説に関して、全体にわたって詳細に説明するというものである。このアプローチでは、倫理的な要求はほぼ満たされるが、応答に際してのバイアスをもたらす可能性が高い。これを私は「明示的なカバー」(explicit cover)と名づけた。一方、調査者はその役割を調査対象者から隠すというアプローチもある。この方法が成功すると、応答に際して、バイアスに汚されることのない行動を対象者にもたらすが、倫理的な問題に突き当たる可能性が高い。これを「深いカバー」(deep cover)と名づけた。最後に、これらの中間に位置するものとして、「浅いカバー」(shallow cover)と呼ばれるものがある。このアプローチを採ることによって調査者は、調査が指揮されたものであるが、その目的に関しては曖昧なまま説明することができる。すなわち、調査対象者に特定の仮説や調査者が記録しているトピックを教えることなく、調査者の位置を説明することができる。

本調査では、省略という「罪」を持っているものの、第三のオプションを選択した。私は、自分が社会心理学者で、子どもの行動を観察することに関心を持ち、彼らの言動を観察するということをはっきりと述べたが、その詳細については明らかにしなかった。リーグに近づくために私は最初に、調査したかったリトルリーグの代表のもとへ向かった。私は、リトルリーグの選手がいかに試合をし、余暇の中でどんな行

動をするのかを調べてみたいと説明した。そして、調査の基本的なプランについて解説した。すなわち、観察はするが、審判やコーチ、グラウンドキーパーといったリーグの構造には積極的には関わらないことを説明した。リーグ代表から承認を得たとき、リーグに関わるコーチや大人に会ってみたいと申し込んだ。この面会は、トライアウトが始まる前のリーグ会議で実現した(ビーンビルをのぞいて。ビーンビルでは、その会議自体がトライアウト後に開かれるため)。そこで調査の目的を説明した。子どもの行動を観察したいこと、コーチは自分のチームを調査対象としないよう要求できること、それは特定の時期でもシーズンを通してでも可能なこと(この問題は一つのチームで起こった。詳細については以下で述べる)を伝えた。私は、コーチによるチームの統制を邪魔するつもりはないことを強調した。コーチの中にはこのプロジェクトに懐疑を示す者もいたが、そのときには不満を聞くことはなかった。コーチの承認を得るとすぐに、調査の目的を選手に説明する許可を求めた。選手への説明はたいてい早い時期の練習のときに行った(そのとき、最初の質問紙も配布した)。その説明は一般的なものだった。すなわち、リトルリーグやその他の余暇活動における選手の言動を知りたいという

旨を伝えた。インフォーマルな自己紹介の中では、私が尋ねた質問すべてに答える必要もないし、私と一緒に何かをすることもないという点を強調した。一人の少年だけが質問紙を記入することを明確に拒否したが、試合中私がいることを拒んだ者はいなかった。このように受け入れてくれたのは、明らかに、私が大人の権威者、すなわちコーチによって支持的に紹介されたからだろう。コーチがあまりにも支持しすぎるケースもあった。そこでは、コーチは選手に、私がすべての質問にこたえることを望んでいるというふうに伝えていた。私は自分の存在をインフォーマルなものにしたかった。したがって、選手には自分をファースト・ネームで呼ぶよう頼んでいたし、彼らがプライベートで私に話したことをコーチには報告しないことも伝えていた。話の最後には、選手たちに親へ渡してくれるよう一通の手紙を渡した。手紙では調査の主要な目的を説明し、どんな質問でも私を呼んで聞いてくれていいこと、もし子どものチームへの参加に異論があるなら、望みを聞き入れることを記した。二人の親（どちらも熱心に調査していたチームの親ではない）が異論を唱えた。したがって、彼らの子どもには質問紙を記入するようには頼まなかった。

曖昧な調査手法を採用することの利点は、それによって、多様な関係を構築し、多くのインフォーマルな調査が可能になるという点にある。特に、それによって、私を親しみやすい相手として扱う選手も出てくる。彼らは、私とひわいな話や不道徳な手柄を共有しあう仲間である。また、この手法を採用することによって、私を仲間からのいじめに対する保護者として扱う少年も出てくるし、誰か一人から彼らの野球に対する関心を聞くこともできるようになる。さらに、親やコーチにとっても、子どもに関する不満を吐露する機会を提供することになる。

調査者が自分の存在を説明するということは、この説明が受け入れられる、あるいは理解されるということと同義ではない。この点は特に、子どもを扱う場合に問題となる。彼らの世界認識は、大人のそれとはかなり異なっている。子どもは調査者の行動を自分たち自身の動機認識へと合わせようとする。サンフォードハイツでシーズンの終了時に私は次のようなことを聞いて驚いたことがある。それは、一人の幼い選手が私のことをドラッグの売人だと思っていたというのである。ビーンビルを観察した最初の年には、自分が大学院生であるということを丁寧に説明した。しかし、少年にはそれを理解することが難しかった。あるとき、自分はレポートを書くために活動している学生だと説明を簡略化したことがあった。そのときには、理解と同情が即座に得られた。シーズンを通して選手たちはレポートについて尋ね、自分たちを観察し続けてきたその活動によって、私がA評価を得るに違いないと知ったかぶって言っていた。ある選手は次のように言った。「先生はゲイリーさんにAをあげるべきだ」と。子どもたちは、私が「宿題」をしているという認識で私の活動を受け取っていたのだ。この解釈は、私の存在を説明するのに満足のいくものだった。

私は、この調査の結果として一冊の本ができあがるかもしれないということも隠しはしなかった。このことは選手たちの想像力を即座に刺激した。そして、特に細かい部分についても本に含めるべきだと言われることもよくあった。時には、リーグの「公式」の歴史家として選手から見なされることもあった。私の目的に対するこうした解釈によって、すなわちこの本を不朽のものにしたいと望んでいる選手たちの願いによって、私は情報の貯蔵庫のような役割を果たすことができたので、大変ありがたかった。

あからさまにノートをとることは、私が情報ネットワークの中心的位置を占めるのに貢献もしたが、不都合な点がないわけでもなかった。というのも、それぞれのリーグで、重要だと考えていることを熱心に知ろうとする選手たちから記録を守らねばならなかったからである。私はすぐに、判読できない文字でノートをとるテクニックとノートを見ないで記録をとるテクニックを向上させた。ところが、そのテクニック自体が、子どもたちの興味を誘った。

子どもとのインフォームド・コンセントに関する主要な問題の一つとして、いかに機密性を保持するかという点が挙げられる。機密性は、報復や困惑の対象となるかもしれない人物の特定化を防ぐために必要とされる。そのルールは基本的に穏やかなものであり、本書でも従ったところである。ところが、そこにはジレンマもあった。それは、多くの選手が自分の本名を出すことを望み、ときにはそうするよう主張することもあったからである。本に名前が出ることによって得られる名声の可能性は、迷惑を蒙るかもしれない可能性よりも、選手にとっては重要なのである。ほとんどの選手が本の中に描かれることに熱狂し、自分が有名になるかどうかを思い悩む者さえいた。もちろん、選手の中には、自分たちがしていることを親に知られるのではないかと恐れる者もいたが、ほとんどはその点に無関心だった。さらに、他人が自分たちのことについて否定的なことを言っても気にしないと言う者もいた。彼らは、そういった状況になっても、それをうまく操作できると感じているのだ。

ビル・アンダースとロッド・ショックステインと私とで、彼らの本名を本の中で使うかどうかを話していた。二人の少年とも、自分たちの名前が使われることを希望した。ロッドはさらにこう付け加えた。「もし誰かが僕のことを悪く言ったら、そいつを殺してやるよ」（サンフォードハイツでのフィールドノートより）。

リトルリーグの選手は、自分たちの名前が使われることを喜んでいたが、本書で用いた名前はすべて仮名である。本名を使ってほしいと言った選手については、本名を出すことも考えたが、それによって派生しうる出来事に選手たちは十分気づいていないという結論に至った。幼い選手の中には、かなり攻撃的な性差別的・人種差別的内容の発言をしている者もいる。数年後でも、そのことで非難されるかもしれない。さらに、選手の名前を出すことで、私が参加者とそもそも結んだ調査手法に傷がつき、大学の調査委員会との間で交わした同意を汚してしまうかもしれない。と同時に、人物を特定化できないようにすることで、リトルリーグの選手が彼らの洞察に対して受け取るはずだった名誉を受け取れないでいるという点は認識しているし、ある程度彼らの望みを無視しているという点も認識している。

(4) 大人の扱い方

本調査の焦点は思春期以前の子どもであるが、大人と良い関係を築くことも必要だった。それは、私の存在に対する支持を促進するためでもあり、リトルリーグ野球に関わる大人の社会的意味を理解するためでもある。私は、子どもと同時に大人ともフレンドリーな関係を築いた。コーチの中には、私の存在に戸惑い、恐れていたとシーズン終了後打ち明けてくれる者もいた。ボルトンパークのあるコーチは、私があらゆることを針小棒大に発表するのでないかと心配していたと打ち明けてくれた。調査期間中、リトルリーグ野球は、その過度な競争主義や女子の排除、コーチ陣の貧弱さなどからかなりの批判下にあった。結果的に、私の抗議にもかかわらず、コーチの中には、私が自分たちを「悪意に満ちた批評」をするのではないかと訝る者もいた。それは理に適った心配だった。シーズン中彼らは、私の注意が選手に向いており、コーチがストレスを感じているときには、彼らに支持的なコメントを与える同情的な聞き手であるということに気づいた。私はすぐに大人たちから受け入れられるようになり、アドバイスも求められた。コーチたちが私を自分たちサイドに立つ人間と見なしてくれたのだ。ホープウェルのあるコーチは、われわれ世俗的な大人にとって道徳的な行動をしているかのように見える選手に注目していたときも、私にウィンクを送り、選手たちの言動は「本当の」彼らの自己を表すものではないという認識を共有していることを示していた。

調査三年目の終わりに、地方の新聞が本調査に関する小さな記事を掲載した。そのときには、調査アシスタントと二人で調査は完成させていた。私は自分の発見について論じた。たとえば、選手はリトルリーグの構造にほぼ満足しているといった内容の話をした。この記事には、そのとき調査していた三つのリーグの大人から好意的なコメントが寄せられた。私は、プレスが私の話から何を知り得たのかには半信半疑だったが、幸いにも結果的には満足以上のものが得られた。

大人たちと私は同じ見解を共有していたので、大学で立てた調査に対する考え方も彼らに気に入ってもらえ、私の活動は正当なものと見なされた。ほとんどの大人は調査の結果を知ることに熱心で、質問紙の配布や回収を手伝ってくれる人もいた。それでも、打破しなければならない困難もあった。調査の最初の年、ビーンビルのコーチに質問紙を集めてくれるよう依頼した。そして、それは内々のものであり、すぐに私に渡してほしい旨説明もした。その説明をよく理解していたのだが、あるコーチはチームの回答に非常に興味があったため、質問紙を私に渡す前に、回答について選手にコメントしたのだ。幸いにも、この質問紙はシーズン前に配布したので、ほとんど否定的な設問はなかった。しかし、その出来事以来、コーチが仲介人とならないように、収集の方法を変更した。子ども・大人双方と一緒に活動する中では、二つの集団は調査の性質について異なった理解をしており、調査によって発見されることに対しても、異なった恐れを抱いているということを認識しておく必要がある。

コーチや親との関係は個人的にはかなりよいものだったが、一人だけ敵意をむき出しにしてくるコーチを相手にしなければならなかった。ビーンビルでの調査中に起こったのだが、それはおそらく、調査について説明するに当たって、私の経験不足がもたらした結果なのだろう。ビーンビルでは「セントラルリーグ」のレンジャーズ、エンジェルズ、Wソックス、アストロズという四つのチームを調査対象に定めていた。そのうち、レンジャーズとエンジェルズを特に詳細に研究しようと考えていた。はじめのうちは、四つのチームのコーチとも、私のことを丁寧に扱ってくれた。そして、熱心に手助けしてくれそうにも思えた。最初のノートには、いかに各コーチが調査を支持してくれているか、記してある。しかし、シーズンに入って何週間後かには、アル・ウィンゲートというWソックスのコーチが、あまり熱心でないことに気づいた。彼は、最初に質問紙を配るときは協力してくれたのだが、すぐに私の存在を煙たがるようになった。私が彼のチームから質問紙を回収しようとしたときには、私を横に立たせて、次のように言った。「お前はそのアンケートをとって、選手にお前の尻の穴を突きつけているんだ」。シーズン開始時のコーチ全員との契約に従って、私は丁重に彼に告げた。そのような態度をとられては、もうこのチームで調査するつもりはない、と。シーズンの後半、アストロズのコーチが私にWソックスのラインナップ表をくれるよう頼んできたときも、「俺はアストロズの公式メンバーにだけ渡すんだ」と言って、私に渡すことを拒否した。当然、彼の態度は抑圧的だった。特に、フィールドに立ったはじめの何週間かにそうした態度が見られたときは、彼の視線に恐怖すら感じた。それは、他のコーチもプライベートに感じていたものだった。そうした理由で、ウィンゲートは気難しく、好かれない人間だと他のコーチからも思われていたことは幸いだった。実際、他のコーチが彼に協力しないということを知ったときは（ここで彼のものすごい言葉を繰り返すつもりはないが）、共感を覚えた。そして、それによって、私は信用を得ることができた。振り返ってみると、こうした問題が起こった原因の一部は、リーグにおける他の大人とウィンゲートとの関係を私が十分に認識していなかったためだと思う。彼を馬鹿にしていたコーチが率いる二つのチームを重点的な調査対象に選択したという事実が、彼に私を仇敵として受けとらせたのかもしれない。このことに気づいたときには、この問題に関して彼に同情を示すような時間はほとんどなかった。さらに、彼のチームはシーズン開始時負けが混んでいた。それは、彼の息子の散々なパフォーマンスによるところもあった。したがって、シーズンの成功という彼の期待は早々に消え去り、他の者が軽蔑して笑っているに違いないと感じていたことだろう。私は、そんな彼にとって安直なターゲットであり、このことを感じとれなかった私には、この問題を解決する術がなかった。

5　子どものラポールとアクセス

参与観察を成功させるためには、様々な社会的世界、特に公的には観察され得ないような社会的世界へとアクセスしなければならない。そのためには、参加者とのラポールが必要となる。ラポールはあらゆる参与観察にとっての問題であるが、子どもと活動を共にするような形態の場合には、特に問題となる。それは、伝統的な大人と子どもとの相互作用の性質によるものである。

アクセスを試みるすべての者にとって中心的なテーマとなるのが、信頼関係を構築することである。参加者は、観察者が否定的な反応をすることなく、プライベートな会話や行動を許してくれるものと信じている。信頼の発達は、観察者の存在を正当化するものとして与えられる説明を超えて、進んでいく。しかし、信頼という脆いものがいかに発達するのかを特定化することは難しい。ある少年が、私との信頼の証として、「名誉少年」というあだ名をつけてくれたことがある。また、次のようなこともあった。

リッチ・ジャネリは、友達ととっていた屋外での食事に私を招待してくれた。彼らのうちの何人かが私のことを疑いの目で見ていたとき、リッチはこう付け加えた。「彼はいい子だよ」（ビーンビルでのフィールドノートより）。

ロッド・ショックスタインは、ハーディー・ウィーダーに私がいることについて何か囁いていた。ハーディーは彼に次のように言った。「ゲイリーとは話してもいいぜ。彼は俺たち男子の一人なんだから」（サンフォードハイツでのフィールドノートより）。

子どもの文化は、逸脱的なサブカルチャーと結びつきやすい。それは、大人の保護者から特定のトピックを隠そうとする点においてである。自己呈示に関するこのような細心さは、道徳的に正しい自己を維持し、懲罰を避けるために必要とされることである。[1] したがって、子どもを観察する者は、逸脱集団を研究する者と同じような位置に立つことになる。ポルスキー（Polsky 1967）は、犯罪集団に受け入れられたいと考える研究者には、①喜んでいくつかの法を破ること（ただし、それが犯罪にとって付随的なものであり、当局に報告する必要のないときには）、②犯罪集団の目的を信じること、③犯罪集団の目的に従って行動することを彼らに確信させることが必要になると述べている。子どもに関しても、この問題は構造的に同じである。些細な挑発に介入しようという欲求を抑えることで、ほかの出来事を観察できるようになる。子どもたちは、その感情をさらけ出す前に、私の反応に問題があるかどうか判定しようと頻繁に試みていた。

サンフォードハイツ・ドジャーズの選手数人に、君たちがどんな冗談を言っているのか尋ねた。選手たちはクスクス笑っていたが、ある選手が自分たちは「いけない子だ」と言い出した。私にはそれが何を指しているのか理解できなかったが、選手たちはさらに笑い出した。このとき選手たちはジョークを教えてくれなかったが、何週間後かには教えると約束してくれた（サンフォードハイツでのフィールドノートより）。

子どもの集団とサンフォードハイツの公園にいたとき、また別の事件が起こった。子どもたちは、およそ五週間前から私を信用しだすようになっていたのだが、突然、水を入れた魔法瓶を脇に置いてベンチに座っている少女のグループに目をつけた。ある少年が、彼女たちを困らせることは、十分スポーツになると感じ始めた（そして同時に、彼女たちに注意を向け始めた）。彼とその友達は彼女たちのもとへ駆け出し、魔法瓶を奪い、中身を注ぎだした。水を捨てたのだ。少年と少女の間でのその事件（ほとんど猥褻なものだが）のあとすぐに効果は現れ、予想されたように、少女たちは叫び、キーキー泣き始めた。少し経って、少女たちは私のもとへやってきて（そのとき私は忙しくノートをとり、そこにいたので、内心では私にも罪があると思う）、なぜ大人として彼らを止めるために何もしなかったのかと詰め寄った。この理に適った質問によって、私は参与観察者として難しい立場に置かれた。重大な危害が加えられたわけではないので、私は、様々な手がかりから（たとえば少年たちが私の方を見ないなど）、その行動は私の利益のためにそもそもなされたものではないと感じ、介入しないと決めた。そして、私には責任はなく、彼らを見ていただけで、彼らの行動をコントロールできないとだけ言った。少年たちはこれを聞いて大喜びし、自分たちのミッションが終わったことを短く再報告した（そして異性間の接触がスタートした）。振り返ってみると、この事件は、私が子どもたちに受け入れられるに当たって、重大なステップだった。私は、この事件によって、少年たちに、自分が信頼できる人間であり、グループの中で自分の位置を知っている人間であるということを示したのだ。事件は私をテストするために特別に設けられたものではないが、テストと同じ効果を果たした。

ただし、年齢による役割構造が存在するため、完全に受け入れられることは不可能である。ビーンビルで数人の選手から信頼されるようになった後、彼らは私のところへやってきて、いま往来を通行する人や車に尻を向けるいたずら（moon）をやっていることを教えてくれた。[2] そのいたずらがはじめて行われたとき、私はフィールドのそばに数人の少年たちと立っていたのだが、そのうちの一人が私のほうににじり寄ってきて、「今夜、月（moon）が輝くよ」と共同謀議を持ちかけてきた。少し驚いた後、彼が言っていることの意味がわかり、道路近くの公園の端にたむろする一群の少年たちを見た。このとき、すでにこういった子どものいたずらを告げられるほど十分に信頼されていると感じ浮き足立った。同時に、それを観察できないことに不満もあった。そのいたずらの後、何回か同じような説明があり、このようなアクセスが私たちの関係にとって重要であると認識した。私は混乱を避けなければならなかったので、そのいたずらを結局見ることはできなかった。同じような出来事は別の地域でもあった。ホープウェルでは、「エッギング・ハウス」（家に卵を投げつけるいたずら）の話を聞いた。しかし、それを実際に見ることはなかった。また、サンフォードハイツでは、多くのいたずらや性的な活動について、私がいるところでも会話が交わされていた。彼らがいたずらをし、少女たちとの遊びに興じているときに、私も一緒にやっていこうかと尋ねたことがある。しかし、それはできなかった。性的な事柄を観察されることに対する不安は、サンフォードハイツのある少年のコメントの中に見出すことができる。彼は、私を少女たちとのパーティーに招待しようと別のある少年に言った一人なのだが、次のように言っていた。「彼はあんたがガールフレンドとセックスするところを見たがってるよ」と。私が招待された子どもたちのパーティーは、極めて男性的なものだった。信頼はある限度を越えて拡張することはできない。その度合いは、階層や観察者によって異なるものである。

信頼の構築にとって決定的に重要なことは、キーとなる情報提供者（key informant）からの支援である。この人物は、研究における「ヒーロー」として、社会学的物語の中に位置づけられる。すなわち、彼・彼女なくしては研究が指導されえない人物である。本調査の三年の間にも、幾人かの少年に助けてもらった。彼らは、まさに、キー・インフォーマントと位置づけられる。インフォーマントたちは、私を助けるために、自らの時間やエネルギー、特権を用いてくれた。もちろん、彼らは、私に近づくことによって、仲間内で特権的な地位を獲得してもいる。キー・インフォーマントかどうかを測る一つの尺度は、その人物が集団の社会構造において中心的な位置にいるかどうかである。中心に位置することによって、他の人間や知識へとアクセスしやすくなる。

キー・インフォーマントの役割には二種類ある。支援と情報源である。言うまでもなく、これら二つの役割は同一の個人に体現されているとは限らない。本調査では、多くのコーチや親が、自分たちが関わっているチームへと私がアクセスすることを支援してくれた。もちろん、大人たちは最良の意図でもって私を支援してくれたが、子ども文化の性質に関しては多くの情報をもたらしはしなかった。低い地位にある少年の中には、多くの情報をくれた者もいたが、彼らは名ばかりの成員であり、彼らのおかげでグループからの信頼を得ることはほとんどなかった。

研究者に情報を提供する能力と出入りすることを許可する権限とがあわさって、キー・インフォーマントの著しい特徴を形づくっている。なぜ、特定の個人が、自らの行動をなす中で、調査にとって重要な人物となるのかを明らかにすることは難しい。ただし、キー・インフォーマントとなる選手を特徴付ける一つの要素は、彼らは自分の社会的位置に関して自信を有しているということである。ホワイト (Whyte 1955) の中で見られたドックのように、本調査では、リッチやジャスティン、ウィットニー、トム、フランクなどが所属する集団のリーダーであり、彼ら自身もこのことを自覚していた。彼らはみな、社会的な自己を確立していた。こうした自己に対する自信によって、彼らは大人と子どもとのギャップを架橋し、フレンドリーだが同時に冷酷な大人と付き合っていく社会的能力に関して自信を感じることができるのだ。

これまで、私の役割がいかに選手たちの目的に供することができるかを論じてきたので、今度はいかに参与観察者がラポールやアクセスを促進することができるのかについて論じてみよう。調査対象となった子どもの行動や価値を大人が採用すること、すなわち「ネイティブ」になることも、その一つの方法である。また、受け入れを促すために、社会的な報酬や物質的な贈与を行うことも一つの方法である。

(1) 子どもの価値や行動の採用を通したアクセス

子どもと活動する参与観察者は、完全に「ネイティブ」になることはできない。しかし、研究対象となった子どもの何らかの行動を採用することは可能である。異性との出会いの場や子どもがいたずらをするときにそこに居合わせることと、それらについて彼らから聞くこととの間には、若干ではあるがつながりが存在する。調査対象者がどんな年齢であろうが、対象者が不快と感じるような行動はすべきではない。

承認や同情、支持は、たとえ一緒にいようとする試みが失敗に終わることが多くても、ラポールを深める。子どものスラングは、部外者にとっては、獲得することが難しい。たとえそれを正確に勉強したとしても、大人が用いると、奇妙に聞こえるものである。自分は何者ではなく、何ができないのかを知ることは、自分が何者であり、正当に何ができるのかを知ることと同じくらい重要なのだ。

(2) 報酬と贈与を通じたアクセス

調査対象者の何人かにお金を払うことは、より深くアクセスし、ラポールを獲得する上で便利だと感じている参与観察者もいる。こうした方法を用いることには危険もあるが、実践的には有効である。私自身は、協力やアドバイス、社会的援助、食べ物、お金（借金）といった広範囲のサービスを提供することも望ましいと思う。私も、「友達」になろうとして、ほかの友達がしないようなサービスの提供を試みたこともあった。もちろん、私の社会的地位のゆえ、ほとんどの「友達」が持っているものよりも多くの資源を有していた。常に選手たちを家まで送っていったし、アイスクリームを買ったし、野球観戦や映画、ミニチュア・ゴルフ、遊園地に連れて行った。研究にとって興味深いデータのほとんどは、こうしたときに収集された。もちろん、このような環境はまったく自然というわけではないが、それによって、「不自然」な環境下での子どもの「自然」な行動を観察することができたし、大人がいないところで質問することもできた。

金銭的な資源という点では、ホワイト（Whyte 1955）やワックス（Wax 1971）の行ったことは正しい。それは、調査者と調査対象者との間での重大な金銭的契約は、どんなものであっても高揚感を生み出し、お金を貸すことがラポールを獲得し、友人関係を充実させるのに必要な状況も生み出すということである。ただし、返済を期待してはいけない。少額の貸付は決して返ってこないこと、そしてお金をあげることさえ求められることをすぐに実感した（貸付の額がそれほど大きくなかったが、選手たちはそれを覚えていると思う）。ある少年が貸したお金を返してくれたときは、うれしい驚きだった。返済の要求をたびたびしていると、自分はいまお金がないんだと確信犯的に小さなうそをついた少年もいた。少額のおつり（二五セント以下）を貸してやったときも、このような借金はこれ一度きりで、これ以上お金を貸すことは拒否すると念を押した。

サービスを提供することの危険性は、お金に限ったことではないが、調査者が彼の供与するものによって受け入れられ、そのため彼自身がどんな人物なのかによって受け入れられないということである。そのとき調査者は、供与する物質的な報酬という点に限って、便利な人間と見なされてしまう。このような問題は特に、フィールドに出た最初の年のシーズンに経験した。私は板ガムを持っていったのだが、みんなの見ている前でそれを食べていると、選手たちがくれるよう頼んできた。私はそれを聞いてとてもうれしかった。この出来事は、選手たちと知り合いになるのを助けはしたが、たびたびガムを要求してくるようになった。こうした要求は、調査目的とは反するものである。ガムを持っていくのを「わざと」忘れるようになってからは、要求もやんだ。贈与は集団における参与観察者のポジションを人工的に構造化してしまう。それは対等な地位に基づくものではない。

6 子どもが用いる言葉の社会的意味に関する大人の理解

子どもの世界で活動する参与観察者にとって最も難しい問題は、子どもの社会的世界を理解するということである。表面上この課題はシンプルだが、実はかなり複雑である。子どもは大人の文化からは区別されたサブカルチャーを有し、それは大人の目から隠されている。このような状況は、表沙汰になると影響を受ける可能性があるため、隠れて行動する集団の文化とある意味では類似している。しかし、子どもの文化がユニークなのは、すべての大人は子ども時代を通過し、その結果として、大人は実際よりも子どもの文化に関する知識を多く有していると思い込んでいるということである。このデジャブの感覚は実に当てにならないものであり、古い準拠枠を通して子どもの行動に介入するという点で、調査の成功にとって障害となりうるものである。たとえば、「性的な克服」に関する少年たちの話の行動上の準拠枠は、私が少年だったころとは異なっている（幾分現在のほうが進んでいるだろう）。このようなトピックは普通表沙汰とならないので、いかなる行動が準拠されているのかを正確に見つけ出すことは難しい。私も、子どもとの間にかなりの信頼を獲得した後やっと、率直に彼らの行動について尋ねることができた。地域性も性的な行動にかなりの影響を及ぼすので、こういった類の調査は地域ごとに行わなければならない。

中流階層の少年と活動する参与観察者は、社会の「メインストリーム」の集団と活動することになり、彼らの文化は中流階層の大人の文化と同様であると思い込みがちである。しかし、大人の社会的意味が子どものそれと同様であると仮定してはならない。われわれは子どもに空間的にアクセスすることによって、本当に彼らに近づいていると勘違いし、結果として、子どもたちのリアリティを無視してしまっているかもしれないのだ。その最も明白な例が、子ども同士の侮辱である。侮辱というものは、大人が思うよりも広範な意味合いで子どもに用いられる。それは、友情や地位、軽蔑などの意味を含んでいる。大人社会での経験に基づいてこのような言葉について調べようとすると、大人がそれらの言葉に与えている明示的あるいは暗示的な意味の水準を仮定してしまう（たとえば、ホモ（fag）、バカ（dip）、スケベ（whore）など）。それによって、子どもが用いたときの意味を深読みしてしまうかもしれない。さらに複雑な問題は、これらの意味が世代を超えると変わる可能性があるということである（学年が一つ違うだけでも変わるかもしれない）。言葉の意味は、地域によっても異なる。たとえば、誰かを「コックサッカー（cocksucker）＝フェラチオをするやつ」と呼ぶことは、サンフォードハイツよりもホープウェルでより敵意をあらわにしていると考えられている。

われわれが子どもを知り、理解していると信じているゆえに、またわれわれは一度子ども時代を経験し、その様子を見てきたゆえに、ある事柄を確実と仮定することは、子どもの視点からその世界を理解しようとする参与観察者に方法論上の問題を投げかける。これは本質的にエスノセントリズムの問題なのだが、それが問題であると思われないことがよくあるので、事態はより複雑である。

補論3　調査の設定とデータ収集の方法

本補論の第一節では、調査した五つのコミュニティについて簡単に紹介する。特に、コミュニティの性格とコミュニティにおけるリトルリーグの構造について説明する。第二節では、データ収集の方法について簡単に説明する。

1　コミュニティ

(1)　マサチューセッツ州ビーンビル

大都市近郊の郊外というと、まさにビーンビルのような地域が当てはまるだろう。そこは、ボストン郊外の牧歌的な、上層の中流階層が多く住む地域で、一九五〇年代後半の『ビーバーちゃん』（"Leave It to Beaver"）や『パパは何でも知っている』（"Father Knows Best"）、『ジ・オジー・アンド・ハリエット・ショー』（"The Ozzie and Harriet Show"）に出てくるようなところである。男性の住民は上層の中流階層に属し、専門職や管理職に従事している。かといって、ビーンビルは、高級な郊外住宅地というわけでもない。ボストン中心部よりも、労働者階級が多く住んでいる。ボストンのヤンキーやWASPに支配されているわけではないが、大部分の住民はカトリック教徒である。ビーンビルを支配する単独のエスニック集団は存在しないが、アイルランド系アメリカ人やイタリア系アメリカ人の議員も輩出されている。ビーンビルの人口は、一九八〇年の統計で二万六、一〇〇人だが、そのうち黒人は一〇〇人以下である。住民の平均年齢は、三六・六歳である。世帯収入の最頻値は二万七、七〇〇ドルであった。ただし、収入には大きなばらつきがあり、平均値では三万四、八〇〇ドルとなる。ビーンビルで最も裕福な層は、ビーンビル・ビスタという地区に住んでいる。そこはリトルリーグの球場がある地区とは真反対に位置し、その地区から調査した二つのチームに来ている選手は一人もいなかった。国家的な貧困水準よりも低い収入しかないのはビーンビルの世帯の二・五パーセントだけで、成人の住民（二五歳以上）の八六パーセントは高校卒業の学歴を持っている。基礎的な人口地理学的特徴という観点から見れば、ビーンビルの住民はやや裕福な生活を送っており、教育程度が高く、多くのボストンの郊外地区よりも年齢層が高いと言えるだろう。これは、ビーンビルが、ノースエンド（North End イタリア人街）やサウジー（Southie アイルランド人街）といったボストン中心部のエスニック街から多くの住民が最初に移ってきた地区だからである。

ビーンビルのリトルリーグは三つのリーグから構成されている。それぞれのリーグには、四つのチームがある。これらリーグのうち、イースタンリーグとウェスタンリーグの二つは、街の東西両端の地区から選手を獲得している。一方、セントラルリーグは、東西両方の地区から選手を獲得している。本研究では、セントラルリーグの二チームを詳細に調査した。レンジャーズとエンジェルズはイースタンリーグの地区から選手を獲得し、ホワイトソックスとアストロズはウェスタンリーグの地区から選手を獲得していた。選手は一般的に同じような社会経済的背景を有しているが、イースタンリーグとウェスタンリーグに在籍している選手は、それぞれ学校が同じなので、同じリーグのほかの三つのチームにいる選手を知っている。一方、セントラルリーグの選手は、リーグ内のほかの一チームの選手しか知らないことになる。このため、セントラルリーグでは、他の二リーグに比べて、凝集性が低かった。

ビーンビルでは、四月の中ごろにトライアウトを実施し、四月末にシーズンがスタートする。月曜日から木曜日の夕方六時から、マックマスター通り公園で同時に三試合が行われる。そして、日曜日の午後には、六試合が行われる（三試合が一時から、残りの三試合が三時から）。それぞれのチームは、リーグ内の他のチームと四回対戦し、他の二つのリーグの八チームとは一回対戦する。つまり、一チームにつき、計二〇試合行われる。ビーンビルのリーグは、調査したリーグの中では、日曜日に試合が行われる唯一のリーグだった。シーズンは前後期に分かれ、前期のチャンピオンが後期のチャンピオンと対戦し、年間優勝を決める。プレーオフの試合は四つのチーム内だけで行われ、一二のチームの中でどのチームがビーンビルのチャンピオンかを決めるプレーオフは実施されていなかった。プレーオフに最も近いのは、六月末に開かれる三試合である。そこでは、シーズン終了後、セントラルリーグのオールスターがイースタンリーグ・ウェスタンリーグのオールスターと戦い、その後イースタンリーグのオールスターがウェスタンリーグのオールスターと対戦する。観察初年度には、セントラルリーグが両リーグに勝ったが、翌年は勝てなかった。

一般的に、ビーンビルのリーグの構造はインフォーマルで、リーグの主要な目標はチーム間での競争を避けることにおかれている。リーグ代表であるテッド・フットとのはじめての会話の中で彼は、もっと競争的な他のリーグを調べたほうがいいと提案してくれた。それは、彼も、より競争的なリーグのほうがリトルリーグの性格を端的に表していると思っていたからである。ビーンビル・リーグは、調査対象となったリーグの中で、最も非競争的な二つのリーグに入るが、選手は試合を真剣に捉えていたし、コーチ陣がかなり興奮したような例もいくつかあった。

調査したリーグの中で、ビーンビル・リーグの野球の質はおそらく最低だったろう。これには、何点かの説明がつく。第一に、ビーンビル・リーグは、幼い選手たちがトレーニングされるマイナーリーグの組織を持っていなかった。七歳から一〇歳までの少年のために、インフォーマルな野球のプログラムはあるが、程度や組織といった点では、マイナーリーグとは比べ物にならない。第二に、ビーンビル・リトルリーグ代表の平等主義的なエートスのために、比較的多くの子どもたちがリトルリーグ野球を行っていた。二万六、〇〇〇人の地域に、一五人ずつの選手を抱えたチームが一二もあるのだ。リトルリーグの首脳陣は、人口一万五、〇〇〇人に対して四つのチームを設けるよう推奨しているに過ぎない。加えて、ほとんどのリーグは、一チームにつき一三人か一四人の選手を抱えるのが限界である。したがって、ほかのリーグでは、リトルリーグに参加しようと思わない少年までもが、ビーンビルでは参加している。このようなポリシーは、上手な選手と下手な選手との格差を広げ、下手な選手が重要な試合に出場を許可されるときには、憤りも呼び起こす。さらに、野球が上手な選手は、他のスポーツをより好んでいる。ビーンビルも、多くのマサチューセッツの町と同じように、「ホッケー狂」であり、夏のホッケーリーグに参加するために、試合を欠席する選手もいた。

このようなプレーの低い質が受け入れられるかどうかは、

競争性に対する人々の態度にかかっている。調査を開始したシーズンの初めに、メジャーリーグを八チームに減らし、下位四チームをマイナーリーグにすべきだと提案したリーダーもいた。テッド・フットはこの提案に強硬に反対し、できるだけ多くの少年にメジャーリーグでプレーできる機会を提供すべきだと主張した。彼やリーグの財務担当者の意見の重さゆえに、結局この提案は承認されなかった。

(2) ロードアイランド州ホープウェル

ホープウェルは、ロードアイランド州の最南部に位置し、多様な住民が住む街である。行政区画的には、州都プロビデンスの外部に位置しているが、およそ二〇マイルから三〇マイル離れたプロビデンスやその周りの工業地区に通勤する住人もいる。その他、州南西部のウェスターリーの小さな町と行き来したり、東部のニューポートで働いたりする住民もいる。ホープウェル内で働く住民は、様々な職業に就いている。多くの住民が、州立大学の地方キャンパスと関連した仕事に従事しているが、ホープウェル内の三つの小さな町であるジェームスビルやウィスパー（一九八〇年統計によると、ともに人口六、五〇〇人）、アスキス（人口五、五〇〇人）で小さなビジネスを営む者もいる。その他は、地方の製造工場で雇われたり、一六歳以上の男性雇用者の五パーセントは農林水産業に従事している。ホープウェルは海岸線に沿って広がった町で、ナラガンセットやニューポートほどの人気はないが、観光産業もある。

ホープウェルの総人口は、一九八〇年統計によれば、二万人で、平均年齢は二四・八歳である。しかし、この数値によって、その地区が若々しいと断定できるわけでない。むしろ、その統計は、大学の存在を反映したものと考えたほうがよい。一五歳から二四歳までを除いた年齢統計では、ホープウェルはビーンビルよりも若干若年人口が多いが、劇的というほどではない。平均収入では、そこそこ豊かではあるが、ビーンビルほど富裕層が多いというわけではない。世帯収入額の最頻値は二万一、三〇〇ドルだが、平均値は二万二、一〇〇ドルとなる。したがって、ホープウェルの住民は、ロードアイランドの他の町に比べて、若干高い収入を得ていることになる。経済的にはホープウェルは中流階層だが、多様な住民層の中には、専門職と同様に熟練労働者も含まれている。シーズン終了後七ヵ月間、ホープウェルでリトルリーグの選手とその親に質問紙を郵送した。親用の質問紙では職業について尋ねたのだが、回答をくれた九六家族のうち、八三家族で父親の職業を明らかにすることができた。ダンカンＳＥＩ（ダンカン社会経済指標）によって職業を分析したところ、職業スコアの平均は国家平均よりも著しく高く、職業スコアの標準偏差も、二万の人口で想定される値よりも極めて高かった[1]。実際の職業は、銀行の副頭取から大学の学部長、海洋学者、農業、塗装業、石工、旋盤工まで様々ある。サンプルには、一一人の専門職と一五人の管理職・企業経営者が含まれていた。リトルリーグに子どもを通わせている母親の三七パーセントが専業主婦だった。もちろん、ホープウェルでの職業に関するデータはランダムサンプリングによって集められたわけではなく、このサンプルでは職業はかなり多様であるが（他のリーグと比べても）、こうした高い社会的地位は、リトルリーグに子どもを通わせている親がいくぶん高齢であり、保守的で、地区平均よりも経済的に安定しているという事実の結果であろう。一般に、子どもをリトルリーグに通わせている父親の職業的地位は、地区の平均収入から予想されるよりも高い。ホープウェルの職業的地位に関する際立った特徴は、相対的に多数の専門職がいるということである（一三パーセント）。相対的に高い地位と収入を持った専門職者がそのコミュニティに多く住んでいるために、ダンカンＳＥＩの値と実際の収入とが乖離したと思われる。

　ホープウェルのリトルリーグは、各一三人の選手を抱える八つのメジャーリーグのチームと五つのマイナーリーグのＡチーム、四つのマイナーリーグのＢチームから構成されている。マイナーリーグのＡチームには、メジャーリーグでプレーするほどの能力には達していない少年・少女が在籍している。Ｂチームには八歳・九歳の少年・少女が在籍している。メジャーリーグのチームは、七週間に、週に二度試合をする（月曜、火曜、木曜、金曜の夕方六時から）。五月一〇日から六月二五日のシーズン中に、各チームは二度、他のチームと対戦する。シーズン終了後にはプレーオフが開催され、四位までのチームが戦う。そして、すべてのチームの選手の中からオールスターが選ばれ、州のリトルリーグのトーナメントにリーグの代表として出場する。ホープウェルの選抜チームは、トーナメントの一回戦で敗れてしまった。

　ホープウェルのリーグは、観察したリーグの中では、最も組織化され、競争的な性格の強いところだった。客観的な比較資料はないが、特にピッチングと守備の基礎的な部分に関しては、最高の水準を示していた。ホープウェルは、マネージャーがスコアキーパーを兼務するのではなく、試合ごとに公式のスコアキーパーを採用していた。これは、二つのリーグで見られるだけである。リトルリーグに対する熱心さは、シーズン前の練習に費やされる時間によっても示されていた。ほとんどのリーグでは、シーズン開始の二、三週間前から練習を始めていたが、ホープウェルでは六週間以上も前から練習を始めていた。仮にリトルリーグの性格が非競争的なら、そしてシーズン期間がコーチや選手によって技術を試す「テスト期間」と見なされているなら、選手たちが開幕にあわせて完全に準備できているかどうかは重大な問題ではないはずだ。レギュラーシーズンに向けて、少年たちが準備に必要とする時間の長さは、リーグの競争性をはかるものさしの一つである。

ホープウェルのリトルリーグに対する熱心さは、ルールの解釈をめぐってコーチ間でなされる論争や、ウィリアムスポートにおいて審判の支配を確立するよう求める動きにも表れていた。敵意や悪感情によって彩られる試合はめったにないが、そういう試合があることも確かだ。こういった点がリトルリーグに否定的なイメージを与えている。あるケースでは、自分のチームが負けている試合を、日没による打ち切りにするために時間稼ぎをしたコーチが告発された。別のケースでは、選手たちの攻撃的な行動を統制することを拒んだとして、退場処分を受けたコーチもいた。同様の行動はすべてのリーグで起こっているが、ホープウェルではその範囲が広いのだ。

メジャーリーグの選手は、九歳から一二歳までである（一二歳が四八パーセント、一一歳が三四パーセント、一〇歳が一四パーセント、九歳が四パーセント）。彼らは一一の異なった学校に通っているが、七七パーセントが公立学校である（グリーン・グローブズ小学校が二八パーセント、バルザック学校が二九パーセント、パスキート学校が一〇パーセント、ホープウェル中学校が一一パーセント、八パーセントの子どもは地区外の私立学校や教区学校に通っている）。どの学校に通っているかによって、どの人と一緒にプレーするか、ほぼ決まっていた。

(3) ミネソタ州サンフォードハイツ

サンフォードハイツは、ミネアポリス郊外のベッドタウンで、都心部からおよそ二五マイル離れたところにある。一九八〇年統計では、人口は三万五、八〇〇人だった。宅地のほとんどは一九五〇年代から建築され始め、大部分が開発業者の建てた住宅である。サンフォードハイツはレビットタウン型〔訳注1〕の開発をされたわけではないが、下層の中流階層および中流階層が集まっているという点では、コミュニティはかなり同質的である。(2) 職業的な地位に関しては、サンフォードハイツは五つのコミュニティの中で最も低い。収入の最頻値は二万五、八〇〇ドルで、平均収入は二万七、〇〇〇ドルだった。この値はビーンビルよりも低いが、ホープウェルよりも高い。しかし、ホープウェルの数値は人為的に低くなったものである。なぜなら、ホープウェルでは学生が多く居住しており、彼らが収入額を低めているからである。両方の地区とも、一人当たりの収入に関してはほぼ等しいが、サンプルから学生を除くと、明らかにサンフォードハイツのほうがホープウェルよりも住民の異質性の度合いが低く、収入も低い。サンフォードハイツは、大都市郊外の典型的な地区なのだ。

リトルリーグ（やそのほかのスポーツ）のために、サンフォードハイツは二つの地区に分けられる。二つのリトルリーグ組織は、シーズン前の試合やトーナメントで偶然対戦することを除いては、ほとんど接触がない。ここではサンフォードハイツ北部リーグを調査したが、サンフォード・ロードという主要道路の北西部をそのリーグがカバーしている。サンフォードハイツの二つの地区は、生態学的にも人口地理学的にも同様の様相を呈している。

メジャーリーグは七つのチームから構成されており（前年に八つから七つに減らされた）、それぞれのチームには一三人の選手がおり、合計九一人である。トライアウトは四月の中旬に開かれ、レギュラーシーズンは五月二日から七月九日まで開催される。試合は、月曜から土曜の夕方六時半からと土曜の三時半から組まれ、ヘネピンハイツ公園で行われる。各チームは一週間に一回から三回試合を行い、シーズン中に一八回の試合を行う（すべてのチームと三回ずつ）。サンフォードハイツには、オールスター・ゲームやプレーオフはない。しかし、上位三チームがシーズン後のトーナメントへと参加する。一位と二位のチームは小規模で、公式のものではないが、近くの地区で行われる、ブルックリン・センター・アメリカン・クラシックというトーナメントへ参加する。三位のチームは、ツイン・シティズ〔訳注2〕周辺のリトルリーグ組織が主催するトーナメントへと参加する。そのトーナメントでは、ミネソタから二四のチームが参加して、優勝を争う。ブルックリン・センター・トーナメントは、小規模ながら、サンフォードハイツの選手が最も出場したがるトーナメントである。サンフォードハイツ北部リーグのチームが、過去四年間で三回優勝しているからである。私が観察した年は、サンフォードハイツの二チームは早々に敗れてしまった。三位のチームは、リッチフィールド招待トーナメントで最初の三試合を勝ち、波に乗っていた。準決勝で、たまたまトーナメント優勝チームに当たり、敗れてしまった。

ホープウェルと同様に、サンフォードハイツの住民は、リトルリーグを真剣に捉えている。そして、試合への参加率はどのリーグよりも高い。加えて、マイナーリーグのプログラムにも熱心でよく組織化されている。マイナーリーグには、トリプルAのチームが五つあり、能力の低い一〇歳から一二歳までの少年が在籍している。そして、ダブルAの二チームには、八歳と九歳の少年が在籍している。

試合中あるいは試合後の論争は、かなり激しいものとなる。サンフォードハイツでは、ほかのリーグと比べて相対的に勝利が強調されていた。ホープウェルと同様に、サンフォードハイツでも試合のためにスコアキーパーを雇っている。サンフォードハイツ・リーグのルールでは、すべての子どもに最低二イニング以上出場させることを監督に要求していないので、能力の低い選手の中には不満を抱えている者もいた。試合に出場できる時間の少なさのために、シーズン中にも二人の選手が辞めていった。

サンフォードハイツのメジャーリーグには、一二歳が五〇人（五五パーセント）、一一歳が三〇人（三三パーセント）、一〇歳が一一人（一二パーセント）いる。選手は八つの異なった学校に通っているが、ほとんどの選手は四つの公立学校に在籍している（ハイアワサ学校四三パーセント、クーリー学校一九パーセント、バックミンスター学校一四パーセント、グローブ学校九パーセント）。そのほかの選手（九パーセント）は、サンフォードハイツにある聖トーマス学校といった地方のカトリック系の学校に通っている。サンフォードハイツのリーグが他のリーグに比べて幾分凝集性が高いのは、ハイアワサ学校に多くの選手が在籍し、交流があるためである。

(4) ミネソタ州ボルトンパーク

アローヘッドリトルリーグは、セントポール郊外の三つの地区から子どもを集めている。ボルトンパークの南半分とアーバングレンやウェスコットといった小さな郊外地区からである。ボルトンパークのほかの地区の子どもたちには、また別のリーグが存在する。ボルトンパークやウェスコット、アーバングレンといった地区は、上層の中流階層が住む街という点では、ビーンビルと同じである。一九八〇年統計で、アーバングレンの人口は五、三〇〇人、ウェスコットの人口は二、〇〇〇人、ボルトンパークの人口は三万五、〇〇〇人である。そのうち約半数が、アローヘッド・リトルリーグがカバーする地域に居住している。収入に関する統計は、ウェスコットのものは入手不可能だったが、アーバングレンの最頻値は二万三、一〇〇ドルで、平均値は二万五、七〇〇ドルだった。また、ボルトンパークの最頻値は二万八、一〇〇ドル、平均値は三万二、四〇〇ドルだった。したがって、この地区はビーンビルほど豊かではないが、ホープウェルやサンフォードハイツよりも実質的に裕福ということになる。ボルトンパークおよびアーバングレンの全世帯のうち、貧困水準にあると分類されるものはそれぞれ二・四パーセント、九・三パーセントに過ぎない。リトルリーグに子どもを在籍させている父親の職業は相対的に同質的で、中流階層的な専門職が多かった。エンジニアや教師、保険代理店の経営者、保護監察官、歯科医、非熟練労働者を雇った自営業者、会社の幹部といったものである。アローヘッドの父親の職業に関する情報は登録票から収集した。このリーグでのダンカンSEIの平均値は六八・八、標準偏差一九・三だった（七七人の父親のうちの七〇人分の値）[3]。この地区の人口のほとんどは、ミネソタ一般にそうだが、カトリックかルター派教徒である。

リトルリーグは、それぞれ一四人の選手を抱えた六つのチームから構成されている。各チームは、五月中旬から六月中旬の間に、週に二回、計一八回の試合が組まれる。試合は月曜から金曜の夕方六時半からと土曜の朝九時半から開始される。一週間に、各チームは一つの対戦相手と二度戦う。一回はホームチームとして、もう一回は遠征チームとして。これによって、強豪チームが対戦する週には、競争心がいや増していた。

リーグの一般的な雰囲気は、サンフォードハイツやホープウェルに比べて、競争性が決定的に少ない。二名のコーチだけがかなり勝利に志向していた。この二名のコーチは、地域の水準からすればかなり極端であると考えられていたが、彼らの行動も、他のリーグのコーチと比べると、相対的に穏やかなものである。彼らの個人的な競争意識は高かったが、他人を押しのけてでも進もうというものではない。最強と思われていたチームが優勝決定戦に敗れたことで、シーズンを通して活気があった。

アローヘッドには公式のスコアキーパーはおらず、コーチに正直さや実直さが求められていた。また、リーグの組織も、サンフォードハイツやホープウェルに比べて、でしゃばることが少なかった。アローヘッド・リトルリーグの首脳陣は、会長（トム・クィン）、副会長（アーン・ハンソン）、そして六人のメジャーリーグのコーチから構成されていた。(4) クィンは、マイナーリーグのプログラムにも資金を公平に分配すべきだと主張していた。そして、メジャーリーグのチームが享受するいかなる付加的な設備も、メジャーリーグのフィールドにある売店から得られた収益で賄われるべきだと論じていた。メジャーリーグのプログラムには、他のリーグと比べて、それほど力点が置かれていなかった。アローヘッドでは、能力の低い一〇歳から一二歳児のための、いわゆる二軍のプログラムが運営されていた。また、八歳と九歳の子どもには別のプログラムが用意されていた。

非競争的な性格を維持するため、プレーオフはボルトンパークでは開催されていない。プレーオフやオールスター・ゲームの代わりに、ボルトンパークでは、シーズン終了後に上級生のための試合を開いている。二位のチームの一二歳の選手と五位のチームの一二歳の選手が対戦し、三位と四位のチームの一二歳の選手が対戦するというものである。最下位のチームの一二歳の選手は、他のチームへと振り分けられる。したがって、一二歳になった選手は全員、ある種「オールスター」のような試合をする機会が与えられていた。

一位のチームの選手は、二つのトーナメントへ参加する。一つは、リトルリーグ組織が主催するリッチフィールド招待トーナメントである。ボルトンパークのチームは、サンフォードハイツと同様に、このトーナメントで準決勝まで進出した。もう一つは、ホワイトベアレーク招待トーナメントである。これには八つのチームが参加し、アローヘッドのチームは一回戦で負けてしまった。ボルトンパークとサンフォードハイツの野球技術は、かなり接近したものだった。

観察対象となった他のリーグと同様に、ボルトンパークでリトルリーグに参加する少年の大部分は、一二歳である（四八パーセント）。一一歳の少年と一〇歳の少年は、それぞれ三三パーセント、一九パーセント在籍していた。選手は九つの学校に通っていたが、七五パーセントはそのうちの三つの学校に在籍していた。アーバングレン小学校（三七パーセント）、ボルトンパーク小学校（一九パーセント）、カトリックの教区学校（一九パーセント）の三つである。残りの二五パーセントは、二つの中学校、二つの教区学校、ボルトンパークの他の学校で教育を受けていた。

(5) ミネソタ州メープルブラフ

最後の研究場所はメープルブラフである。そこは上層の中流階層が住む地区で、ミネソタ州のセントポール郊外にあたる。メープルブラフには、セントポールの富裕層の自宅が多くあり、あこがれの街である。三車線の通りが突き抜け、快適な家庭生活が可能である。高価な郊外住宅の庭などなくても、歩いていける距離に商店やレストランなど都市型のアメニティが充実している。メープルブラフの住民は、裕福なカトリック系とユダヤ系に二分される。両グループは経済的にはそれほど差はないが、中絶のような社会問題をめぐっては諍いが起きることもある。メープルブラフでの調査は、大学院生のリサーチアシスタントであるハロルド・ポンティフによって指揮された。

メープルブラフはセントポールの一部なので、リトルリーグが選手を獲得している地区の正確な人口を知ることはできない。実際、そのリーグには、確かに境界はあるのだが、明確ではない。およそ八五パーセントの選手が五つの統計上の地区区分内に居住している。と同時に、八つの境界線上の地区にも選手たちは散らばって居住している。このような統計上の地区区分を無視して考えてみると、一九八〇年統計で五つの地区の人口は二万三、八〇〇人で、リーグが獲得できる潜在的な選手数は調査した他のコミュニティにほぼ匹敵する。世帯収入の最頻値は五つの地区それぞれで、二万八、〇〇〇ドル、二万六、〇〇〇ドル、二万五、九〇〇ドル、三万三、八〇〇ドル、二万三、九〇〇ドルとなった。平均値はそれぞれ、三万三、一〇〇ドル、四万六、三〇〇ドル、二万六、九〇〇ドル、三万三、八〇〇ドル、二万七、七〇〇ドルだった。五つの地区合計の平均世帯収入は、地区ごとに世帯数を重み付けして算出すると、三万二、七〇〇ドルとなった。したがって、メープルブラフはビーンビルやボルトンパークと世帯収入の面では匹敵する。

他のリーグと比べてメープルブラフのリトルリーグは最も組織化の度合いが低く、そのルールも、公式のリトルリーグのルールと比べて大きく異なっている。実際、メープルブラフでは憲章を更新することなく、技術論的には公式のリトルリーグではなかった。過去数年間にわたって、メープルブラフでは組織上の混乱が見られ、困難を抱えていた。現在の会長は、少なくとも彼に対する批判を聞いてみると、リーグをどのように運営するのか明確な理解がなく、その職を務めていた。加えて、過去数年間にわたって、そのリーグでは尋常ならざる習慣を採ってきた。会長のランディ・レンケはいい加減な男で、自分自身いわゆる「リトルリーグ主義」というものに対する仇敵と見なしていた。ランディが考えていることといえば、競争性を排除することのみであった。この哲学をリーグ内のコーチ数人は共有しておらず、その問題が理事会等で論じられたこともまったくなかった。したがって、暑さがひどいため試合を中止するなど(同じ日に、ミネソタ州の別のチームでは汗をかきながら試合していた)、彼の行動は恨まれるものである。恨みは、優勝決定戦を廃止するという彼の決定にも向けられた。優勝決定戦は前年には実施されたのだが、彼の決定によって一位のチームがシーズン後のトーナメントに参加することができなくなった。シーズン中のあるとき、彼が辞職するのではないかという噂が広まった。しかし、これは、他のコーチたちからの苦情にフラストレーションがたまり、そんな考えが頭に浮かんだだけらしい。組織上の軋轢は他のリーグにも見られるが、メープルブラフほど顕著なところは他にない。

他のリーグと違って、メープルブラフは一一歳と一二歳の子どものためだけにメジャーリーグのプログラムを運営している。実際、一一歳と一二歳の子どもは全員、メジャーリーグのチームに籍を置くことができる。したがって、トライアウトまでいくつのチームができるのかわからない。一〇歳の子どもは別のリーグでプレーする。メープルブラフのリトルリーグには、独特のドラフトの方法がある。選手全員が毎年リーグ内でドラフトにかけられるのだ。ある年にあるチームでプレーしたからといって、翌年も同じチームで同じコーチの下プレーするとは限らない。実際、コーチも同じチーム名を保持しない。ブルージェイズのコーチが翌年はメッツでコーチしているかもしれない。チーム名は、コーチが最初に獲得するユニフォームによって決まる。早く来たコーチが自分のチームにとって最もよいと思うユニフォームを手に入れるのだ。チームは一二人か一三人の選手によって構成され、選手の年齢構成には注意が払われない。したがって、一三名の選手のうち一〇人が一二歳の少年が占めたこともある。これは、リトルリーグのルールに違反している。リトルリーグのルールでは、一二歳の選手は最大八人までとなっている。メープルブラフのリーグでは、試合の中止を防ぐルールも制度化されている。仮に、選手が七人しか集まらなかったとしても

（休暇や興味が失われたため）、コーチは登録選手を補充するため一〇歳児のリーグから選手を選ぶことができる。あるケースでは、二人以上の一〇歳選手が求められたし、試合に興味のある選手を五人以上獲得できなかったチームもある。こうした手続きのために、代替要員として選ばれることを期待して、一〇歳の選手がメジャーリーグのグラウンドをうろつくといった現象が起こっていた。

シーズン自体は、六月初旬の開幕日から八月まで続き、計一六試合が行われる。九チームが全チームと二回ずつ対戦する。試合は平日の夕方六時半から開始される。

チームの編成方法、すなわち毎年の全ドラフトの影響で、また選手が居住している都市部という地域の影響で、リーグの交友関係はそれほど密ではない。選手の年齢はほぼ同じで、一二歳の少年が七一パーセントを占めている。一〇九人の選手は一九の学校に通っている。これは、都市部の社会システムにおける教育の多様性を示すものである。二三パーセントがメープルブラフのカトリック学校に通い、一三パーセントがメープルブラフ中心部に位置するブレントウッド学校に在籍している。また、合計四九パーセントの子どもは教区学校に在籍し、残りのほとんどは公立学校に在籍している。学校の多様性はチームの継続性の欠如と結びつき、メープルブラフのリーグを、他の伝統的なリーグと比べて、かなり凝集性の低いものとしていた。

2　データの収集方法

三年にわたって本研究を行ってきた間に、多くのところからデータを収集した。本研究は、第一義的には、子どもの行動や文化に関する質的な分析を主としているので、ほとんどのデータはフィールドノートや録音記録から構成されている。フィールドノートにある言葉は、ほぼそのとおりに表現されたものである。話し手の基本的な発話を思い出せないときは、引用符を用いなかった。読者にデータ収集の概要を示すために、フィールドに出た日数と時間を表A３−１にリストアップしておく。

フィールドノートに加えて、観察やインフォーマルな会話からだけでは入手することのできない体系立ったデータを収集するため、選手や親、コーチに質問紙を配布し、インタビュー調査も行った。

質問紙調査とインタビュー調査は以下のような手続きで進

表Ａ３－１　フィールドに出た日数と時間

	フィールドに出た日数	フィールドに出た時間
ビーンビル（1975年）	56日	182時間
ビーンビル（1976年）	9日	22時間
ホープウェル（1976年）	58日	163時間
サンフォードハイツ（1977年）	79日	245時間
ボルトンパーク（1977年）	59日	148時間
メープルブラフ（1977年）	43日	120時間

めた。

①ビーンビルでのシーズン開始時に、四つのチームの選手に質問紙を配布し、三つのチーム（三五人）から回答を得た。一人のコーチは質問紙の配布に協力しなかった。質問は、選手間での交友関係、シーズンに対する見通し、チームメイトの評価から成る。

②ビーンビル一年目でのシーズン中に、①と同様の三チームの選手（三三人）に、短い質問紙調査を実施した。この調査は、基本的には①の調査と同一のもので、他の選手に対する評価について尋ねた。

③シーズンの最後の週に、①、②と同一のチームの選手（三二人）に、質問紙調査を実施した。選手たちのソシオメトリ、シーズンに対する満足度、チームメイトに対する評価について尋ねた。

④二チーム各六人の選手（レンジャーズとエンジェルズ）にインタビュー（およそ一時間）を行った。リトルリーグ野球に対する態度や親・仲間などに対する個人的な態度に関して質問を行った。

⑤第二シーズンの第二週目には、ビーンビル・レンジャーズとビーンビル・エンジェルズの選手に、簡単な質問を行った。二チームで計三〇名の選手が質問に答えてくれた。質問では、交友関係、その年の見通しなどについて尋ねた。

⑥そのシーズンの最終週には、両チームに同様の質問を行った。質問は、ソシオメトリやリーグに対する評価などである。二チーム三〇名の選手がこれに答えてくれた。

⑦シーズンの最初の試合で、ホープウェル・リトルリーグの選手全員に、簡単な質問紙調査を実施した。質問では、交友関係やチーム及び自分自身に対する期待、リーグに対する満足度を尋ねた。一〇四名の選手のうち九二名が答えてくれた。

⑧シーズンの最終週に、ホープウェルの選手に質問紙調査

を実施した。質問では、交友関係のパターン、チームのパフォーマンスに対する評価、リトルリーグ野球の経験に対する満足度を尋ねた。一〇三名の選手のうち九九名が質問紙を完成させてくれた。

⑨翌年の一月終わりには、ホープウェル・リトルリーグに参加している選手全員に、郵送調査を実施した。調査では、ソシオメトリ、リーグに対する自由回答式の評価、チームの文化に対する自由回答を求めた。一〇三名の選手のうち九七名が答えてくれた。

⑩同時に、その親にも質問紙調査を実施した。調査では、リトルリーグのプログラムや自身及び自身の配偶者が観戦した試合の数について尋ねた。八九名の親がこれに答えてくれた。

⑪〜⑬ボルトンパークとサンフォードハイツ、メープルブラフの選手には、練習初日に（あるいは練習直後に）、簡単な質問紙調査に応じてくれるよう依頼した。その内容は、自分の親友の名前を記入するというものである。この質問に答えてくれたのは、ボルトンパークの八四名の選手全員、サンフォードハイツの九一選手のうち八九名、メープルブラフの一一二選手のうち一〇〇名だった。

⑭〜⑯ボルトンパークとサンフォードハイツ、メープルブラフの選手には、練習最終日にも（各リーグ初日から二、三週間後）、二つ目の質問紙に答えてくれるよう依頼した。一回目に行った質問に加えて、より詳細なソシオメトリ、評価、文化的情報などについて尋ねた。この質問に答えてくれたのは、ボルトンパークから八四名、サンフォードハイツから九一名、メープルブラフから九七名だった。

⑰〜⑲シーズン途中にもこの三つのリーグには三回目の質問紙調査を行った。二回目の調査からおよそ一ヵ月後である。同様の質問を行い、同様の回収率だった（ボルトンパークが八三名、サンフォードハイツが九〇名、メープルブラフが九九名）。

⑳シーズン途中の質問紙調査の時には同時に、サンフォードハイツの選手九〇名のうち八九名に、人気のあるロック音楽やミネソタで試験販売されたキャンディーに関する噂を聞いたことがあるかどうか尋ねた。さらに、リーグに参加していない一一四名の子どもにも同様の質問を行った。このデータは別のところで報告した（Fine 1979a）。

㉑〜㉓シーズン最終週には、三つのリーグに最後の質問紙調査を行った。個人的な人間関係やリトルリーグでの経験に

対する評価、前青年期の文化(切手収集、デートの仕方、ニックネーム)について尋ねた。この質問紙調査の回収率も高かった(ボルトンパークが八三名、サンフォードハイツが九〇名、メープルブラフが一〇七名)。

㉔〜㉕ボルトンパークとサンフォードハイツの両リーグでは、リーグに在籍している一二歳の少年の中からランダムに数名選び、四五分に及ぶインタビュー調査を実施した。各リーグからの一二歳の選手四名が選択され、ボルトンパークで計二四名、サンフォードハイツで計二七名の選手にインタビューを実施した(ある少年の親がインタビューを許可しなかったため、二七名となった)。質問は、リトルリーグに対する評価および態度に関するもの、他の子どもに対する態度、前青年期の文化に関する知識から構成された。

㉖サンフォードハイツでは、メジャーリーグに在籍するすべての一二歳の選手に、三〇分間にわたるインタビュー調査を実施し、前青年期の文化の拡散パターンについて尋ねた。リーグにいる五〇人の一二歳の選手のうち、四八人が応じてくれた。このインタビューは、上記のインタビューと同時期に行った。

㉗〜㉘サンフォードハイツの一二歳の選手(四八人)とボルトンパークの一二歳の選手(二四人)に、先の日曜日にどのような活動を行ったのか、そのタイムスケジュールを教えてもらった。この調査によって、少年たちの活動パターンを解釈することができた。

㉙〜㉚サンフォードハイツのリーグに参加する一二歳の選手の親一四人とボルトンパークの親一二人に、インタビューを行った。インタビューは、自由回答および選択肢型の質問を用いて、各四五分かけて行った。リトルリーグのプログラムに対する評価や子どもの文化に関する知識について尋ねた。

㉛〜㉝ボルトンパークとサンフォードハイツ、メープルブラフに在籍するすべてのコーチに、シーズン開始時に、自分のチームがどこまでいけるか、また最もうまい選手とチームのリーダーは誰か尋ねた。ボルトンパークでは一一人のコーチがこの一頁の質問紙に答えてくれた。サンフォードハイツでは八人、メープルブラフでは一二人のコーチが答えてくれた。

㉞〜㊱シーズンの最終週にも同様の質問紙を配付した。選手やチームリーダーの能力に対する格付けやチームがコーチの期待に応えたかどうかについて尋ねた。質問紙は、ボルトンパークでは一一人が、サンフォードハイツでは八人が、メー

プルブラフでは一二人のコーチが完成させてくれた。

㊲〜㊳ボルトンパークの六人のヘッドコーチ全員とサンフォードハイツの七人のヘッドコーチ全員が、一時間の自由回答式のインタビューに応じてくれた。自分のリーグについて、チームのパフォーマンスについて、リトルリーグ野球やスポーツ、子どもに対する態度について尋ねた。このインタビューは、シーズン終了後、二週間から一ヵ月の間に行った。

膨大な量のデータが、本研究を行った三年の間に、こうして収集された。毎年質問紙の項目は改善し、より洗練されたものとなった。また、私の関心が変わるにつれて、質問紙の焦点も変化していった。もちろん、このような調査が本研究にとって決定的なものではない。単一のリーグから入手可能なデータやリーグが異なれば形態も異なるようなデータといった例もある。本研究は、観察から立ち現れてくる調査仮説に基づいたものである。毎年フィールド調査は特定の仮説に基づいて立ち上げていたが、年次の途中には変化し、新しい仮説が立てられることもよくあった。本書は、データ収集及び私の知識に対する内外の論争、終わりなき変化、忘却、失敗の結果である。

訳注および注

訳　注

はじめに

（訳注1）野球場のこと。ダイヤモンドと引っかけている。

序章

（訳注1）シェークスピアの四大悲劇の一つ。第四幕第一場の場面。リア王を密かに助けていたグロスター伯爵がリア王を追放した長女と次女に捕まって両眼をえぐり取られ、絶望して断崖絶壁から身を投じて死のうとしたときの言葉。

（訳注2）Plutarch　四六頃－一二〇頃。ギリシャの歴史家、伝記作家、哲学者。

（訳注3）Jonathan Swift　一六六七－一七四五　イギリスの牧師、風刺作家。「ガリヴァー旅行記」（一七二六）は世界的に有名な物語。

（訳注4）Jacques Martin Barzun　一九〇七－。フランス生まれの教育家・著述家・歴史家。フランスで生まれ、幼児期を過ごしたが、父親の考えによって一二歳の時にアメリカに渡り、コロンビア大学卒業。コロンビア大学教授となる。専門領域は文学、音楽、教育、哲学、歴史、小説、芸術と多領域にわたり、四〇冊以上の書を著しているが、そのなかの、God's Country and Mine（1954）のなかで、「アメリカの心と精神を知りたければ野球を学べ」と述べている。有名な言葉でしばしば引用されている。

（訳注5）Tomas Clayton Wolfe 1900-1938 アメリカの小説家。*Look Homeward, Angel*（1929）, *Of Time and River*（1935）, *The Web and the Rock*（1939）, *You Can't Go Home Again*（1940）の四長編小説は有名。

（訳注6）ホルド（horde）とは、採集狩猟社会で移動しながら生活している小規模の集団のこと。

（訳注7）アメリカの経済誌 *Fortune* が発表する売上規模上位一、〇〇〇社。*Fortune, Business Week, Forbes* はアメリカの三大ビジネス誌と言われている。

第1章

（訳注1）正規の野球の塁間は二七・四三メートル（九〇フィート）、リトルリーグの塁間は、その三分の二の、一八・二九メートル（六〇フィート）である。一フィート＝〇・三〇四八メートル。

（訳注5）Cardinals の i を抜かすと、Cardnals となり、発音が変に聞こえることを意味する。

第2章

（訳注1）打者をのけぞらせる目的でピッチャーが行う胸元への投球のこと。

第3章

（訳注1）一九五〇、六〇年代にアメリカで放映された理想的家庭を描いた連続ホームコメディー『Leave It to Beaver』の主人公で八歳の男の子。両親と六歳上の兄の四人家族。ビーバー（Beaver）は主人公のニックネーム。

（訳注2）帰属理論とは、人の行為と感情を行為者の内的条件や環境条件の内外原因に関係づけることで説明しようとする理論。

（訳注3）Mickey Mantle　一九三一－一九九五。メジャーリーグの元選手。三冠王に輝くなどの活躍をみせる。特にホームランの数、飛距離の長さで有名。

（訳注4）チームスピリット。チームの成員が共通して抱く、チームの向上を目指す自尊心と忠誠心、志気のことをいう。

第4章

（訳注1）コーチが持つ運営権限の一つで、選手をチームから外したり、降格することができる権限のこと。

第5章

（訳注1）約四・五キログラム。

（訳注2）ホランダー（Hollander, Edwin P. 1958 Conformity, status, and idiosyncrasy credit. *Psychological Review* 65: 117-27）が提唱した概念。集団の課題・目標の実現に対する貢献や、集団規範の忠実な遵守によって、他の成員から付与される特異な信用・信頼のこと（古畑和孝・岡隆編『社会心理学小辞典（増補版）』有斐閣（二〇〇二年）を参照）。この特異性クレジットがあるうちは、集団規範からの逸脱や革新的行動も他の成員から許容・容認される。

（訳注3）ウイットニーの略称。

第6章

（訳注1）チキータ・バナナに由来。チキータ社は一八九九年創業のバナナ輸出・販売会社で、現在は北アメリカ、ヨー

ロッパ、日本に対してバナナをはじめとする果物・野菜の輸出入・加工・販売を行っている。

第7章

（訳注1）イギリス国王のエドワード八世（一八九四－一九七二）は、一九三六年一月に王位を継承したが、同年一二月にアメリカ人シンプソン夫人と結婚するために退位した。「王冠を捨てた恋」と言われている。

（訳注2）The E. W. Scripps Company によって後援されている、子どもの言語教育を目的とした運動、大会のこと。

（訳注3）ハンナ・バーバラ・プロダクションが製作した“Fonz Happy Days Gang”のこと。

（訳注4）一九七三年から七八年にかけて、アメリカＣＢＳで放送された、『刑事コジャック』の主人公。

（訳注5）一九七四年から七九年にかけて、アメリカで放送された刑事ドラマ。

（訳注6）リトルリーグを題材とした野球映画。邦題は、『がんばれ！　ベアーズ』。

第8章

（訳注1）ともに、アメリカの俳優。

（訳注2）ともに、アメリカの司会者。

（訳注3）コントラクトブリッジというトランプ競技を目的とした集まり。

（訳注4）化粧品会社。

補論1

（訳注1）Walter O'Malley 一九〇三－一九七九。ロサンゼルス・ドジャースの元オーナー。

（訳注2）Edger Hoover 一八九五－一九七二。一九二四年から一九七二年までのアメリカ連邦捜査局（ＦＢＩ）の長官。

（訳注3）Vince Lombardi 一九一三－一九七〇。ＮＦＬ（National Football League アメリカンフットボールのプロリーグ）の名コーチ。

（訳注4）George Allen 一九一八－一九九〇。ＮＦＬの名コーチ。

（訳注5）中学生のための野球のリーグ。

（訳注6）『がんばれ！　ベアーズ』の中で、ベアーズのチームスポンサーとなっている保釈金ローン会社のこと。

補論3

（訳注1）第二次世界大戦後まもなくに計画されたニューヨーク州の有名な郊外住宅都市。

（訳注2）ミネアポリス市とセントポール市を併せた別称。

注

序章

（1）こうしたリーグのうちの一つは、研究助手のハロルド・ポンティフが調査した。

（2）サットンスミスとローゼンバーグ（Sutton-Smith and Rosenberg, 1961）は、男性と女性とで余暇のパターンにあまり違いはないと述べているが、われわれの調査では、男性と女性とでは、余暇のパターンにかなりの違いがあることを示している。ただし、少女が少年たちと一緒に同じリーグでプレーできる機会をリトルリーグ組織はしぶしぶながら認めてはいるものの（調査したリーグのうちの五リーグで。しかし中心になって活動している一〇チームのなかには、そのようなチームはなかった）、こうした機会を利用する少女はあまりいない。少女たちのスポーツ活動については別に研究されねばならない。よく言われるように、男の子はやっぱり男の子なのだ。女の子のことは別の問題なのである。

（3）リトルリーグ野球の経済的論評についてはラルボウスキー（Ralbovsky 1973）に詳しい。「リトルリーグは、金を儲けることとアメリカを売り込むことという二つの目的を持ったビッグビジネスである。少年と野球は正にその最前線にある」とラルボウスキーは言う。この論評に、リトルリーグが同意しないことは言うまでもない。若者にとってはリーグ組織がリーダーシップのプログラムになっているとリーダーは主張している。

（4）この詳細な説明は、直接の引用ではないが、ワトソン（Watson 1973）、タルキン（Turkin 1954）、パクストン（Paxton 1949）、またリーグ法人から得ている。

（5）こうした説明の場合、神話という言い方は、民俗学的に見て相応しい用語だとはいえない。神話は非歴史的な時間のなかでは神聖な物語とは言えないからである。むしろ「組織の伝説的な物語」と言った方がよいかも知れない（Fine 1984）。

（6）ストッツが辞退したのか（Stotz Asks Jury Trial in U.S. Corrt, 1955）（Little League Asks Support against Stotz, 1955）解雇されたのかは明らかではない。

（7）前青年期の最も一般的な規定は、九歳から一二、一三歳の間の年齢層に集まっているが（Thornburg 1974；Kohen-Raz 1971）、この年齢区分が妥当だと思われる。リトルリーグは九歳から一二歳までの子どもによって構成されると限定しているから、この調査にとっては特に都合がよい。法人組織のリトルリーグが競技をこの年齢層に限定しているのは、前青年期を九歳から一二歳までの四年間に限定しているという何らかの社会的事実があることを示していよう。前青年期の生物学的、社会的、認知的側面についての全般的な議論についてはコーエン-ラッツ（Kohen-Raz 1971）を参照。

第1章

（1）観客席の配置というのも親たちの活動に影響するように思われる。観客席とグラウンドが比較的近いリーグでは、親たちは非常に熱心なように見える。しかし観客席がグラウンドから離れているような場合には（ビーンビルのような場合。ビーンビルでは観客席は一塁のずっと向こう側にあった）、観客は何も聞き取れなかったし、大きな声で応援しても聞こえなかった。またグラウンドの向こう側に観客席があるリーグの方が、相手チームの親たちと一緒に座るような一人がけの観客席のリーグよりも、親の応援は活発だった。二チームのファンが接近している場合、特に個人的な友人同士の場合には、親たちはリトルリーグは一つのゲームだと思いこんでいたのである。

（2）五つのリーグのうち四つのリーグでは、審判員に手間賃として、ごくわずかな謝礼しか支払っていなかった（サンフォードハイツではそうでなかったが）。リトルリーグ組織は「プロ級のリトルリーグの審判員」を用意しているにもかかわらず、五つのリーグのうちで、そのような審判員を使ったリーグは一つもなかった。審判員は一〇代後半から二〇代の若い運動選手たちだったが、彼らの多くは、数時間の仕事とはいえ、いくらかのポケットマネーぐらいは欲しいと思っていた。ただ、なかにはリトルリーグのために働くというのは地域サービスだと言う若者もいた。どのリーグでも審判員がいなかった日を経験しているが、実際どのリーグも審判員不足に悩んでいたのである。場合によっては観客から「審判員」を募らなければならなかったし、また試合をしているチームのコーチが審判員になったりした。コーチといっても、父親だったり、兄弟だったり、ときには稀な場合ではあるが、リトルリーグをごく最近終了した選手だったりする。リトルリーグの審判員は地位が低く、選手やコーチ、また親とのいざこざが多いから（審判員の人たちも認めているように）、審判員を引き受けてくれそうな人がいつも足りないのである。リトルリーグのルールに精通しているとは言えないような審判員を一時的に募集するというようなことが常に行われている。こうした審判員はコーチの友人であったり、また自分が試合の審判員をした結果、関心を持ち始めた人たちが多い。そのために、審判員になっているコーチや親が自分たちのチームに肩入れしようとすれば、彼らの判定は激しい論争を引き起こすことになる。以下がその例である。シーズンの第二試合で、シャープストーンはファニチャー・マートと試合をしていた。シャープストーンは四回表のときすでに一〇対〇と大きくリードしていた。そのときはホープウェルの主任審判員のテッド・ルンディが審判員をしていたのだが、彼は霧が立ちこめてきたからと言って突然試合を無効にした。試合を無効にするということは、この試合はカウントされずに再試合をしなければならないということである。そこでシャープストーンのコーチのピーター・チャドボーンは激怒して「審判員はシャープストーンに味方しすぎだ」と怒鳴り、ルンディは審判員のくせにファニチャー・マートのコーチの友だちだからえこひいきをして試合を無効にしたのだと罵ったのである（ホープウェルでのフィールドノートより）。

（3）試合に関心のある親にとって、試合の時間というのは重要な問題なのである。ある母親は私に対してこう言っていた。「私たちはリトルリーグのシーズン中はあまり手間のかかる食事はしないのです」。

（4）この分析にメープルブルフは含まれていない。二つのチームの間で一度だけ試合が行われたが、記録を失ってしまったからである。

（5）サイドからの関与がどの程度かというのは、それぞれのスポーツによって、また競争の程度によってさまざまである。バスケットボールやサッカーは、連続した行動が強調されるスポーツだから、野球やゴルフのように短い連続的行動の間に比較的長い合間があるようなスポーツと比べれば、サイドの関与が少ないスポーツだと言ってよいだろう。

第3章

（1）帰属理論（attribution theory）では、人びとは、他者の行為の原因を状況のせいとするよりはむしろ性格のせいにしがちである（Nisbett et al. 1973）。少なくとも、表向きの態度が当人の望む自己呈示と一致する場合はそうであることを示す。

（2）男児の社会化と女児の社会化の相違点の一つは、スポーツにおける成人男性の関与の仕方であり、これは近年まで、成人女性のしつけには見られない役割であった。男性は、早いうちから勝ち方を身に付け、またおそらくより重要なことに、敗北を自尊心を傷つけるものとして受け止めない方法について——長い人生、明日はまた別の試合があるさと——学ぶ。この結果、競争的な集団環境における対処能力を身に付けることになる。

第5章

（1）ベスト（Best 1983）は、六〜九歳までの子どもたちの性と攻撃性について言及している。

（2）ボルトンパークとサンフォードハイツの一二歳のリトルリーガーに、シーズン後のインタビューで、「皆と一緒にいるときに、どんなことを話しているか」を尋ねた。スポーツ（五〇パーセント）を除けば、二九パーセントの選手たちは、いつもの話題として、少女あるいは「キス」をあげた。

（3）「塁」とは、前青年期の少年がしばしば口にする、性的な「塁」を意味している。それぞれの「塁」が含意するところは多様であるが、サンフォードハイツでは、一塁がキス、二塁がウエストの上を愛撫すること（少女の胸を撫で回すこと）、三塁がウエストの下を愛撫すること（手で生殖器に触れる、あるいは「指で性器を撫で回す」こと）、ホームランは性交ないし「セックス」を意味している。こうした比喩表現は、決してリトルリーガーに特有のものではない。たとえば、ロック歌手ミートローフ（Meat Loaf）の歌に、「パラダイス・バイ・ザ・ダッシュボード・ライト（Paradise by the Dashboard Light）」というものがある。

（4）この学習は、リッチ・トランドが、ジョン・ダンビルに、キスの最中にいかにして少女の下着にまで手を伸ばすか、ということを尋ねた会話において明白である。リッチいわく、彼の今のガールフレンドは、彼に下着にまで手を伸ばしてほしいと思っている。そして、彼女の以前のボーイフレンド五人も全員、そうしたのだという。

（5）侮辱のエスカレートはまた、他の諸社会における侮辱コンテストと同様に、黒人の青年期の儀式「ダズンズ（The Dozens）」にも見ることができる。

（6）これには、別の少年のロッカーに放尿するといった行動が含まれている（ボルトンパークでのフィールドノートより）。

（7）このいたずらは、サンフォードハイツでは、「ニガー・ノッキング（Nigger Knocking）」（人種を投影した喩え）という差別的な名称で知られており、ボルトンパークでは、リング・アンド・ラン（Ring and Run）（オーピーがリバプールで見出した用語）として知られている。オーピー（Opie 1959, 378-82）は、イギリスの国民性研究のなかで、この単純な活動を表現するために用いられる六八の用語を示している。アメリカの場合には、呼び鈴を鳴らすというのが基本であるが、一九五〇年代のイギリスでは、これらの用語のほとんどがドアをノックすることを意味していた点は、重要である。

（8）火をつけた犬のフンの小包を置くといういたずらは、間違いなく、ボルトンパークのオリジナルではない。このいたずらについては、即興コメディアンのダッドレイ・リグスが設立したブレイブ・ニュー・ワークショップ製作の『If Only We'd Left It to Beaver』（一九七八）というミネアポリスのコメディ番組の短編でも、そして、サンフォードハイツでも言及されている。

（9）確かに、子どもたちの発達のスピードはそれぞれに異なっているし、それはまた彼らの社会的学習にも影響を与えるだろう。ただ学校制度のなかでは、生理学的な成熟と相関する学年制においてさえ、友人は年齢によってある程度階層化されているのである。

第6章

（1）新しい術語を用いることは避けたい。しかしながら、学術用語である「集団文化」もかつては異なる意味合いで用いられていたのであるから、新しい術語を作る必要がある。新しい術語を用いることで起こる混乱を避けたい。Idio（特殊な、特有の）はidiosに由来し、ギリシャ語の「own（自分自身の、特有の）」を意味する（イデア（idea）ではない）。

（2）特に霊長類では、動物の集団は集団に特有の行動を学び、集団全体がそれを理解するが、遺伝によるものではないらしいことに動物行動学者は注目している。鳥の方言（Marler and Hamilton 1966, Lemon 1971, Thielcke 1969）やアザラシの方言（LeBoeuf and Peterson 1969）の事例から、意図的な学習ではない場合でさえ、学習における集団の影響が示唆される。人間の文化ともっと直接的に関連があるのは、霊長類の「原始的文化」の観察である。霊長類の集団は、性的シンボル（D'Aquili 1972）と食物の好み（Poirier 1969）といった点において異なることが示されてきた。自然発生的な文化の創造と拡大は道具を使うこと（Goodall 1972）や食べ物を洗うこと（河合　一九六五）、雪玉を作ること（Eaton 1972）から説明されてきた。

（3）ケリー（Kelley 1967）は、特殊性や独自性は個々人の特色や特質に関する属性を導き出すことに注目している。人間の場合、これらの属性は一般に個人の気質に関するものである。ケリーは、（契機となる出来事が繰り返される場合について）時代や様式を超えた行為の連続性は他者の特色に基づく属性を導くことにも注目している。

（4）年齢（学年）とソシオメトリック・テストで指名をうけた総人数（一人につき友達として三人のチームメイトを指名）の割合は、シーズンの初めは相関係数+.48（有意水準$p<.05$）、シーズンの中頃では相関係数+.59（有意水準$p<.02$）、シーズンの終わりでは相関係数+.61（有意水準$p=.01$）の相関を示した。

（5）シーズンの終わりに実施したアンケートで、シャープストーンの選手にチームに対する満足度を尋ねた。平均は五段階評価で四・八であった。

（6）フランクは三振すると、怒ってダグアウトに戻り、「ああ、神様」と不満を漏らした。フレッドはそっけなく「ああ、少なくともお前は神に誓うことは学んだんだな」と言った。

（7）シーズンの終わりに、一番仲の良い友達三人と、リトルリーグチームの中で一番仲の良い友達三人を指名するように子どもたちに求めた。シャープストーンの選手はチームの中からそれぞれ一〇人と一三人が選ばれたが、Tインダストリーズの選手は六人と一九人が選ばれた。ここから、シャープストーンのつながりの方が親密であることがわかる。この違いは大きいものではないが、私の見解と一致する。両方のチームに、親密な友達である三人組の少年がいた。シャープストーンにはリーダーとなる集団がいたが、Tイングストリーズには運動能力があまり高くはない一一歳の少年三人組（ジェイ、ジェフ、サンディ）がいただけだった。

（8）ピッチング方針でも同じであることは明らかであった。ジャスティンとチームメイト（特にハリー）は試合相手のバッターを怖がらせようとバッターに向けて投げようと話した。以前、コーチがハリーに次の回で登板するように指示すると、ジャスティンは最初のバッターにボールを当てろよと言い、ハリーが本当にボールを当てたことがあった。これが意図的なものであるかどうかは判断できない。

(9) ひらめき程度であるが、データから、エリート集団の存在と実際に負けたときあるいは負けが見込まれるときの感情との関連を立証できる。私の先入観を排除するため、メープルブラフだけを分析する。シーズンの直後、仮説を知らない調査助手にフィールドノートを調べて、試合に負けたときにどれだけ感情的になったかによって九つのチームを順位付けるように指示した。調査助手のランク付けやソシオグラムを見なくても、エリート集団が存在するかどうか判断する基準を私は考え出した。子ども同士の関係、優秀な選手がほとんどいないチームの割合、最も人気のある少年二人の仲の良さを含めて、一五項目の質問をエリート集団が存在するかどうか判断するために使用した(質問項目は先行研究に従った)。これらの質問に基づき、シーズン終盤のソシオグラムをエリート集団の存在の有無を判断するために分析した。その後、エリート集団の存在が特徴を作っている程度に基づいて、チームを順番に並べた。チームは最大値一八、最小値〇の間に並んだ。実際、メープルブラフのチームは一四から一の間に並び、この基準からチームを識別できたことがわかった。スピアマンの順位相関係数を用いると、感情とエリート集団の存在の相関関係は、相関係数 $r=+.62$(サンプル数 $n=9$, 有意水準 $p<.05$)と算出された。サンプル数が少ないことやエリート集団の存在の影響はそれぞれのチームにより異なること、因果関係が不確かであることから、この知見を完全に信頼することは難しいが、新たな研究の可能性を示すものである。

(10) これらの周辺的だが重要な数値(親からの自己申告に基づく)は両チームの間で完全な違いを示したわけではない。参与観察から次のようなことが明らかとなった。ジェームスピルから来るTインダストリーズの選手の親は最後の数回を残して早めに試合から帰ることもあったが、シャープストーンの選手の親は試合の最後まで残っているようであった。シャープストーンの試合ではスタンドが満員になることもあるが、Tインダストリーズの試合ではスタンドは比較的空いていた。シャープストーンの試合のときは多くの車が駐車していたが、Tインダストリーズの試合のときは車の数は比較的少なかった。

第7章

(1) 地域や職業ごとに用いられている話し言葉を収集したものはあるが、年齢階梯ごとのスラングはこれまで見過ごされてきた。その中でも、青年期、特に大学生のスラングを収集した研究はいくつかあるが (Dundos and Schonhorn 1963,

Kratz 1964, Poston 1964）、思春期以前の子どものスラングは等閑視されてきた。子どもたちが用いる語彙の存在をほのめかした唯一の研究として、おはじき遊びを扱ったものを挙げることができる（Harder 1955, Combs 1955, Cassidy 1958, Sackett 1962）。バーコビッツ（Berkovits 1970）は子どもたちの秘密の言葉を広範囲に紹介しているが、ほとんどのケースで、新しく造られた言葉ではなく、英語の言葉を子どもたちがピッグラテン（語頭の子音を語尾にまわし、それにeiという音を加えてつくる）や省略を用いて隠語へと体系的に変換したものである。中には奇妙な形に変換された言葉もあるが、これはむしろ語彙の問題というよりもコード（規則）の問題である。Fine（1979-81）を除いては、アメリカの子どものスラングについて研究したものは公刊されていない。ただし、イギリスの「パブリック・スクール」の子どもたちが用いている多数のスラングを編纂したものは何点か公刊されている（Farmer 1968（原著1900）, Marples 1940）。

（2）　スラングとは、相互作用を通じて社会的な意味づけが与えられた言葉である。パートリッジ（Partridge 1960）が『ブリタニカ大事典』で述べているように、「ある言葉や言い回しがスラングとして位置づけられているその瞬間に、同じ言葉や言い回しが別の環境下ではスラングという印象をまったく喚起しない」。つまり、スラングと正しい言葉との境界は、決して厳然と区切られるものではないのだ。言葉はこの境界を行ったり来たりする。ある集団ではスラングと考えられている言葉が、別の集団では正しい発話として受け入れられる。たとえば、クール（cool）という言葉は、スラングなのだろうか、それとも標準的な英語なのだろうか。それは読み手の準拠する言語集団やその言葉が用いられる状況や文脈に依拠している。

（3）　バンチェロとフリン（Banchero and Flinn 1967）によると、大学生はキャンパスにおいてスラングを学習する。この定義を前青年期まで敷衍すれば、前青年期のスラングは仲間とのインフォーマルなコミュニケーションの中で学習されたものということになる。ただし、この本では、前青年期のスラングとして一般的なアメリカのスラングも含まれている。それらも、大部分は仲間から学んだものである。どの言葉が前青年期のスラングかを限定するための方法として、本書では集団の排他性という視点を用いている。

（4）　このリストからは、一般的なアメリカにおけるスラング表現（くそ（shit）、ファック（fuck）、いやな女（bitch）など）を除外している。そうした言葉は実質的に標準的な語彙となっているからである。

（5）　サンフォードハイツの子どもの中には、電話を使って痛烈ないたずらを行っている者もいた。一人の少年がいたずらの犠牲者となる大人へと電話をかける。そのとき、少年は三歳児のふりをする。自分は一人で取り残されて、とても怯えていると訴える。いたずらの犠牲者となった大人は非常に心配し、取り残された子どもを安心させるために、自分にできることを何でもしようとするのが通例である。しかし、少年は指示が理解できないと見せかけ、べそをかき始める（渾身の演技で）。少年がこの演技に飽きてきたら、犠牲者に向かって次のように言う。「もう一つ言いたいことがあるんだ。ファック・ユー（FUCK YOU!）。」このいたずらは残酷ではあるが、子どもに大きな満足感をもたらす。少年は、昔から電話をいたずらに使ってきたのだ。

（6）一九七七年の合衆国センサスによると、一二歳の少年のうち、一九七五年三月から七六年三月の間に住居を移した割合は一三・六パーセント（二六万六、〇〇〇人）である。このうち、二・三パーセントは州内の違う郡から、二・六パーセントは他州から、〇・四パーセントは海外から移住した。このように、国家的な規模で見ると小さな割合といえども、文化の拡散にとっては十分大きな値となる。

（7）この言葉の起源は、文化変容を考える上で、きわめて興味深い。ゾイド（zoid）はザップ（zap）から変化して進化した言葉であるが、ザップとは敗北や負け犬を表す一般的な侮辱の言葉である。たとえば、「俺はあいつをザップしたよ」(Wentworth & Flexner 1975) などと用いられる。本書で取り上げた仲間集団内で、ザップは動詞から名詞へと変化し、「ザップされた」人物を示すようになった。すなわち、敗者のことを指すようになった。この言葉がザップゾイド (zapzoid) へと装飾され、最終的にゾイドへと縮められたのだ（算数で習った trapezoid（台形）のリズムをとって）。こうした文化変容が学年を超えて生起したのだ。

（8）この分析では、報告された関係が相互的なものなのかどうかは検証していない。二者間の関係は、片方の少年の観点にのっとってコード化した。

補論1

（1）四人の少年のうち二人は、親のせいで神経質になったと回答した。一人は親がいないときのほうが上手にプレーできると話し、もう一人は母親が観に来るのは好きだが、父親はいやだと答えた。

（2）州のトーナメントで破れたあるチームは、そのフラストレーションを、自分たちの泊まっているホテルのロビーを壊すことでぶちまけた。トーナメントでは、眠れなくなる子や食欲のなくなる子、胃をいためる子、ホームシックにかかる子などがでてくる。

（3）サンフォードハイツの一チームでは、一二歳のうち三人にしかインタビューできなかった。

（4）ズニ居留区に住んでいたことのある筆者の教え子の一人が言うには、野球のニュアンスを非競争的な性格のズニの若者に教えるのは、アングロ系の大人にとってはフラストレーションが溜まるということである。ズニの少年たちは、コーチが興奮しているときでも、試合への興味を失っているし、アングロ系の大人はその様子を見ると、試合について理解できていないのではないかと思ってしまう、とのことである。

(5) このデータはリーグの登録票から取り出してきた。したがって、その職業水準は、ホープウェルで特別に収集したときのようには、はっきりとしたものではない。

(6) ディッキー(Dickie 1966)がフェイトビルとアーカンソーのリトルリーグで収集したデータでは、コーチのほうが親よりも高い職業的地位を有していた。ただし、ディッキーは、『職業名事典』に掲載された主要な職業集団を間隔尺度として扱っているが、それは名目上の尺度に過ぎない。彼も、親の職業は子どもからの報告に基づいて決定している。

(7) ボルトンパークとサンフォードハイツのコーチがプログラムに関わった平均年数の中間値は三年である。コーチした年数と成功との間には強い相関関係を見出すことができる。すなわち、コーチした年数と研究期間中のシーズンに勝利した試合の数(相関係数 $r=.616$, 試合数 $n=13$, 有意水準 $p=.012$)や最終的な順位(相関係数 $r=.547$, 試合数 $n=13$, 有意水準 $p=.027$)とには相関関係がある。また、コーチした年数と、野球の技術を教えることや人格形成、楽しみと比べて勝利にどの程度の重きを置くのかも相関している(相関係数 $r=.802$, 試合数 $n=13$, 有意水準 $p=.001$)。この結果は、ベテランのコーチほどスポーツに強く志向することを示している。ただし、この結果は、コーチたちの選択的な記憶から構成されていることを付言しておく。

(8) ボルトンパークとサンフォードハイツの選手は、この点に関しては異なっている。コーチに対する両義的な意見および否定的な意見に関しては、両リーグの間で有意な差が見られた(カイ二乗値 $\chi^2=6.37$, 自由度 $df=1$, 有意水準 $p<.025$)。親への質問では同様の差は検出されておらず、非常に興味深い結果である。サンフォードハイツのコーチに対する批判のほとんどは、厳しさが足りないという点や十分な練習量を確保していないという点に向けられている。親の中には、それを美徳と考えている者もいる。一方、選手は、パクストン(Paxton 1949)が指摘したように、コーチにメジャーリーグの監督のように行動してほしいと望んでいる。

(9) 二つのリーグ間には、統計的に有意な差が見られた(カイ二乗値 $\chi^2=11.55$, 自由度 $df=1$, 有意水準 $p<.005$)。これは、ボルトンパークにおいては、親、選手ともに高い満足感を抱いていることや、サンフォードハイツでは広大な公園を利用可能なことが影響しているのかもしれない。広大な公園があるサンフォードハイツでは、インフォーマルな野球の試合も数多く行われているからである。

(10) シェフィー・テスト(The Scheffe Test)によると、グループ間に、有意水準五パーセント以下でのチームに対する満足度の差は見出せなかった。ただし、リーグに対する満足度に関しては、ビーンビルでの二年目の調査結果との間に有意差が存在する。

(11) 能力に関する三つの指標すべてが、互いに正の相関関係を有している。「客観的」な打率と選手の「主観的」な打率は+.68（サンプル数 $n=169$, 有意水準 $p=.001$）で、コーチの格付けとは+.61（サンプル数 $n=147$, 有意水準 $p=.001$）で相関している。また、コーチの格付けと選手の「主観的」な打率とは+.44（サンプル数 $n=143$, 有意水準 $p=.001$）で相関している。

補論2

(1) たとえば、サンフォードハイツのある少年は、「僕のチンチンには歯があるんだ」と友達に言ったことがベビーシッターを通じて母親に知られてしまい、一週間外出を禁じられたことがある（心理分析家から見れば、非常に興味深い徴候だろう）。

(2) 前青年期の子どもたちがよくやるこのいたずらは、通行している人や車に顔を背けている間に、ズボンとパンツを下ろすというものである。詳しい説明はリヒト（Licht 1974）を参照せよ。

補論3

(1) 本サンプル成人男性のダンカンSEIの平均値は五九・四、標準偏差は二三・八である。本サンプル中には、専門的・技術的職業従事者（同種の職業を含む）が三一名（三九パーセント）、管理的職業従事者や行政官が二四名（二九パーセント）、販売・事務職が四名（五パーセント）、工員・職人が一八名（二二パーセント）、オペレータが一名（一パーセント）、肉体労働者が一名（一パーセント）、農業従事者が一名（一パーセント）、サービス労働者が二名（二パーセント）含まれている。本サンプルとホープウェルの一九七〇年センサスに掲載されている成人男性とをカイ二乗検定でその差を検出してみると、著しく有意な差が検出された。成人男性は、次の五つのカテゴリーに分類した。①専門職、②管理的職業、③販売・事務職、④工員・職人、⑤その他（オペレータ、肉体労働、農業、サービス労働）。リトルリーグのサンプルでは、専門的・管理的職業に従事している者が非常に多いのに対して、販売・事務職やその他の職業（一般的に威信の低い職業）が著しく少なかった（カイ二乗値 $\chi^2=61$, 自由度 $df=4$, 有意水準 $p=.001$）。したがって、親のサンプルはこの地区の社会経済的地位を反映しているとは言えない。

(2) ホープウェルとボルトンパークを除いて、体系的な職業調査は実施しなかった。

(3) 本サンプルには、専門的・技術的職業従事者（同種の職業を含む）が三五名（五〇パーセント）、管理的職業従事者・行政官が一七名（一一パーセント）、工員・職人が六名（九パーセント）、オペレータが二名（三パーセント）、サービス労働者一名（一パーセント）が含まれており、肉体労働者や農業従事者は含まれていなかった。ホープウェルと同様に、高い地位の職業に従事している者が多かったが、アローヘッド・リトルリーグは行政区画と正確に対応していないので、体系的な比較は行っていない。

（4） リーグのヘッドコーチが積極的に関与する結果、六名のヘッドコーチがリーグはうまく運営されていると述べていた。これは、サンフォードハイツとは対照的である（フィッシャーのイグザクト・テストによれば、有意水準 $p = .03$）。

監訳者あとがき

本書は、Gary Alan Fine, *With the Boys: Little League Baseball and Preadolescent Culture*,（The University of Chicago Press）1987. の全訳である。原書名は、「少年たちとともに」であるが、これでは内容が分かりにくいので、具体的な内容を示すとともに社会学的研究であることを考えて、『リトルリーグの社会学 ── 前青年期のサブカルチャー ──』として訳出することにした。

リトルリーグは、本書の序章にも述べているように、一九三九年にアメリカ東部のペンシルバニア州ウィリアムスポートに住んでいたカール・ストッツ（Carl Stotz）が中心になって発足させたものである。ストッツ自身には男の子はいなかったが、甥たちとの交流から、子どもたちに野球の楽しさを教えてやりたいと思い、子どもたちのための野球のルールや野球道具の規格・サイズ、また野球場の施設や設備などについて考えていた。そして一九三九年六月に仲間とともに、近隣の九～一二歳の子どもたちを対象に三つの少年野球チームを結成した。そしてスポンサーを集めてリーグ戦を開始したのであるが、これがリトルリーグの始まりである。その後各地にリトルリーグのチームが結成されて全国的な規模になり、一九六四年七月一六日には、当時のリンドン・B・ジョンソン（Lyndon Baines Johnson）大統領が署名して連邦政府認可の正式な野球法人団体、「リトルリーグ・ベースボール」が成立した。こうしてリトルリーグは、アメリカのボーイスカウト、青少年赤十字団とともに青少年の社会活動団体として正式に認められることになったのである。その後リトルリーグは世界各国に広がり、二〇〇三年現在、加盟国数（地域を含む）は世界一〇四ヵ国、約七、〇〇〇リーグ、約三〇〇万人が参加している。リトルリーグ国際本部は、リトルリーグ発祥の地であるウィリアムスポートにあり、毎年、全米のリトルリーグの大会の決勝戦や世界選手権が、この人口約三・三万人（二〇〇八年現在）の小さな町で行われている。

リトルリーグの構成は、一チーム一二～一五名で、年齢は九～一二歳の少年たちであるが、一二歳の選手を八名以上登録することはできない。だから残りの選手は九～一一歳の選手たちである。しかし本文でも取り上げられていたように、この時期の一年の違いは野球の技術に大きな違いを生むから、チームの年齢構成が試合の勝敗に影響することもある。

リトルリーグは、一般の野球とほとんど変わらないが、しかし少年の野球であるから、イニングやルール、グラウンドサイズも少年向きに変更されている。本文にもあったように、試合は六イニング（正規の野球では九イニング）、ベース間の距離は一八・二九メートル（六〇フィート）〔正規は二七・四三メートル（九〇フィート）〕、バッテリー間の距離は一四・〇二メートル（四六フィート）〔正規は一八・四四メートル（六〇フィート六インチ）〕と、大人の正規サイズの三分の二程度になっている。また投手の連投禁止、盗塁の禁止等の制限をしている。例えば、投手が投げたボールが打者に届く前、あるいは打者が打つ前に走者はベースを離れてはいけない。離塁の制限である。これはリトルリーグ独特のルールである。また投手の一日の投球数も制限されていて、一一～一二歳では八五球まで、一〇歳以下では七五球までとされ、一日に六一球以上の投球をした場合は三日、四一～六〇球の場合は二日、二一～四〇球の場合は一日の休みをそれぞれ取ることが義務づけられている。しかしリトルリーグで使うボールは、プロ野球と同じ硬式で、重さが一四一・七～一四八・七グラム、周囲が二二・八五～二三・四八センチメートルのものである。われわれ日本人から見れば、子どもにとっては重くて負担がかかるのではないか、危険なのではないかと思われるが、監督やコーチが常に練習を見守っているし、無理な投げ込みをして肩や肘に負担がかからないように指導しているから怪我はないという。アメリカの子どもたちは幼稚園くらいの頃から硬式のボールで遊んでいるようだ。

日本は少年野球が盛んで、もちろん小学生を対象にしたリトルリーグはあるが、そのほかにもボーイズリーグやポニーリーグ、学校の部活動の野球部、子供会野球部、地域のスポーツ少年団（野球）などさまざまな野球チームがある。しかし大別すれば、硬式野球と軟式野球に分かれる。リトルリーグやボーイズリーグ、ポニーリーグは硬式野球であるが、学校の野球部、子供会野球部、地域のスポーツ少年団（野球）などは軟式野球である。一般に硬式野球のクラブチームは本格的で、ルールも公式野球ルールにしたがっており、バット、スパイク、ヘルメットなどの用具も指定されている。練習も厳しく、レギュラーになるのも競争で、遠征や合宿をすることもある。だから諸経費もかかる。しかし同じ小学生対象のクラブチームであっても、それぞれに加入年齢、イニング、用具規定、離塁の規則、塁間距離などが異なっている。例えば、加入年齢は、リトルリーグでは九～一二歳で、学年で言えば小学校五年生～中学校一年生の夏までの子どもが対象である。その年の八月一日以前に一三歳になっていなければ、リトルリーグ年齢の一二歳として加入できる。ポニーリーグでは一三～一四歳で、中学校一年生～中学校三年生となっているが、誕生月日によっては小学校六年生でも加入できる。リトルリーグもポニーリーグも九月入学のアメリカの学年が採用されているために四月入学の日本の学校制度とは一致しない。これに対してボーイズリーグは日本の学校制度に合わせて四月一日から翌年の三月三一日までの誕生月日を一学年として小学生、中学生とでチームを分けている。

軟式野球は、本来はレクリエーション活動であり、組織力も運営力もクラブチームほどではないが、しかし多くが全国大会や地方大会、地区大会、あるいは交流大会に参加して勝敗を競うので、他のスポーツ活動と比べると練習量も多く、指導者や保護者も熱心である。もともと軟式野球は日本で生まれたもので、アメリカにはない。

日本のリトルリーグは、一九五五（昭和三〇）年頃に東京近郊でいくつかのリーグが結成されたのが始まりで、一九六四（昭和三九）年には小学生を対象にした「日本リトルリーグ野球協会」が結成されている。そして一九七二（昭和四七）年には中学生を対象にした「日本リトルシニア野球協会」が結成されたが、二〇〇〇（平成一二）年に二つの協会を合併して「全日本リトル野球協会」となった。二〇〇八年現在、一二連盟、三〇二リーグ、六八四チームが加盟している。これはアメリカに次いで世界第二位のリーグ数である。

リトルリーグを構成している九〜一二歳の子どもたちは、発達段階で言えば「前青年期」（preadolescence）と呼ばれている。「前思春期」という場合もある。一般に思春期（puberty）は、性的成熟（sexual maturation）が進み、第二次性徴（secondary sexcharacteristic）によって特徴づけられる時期であり、年齢で言えば、性差、個人差はあるが、おおよそ一二歳頃から一五歳の頃である。青年前期（early adolescence）である。「前青年期」とは、この思春期（青年前期）に先立つ二〜三年前の時期である。だから児童期の終わり頃であるが、この児童後期の頃は未だ性的成熟が本格的に進んでいるわけではない。しかし第二次性徴は現れ始めている。本文にもあるように性に対する興味関心が高まり始める時期なのである。またこの児童後期の頃から思春期特有の心理的不安定、反抗的・不適応的態度が生まれ始める。つまり身体的・生理的成熟と人格的・心理的発達との乖離が生まれ始める時期なのである。そこで思春期直前の時期を「前青年期」または「前思春期」として段階づけているのである。

人格の発達段階において、「前青年期」を重視したのは、アメリカの精神科医のサリヴァン（Harry Stack Sullivan）である。サリヴァンは「前青年期」は対人的な親密欲求を持つ時期であり、同性同年代の親友（chum）との関係およびギャング集団（gang）への加入が極めて有意義な時期であると述べている。サリヴァンが、この前青年期を重視するのは、前青年期が児童期と青年期という発達段階と発達段階の境界線にあり、この境界線において人間は好ましい方向へと大きく転換する機会が出現すると考えているからである。この前青年期における親友とギャング集団は、前青年期以前に形成された子どもの歪みを矯正する力を持っているとサリヴァンは述べている。とくに男性が同性の仲間と仕事をしていく上でうまくやっていくためには、この前青年期における親友とギャング集団との経験が不可欠であるという。同性との対人関係に悩みを持つ成人の男性患者は、親友とギャング集団の経験という前青年期の社会化の機会を持てなかった人たちだとサリヴァンは述べている（Harry S. Sullivan, *The Interpersonal Theory of Psychiatry*, W.W.Norton & Company Inc., New York, 1953. 中井久夫・宮崎隆吉・高木敬三・鑪幹八郎（訳）『精神医学は対人関係論である』（みすず書房　一九九〇）。

著者のゲイリー・アラン・ファインも、本書の「はじめに」においてサリヴァンを引用しつつ、前青年期の子どもたちの社会化過程における親友とギャング集団の重要性を指摘している。ファインの関心は、アメリカの少年たちがどのような社会化過程を経て成人男性へと形成されていくのかということであった。そのために組織的なスポーツ活動であるリトルリーグに注目し、男性のみから構成されている少年集団と組織的なスポーツ活動を通して、少年が社会化されていく過程を解明しようとしたのである。リトルリーグは、前青年期の子どもたちが男性役割と男性文化を形成していく過程を研究するには最適の対象であると述べている。実際、ファインは、本文にも記しているように、前青年期の子どもたちの独自の文化を参与観察法によって収集した豊富な資料を駆使して詳細に分析している。

本書において、ファインは、三年間にわたって五つのリーグの一〇チームに対して観察調査と面接調査を実施し、子どもの社会化、とくに道徳的社会化、そして前青年期文化、性と攻撃性という問題に焦点を当てて研究しているが、またそれを通して小集団がどのように発達していき、文化的伝統がどのように展開していくのかを追究している。

ファインは、一九五〇年ニューヨークで生まれ、マンハッタンで育った。ペンシルバニア大学で心理学を研究し、一九七二年に卒業したが、一九七六年にハーバード大学から社会心理学の博士号を得ている。その後、ボストン大学講師、ミネソタ大学助教授、ジョージタウン大学教授を経て、本書執筆時の一九八七年はジョージア大学の社会学部教授であり、一九九〇年から一九九三年までその社会学部長を務めている。一九九七年からはノースウェスタン大学社会学部教授である。研究領域は、シンボリック相互作用論、社会心理学、文化社会学、科学社会学、集合行動論、社会学理論、質的調査法と多領域におよび、編著書も多い。以下の編著書がある。

Ralph L. Rosnow and Gary A. Fine, *Rumor and Gossip: The Social Psychology of Hearsay*, Elsevier-North Holland (New York, NY), 1976.（R・L・ロスノウ、G・A・ファイン『うわさの心理学――流言からゴシップまで』南博訳、岩波現代選書、一九八二）

Gary A. Fine, *Shared Fantasy: Role Playing Games As Social Worlds*, The University of Chicago Press (Chicago, IL),

1983.
Gary A. Fine, *Talking Sociology*, Allyn and Bacon (Boston, MA), 1985.
Gary A. Fine, *With the Boys: Little League Baseball and Preadolescent Culture*, The University of Chicago Press (Chicago, IL), 1987. [本書]
Gary A. Fine (ed), *Meaningful Play, Playful Meaning*, Human Kinetics Publishers (Champaign, IL), 1987.
Gary A. Fine and Kent L. Sandstrom, *Knowing Children: Participant Observation with Minors*, Sage (Newberry Park, CA), 1988.
Gary A. Fine, John Johnson, and Harvey A. Farberman (eds), *Sociological Slices: Introductory Readings from the Interactionist Perspective*, JAI Press (Greenwich, CT), 1992.
Harvey A. Farberman, Gary A. Fine, and John Johnson (eds), *Social Psychological Foundation: Readings From the Interactionist Perspective*, JAI Press (Greenwich, CT), 1992.
John Johnson, Harvey A. Farberman, and Gary A. Fine (eds), *The Cutting Edge: Advanced Interactionist Theory*, JAI Press (Greenwich, CT), 1992.
Gary A. Fine, *Manufacturing Tales: Sex and Money in Contemporary Legends*, The University of Tennessee Press (Knoxville, TN), 1992.
Karen S. Cook, Gary A. Fine, and James S. House (eds), *Sociological Perspectives on Social Psychology*, Allyn and Bacon (Boston, MA), 1994.
Gary A. Fine (ed), *A Second Chicago School?: The Development of a Postwar American Sociology*, The University of Chicago (Chicago, IL), 1995.
Gary A. Fine, *Kitchens: The Culture of Restaurant Work*, The University of California Press (Berkeley, CA), 1996. (ゲイリー・アラン・ファイン『キッチン——レストランの文化誌』藤澤美枝子・小池久恵・谷林眞理子訳、法政大学出版局、二〇〇〇)
Gary A. Fine, *Morel Tales: The Culture of Mushrooming*, The Harvard University Press (Cambridge, MA), 1998.
Gary A. Fine and Gregory W. H. Smith (ed), *Erving Goffman*, Sage (Thousand Oaks, CA), 2000.
Gary A. Fine, *Difficult Reputations: Collective Memories of the Evil, Inept, and Controversial*, The University of Chicago Press (Chicago, IL), 2001.

Gary A. Fine, *Gifted Tongues: High School Debate and Adolescent Culture*, The Princeton University Press (Princeton, NJ), 2001.
Gary A. Fine and Patricia A. Turner, *Whispers on the Color Line: Rumor and Race in America*, The University of California Press (Berkeley, CA), 2001.
Gary A. Fine, Daniel D. Martin, and Kent L. Sandstrom, *Symbols, Selves, and Social Life: A Symbolic Interactionist Approach*, Roxbury (Los Angeles, CA), 2002.
Gary A. Fine and Patricia Turner, *Whispers On the Color Line: Rumor and Race in America*, The University of California Press (Berkeley, CA), 2001.
Gary A. Fine and David Shulman, *Talking Sociology* (Fifth Edition). Allyn and Bacon (Boston, MA), 2003.
Gary A. Fine, *Everyday Genius: Self-Taught Art and the Culture of Authenticity*, The University of Chicago Press (Chicago, IL), 2004.

なお、*With the Boys*は、刊行された翌一九八八年にリトルリーグのエスノグラフィー研究としてアメリカ民俗学会（The American Folklore Society）子ども民俗部門のオーピー賞を受賞している。

小集団研究は、これまで多くが心理学による実験的方法がとられてきた。そして多くの事実が明らかにされてきた。しかしその反面、実験的方法によって明らかにされてきた諸事実を自然状態に移した場合に、そのまま妥当するかどうかは必ずしも明らかでない。だから自然状態における小集団研究の必要性を私は以前から考えていた。そうした考えがあったので、私は、これまで子どもの仲間集団を自然的観察法によって研究してきた（住田正樹『子どもの仲間集団の研究』〔一九九五（初版）、二〇〇〇（第二版）〕九州大学出版会）。子どもの集団行動といっても、われわれ大人が考えているほどに単純なものではなく、観察したりインタビューの都度に考えもしなかった事実が浮かび上がったりする。実験的方法は、重要な研究方法だけれども、その一方で実験的方法では捉えきれないところがあるから、そこは自然的観察法によらなければならないと考えていた。ただ自然的観察法は時間、手間、労力がかかる。そのために必要性を認めつつも実施には至らないことが多いのではないかと思っていた。そうしたときに手にしたのが本書である。著者ファインも、「はじめに」で同様なことを述べているので、一体どのような内容なのかと興味を持ったことが本書の翻訳のきっかけだった。

しかし翻訳の企画をしてから既に五年が過ぎようとしている。企画当時、私は九州大学に勤務していたが、ちょうど現在校（放送大学）への異動とも重なったため、諸事に追われて、結局大幅に遅れてしまうことになった。そのうち訳を分担していた大学院生諸君もそれぞれに勤務校が決まって赴任したため打ち合わせる機会も限られるようになって、さらに遅れることになった。

翻訳の分担は、訳者紹介の通りである。当初は、私が理論的な「補論」も訳すことにしていたのであるが、諸事のため思うように時間がとれないため東野充成君に変更してもらうことにした。また訳者各自が訳語の統一のために分担を越えて調べてくれたので大いに助かった。しかし全体的な訳の責任が監訳者にあることは言うまでもない。

本書の出版にあたっては、九州大学出版会の永山俊二氏のお世話になった。永山氏は訳校を丹念に読んでくださり、また的確なアドバイスを多々してくださった。記して謝意を表したい。

二〇〇九年二月

住田正樹

Voigt, David Q. 1974. Reflections on diamonds: American baseball and American culture. *Journal of Sport History* 1: 3-25.

Wake up, wake up. 1960. *Newsweek*, Sept. 5, 69.

Watson, Geoffrey G. 1973. Game interaction in Little League baseball and family organization. Ph. D. diss., University of Illinois.

———. 1974. Family organization and Little League baseball. *International Review of Sport Sociology* 9: 5-32.

Wax, Rosalie. 1971. *Doing fieldwork*. Chicago: University of Chicago Press.

Weick, Karl, and D. P. Gilfillan. 1971. Fate of arbitrary traditions in a laboratory microculture. *Journal of Personality and Social Psychology* 17: 179-91.

Weinstein, Eugene A., and Paul Deutschberger. 1963. Some dimensions of altercasting. *Sociometry* 4: 454-66.

Whiting, Bernice B., and John W. M. Whiting. 1975. *Children of six cultures*. Cambridge: Harvard University Press.

Whyte, William Foote. 1955. *Street corner society*. Chicago: University of Chicago Press. 奥田道大・有里典三訳『ストリート・コーナー・ソサエティ』有斐閣 (2000)

Wolman, B. 1951. Spontaneous groups of children and adolescents in Israel. *Journal of Social Psychology* 34: 171-82.

Yerkovich, Sally. 1976. Gossiping; or, the creation of fictional lives. Ph. D. diss., University of Pennsylvania.

Yohe, Charles, 1950. Observations on an adolescent folkway. *Psychoanalytic Review* 37: 79-81.

Zimmerman, Carle C. 1938. *The changing community*. New York: Harper & Brothers.

delinquency. Chicago: University of Chicago Press.
Simmel, Georg. 1950. *The sociology of Georg Simmel*. New York: Free Press.
Skubic, Elvera. 1955. Emotional responses of boys to Little League and Middle League competitive baseball. *Research Quarterly* 26: 342-52.
———. 1956. Studies of Little League and Middle League baseball. *Research Quarterly* 27: 97-110.
Smelser, Neil J. 1962. *Theory of collective behavior*. New York：Free Press. 会田彰・木原孝訳『集合行動の理論』誠信書房（1978）
Spector, Malcolm. 1973. Secrecy in job seeking among government attorneys: Two contingencies in the theory of subcultues. *Urban Life and Culture* 2: 211-29.
Speier, Matthew. 1973. *How to observe face-to-face communication*. Pacific Palisades, Calif.: Goodyear.
Stevenson, Christopher L. 1975. Socialization effects of participation in sports. A critical review of the research. *Research Quarterly* 46: 287-301.
Stone, Gregory P. 1955. American sports: Play and display. *Chicago Review* 9: 83-100.
———. 1962. Appearance and the self. *Human behavior and social processes*, edited by Arnold Rose. Boston: Houghton Mifflin.
———. 1981. Sport as a community representation. In *Handbook of social science of sport*, edited by Gunther R. F. Lüschen and George H. Sage. Champaign, Ill.: Stipes.
Stone, L. Joseph, and Joseph Church. 1968. *Childhood and adolescence*. 2d ed. New York: Random House.
Sullivan, Harry Stack. 1953. *The interpersonal theory of psychiatry*. New York: W. W. Norton. 中井久夫・宮崎隆吉・高木敬三・鑪幹八郎共訳『精神医学は対人関係論である』みすず書房（1990）
Sumner, William. 1978. Strike out Little League parents. *Saint Paul Dicpatch*, August 24, 10.
Sutton-Smith, Brian, and B. G. Rosenberg. 1961. Sixty years of historical change in the game preferences of American Children. *Journal of American Folklore* 9: 189-211.
Thelen, Herbert H. 1954. *Dynamics of groups at work*. Chicago: University of Chicago Press.
Turkin, Hy. 1954. *Official encyclopedia of Little League baseball*. New York: A. S. Barnes.
Turner, Ralph. 1978. The role and the person. *American Journal of Sociology* 84: 1-23.
Vaz, Edmund W. 1982. *The professionalization of young hockey players*. Lincoln: University of Nebraska Press.
Vogt, Evon Z., and Thomas O'Dea. 1953. Cultural differences in two ecologically similar communities. *American Sociological Review* 18: 645-54.

Southern Folklore Quarterly 38: 299-309.
Poston, Lawrence, Ⅲ. 1964. Some problems in the study of campus slang. *American Speech* 39: 114-23.
Puffer, Joseph A. 1912. *The boy and his gang.* Boston: Houghton Mifflin.
Ralbovsky, Martin. 1973. Little League: It's more than just baseball for kids. *Los Angels Times*, Aug. 24, III, 1, 10.
Redl, Fritz. 1966. *When we deal with children.* New York: Free Press.
Redmond, Donald E. 1954. It happened in Harlingen. *Christian Century*, Feb. 10, 175-76.
Riemer, Jeffrey. 1981. Deviance as fun. Adolescence 16: 39-43.
Robbins, June. 1969. The case against Little League mothers. *McCall's*, July, 130.
Roberts, Glyn C. 1978. Children's assignment of responsibility for winning and losing. In *Psychological perspectives in youth sports*, edited by Frank L. Smoll and Ronald E Smith. Washinton, D.C.: Hemisphere.
Roberts, John M. 1951. Three Navaho households: A comparative study in small group culture. *Peabody Museum of Harvard University Papers* 40(3).
Roberts, Robin. 1975. Strike out Little League. *Newsweek*, July 21, 11.
Rogers, William B., and R. E. Gardner. 1969. Linked changes in values and behavior in the out island Bahamas. *American Anthropologist* 71: 21-35.
Rossel, Robert Denton. 1976. Micro-history: Studying social change in the laboratory. *History of Childhood Quarterly* 3: 373-400.

Roy, Donald F. 1959-60. "Banana time": Job satisfaction and informal interaction. *Human Organization* 18: 158-68.
Sackett, S. J. 1962. Marble words from Hays, Kansas. *Publications of the American Dialect Society* 37: 1-3.
Salz, Arthur E. 1957. Comparative study of personality of Little League champions, other players in Little League, and non-playing peers. Master's thesis, Pennsylvania State University.
Seymor, Emery W. 1956. Comparative study of certain behavior characteristics of participant and non-participant boys in Little League baseball. *Research Quarterly* 27: 338-46.
Sherif, Muzafer; O. J. Harvey: B. J. White; W. R. Hood, and Carolyn Sherif. 1961. *Intergroup conflict and cooperation: The robbers cave experiment.* Norman, Okla.: Oklahoma Book Exchange.
Sherif, Muzafar, and Carolyn Sherif. 1953. *Groups in harmony and tension.* New York: Harper.
Shibutani, Tamotsu. 1955. Reference groups as perspectives. *American Journal of Sociology* 60(May): 562-69.
———. 1978. *The derelicts of Company K.* Berkeley: University of California Press.
Short, James F., Jr., and Fred L. Strodtbeck. 1965. *Group process and gang*

& Kegan Paul.
Marples, Morris. 1940. *Public school slang.* London: Constable.
Martens, Rainer. 1978. The emergence of children's sports. In *Joy and sadness in children's sports*, edited by Rainer Martens. Champaign, Ill.: Human Kinetics.
Martinson, Floyd M. 1981. Preadolescent sexuality: Latent or manifest? In *Children and sex*, edited by Larry L. Constantine and Floyd M. Martinson. Boston: Little, Brown.
Mead, George Herbert. 1934. *Mind, self and society.* Chicago: University of Chicago Press.
Meyer, John W., and Brian Rowan. 1977. Institution organizations: Formal structures as myth and ceremony. *American Journal of Sociology* 83: 340-63.
Michener, James. 1976. *Sports in America.* New York: Random House. 宮川毅訳『スポーツの危機（上・下）』サイマル出版会（1978）
Mitchell, Richard G. 1983. *Mountain Experience.* Chicago: University of Chicago Press.
Morgan, Jane, Christopher O'Neill, and Rom Harré. 1978. *Nicknames: Their origins and consequences.* London: Routledge & Kegan Paul.
Nash, Dennison, J., and Alvin W. Wolfe. 1957. The stranger in laboratory culture. *American Sociological Review* 22: 400-405.
Nisbett, R. E., C. Caputo, P. Legant, and J. Marecek. 1973. Behavior as seen by the actor and as seen by the observer. *Journal of Personality and Social Psychology* 27: 154-164.
Novak, Michael. 1976. The joy of sports. New York: Basic Books.
Ogilvie, B. C., and Thomas A. Tutko. 1971. Sport: If you want to build character try something else. *Psychology Today* 5(Oct.): 61.
Opie, Peter, and Iona Opie. 1959. *The lore and language of schoolchildren.* New York: Oxford University Press.
Original League, Inc. n.d. *The founding of Little League baseball.* No publisher, 8 pp.
Partridge, Eric. 1960. *Slang: To-day and yesterday.* New York: Macmillan.
Paxton, Harry T. 1949. Small boy's dream comes true. *Saturday Evening Post*, May 14, 137-40.
Pellgrin, Roland J. 1953. The achivement of high status and leadership in the small group. *Social Forces* 32: 10-16.
Petty, Richard. 1967. Baseball. In *Motivations in play, games, and sports*, edited by Ralph Slovenko and James A. Knight. Springfield, Ill. Charles C. Thomas.
Piaget, Jean. 1962 [1932]. *The moral judgment of the child.* New York: Collier. 大伴茂訳『児童道徳判断の発達』同文書院（1977）
Polsky, Ned. 1967. *Hustlers, Beats and Others.* New York: Anchor.
Posen, I. Sheldon. 1974. Pranks and practical jokes at children's summer camps.

-87.
Herskovits, Melville. 1948. *Man and his works.* New York: Random House.
Hollingshead, August B. 1939. Behavior system as a field for research. *American Sociological Review* 4: 816-22.
Hughes, Everett C., Howard S. Becker, and Blance Geer. 1968. Student culture and academic effort. In *The sociology of education,* edited by R. R. Bell and H. R. Stub. Rev. ed. Homewood, Ill.: Dorsey Press.
Irace, Charles. 1960. That winning attitude. *Scholastic Coach* 29(March): 18-20.
Iso-Ahola, S. 1976. Evaluation of self and team performance and feelings of satisfaction after success and failure. *International Review of Sport Sociology* 11: 33-46.
———. 1977a. Effects of team outcome on children's self-perception: Little League baseball. *Scandinavian Journal of Psychology* 18: 38-42.
———. 1977b. Immediate attributional effects of success and failure in the field: Testing some laboratory hypotheses. *European Journal of Social Psychology* 7: 11-32.
Jackson, C. O. 1949. What about sportsmanship? *Physical Educator* 6: 12-15.
Janes, Robert W. 1961. A note on phases of the community role of the participant observer. *American Sociological Review* 26: 446-50.
Johnson, John M. 1975. *Doing social research.* New York: Free Press.
Johnson, Thomas P. 1973. *...happiness is Little League baseball.* U.S.A.: CNA/insurances.

Kleiber, Douglas A. 1978. Games and sport in children's personality and social development. Unpublished manuscript.
———. 1981. Searching for enjoyment in children's sport. *The Physical Educator* 38: 77-84.
Knapp, Mary, and Herbert Knapp. 1976. *One potato, two potato...: The secret education of American children.* New York: W. W. Norton.
Kohen-Raz, Rachel. 1971. *The child from 9 to 13.* Chicago: Aldine-Atherton.
Kratz, Henry. 1964. What is college slang? *American Speech* 39: 188-95.
Levin, Martin. 1969. Tell it like it was. *Saturday Review*, June 21, 4, 6.
Licht, Michael. 1974. Some automotive play activities of suburban teenagers. *New York Folklore Quarterly* 30: 44-65.
Little League Baseball, Inc. 1984. *Official regulations and playing rules.* Williamsport, Pa.: Little League Baseball, Inc.
Little League Baseball produces rhubarb. 1959. *Christian Century*, June 29, 870.
McFeat, Tom. 1974. *Small-group cultures.* New York: Pergamon Press.
Macleod, David I. 1983. *Building character in the American boy.* Madison: University of Wisconsin Press.
McNeil, Donald R. 1961. Leave your little leaguer alone. *Parents' Magazine* 36: 40, 78-80.
Mannheim, Karl. 1952. *Essays on the sociology of knowledge.* London: Routledge

Friendship and Social Relations in Children, edited by Hugh Foot, Anthony J. Chapman, and Jean Smith, Chichester, England: Wiley.

———. 1981. Friends, impression management, and preadolescent behavior. In *The development of children's friendships*, edited by Steven R. Asher and John M. Gottman. Cambridge University Press.

———. 1983. *Shared fantasy*. Chicago: University of Chicago Press.

Fine, Gary Alan, and Sherryl Kleinman. 1979. Rethinking subculture: An interactionist analysis. *American Journal of Sociology* 85: 1-20.

Furfey, Paul H. 1926. Some factors influencing the selection of boy's chums. *Journal of Applied Psychology* 11:47-51.

———. 1927. *The gang age*. New York: Macmillan.

Fischer, John L. 1968. Microethnology: Small-scale comparative studies. In *Introduciton to cultural anthropology*, edited by J. A. Clifton. Boston: Houghton Mifflin.

Garfinkel, Harold. 1967. *Studies in ethnomethodology*. Englewood Cliffs, N.J.: Prentice-Hall.

Geer, Blanche. 1970. Studying a college. In *Pathways to data*, edited by Robert W. Habenstein. Chicago: Aldine.

Giallombardo, Rosa. 1974. *The social world of imprisoned girls*. New York: Wiley.

Glassner, Barry. 1976. Kid society. *Urban Education* 11:5-22.

Gmelch, George J. 1971. Baseball magic. *Trans-action* 8(June): 39-41, 54.

Goffman, Erving. 1961. *Encounters*. Indianapolis: Bobbs-Merrill. 佐藤毅・折橋徹訳『出会い：相互行為の社会学』誠信書房（1985）

———. 1971. *Relations in public*. New York: Basic Books.

Gold, Raymond L. 1958. Roles in sociological field observation. *Social Forces* 36: 217-23.

Granovetter, Mark S. 1973. The strength of weak ties. *American Journal of Sociology* 78: 1360-80.

Guttmann, Allen. 1978. *From ritual to record*. New York: Columbia University Press.

Harder, Kelsie B. 1955. The vocabulary of marble playing. *Publications of the American Dialect Society* 23: 3-33.

Harris, Donald S., and D. Stanley Eitzen. 1978. The consequences of failure in sport. *Urban Life* 7: 177-88.

Harris, Trudier. 1978. Telephone pranks: A thriving pastime. *Journal of Popular Culture* 12: 138-45.

Hartup, Willard W. 1970. Peer interaction and social organization. In *Carmichael's manual of child psychology*, edited by P. Mussen. New York: Wiley.

Hastorf, A. H., and Hadley Cantril. 1954. They saw a game: A case study. *Journal of Abnormal and Social Psychology* 44: 129-34.

Hebb, Donald O. 1974. What psychology is about. *American Psychologist* 29: 71

personal adjustment. Ed. D. diss., University of Arkansas.
Dollard, John. 1939. The dozens: The dialect of insult. *American Imago* 1: 3-24.
Dreitzel, Hans Peter. 1973. Introduction: Childhood and socialization. In *Recent sociology #5: Childhood and socialization*, editid by Hans Peter Dreitzel. New York： Macmillan.
Dresser, Norine. 1973. Telephone pranks. *New York Folklore Quarterly* 29: 121-30.
Dundes, Alan. 1971. Folk ideas as units of worldview. In *Toward new perspectives in folklore*, edited by Americo Paredes and Richard Bauman. Austin: University of Texas Press.
———. 1977. Who are the folk? In *Frontiers of folklore*, edited by William R. Bascom. Boulder, Colo.: Westview.
Dundes, Alan and Manuel R. Schonhorn. 1963. Kansas University slang: A new generation. *American Speech* 38: 163-77
Dunphy, Dexter. 1969. *Cliques, crowds, and gangs.* Melbourne, Australia: Cheshire.
DuWors, Richard E. 1952. Persistence and change in local values of two New England communities. *Rural Sociology* 17: 207-17.
Edwards, Harry. 1973. *Sociology of sport.* Homewood, Ill.: Dorsey.
Eitzen, D. Stanley, and George Sage. 1978. *Sociology of American sport.* Dubuque: W. C. Brown.
Elkins, Deborah. 1958. Some factors related to the choice-status of ninety eighth-grade children in a social setting. *Genetic Psychology Monographs* 58: 207-72.
Elliott, Robert C. 1960. *The power of satire.* Princeton: Princeton University Press.
Erikson, Erik H. 1963. *Children and society.* 2d ed. New York: W. W. Norton. 仁科弥生訳『幼児期と社会』みすず書房 (1977)
Farmer, John S. 1968 [1900] *The public school word-book.* Detroit: Gale.
Feller, Bob, with Hal Lebovitz. 1956. Don't Knock Little Leagues. *Collier's*, Aug. 3, 78-80.
Fine, Gary Alan. 1979-81 Preadolesceint male-slang(I -Ⅷ). *Children's Forklore Newsletter* 2-4: various pages.
———. 1979a. Folklore diffusion through interactive social networks: Conduits in a preadolescent community. *New York Folklore* 5:87-126.
———. 1979b. Small groups and culture creation The idioculture of Little League baseball teams. *American Sociological Review* 44: 735-45.
———. 1980a. Cracking diamonds: Observer role in Little League baseball settings and the acquisition of social competence In *The social experience of field-work*, edited by William Shaffir, Allen Turowetz, and Robert Stebbins New York: St. Martins.
———. 1980b. The natural history of preadolescent male friendship groups. In

experience as factors in the interaction of small groups. *Sociometry* 16: 239-52.
Bouton, Jim. 1970. *Ball four*. New York: Dell.
———. 1971. *I'm glad you didn't take it personally*. New York: Dell.
Broderick, Carlfred. B. 1966. Socio-sexual development in a suburban community. *Journal of Sex Research* 2: 1-24.
Bronner, Simon J. 1978a. A re-examination of dozens among white American adolescents. *Western Folklore* 37 :118-28.
———. 1978b. Who says?: A further investigation of ritual insults among white American adolescents. *Midwestern Journal of Language and Folklore* 4: 53-69.
Brugel, Barbara A. 1972. The self-concept of eight and nine year old boys participating in a competitive baseball league. Master's thesis, Pennsylvania State University.
Cartwright, Dorwin, and Alvin Zander, eds. 1953. *Group dynamics*. Evanston, Ill.: Row, Peterson.
Cassidy, Frederic G. 1958. Report on a research project of collecting. *Publications of the American Dialect Society* 29: 19-41.
Caughey, John. 1984. *Imaginary social worlds*. Lincoln: University of Nebraska Press.
Challman, R. C. 1932. Factors influencing friendships among preschool children. *Child Development* 3: 146-58.
Chambliss, William J. 1973. The saints and the roughnecks. *Society* 11(Nov.): 24-31.
Clark, Burton R. 1970. *The distinctive college*. Chicago: Aldine.
Coffin, Tristram P. 1971. *The old ball game: Baseball in folklore and fiction*. New York: Herder and Herder.
Combs, Josiah H. 1955. More marble words. *Publications of the American Dialect Society* 23: 33-34.
Cooly, Charles Horton. 1964 [1902]. *Human nature and the social order*. New York: Schocken.
Coover, Robert. 1968. *The Universal Baseball Association, Inc., J. Henry Waugh, Prop*. New York: New American Library.
Crane, A. R. 1942. Preadolescent gangs: A topological interpretation. *Journal of Genetic Psychology* 81: 113-23.
Csikszentmihalyi, Mihalyi. 1975. *Beyond boredom and anxiety*. San Francisco: Jossey-Bass. 今村浩明訳『楽しみの社会学：不安と倦怠をこえて』思索社 (1979)
Davis, Murray S. 1973. *Intimate Relations*. New York: Free Press.
Devereux, Edward C. 1976. Backyard versus Little League baseball: The impoverishment of children's games. In *Social problems in athletics*, edited by Daniel M. Landers. Urbana: University of Illinois Press.
Dickie, Billy Albert. 1966. Little league baseball and its effect on social and

参考文献

＊参考文献は本文に引用されているものに限った。［　］内は原著の発行年。

Abrahams, Roger D. 1970. *Deep down in the jungle.* 2d ed. Chicago: Aldine.

Adler, Peter, and Patricia Adler. 1978. The role of momentum in sport. *Urban Life* 7(July): 153-176.

Allen, Harold B. 1973. *The linguistic atlas of the upper midwest.* Mineapolis: University of Minnesota Press.

Allport, Gordon W. 1954. *The nature of prejudice.* New York: Doubleday, Anchor Books.

Angell, Roger. 1972. *The summer game.* New York: Popular Library.

Askins, Roy L., Timothy J. Carter, and Michael Wood. 1981. Rule enforcement in a public setting: The case of basketball officiating. *Qualitative Sociology* 4: 87-101.

Bales, Robert Freed. 1970. *Personality and interpersonal relations.* New York: Holt, Rinehart and Winston.

Ball, Donald. 1976. Failure in sport. *American Sociological Review* 41: 726-39

Banchero, Lawrence, and William L. Flinn. 1967. The application of sociological techniques to the study of college slang. *American Speech* 42: 51-57.

Becker, Howard S., and Blanche Geer. 1960. Latent culture: A note on the theory of latent social roles. *Administrative Science Quarterly* 5: 304-13.

Beleaguered Little Leagues. 1964. *New England Journal of Medicine* 270: 1015.

Bennett, David J., and Judith D. Bennett. 1970. Making the scene. In *Social psychology through symbolic interaction,* edited by Gregory P. Stone and Harvey A. Farberman. Waltham, Mass.: Xerox.

Berkovits, Rochelle. 1970. Secrete languages of school children. *New York Folklore Quarterly* 26: 127-52.

Berryman, Jack W. 1975. From the cradle to the playing field: America's emphasis on highly organized competitive sports for preadolescent boys. *Journal of Sport History* 2: 112-31.

Best, Raphaela. 1983. *We've all got scars.* Bloomington: Indiana University Press.

Bion, W. F. 1961. *Experiences in groups.* New York: Basic.

Birksted, Ian K. 1976. School performance viewed from the boys. *Sociological Review* 24: 63-78.

Blumer, Herbert. 1969. *Symbolic interactionism.* Englewood Cliffs, N. J.: Prentice Hall. 後藤将之訳『シンボリック相互作用論』勁草書房（1991）

Borgatta, Edgar G., and Robert Freed Bales. 1953. Task and accumulation of

パファー(Puffer, Joseph A.) …………10
ピアジェ(Piaget, J.) ……………………26
ファーフェイ(Furfey, P. H.)……………10
フーバー(Hoover, E.) ……………233-234
フィッシャー(Fischer, J. L.) …………167
フェラー(Feller, B.) ………233, 234, 242
ブリューゲル(Brugel, B. A.) ……238, 240
ブルーマー(Blumer, H.)…………………33
ブロデリック(Broderick, C. B.) ………135
ベールズ(Bales, R. F.) …………………156
ベッカー & ギア(Becker, H. S. & Geer B.) …………………………………… 159
ホリングスヘッド(Hollingshead, A.) …153
ホワイト(Whyte, W. F.) …………287-288
ポーゼン(Posen, I. S.) …………………218
ポルスキー(Polsky, N.) ………………284

【ま行】

マッソー(Matthau, W.) ………………249
マンハイム(Mannheim, K.)……………197
ミード(Mead, G. H.)……………………219
ミッチェナー(Michener, J.)……………255
ミッチェル(Mitchell, R. G.) ……………52
ムッチラー(Mutchler, F. A.) ……………8
メアリー & ハーバート・ナップ(Mary & Herbert Knapp) ……………………197

【や行】

ヤコビッツ(Yerkovich, S.) ……………210

【ら行】

ライチャー(Reicher, J. L.) ……………246
リヒト(Licht, M.) ………………146, 320
レヴィン(Levin, M.) ……………………257
レドル(Redl, Fritz)…………………9, 140
ロバーツ(Roberts, R.) ……233-234, 236
ロンバルディ(Lombardi, V.) …………246

【わ行】

ワックス(Wax, R. H.) …………………288
ワトソン(Watson, G. G.) …………242-243

人名索引

【あ行】

アイソウ・アホラ(Iso-Ahola, S.) ……76, 81, 92

アイツェン & セージ(Eitzen, D. S. & Sage, G.) ……51

アルダ(Alda, A.) ……224

アレン(Allen, G.) ……246

イーストウッド(Eastwood, C.) ……224

ヴィトゲンシュタイン(Wittgenstein, L.) …… 225

ウェントワース&フレクスナー(Wentworth, H. & Flexner, S. B.) ……203

ウェーバー(Weber, M.) ……52

ウォルフ(Wolfe, T.) ……4

エドワーズ(Edwards, H.) ……235

エリクソン(Erikson, E. H.) ……126

エンジェル(Angell, R.) ……4

オーグルヴィ & タッコ(Ogilvie, B. C. & Tutko, T. A.) ……235

オーピー & オーピー(Opie, P. & Opie, I.) ……146, 196, 314

オマリー(O'Malley, W.) ……233

オルポート(Allport, G. W.) ……236

【か行】

カーソン(Carson, J.) ……224

カーヒル(Cahill, W.) ……235

ギア(Geer, B.) ……276

クライバー(Kleiber, D. A.) ……257

クレイン(Crane, A. R.) ……10

グメルク(Gmelch, G. J.) ……166

グラスナー(Glassner,B.) ……143-144

グラノベッター(Granovetter, M. S.) …210

ケリー(Kelley, H. H.) ……315

コフィン(Coffin, T. P.) ……4

ゴールド(Gold, R. L..) ……276

ゴフマン(Goffman, E.) ……64, 226

【さ行】

サットン・スミス&ローゼンバーグ(Sutton-Smith, B. & Rosenberg, B. G.) ……256, 311

サリバン(Sullivan, H. S.) ……10

サルツ(Salz, A. E..) ……238, 241

シーモア(Seymour, E. W.) ……237, 241

シェリフ(Sherif, C. W.) ……247, 265

シブタニ(Shibutani, T.) ……197

ジェイ(Jay, J.) ……255

スクビック(Skubic, E.) ……238

ストーン(Stone, G. P.) ……51

ストーン & チャーチ(Stone, L. J. & Church, J.) ……198

ストッツ(Stotz, C.) ……7, 8

スメルサー(Smelser, N. J.) ……165

ソーア(Soar, H.) ……157

【た行】

ダンデス(Dundes, A.) ……152

チクセントミハイ(Csikszentmihalyi, M.) ……51, 65

ディズニー(Disney, W.) ……233

ディッキー(Dickie, B. A.) ……238, 242, 319

デブロー(Devereux, E. C.) ……256

ドナヒュー(Donahue, P.) ……224

【な行】

ナップ(Knapp, H.) ……146

ニュートン(Newton, D.) ……197

【は行】

ハースコビッツ(Herskovits, M.) ……151

バークステッド(Birkstead, I. K.) ……276

バーコビッツ(Berkovits, R.) ……317

バーザン(Barzun, J.) ……4

パートリッジ(Partridge, N. A.) ……317

バウトン(Bouton, J.) ……157

バンチェロ & フリン(Banchero, L. & Flinn, W. L.) ……318

パクストン(Paxton, H. T.) ……320

ダブルバインド ……………………………252
男性役割………………………………2，124
チームスピリット ……84，87，89，92-93
チームワーク……………75，86-89，97-98
チャム ………………………………10-11
同性愛……138，142，186，187，190，207
　── のレトリック ……………………139
道徳主義 ……………………………3，22
特異性クレジット…………………129，149
独自の文化 ……152，154-159，161，165-
　167，176，181，186，193-194，229

【な行】

仲間集団 ……2，86，97，134，148，210，
　219，221，232
二次的関与…………………………………44
二重人格性 …………………………………9
ニックネーム ……………………163-164
年齢コーホート …………………………221

【は行】

発達段階……………………9，19，97，125
発達（上）の必須要件………125-127，148
パーソナリティ……3，130，161，181，188，
　229，237-238，240
バイアス ……………………………iv，271
ピッグ・ラテン …………………………317
ふさわしい文化 ………163，165-166，194
フロー ……………………………51-52，65
便利な文化 ……………160，165-166，194

【ま行】

民族的観念 ………………………………125
モチベーション…76，79-80，82，94，111

【や行】

役割演技 …………………………………228
役割過剰関与………………………………36
役割関与……………………34，36，44，66
役割距離………………34，42，48，56，84
役割行動 …………………………………126

【ら行】

ラポール……iv，266，268-270，276，284，
　287-288
リーダーシップ …………………………241
理解された文化 ………159，165-166，181
リトルリーグ・エルボー …………244-245

事項索引

【あ行】
アイデンティティ…………112, 115, 147, 149, 194
社会的——………………………………94
セルフ——……………………………220
アウトサイダー…………………………220
一般化された他者………………………116
インフォームド・コンセント……273, 277, 280
エスノグラフィー…………2, 49, 265-266
ミクロ——……………………………167
エスノセントリズム……………………290
エディプス危機……………………………9
エリート集団……181, 185, 188-189, 316
オピニオンリーダー……………………129

【か行】
下位社会………………195, 220, 230-231
下位集団……………………………220-221
鏡に映った自己…………………………116
過小距離…………………………34, 48
過大距離…………………………34, 48
カバー……………………………………277
浅い——………………………………278
深い——………………………………278
明示的な——…………………………278
キー・インフォーマント…………286-287
帰属理論…………………………………313
機能的文化……………162, 165-166, 176
ギャング…………………………10-11, 272
——エイジ……………………………149
更新………………………………………211
子ども文化……3-4, 197-198, 208, 210, 219
コミュニケーション・チャンネル………3, 196-197, 212, 222

【さ行】
サブカルチャー………3, 124, 195, 197, 200, 202, 207-208, 219-222, 230-231, 284, 289
参与観察………ⅱ-ⅲ, 265-269, 272-273, 276-277, 284
——者……ⅲ, 265, 269, 271 277, 285, 287-290
事物の領有………………………………219
社会化………11, 21, 73-75, 83, 94, 97, 116-117, 225, 243, 314
——エージェント……………………127
——過程…………………………………2
スポーツの——………………75, 81, 93
道徳的——………………2, 40, 73, 225
予期的——……………………………112
社会行動主義………………………………3
社会的自己…………………………126, 148
社会的接触仮説…………………………242
集団文化………153, 156, 162, 229, 315
従属関与……………………………………44
準拠集団……………………………………86
人種差別………………169, 190-192, 274
垂直的尺度………………………………199
水平的尺度………………………………198
スティグマ…………………………103, 148
ステレオタイプ………108, 123, 222, 224
スポーツマンシップ……75, 82-85, 89-90, 97
性別役割……2, 105, 124, 129, 186, 224
——文化………………………………187
セクシュアリティ…………138, 187, 206
セルフイメージ……………………57, 105
潜在期……………………………………126
前青年期……ⅰ, 9-10, 86, 97, 125-126, 140-141, 149, 222, 312
相互作用論………………3, 162, 223, 228
社会的——……………………………ⅳ
シンボリック——……………………152

【た行】
多源的発生説……………………………197
ダブルスタンダード……………130, 132

東野充成《ひがしの みつなり》（第２章(共訳)，第７章，第８章，補論１，補論２，補論３）

九州大学大学院人間環境学府博士後期課程修了（教育社会学専攻）
九州工業大学大学院・講師　教育学博士
［専攻］教育社会学
［主要著書・論文］
「モデルの身体と現代少女文化」住田正樹・多賀太編著『子どもへの現代的視点』（北樹出版，2006）
『子ども観の社会学』（大学教育出版，2008）
「青年の自立・キャリア形成のために」神山敬章・高島秀樹編『生涯学習概論』（明星大学出版部，2009）

山瀬範子《やませ のりこ》（第２章(共訳)，第６章）

九州大学大学院人間環境学府博士後期課程（教育社会学専攻）
四国大学短期大学部・助教
［専攻］教育社会学，保育学，教育と家族
［主要著書・論文］
「『少子化社会対策基本法』立法過程にみる子ども観」（共著）『保育学研究』第44巻第２号．2005.
「父親の育児行為とは何か？ ― 一般的認識と父母の認識とのずれと一致 ―」住田正樹・多賀太編著『子どもへの現代的視点』（北樹出版，2006）
「『育児』概念の捉え直しの試み ― ＜父親の育児参加＞をめぐって ―」『九州教育社会学会研究紀要』創刊号，2008.

訳者紹介

住田正樹《すみだまさき》（はじめに，序章，第１章）

東京大学大学院教育学研究科博士課程退学（教育社会学専攻）
放送大学教授・九州大学名誉教授　教育学博士
［専攻］教育社会学，発達社会学
［主要著書］
『子どもの仲間集団の研究　第２版』（九州大学出版会，2000）
『地域社会と教育 ── 子どもの発達と地域社会 ── 』（九州大学出版会，2001）
『子どもたちの「居場所」と対人的世界の現在』（共編著，九州大学出版会，2003）

田中理絵《たなかりえ》（第３章，第４章）

九州大学大学院教育学研究科博士課程修了（教育社会学専攻）
山口大学・准教授　教育学博士
［専攻］教育社会学，発達社会学
［主要著書・論文］
『新装版　家族崩壊と子どものスティグマ ── 家族崩壊後の子どもの社会化研究 ── 』（九州大学出版会，2009）
「家族崩壊と子どもの社会化：家族崩壊の意味づけ」住田正樹・多賀太編著『子どもへの現代的視点』（北樹出版，2006）
『人間発達論』（共編著，放送大学教育振興会，2009）

横山《よこやま》　卓《たかし》（第５章）

九州大学大学院人間環境学府博士後期課程（教育社会学専攻）
福岡女子短期大学・講師
［専攻］教育社会学，逸脱行動の社会学，地域社会と教育
［主要著書・論文］
「少年の非行・被害と地域組織活動 ── 地域住民の意識と活動参加の様態 ──」九州大学大学院人間環境学府編，九州大学大学院教育学コース『飛梅論集』創刊号，2001.
「地域における子どもの人間関係 ── 地域の大人との関係を中心に ──」日本子ども社会学会編『子ども社会研究』8 号，2002.
「地域住民の少年非行観 ── 自由記述の分析を通して ──」住田正樹・多賀太編著『子どもへの現代的視点』（北樹出版，2006）

リトルリーグの社会学《しゃかいがく》
── 前青年期のサブカルチャー ──

2009年7月25日 初版発行

著　者　ゲイリー・アラン・ファイン
監訳者　住　田　正　樹
発行者　五十川　直　行
発行所　㈶九州大学出版会
〒812-0053 福岡市東区箱崎7-1-146
九州大学構内
電話 092-641-0515（直通）
振替 01710-6-3677
印刷・製本／城島印刷㈱

ISBN978-4-87378-985-9

ハルゼー、ローダー、ブラウン、ウェルズ 編
住田正樹・秋永雄一・吉本圭一 編訳
教育社会学――第三のソリューション――
A5判・六八〇頁・八、七〇〇円

戦後の右肩上がりの近代システムが転換する中で、社会・経済・文化システムから厳しく挑戦を受ける教育を把握し、診断し、展開を探る。斯界をリードし続けるハルゼーら編による代表的論文集、ここに翻訳。

住田正樹・南　博文 編
子どもたちの「居場所」と対人的世界の現在
A5判・四七六頁・六、〇〇〇円

「居場所」とは何か。「居場所」は子どもの発達にとってどのような意味をもっているか。本書は、子どもの発達と「居場所」との関連を教育学、社会学、心理学、精神分析学、地理学、建築学など様々な学問分野から解明した学際的研究の成果である。

住田正樹
地域社会と教育
――子どもの発達と地域社会――
A5判・三九八頁・五、七〇〇円

子どもの生活領域の中でも、特に変化の急な地域社会での生活に焦点を合わせ、社会の変化とともに子どもの地域生活がどのように変化してきたのか、そしてその地域生活の変化が子どもの発達にどのような影響を及ぼしているのかを実証的に解明する。

田中治彦
少年団運動の成立と展開
――英国ボーイスカウトから学校少年団まで――
A5判・四〇二頁・七、六〇〇円

日本の少年団運動は英国のボーイスカウト運動の影響を受けて大正年間に成立する。その後軍部の影響力のもとに学校少年団として別途発展し、戦時下でボーイスカウト系少年団とともに統合される。戦前の少年団運動とは何であったかを新資料をもとに追究する。

田中理絵
家族崩壊と子どものスティグマ〔新装版〕
――家族崩壊後の子どもの社会化研究――
A5判・二〇四頁・三、二〇〇円

本書は、家族喪失を機に子どもが付与されるスティグマの性質・レッテル貼りの過程・その解消に関して、子どもがどのように理解し解決を試みるのか、いかなる援助を必要としていたのかについて、実証的データに基づき子どもの視点から解明しようとした研究の成果である。